■ 本书出版经费主要来自浙江省哲学社会科学规划课题后期资助项目（12HQ27）

唐代试诗制度研究

Tangdai Shishi Zhidu Yanjiu

汤燕君 著

中国社会科学出版社

图书在版编目(CIP)数据

唐代试诗制度研究／汤燕君著．—北京：中国社会科学出版社，2014.11
ISBN 978－7－5161－5021－4

Ⅰ.①唐…　Ⅱ.①汤…　Ⅲ.①科举考试－考试制度－研究－中国－唐代　Ⅳ.①D691.46

中国版本图书馆 CIP 数据核字(2014)第 247459 号

出 版 人　赵剑英
责任编辑　宫京蕾
特约编辑　大　乔
责任校对　周　昊
责任印制　何　艳

出　　版　中国社会科学出版社
社　　址　北京鼓楼西大街甲 158 号（邮编 100720）
网　　址　http：//www.csspw.cn
　　　　　中文域名：中国社科网　　010－64070619
发 行 部　010－84083685
门 市 部　010－84029450
经　　销　新华书店及其他书店

印刷装订　北京市兴怀印刷厂
版　　次　2014 年 11 月第 1 版
印　　次　2014 年 11 月第 1 次印刷

开　　本　710×1000　1/16
印　　张　22.25
插　　页　2
字　　数　373 千字
定　　价　59.00 元

目　　录

绪　论

科举是中国古代最健全的文官制度，是中国制度史上的一项重要创新。它的意义不仅体现在选拔人才、任用官员上，还广泛地表现在政治建构、文化传播、思想教化、价值建立等多个方面，尤其对中国知识分子而言，影响甚巨。傅璇琮曾经提到，如果要选择一个“某一历史时期带有普遍性的问题，作为叙述的线索，把一些零散的社会现象和人物行迹串联起来”的话，那么“有哪一项政治文化制度像科举制度那样，在中国历史上，如此长久地影响知识分子的生活道路、思想面貌和感情形态呢?”①科举制自隋建立，至唐进入一个快速发展期，并由此对中国社会的诸多方面产生了实际且深远的影响，通过研究唐代科举制度，不仅可以使我们了解制度本身，而且还能使我们借此更深入地理解唐代士人，并进而更全面地了解唐代社会。

第一节　研究现状与缘起

科举对古代中国政治、教育、文学、社会、文化等各方面产生过重大而深远的影响。这项关乎世道、人心和风俗的制度，一直以来就广受研究者关注。关于唐代科举的研究也不乏论文和专著面世，史学、教育学、文学、社会学等多个领域的研究者从各自的角度进行了一系列的探索。新中国成立初至70年代末，相关的学术成果大多出现在港台地区和海外，20世纪80年代程千帆的《唐代进士行卷与文学》② 面世以后，大陆地区开始掀起唐代科举的研究浪潮。此后，大陆在这一领域的研究无论在数量的

① 傅璇琮：《唐代科举与文学·序》，陕西人民出版社2003年版，第3页。

② 程千帆：《唐代进士行卷与文学》，上海古籍出版社1980年版。

增加，还是质量的提升上都有长足的发展，尤其进入 2000 年以后，关于唐代科举的论文从 80 年代的几十篇，90 年代的百余篇，猛增至几百篇，相关书籍也层出不穷，研究视角从单一的制度研究，丰富为科举制度与唐代社会各个领域的关系研究、唐代科举文体的研究，与之相伴随，研究思路、研究方法也不断推陈出新，研究呈现出旺盛的发展势头。

从总体来看，80 年代至今，学界主要致力于以下三个方面的开拓：

一、唐代科举制度研究

唐代科举种类繁多，内容庞杂，涉及的既有举士层面的常科、制举，又有选官领域的铨选、科目选，厘清其中的考试试项，了解制度的具体内容和执行情况，是我们认识唐代科举的起点。80 年代以来，关于科举制度研究的书籍和论文主要涉及：

（一）唐代科举文献的搜集、整理、校勘、选编

唐代科举文献具有零散、芜杂的特点，对其进行搜集整理甚有必要。在科举制度文献方面，清徐松《登科记考》是一个基础材料。虽然作者编撰时用力甚勤，但囿于资料、视野，遗漏和错误之处在所难免。近 20 年来针对徐松《登科记考》，研究者提出了不少订补纠谬的意见，据不完全统计，相关论文共 37 篇。重要的比如有施子愉《〈登科记考〉补正》[①]，张忱石《徐松〈登科记考〉续补》（上、下）[②]，卞孝萱《〈登科记考〉纠谬》[③]，胡可先《〈登科记考〉匡补》、《〈登科记考〉匡补续编》、《〈登科记考〉匡补三编》[④]，陈尚君《〈登科记考〉正补》[⑤]，朱玉麒《〈登科记考〉补遗订正》[⑥]，陈冠明《〈登科记考〉补名摭遗》[⑦]，孟二冬《〈登科记考〉补正》[⑧]，薛亚军《〈登科记考〉正补》、《〈登科记考〉订补》、《〈登

① 《文献》1983 年第 1 期。

② 《文献》1987 年第 1、2 期。

③ 《学林漫录》第 6 集，中华书局 1982 年版。

④ 《文献》1988 年第 1、2 期；《徐州师范学院学报》（哲学社会科学版）1989 年第 4 期。

⑤ 《唐代文学研究》第 4 辑，广西师范大学出版社 1993 年版。

⑥ 《文献》1994 年第 3 期。

⑦ 《文献》1997 年第 4 期。

⑧ 《国学研究》第 8 卷，北京大学出版社 2001 年版。

科记考〉拾补》[①] 等，反映了学界对唐代科举史料研究的新发现。孟二冬《登科记考补正》[②] 更是集其大成，具有重要的文献参考价值。该书以赵守俨点校本为底本，结合岑仲勉、罗继祖、施子愉、卞孝萱、张忱石、傅璇琮、胡可先、陈尚君等人的若干研究成果，通过扎实的文献资料考证，对徐松的《登科记考》进行了补充和订正，为唐代科举研究提供了一个内容更为丰富而且可靠的文本。另外，王洪军《登科记考再补正》[③] 一书，继孟作之后，对唐代科举人物作了进一步考证，为我们全面了解唐代科举盛况提供了又一把钥匙。近年来，还出现了考试文献资料的汇编和集成，其中，杨学为《中国考试制度史资料选编》、《中国考试史文献集成》[④] 颇具代表性，为研究者提供了一份内容丰富的中国古代选举和考试文献资料汇总，给系统地考察科举制度提供了学术上的便利。

另外，有一些正在编撰中的书籍、丛刊也颇具文献价值，比如龚延明主持的《中国历代登科总录》，涵盖了自隋至清 1300 年间科举及第者的名录，涉及将近 11 万人，总字数将达 2200 万字以上，实可谓 21 世纪科举学研究的一大工程。再比如作为中国第一部综合性的历代科举文献整理与研究丛刊——武汉大学主持的《历代科举文献整理与研究丛刊》，第一辑共 17 种 22 卷，已于 2009 年由武汉大学出版社出版，共约 2700 万字。其中既包括了反映科举制度沿革、影响及历代登科情况的文献，比如《七史选举志校注》（赵伯陶校注）、《贡举志五种》（鲁小俊、江俊伟校注）、《历代制举史料汇编》（李舜臣、欧阳江琳编著）等；还包括了与考试文体相关的试卷、程文等，这些注本为唐代科举文体的阅读与研究奠定了文献基础，比如《历代律赋校注》（詹杭伦、沈时蓉等校注）、《唐代试律试策校注》（罗积勇、张鹏飞校注）。至 2013 年，计划还将陆续推出 10 本以上的研究性著作。此丛刊对科举文献的搜集和整理涵盖面广、分量厚重，为科举研究和文学研究提供了重要的文献资料和新的学术生长点，其

---

① 《古籍研究》2001 年第 1 期；《古籍整理研究学刊》2002 年第 5 期；《文献》2003 年第 3 期。

② 孟二冬：《登科记考补正》，北京燕山出版社 2003 年版。

③ 王洪军：《登科记考再补正》，广西师范大学出版社 2010 年版。

④ 杨学为：《中国考试制度史资料选编》，黄山书社 1992 年版；《中国考试史文献集成》，高等教育出版社 2003 年版。

文献价值与学术意义不言而喻。

从总体来看，关于唐代科举文献的搜集、整理、编撰工作近年来已取得了长足的进展。但也应该看到，由于科举制度本身的复杂性，以及各类史料记载的零散、纷繁甚至互相矛盾，尚有许多细节亟待厘清。再加上人们或多或少总会受到一些视野、资料、思维的限制，因而对其正确全面的解读还有待继续努力。

（二）唐代科举制度研究

就专著来看，唐代科举制度研究的成果既有着重于科举发展史的研究，也有着重于制度体系本身的研究。前者比如刘虹《中国选士制度史》①、陈茂同《中国历代选官制度》②、李新达《中国科举制度史》③、任立达《中国古代官吏考选制度史》④，以及刘海峰、李兵《中国科举史》⑤等。这一类书大多从制度史的角度考察中国古代的举士选官情况，不过刘海峰、李兵则从科举史的角度，着重叙述中国古代科举的实际运行情况和考试思想的发展变化，在写作思维上体现出一定的新颖性。后者比如吴宗国《唐代科举制度研究》⑥、张希清《中国科举考试制度》⑦、宁欣《唐代选官研究》⑧、王勋成《唐代铨选与文学》⑨、李双璧《入仕之途——中西选官制度比较研究》⑩、王炳照《中国科举制度研究》⑪ 等。这其中，吴宗国的《唐代科举制度研究》颇为引人注目。该书材料充实，内容全面，论述精当，除了对唐代科举制度本身的考述外，还注意从社会学角度入手，讨论了科举在选举中的地位变化、科举中的权贵子弟录取、门荫的衰落和进士家族、科举与社会等级再编制等问题，为唐代科举制度研究提供了有益的借鉴。王勋成的研究将重点放在了科举及第之后官员的选拔任用

---

① 刘虹：《中国选士制度史》，湖南教育出版社 1992 年版。

② 陈茂同：《中国历代选官制度》，华东师范大学出版社 1994 年版。

③ 李新达：《中国科举制度史》，文津出版社 1995 年版。

④ 任立达：《中国古代官吏考选制度史》，青岛出版社 2003 年版。

⑤ 刘海峰、李兵：《中国科举史》，东方出版中心 2004 年版。

⑥ 吴宗国：《唐代科举制度研究》，辽宁大学出版社 1997 年版。

⑦ 张希清：《中国科举考试制度》，新华出版社 1993 年版。

⑧ 宁欣：《唐代选官研究》，文津出版社 1995 年版。

⑨ 王勋成：《唐代铨选与文学》，中华书局 2001 年版。

⑩ 李双璧：《入仕之途——中西选官制度比较研究》，贵州人民出版社 2000 年版。

⑪ 王炳照：《中国科举制度研究》，河北人民出版社 2002 年版。

上，是对吴宗国专著内容的一种延伸，其对唐代铨选、科目选的分述，以及铨选、科目选不同考试内容、方法、程序的考证颇为详尽，对后人研究吏部铨选具有较高的参考价值。李双璧运用比较研究的方法，涉及中国科举制对西方的影响，为这一领域提供了一种新的研究思路。近年还陆续出现了一些史话类的科举通俗读本，比如王道成《科举史话》①，林白、朱梅苏《中国科举史话》②，李树《中国科举史话》③ 等。这些书大多在基本史料基础上，吸收大量的野史笔记材料，着重展示人在科举制度作用下的具体思想感情生活，从而在一定程度上有助于形成对科举制度人文内涵的体察与理解。从上述所举各类专著的研究情况来看，着眼于宏观的多过于微观的，着眼于通史研究的多过于断代考察的，对唐代科举制度本身尚缺乏细致精准的描述，有待进一步深入。

就论文来看，唐代科举制度研究呈现出逐年向深处、细处开掘的趋势。80 年代的论文多集中于对唐代科举制度起源、意义、流弊、改革等情况的概述。90 年代在内容上有所深入，不仅涉及唐代科举制度的具体规定，而且还注意到科举制度规定下的个案研究。2000 年以后，研究者开始从研究现象，转入探究原因；从只重视进士科，转而向其他科举门类发展；从对概况的叙述，转入具体考试试项、考试类别、考试环节的详细考辨。这种向深处、细处开掘的趋势显现出唐代科举制度研究从现象到本质、从面到点、从一般到特殊的全面发展。80 年代以来，以科举制度本身为考察对象的论文主要包括以下三个方面的内容：

1. 唐代科举起源、科举制度综述。关于进士科的起源，比如有何忠礼《科举制起源辨析——兼论进士科首创于唐》④、金旭东《〈科举制起源辨析〉之商榷》⑤、庄昭《进士科起源试探》⑥、刘海峰《科举制的起源与进士科的起始》⑦ 等。目前学界对此问题已经形成比较统一的观点，即认为进士科始于隋炀帝大业年间。关于唐代科举制度的综述，比如有左益寰

① 王道成：《科举史话》，中华书局 1988 年版。

② 林白、朱梅苏：《中国科举史话》，江西人民出版社 2002 年版。

③ 李树：《中国科举史话》，齐鲁书社 2004 年版。

④ 《历史研究》1983 年第 2 期。

⑤ 《历史研究》1984 年第 6 期。

⑥ 《史学月刊》1985 年第 2 期。

⑦ 《历史研究》2000 年第 6 期。

《唐代科举制度述略》[①]、乌廷玉《唐代的科举制度》[②]、翁俊雄《唐代科举制度及其运作的演变》[③] 等。这些论文分别就唐代科举制度的总貌、特征、科目、内容、风气、授官情况等作了粗略的分析，大多肯定科举在选拔人才、冲破门阀制度方面发挥的积极作用。此外，侯力曾发表系列论文：《关于唐初科举制度的几个问题》、《论永徽至天宝年间的科举改革——兼论唐代科举的定型化问题》、《论中唐科举改革的理论与实践》、《关于晚唐科举制度的几个问题》[④]。他将研究置于相对具体的时空环境中进行，注意考察唐代科举的历时性变化，使结论更精确。

2. 唐代科举具体考试门类、科目、试项。关于科举的门类、科目，比如有刘恩惠《唐代制举初探》[⑤]、俞钢《唐代制举的形成及其特点》[⑥]、刘海峰《唐代俊士科辨析》[⑦]、张景臣《唐代科举铨选考试方法与评价标准述评》[⑧]、王永平《论唐代道举》[⑨]、郑显文《再谈唐代的明法考试制度——兼答彭炳金先生》[⑩]、党银平《唐代有无"宾贡科"新论》[⑪]、金滢坤《唐五代童子科与儿童教育》[⑫] 和周兴涛、汪荣《唐代武举考论》[⑬] 等。这些论文将研究的对象从以往热门的常科，转向了制举、铨选科目；从集中于进士、明经科，扩散至道举、明法、宾贡、童子科、武举等科目，表现出研究视野的日渐开阔。不过由于制举、铨选（科目选）等科目众多，对其中具体科目的产生原因、考试规定、发展演变、影响意义等情况，上述研究虽有涉略，但仍有进一步挖掘的空间。关于考试试项的研

---

① 《复旦学报》（社会科学版）1983 年第 6 期。

② 《社会科学战线》1987 年第 1 期。

③ 《中国史研究》1998 年第 1 期。

④ 《求索》1997 年第 6 期；《湘潭大学学报》（哲学社会科学版）1997 年第 6 期；《湘潭师范学院学报》（社会科学版）1997 年第 5 期；《浙江学刊》1998 年第 4 期。

⑤ 《吉林师范大学学报》（人文社会科学版）1984 年第 3 期。

⑥ 《上海师范大学学报》（哲学社会科学版）2005 年第 3 期。

⑦ 《中国史研究》2000 年 第 2 期。

⑧ 《河南社会科学》2008 年第 5 期。

⑨ 《人文杂志》2000 年第 2 期。

⑩ 《政法论坛》2002 年第 6 期。

⑪ 《社会科学战线》2002 年第 1 期。

⑫ 《西北师大学报》（社会科学版）2002 年第 4 期。

⑬ 《山西师大学报》（社会科学版）2009 年第 3 期。

究，比如有陈铁民《梁玙墓志与唐进士科试杂文》[1]、崔荣华《唐代进士科“以诗赋取士”辨析》[2]、张蕊《唐代诗赋取士制度形成的原因》[3] 和陈飞《唐代进士科“止试策”考论——兼及“三场试”之成立》[4]、《唐代“类明经”试策考述——“官人文学”研究之一》[5] 等文章。陈铁民文对唐代科举试杂文时间的确定具有较高的参考价值。崔荣华、张蕊、陈飞则分别就唐代科举中试诗、赋、策的原因、实施情况作了考论，一改以往重视具体制度，忽略考试试项的局面，表现出在研究内容上的创新。

3. 唐代科举考试的制度规定、弊端、考试改革情况。关于科举考试的具体制度研究，比如有吴宗国《唐代科举应举和录取的人数》[6]，许友根《唐代进士科举子资格研究》[7]，宁欣《论唐代荐举》[8]，侯力《论唐代贡举中的“荐举”形式》[9]，邝健行《唐代洛阳福唐观作进士科试场新议》[10]，杨希义《唐代科举与铨选制度中的糊名暗考》[11]，葛翠玲《唐代“制举”、“殿试”辨》[12]，薛亚军《拯弊与集权：唐五代覆试及其与宋初殿试的关系》[13]，金滢坤《试论唐五代科举考试的锁院制度》[14]、《也谈中晚唐五代别头试与子弟之争》[15]、《论中晚唐五代科举考试的复核、复试及监察制度》[16]，陈铁民、李亮伟《关于守选制与唐诗人登第后的释褐时间》[17] 等。这些论文分别针对科举考试中的考生资格、录取人数、荐举、

① 《北京大学学报》（哲学社会科学版）2006 年第 6 期。

② 《唐都学刊》2005 年第 4 期。

③ 《北京理工大学学报》（社会科学版）2002 年第 3 期。

④ 《历史研究》2002 年第 3 期。

⑤ 《郑州大学学报》（哲学社会科学版）2002 年第 1 期。

⑥ 《内蒙古社会科学》（汉文版）1981 年第 1 期。

⑦ 《人文杂志》2002 年第 3 期。

⑧ 《历史研究》1995 年第 4 期。

⑨ 《湖南师范大学社会科学学报》1998 年第 4 期。

⑩ 《杜甫研究学刊》1996 年第 4 期。

⑪ 《学术月刊》1991 年第 3 期。

⑫ 《唐都学刊》1995 年第 6 期。

⑬ 《长安大学学报》（社会科学版）2002 年第 2 期。

⑭ 《西北师大学报》（社会科学版）2005 第 1 期。

⑮ 《浙江师范大学学报》（社会科学版）2008 年第 1 期。

⑯ 《首都师范大学学报》（社会科学版）2008 年第 5 期。

⑰ 《文学遗产》2005 年第 3 期。

考场设置、糊名、守选、殿试、覆试、复核、锁院等具体制度内容作了详细的考辨，澄清了一些史实，弥补了以往研究中的不足。尽管对唐代科举考试制度的研究已经获得了一定的成果，但也同样留下一些问题，比如关于锁院、殿试、覆试、复核等具体考试环节，大家依然各执一词，存在着观点上的分歧，有待进一步厘清史实。关于唐代科举弊端、改革的论文，比如有刘智亭《唐代科举制度及其流弊》①，吴在庆、刘心《唐代科场弊病略论——以中晚唐数次科场案为例》②，杜成宪《唐代进士考试三场制度的形成与演变》③，王志东《略论唐玄宗开元二十四年的科举变革（上、中、下）》、《论唐代宗广德元年的科举变革》④ 和唐雯《由吏部到礼部——试探开元二十四年贡举考试改革的深层原因》⑤ 等。这些论文或者考察科举制度的漏洞以及由此衍生的流弊，或者考察某一特定时期科举改革的原因与内容，对深入了解唐代科举制度的影响、发展演变过程，以及唐代特定时期政治、文化、社会的特点具有一定的作用。

除此以外，对唐代科举制度的研究在思维方式、研究方法上也表现出一定的创新。自 90 年代中期以后开始出现对唐代科举的地域研究，主要涉及福建、广西、湖南等地区，比如何敦铧、林剑华《略论唐五代福建人士登科及其特点》⑥，刘海峰《论“科举学”的广博性——以福建科举为例》⑦，蓝武《论唐代广西的科举考试》⑧，蒋建国《唐代湖南科举述评》⑨ 等。有的研究通过统计唐代科举及第者的籍贯，考察唐代科举人才的区域分布情况，像邓小泉《唐代科举人才区域分布概况及原因》⑩ 便是一例。再比如在文本分析、史料考证以外，引入了比较研究的方法，将唐代科举与汉代用人制度、当代人才选拔、公务员录取考试、西方文官制度、日本

① 《陕西师范大学学报》（哲学社会科学版）1983 年第 2 期。

② 《厦门大学学报》（哲学社会科学版）2006 年第 4 期。

③ 《华东师范大学学报》（哲学社会科学版）2001 年第 3 期。

④ 《广西社会科学》2005 年第 3、4、5 期；《长沙理工大学学报》（社会科学版）2005 年第 1 期。

⑤ 《兰州学刊》2006 年第 1 期。

⑥ 《福建师范大学学报》（哲学社会科学版）2000 年第 4 期。

⑦ 《东南学术》2001 年第 2 期。

⑧ 《广西师范大学学报》（哲学社会科学版）2004 年第 3 期。

⑨ 《云梦学刊》2002 年第 6 期。

⑩ 《西华师范大学学报》（社会科学版）2003 年第 5 期。

官员选拔考试等相比较，从而对唐代科举的特点、意义、作用以及价值形成新的认识。

二、唐代科举制度与其他领域关系研究

以科举的形式，在全社会推行一种以考代荐、以考代评的选拔人才方法，无疑是对汉代察举制与魏晋九品中正制的进步。其一经产生，能量辐射便波及唐代的士人生活、教育、文学、政治等多个领域，对唐代社会的发展形成了巨大的影响。研究科举制度与其他领域之间的关系是人们关注的一个热点，主要研究成果涉及：

（一）唐代科举与社会

相关专著比如有侯力《科举制度与唐代社会》①，王日根《中国科举考试与社会影响》②，金滢坤《中晚唐五代科举与社会变迁》③。侯力立足于唐代科举与唐代社会，系统阐述了科举制度与政治、经济、文化、教育、士人心态等多方面的互动关系，揭示了科举制度对社会发展演变的多元影响，是一次颇有价值的研究尝试。王日根通过追溯科举源流，描述科举考试的具体过程及发展演变，探明了科举考试对婚姻、家庭、信仰、迷信乃至社会习俗的影响，不过其举例多以明清为主，对科举与唐代社会关系的论述并不充分。在科举研究中，晚唐和五代科举是以往学界关注较少的一个方面，金滢坤则主要将视线集中在这个阶段，从社会阶层的变动，揭示科举制度对社会的影响，自辟了一片唐代科举研究的新园地。书后“中晚唐五代宰相人名与出身简表”、“中晚唐五代知贡举人名及职官表”、“中晚唐进士科出身者入幕方镇分布简表”颇具学术价值。相关论文比如有任爽《科举制度与盛唐知识阶层的命运》④，萧平学《唐代科举与士风转变》⑤，王建平《唐代科举的社会功能》⑥等。从总体来看，这一部分的研究多以科举制度规定下的人为中介，通过考察科举—人—社会三者间的关系来立论，但由于社会组成纷繁复杂，要论述清楚这一问题，谈何容

---

① 侯力：《科举制度与唐代社会》，岳麓书社1998年版。

② 王日根：《中国科举考试与社会影响》，岳麓书社2007年版。

③ 金滢坤：《中晚唐五代科举与社会变迁》，人民出版社2009年版。

④ 《历史研究》1989年第4期。

⑤ 《南昌大学学报》（社会科学版）1994年第2期。

⑥ 《华南师范大学学报》（社会科学版）2005第4期。

易，因而在这个大的框架下，研究者又从社会的各个侧面进行了一系列更为细致的探索。

（二）唐代科举与士子生活

相关专著比如有王炎平《槐花黄，举子忙——科举与士林风气》[①]，李世愉《中国历代科举生活掠影》[②]，杨波《长安的春天——唐代科举与进士生活》[③]，刘琴丽《唐代举子科考生活研究》[④] 等。这些研究主要从举子的生活、思想、观念入手，考察科举制度对社会风俗、士子生活产生的影响。其中杨波的这本书比较特别，他在前人的研究基础上，用生动的语言，通过细节的描绘，展示了一幅唐代科举生活的风俗画卷，为人们认识唐代科举制度下的士人生活提供了一份感性的材料。就其写作风俗史的角度来看，颇有新意。另外，人们以往常常关注的是进士及第后的生活场景，刘琴丽则把研究主要集中在唐代士子科考前的日常生活，并由此切入去探讨他们的奋斗历程、人生命运、心境情怀，丰富了科举与生活关系的研究。关于这方面的论文主要围绕着唐代举子的科考生活展开，比如有吴在庆《咸通十哲的科举生活与心态》[⑤]，黄云鹤《唐代举子游丐之风——〈太平广记〉所见唐代举子生活态之一》[⑥]，杨波的系列论文《唐新进士闻喜宴考》、《唐代新进士樱桃宴考》、《唐进士乞旧衣略考》[⑦]，刘琴丽《唐代举子科考旅费来源探析》[⑧] 等。这些论文将研究的关注点放在科考环境下举子的具体生活习俗上，视角比较新颖，显示出科举研究发展到一定程度以后，向纵深处挖掘的趋势。

（三）唐代科举与教育

唐代教育体系比较完备，官学、私学发达，这主要归功于科举制度的发展。科举与教育的关系也一直是研究的重点，出现了比如宋大川《唐代

① 王炎平：《槐花黄，举子忙——科举与士林风气》，东方出版社 1998 年版。

② 李世愉：《中国历代科举生活掠影》，沈阳出版社 2005 年版。

③ 杨波：《长安的春天——唐代科举与进士生活》，中华书局 2007 年版。

④ 刘琴丽：《唐代举子科考生活研究》，社会科学文献出版社 2010 年版。

⑤ 《广西师范大学学报》（哲学社会科学版）1995 年第 1 期。

⑥ 《古籍整理研究学刊》2004 年第 1 期。

⑦ 《中国典籍与文化》2005 年第 3 期；《天津大学学报》（社会科学版）2006 年第 1 期；《华侨大学学报》（哲学社会科学版）2006 年第 3 期。

⑧ 《云南社会科学》2007 年第 4 期。

教育体制研究》[①]，何力《北京的教育与科举》[②] 和刘海峰、李兵《学优则仕——教育与科举》[③] 等专著。此外，还出现了侯力《唐代家学与科举应试教育》[④]，任爽《科举制度与唐代教育危机》[⑤]，李良玉《唐代科举与历史教育》[⑥]，康震《唐代私学教育的文学性特征》[⑦] 等论文。从总体来看，这些研究大多认同科举制度对唐代文化普及、各级教育体系的建立有着促进作用，同时也多认为对举子的思想自由、精神独立存在着消极的影响。关于这一方面的研究内容已经从宽泛地评价科举制度对唐代教育影响的好或坏，向考察科举制度下的教育形式（比如私学、官学等）转移，但对具体教育内容及其与科举考试试项的互动关系研究尚不充分，有待进一步探索。

（四）唐代科举与文学

20 世纪 80 年代以前，这一课题的研究成果或限于单篇论文，或只在著作中稍带论及。80 年代后，此课题的研究得到迅猛发展，引人注目的论著纷纷出现，较早的比如有程千帆《唐代进士行卷与文学》、傅璇琮《唐代科举与文学》，2000 年后出现了王勋成《唐代铨选与文学》、陈飞《唐代试策考述》[⑧]、俞钢《唐代文言小说与科举制度》[⑨] 等。他们或者以科举制度的衍生产品为考察对象，或者从文人的心态研究入手，或者将研究延伸至选官领域，深入具体的科举试项，或者将视角定格于某一文学体裁与科举制度的关系。这些成果无疑为唐代科举与文学研究开拓了思路，提供了借鉴。相关论文也有不少，有探讨科举与文学关系的，比如傅璇琮《关于唐代科举与文学的研究》[⑩]，陈飞《唐代科举制度与文学精神品质》[⑪]，邓乔彬的系列论文《进士文化与唐诗》、《进士文化与诗可以观》、

---

① 宋大川：《唐代教育体制研究》，山西教育出版社 1998 年版。

② 何力：《北京的教育与科举》，北京出版社 2000 年版。

③ 刘海峰、李兵：《学优则仕——教育与科举》，长春出版社 2004 年版。

④ 《湘潭师范学院学报》（社会科学版）1998 年第 1 期。

⑤ 《中国史研究》1994 年第 3 期。

⑥ 《史学史研究》2006 年第 4 期。

⑦ 《陕西师范大学学报》（哲学社会科学版）2006 年第 6 期。

⑧ 陈飞：《唐代试策考述》，中华书局 2002 年版。

⑨ 俞钢：《唐代文言小说与科举制度》，上海古籍出版社 2004 年版。

⑩ 《文学遗产》1984 年第 3 期。

⑪ 《文学遗产》1991 年第 2 期。

《进士文化与诗可以群》、《进士文化与诗可以兴》、《进士文化与诗可以怨》[①]；有探讨行卷干谒对文学影响的，比如薛天纬《干谒与唐代诗人心态》[②]、俞钢《唐代举子行卷文体考论》[③]；有考察具体考试试项对文学创作影响的，比如李浩《唐代"诗赋取士"说平议》[④]、吴在庆《科举试赋及其对唐赋创作影响的几个问题》[⑤]、苗怀明《唐代选官制度与中国古代判词文体的成熟》[⑥]；有考察科举与文学文本间关系的，比如李金坤《唐代科举考试与〈文选〉》[⑦]、姜维公《唐代科举与〈选〉学的兴盛》[⑧]；还有分析文学创作个体在科举制度影响下的诸多变化的，比如刘海峰《"韩门弟子"与中唐科举》[⑨]、李军《论杜荀鹤的科第情结》[⑩]、蒋咏宁《论张说延纳后进与唐开元间的以文举人》[⑪] 等。在这些专著和论文中，傅璇琮、陈飞的成果为科举与文学的关系研究提供了方法和思维上的借鉴。傅璇琮强调通过文史结合的方法，在制度这种真实的历史文化背景下，考察士人的生活道路、思维方式、情感意志、心态变化，并借此挖掘科举与文学间的关系。傅璇琮提出的文史结合的方法至今依然是唐代科举与文学研究中行之有效的方法，意义深远。陈飞则将文学的概念扩大，强调科举制度规定下的文学并不是狭义的文学，而是受制于制度规定和政治约束的广义文学。他提出了"唐代官人文学"的概念，并将之分为"科举文学"与"官用文学"两类，使"文学"的概念更能符合唐代的实际情况。同时，他认为在研究科举与文学关系问题上，举子是重要的中介，其具有文学化、制度化的双重特征，因而成为架构科举制度与文学间的桥梁。陈飞的观点为研究者从科举角度研究文学提供了新的切入点。

---

① 《中国文化研究》2006 年第 3 期；《学术研究》2006 年第 11 期；《文学评论》2006 年第 4 期；《文艺研究》2007 年第 4 期；《文艺理论研究》2007 年第 4 期。

② 《西北大学学报》（哲学社会科学版）1994 年第 1 期。

③ 《陕西师范大学学报》（哲学社会科学版）2010 年第 1 期。

④ 《文史哲》2003 年第 3 期。

⑤ 《广西师范大学学报》（哲学社会科学版）2004 年第 2 期。

⑥ 《河南社会科学》2002 年第 1 期。

⑦ 《人文杂志》2003 年第 2 期。

⑧ 《长春师范学院学报》1999 年第 1 期。

⑨ 《漳州师院学报》1997 年第 3 期。

⑩ 《宁夏大学学报》（社会科学版）1998 年第 3 期。

⑪ 《四川师范大学学报》（社会科学版）1996 年第 4 期。

从总体来看，关于唐代科举与文学的研究同样呈现出向纵深化方向发展的势头，即从原来的重在宏观考察，逐渐演变为深入细致地考量某一文学体裁与唐代科举的关系，或者唐代文学与科举制度某一组成部分的关系。这既是研究趋于深入化、系统化的表现，也预示着这一课题未来的发展方向。

（五）唐代科举与政治

科举制度作为培养、选拔官吏的制度，其对政治的影响自然不容小觑。关于这方面的研究主要集中在两个方面：一是不同政治力量的较量，比如尹富《抵制·渴慕·操纵——论唐代士族对科举的多重态度》[①]，王志东的系列论文《牛李朋党科举之争的实质——牛李党争与唐代科举的发展（一）》、《牛李朋党科举之争的特征——牛李党争与唐代科举的发展（二）》、《牛李朋党科举之争的后果——牛李党争与唐代科举的发展（三）》[②]，涂绪谋《唐进士“新兴阶级”性对党争的影响存疑——〈唐代政治史述论稿〉学习札记》[③] 等。二是科举制度在官员任用、管理中的作用，比如刘恩惠《唐代科举制度对加强吏治的作用》[④]，吴宗国《科举制与唐代高级官吏的选拔》[⑤]，金滢坤《中晚唐五代科举与清望官的关系》[⑥]，邓小泉《略论科举在唐代六部侍郎选举中的作用》[⑦]。值得关注的是吴宗国和金滢坤的文章，均采用了统计的方法推导得出结论，尤其金滢坤文是在吴宗国研究基础上的进一步细化，文中数据颇具参考价值，所得结论也令人信服。

三、唐代科举文学研究

对科举考试文体的研究始于世纪之交。近十年来，伴随着研究的深入，人们开始摆脱陈见，逐渐将科举文体纳入学术视野。无论在唐代科举文献的整理上，还是在唐代科举与文学关系的研究上，都能看到这种趋

① 《西南师范大学学报》（哲学社会科学版）1998 年第 5 期。

② 《广西社会科学》2004 年第 4、5、6 期。

③ 《四川师范大学学报》（社会科学版）2004 年第 6 期。

④ 《吉林师范大学学报》（人文社会科学版）1981 年第 4 期。

⑤ 《北京大学学报》（哲学社会科学版）1982 年第 1 期。

⑥ 《中国史研究》2003 年第 1 期。

⑦ 《青海社会科学》2004 年第 3 期。

势。从总体来看，唐代科举文学研究主要集中在以下三个方面：

（一）唐代科举文学校注、选编

前者，比如有前面提及的作为全国高校古籍整理委员会重点项目“历代科举文献整理与研究丛刊”组成部分的鲁杭伦《历代律赋校注》、罗积勇《唐代试律试策校注》。后者，比如有彭国忠《唐代试律诗》①、张荫堂《唐朝状元诗榜眼诗探花诗》② 等。《唐代试律试策校注》以中华书局版《文苑英华》为底本，校以四库本、《全唐诗》、《全唐文》、《登科记考》等，注释主要涉及艰深疑难的字词、典故，曲折巧妙的修辞方式、结构特点、相关文献背景或史实背景，还简介了作者、可考的创作时间等，为学界研究试律诗和试策文提供了一个较为详细完备的注本，颇为难能可贵。《唐代试律诗》以《文苑英华》、《全唐诗》为底本，收录、编选了171首具有代表性和对比性的应试诗，同时收集了清代叶忱、毛奇龄、臧岳等人对唐代应试诗的分析评价，结合近人的研究成果，形成了诗人小传、诗歌、解题、注释、分析、集评的内容体系，也为阅读、了解、研究唐代试律诗提供了方便。不过，由于相关研究资料的缺乏，在试律诗的解题、分析中似有不妥之处，有待改进。

（二）唐代科举文学格律研究

诗赋是唐代科举考试的一个重要内容，而格律又是写作和评判诗赋时较为客观的依据，因而深得唐人重视。通过对应试诗赋格律的考察，不仅可以使我们了解唐代应试文体的写作要求，还能借此了解唐代通行的音韵规定。相关的研究比如有王兆鹏《唐代科举考试诗赋用韵研究》③、《〈广韵〉“独用”、“同用”使用年代考——以唐代科举考试诗赋用韵为例》、《试论唐代科举考试的诗赋限韵与早期韵图》、《唐代试律诗用韵频率考》④，王士祥《唐代省试赋用韵考述——唐代省试赋研究之一》⑤，孙夫荣《唐代科举考试诗平仄两读字用例分析》⑥。其中王兆鹏《唐代科举考试诗赋用韵研究》一书专门研究了应试诗赋的用韵情况，通过统计的方

① 彭国忠：《唐代试律诗》，黄山书社2006年版。

② 张荫堂：《唐朝状元诗榜眼诗探花诗》，昆仑出版社2009年版。

③ 王兆鹏：《唐代科举考试诗赋用韵研究》，齐鲁书社2004年版。

④ 《中国语文》1998年第2期；《汉字文化》1999年第2期；《汉字文化》2005年第2期。

⑤ 《郑州大学学报》（哲学社会科学版）2004年第6期。

⑥ 《安徽文学》（下半月）2009年第2期。

法，得出各韵部、韵字的使用频率，考察各韵部间的独用、同用现象，借此来探讨唐代官韵的真实面貌。

（三）唐代科举文学的题目、评判标准、艺术手法、体制等

相关论文比如有薛亚军《唐府州试诗题考辨》①，刘青海《试论唐代应试诗的命题及其和〈文选〉的渊源》②，池洁《唐人应试诗题的文化解读》、《唐人应试诗题与唐代诗歌审美取向》③，王群丽《论唐省试诗命题的特点》、《唐省试诗命题对写作的影响》、《唐代省试诗中的“比兴”手法》④，李定广《唐代省试诗的衡量标准与齐梁体格》⑤，陈飞《唐代试策的形式体制——以制举策文为例》⑥，谭淑娟《唐代科举判文的政治意义及文学特质》⑦ 等。研究主要围绕应试诗的题目展开，既有考辨、渊源分析，也有对文化内涵、审美取向的解读；此外，对应试诗的创作手法、衡量标准，制举策文，科举判文也略有涉及。这当中值得关注的是池洁的两篇文章，一篇从应试诗题出发，解读唐代社会儒释道三家思想的地位轻重关系，得出儒第一、道第二、释第三的结论；一篇则通过分析出典于前代诗歌的唐人应试诗题，对唐人的诗歌艺术审美观念作出解读，指出崇尚六朝诗歌乃是唐代诗歌审美取向的主流，分析代表性的前代诗人的诗歌风格在唐诗特质形成过程中所起的特殊作用，资料翔实，结论令人信服。其他几篇论文不同程度地表现出研究内容和思路上的新颖性，比如王群丽考察了应试诗的命题思路及其对诗歌写作的影响，发人所未发；李定广纠正了以往普遍认为的应试诗以齐梁体格为衡量标准的错误认识；陈飞和谭淑娟则针对策文、判文的体制特征进行了研究，亦属尚无人涉足的领域。还有一些在研的基金项目，比如国家社科基金项目王群丽“唐代省试诗研究”、王士祥“唐代试赋与应试文学的审美观照”等也以应试诗赋作为主要研究对象。另外，郑晓霞《唐代科举诗研究》⑧ 把科举领域内产生的，

---

① 《文献》2001 年第 3 期。

② 《云南大学学报》（社会科学版）2008 年第 4 期。

③ 《文学遗产》2007 年第 3 期；《文学评论》2007 年第 5 期。

④ 《江海学刊》2007 年第 4 期；《东岳论丛》2008 年第 1 期；《齐鲁学刊》2008 年第3 期。

⑤ 《学术研究》2006 年第 2 期。

⑥ 《文学遗产》2006 年第 6 期。

⑦ 《贵阳学院学报》（社会科学版）2009 年第 1 期。

⑧ 郑晓霞：《唐代科举诗研究》，复旦大学出版社 2006 年版。

与科举生活相关的诗一并纳入研究视野，进行总体的特征分析，为科举文学的研究开拓了思路，提供了有价值的参考。

从总体来看，在唐代科举领域的研究中，关于科举制度的研究已达到一定的水平，获得了较多的研究成果，但是由于科举制度本身的复杂性，以及有关记载的零散纷繁，人们对唐代科举制度的研究还多停留在宏观把握层面。虽然已有研究者开始致力于推进研究的深细度，但就所获得的成果数量和质量来看，对科举制度具体考试门类、试项、环节、方法、程序的研究仍然不够充分，对这些具体的考试门类、试项与唐代社会、政治、文学间的关系尚未能深入地进行探讨。关于科举文体的研究虽然已经逐渐受到重视，但由于人们以往普遍认为应试类文学作品缺乏佳作，没有什么文学性可言，对此向来关注甚少，因而研究基础比较薄弱，研究成果比较单一。目前的研究不仅没有表现出对各类应试文体的普遍重视，而且即使是对其中的热点——应试诗的考察也未能形成系统、全面的认识。另外，适用于科举文体的独立评价体系尚未确立，这对客观评价科举文体的特点、意义、价值会形成一定程度的制约。基于这样的研究现状，我们试图在科举与文学的关系研究中找到这样一个内容，它既可以为科举制度研究的深细化进程作出贡献，又可以为科举文体的研究提供有益的参考。而诗歌在唐代社会中的地位与影响众人皆知，以诗取士的考试方法无疑是唐代科举各类考试试项中最具唐代色彩的一个，对唐代试诗制度与应试诗的考察能符合上述的两项预期。然而在以往的研究中，人们只是在总论科举制度或进士科制度时，才涉及进士科试诗，而且对进士科以外的吏部铨选、科目选、制举、翰林学士院试诗现象均有不同程度的忽略，将唐代试诗制度作为一个独立的整体予以考察的研究至今尚未出现。

有鉴于以诗取士在唐代举士选官考试中所发挥的重要作用，参考陈飞"唐代试策研究"以某一具体科举试项为切入点的研究思路，我们决定将研究题目定为"唐代试诗制度研究"。

第二节 研究思路与内容概述

本书以唐代试诗制度为考察对象，既是有鉴于科举与文学关系研究的发展趋势，也因为科举文体研究方兴未艾，而到目前为止，将唐代试诗制度作为一个独立的整体予以考察的研究尚未出现。

关于唐诗与唐代科举之关系，学界探讨虽多，但以往的论述常常囿于狭义的科举定义，大多局限于对进士科的考察，基本结论是只有进士科才有试诗制度。事实上，唐代建立了一个较为完整的试诗体系，除了常科中的进士科以外，吏部铨选、博学宏词科试、制举、翰林学士院试中都不同程度地存在着以文学取士的现象和试诗的内容，涵盖了文学人才的培养、选拔、任用、提拔等多个方面，与唐代政治发展、文学演进、士人生活、社会风尚有着千丝万缕的联系。现有的学术成果不仅缺乏对进士科以外的各类试诗现象的系统考察，即便是对进士科试诗制度本身，也还存在着一些似是而非、笼统模糊的认识。作为各类考试试项中最具唐代色彩的一个，试诗既是中国考试史上的一项制度创新，也是唐代构建文德政治的一个重要组成部分，其施行及演变与唐代社会诸多方面息息相关。应试诗作为科举制度框架内的诗歌，就其在举士选官考试中发挥的作用来看，具有独特的价值与意义。而以往的研究往往在认识上局限于科举文体无甚价值的判断，将之排斥于文学研究视野之外，适用于科举文体的评价体系至今尚未确立。只有对唐代试诗制度予以系统、全面、细致、深入的考察，我们才有可能比较科学地认识试诗存在的作用与价值，应试诗的特点与价值，并进而更加具体地理解唐代政治、社会、文化、士人心态与科举制度之关系，更加深入地体会科举制度的功能作用，从而为现代中国的人事管理、文化建设、教育普及等提供智力资源。

我们试图在广义的科举（即唐代选才命官中的所有分类考试，以及所有与天子关系密切的选才命官考试）范围内，通过对各类史料、笔记、文集等的钩沉索隐与综合研究，查检唐代各类举士选官考试中关于试诗的具体规定，探索唐代试诗的起源，勾勒唐代试诗制度的总体面貌，构建起完整的唐代试诗体系；把试诗作为一种独特的“政治——文学”现象，在文德政治视域下，探讨应试诗的体制、规范与特点，确立科举文体的独立评价体系；同时，以文人心态为中介，深入揭示试诗制度与唐代社会、政治、文学间的相互关系，评价其作用、地位与影响。本书除了绪论以外，主要分为八章，分别从产生缘起、基本面貌、文体特征和作用影响四个方面，对唐代试诗制度予以全方位的考察。

第一、第二章为源流考述部分，探讨唐代试诗开始的时间以及试诗制度形成的原因。由于以往的研究常常只集中在进士科试诗的源流分析上，未涉及其他考试门类的试诗问题，难免有失偏颇。这两章重点通过考索资料，对前人研究成果进行分类、比较、分析，得出自己对这一问题的结论：从广义的科举范围来看，以诗取士的用人原则最初产生于吏部的官员任用，进而影响至其他考试门类。以此为基点，我们发现唐代试诗产生的时间比以往认为的要早。试诗作为最富有唐代色彩的一项考试制度，其产生的背后蕴含着一幅深远而广阔的历史文化、现实政治图景。

第三、第四章为制度考述部分，旨在厘清唐代各类考试中的试诗制度内容，从而呈现唐代试诗制度基本面貌。唐代建立了一个完整的试诗制度体系，它以进士科试诗为基础，以铨选试诗为提高，以博学宏词科、制举试诗为补充，以翰林院试诗为终点，形成了立体全方位的文才培养、选拔、任用、提拔机制。这其中还包括了地方—中央，解试—省试—殿试等不同级别的试诗，初试（别头试、弘文崇文生试、宗正寺试）—考覆—覆试等不同环节的试诗，呈现出系统化的特点。以进士科试诗为重点，通过具体考论省试、各级官学试、各级地方试的具体试诗环节、试诗规定，尤其吏部铨选、博学宏词科、制举、翰林学士院的试诗现象，全面衡量试诗制度的功能与价值，填补以往因视野局限留下的研究空白。这是我们将视野扩展到广义科举后获得的对试诗制度的全新认识。这一部分重在资料的整理、分析、归纳、重构，在前人的研究基础上，构建独立、完整的试诗制度体系，并对以往研究中被人忽略的一系列问题予以补充，比如试诗中的考覆、覆试、别头试、弘文馆崇文馆试、锁院等具体考试规定；再比如铨试、博学宏词科试、制举试、翰林学士院考试中以文取士现象与唐代试诗制度间的关系。对以往似是而非的一些环节予以澄清，比如地方试与国子监馆学试之间的关系，试诗制度在唐代以文治国政治中的地位。

第五章至第七章为文学评析部分，对试诗制度规定下的应试诗给予总体的考察，分析唐代应试诗作为政治制度规定下的文学形式的独特面貌，以及在文德政治中所发挥的作用。应试诗依存于文德政治环境，受科举制度制约，其创作场合、写作目的、创作机制皆不同于一般的文学作品。作为一种独特的“政治—文学”现象，应试诗回归到了政治语境下的“文学”，其命题立意、情意内涵、审美趣尚、结构布局、措辞用语、品评判定等无不受此影响，诗体诗风别是一家。我们应确立新的科举文体评价体系，在这一体系中，应试作品的好坏不仅仅由审美性、抒情性特征决定，更主要的是它在实现统治者举士选官，乃至政治理想的过程中所发挥的作用如何，从而客观衡量其价值、判断其地位。这一部分首先对科举考试所作诗歌的各种称谓予以厘清，引出“应试诗”这个概念；另外试图将应试诗放回它所依存的制度环境中进行讨论，从而建立起适用于制度文学的新的价值体系，以期对以往主观地使用纯文学艺术标准对唐代应试诗作出的过低评价予以纠正，并为将来进一步全面研究唐代应试文体奠定基础。

最后一章为制度评价部分，在前面各章的论述基础上，对试诗制度与唐代社会、政治、文学三者间的相互关系予以说明，并进而对这一制度发挥的作用与影响予以评价。唐代试诗制度既是唐代特定环境下的产物，又通过“制度规定下的人”这一中介，对唐代社会产生影响，其与环境之间存在着互动关系。在厘清唐代试诗制度具体内容的基础上，进一步考察试诗制度与唐代社会的关联性，涉及试诗的合理性问题、试诗制度与政治发展、士风转变的关系问题、试诗与文人、试诗与文学、试诗与教育等多个方面。对试诗制度与唐代社会的关系，以唐代社会的“诗性”特征为切入点，着重说明“诗唐”与试诗制度间的相互影响、相互促进关系。对其与唐代政治的关系则从构建文德政治这一基本点出发进行评价，旨在说明试诗制度是唐代构建文德政治的一个重要组成部分，并主要从构建文德政治的人，即文人官员的任用、士庶之间的力量对比两个方面来说明这一制度既有利于唐代以文治国理念的实现，又对唐代政治的发展产生了一些不可避免的消极影响，这是理想与现实、制度与执行间的距离。对其与文学的关系，主要讨论诗歌学习、创作在试诗制度下呈现出来的一些特点，以及这些特点对唐诗发展所形成的影响。通过分析唐代士子在这一制度下精神面貌、心理状态、知识结构、思维方式的特点，着重探索试诗在“诗唐”社会的建立、文德政治的实行、唐诗文质并重风貌的形成过程中所发挥的作用与影响。从总体来说，这一部分立论的基点是试诗制度的政治属性，即它是在唐代构建文德政治的进程中建立起来的一个举士选官的制度体系，它与唐代社会、政治、文学三者间的关系归根到底都指向了它与文德政治建设之间的关系。从这个角度来看，试诗制度对唐代社会是利大于弊的。

我们试图将唐代试诗制度放在一个具有空间性和时间性的历史文化背景中进行考察，主要采用基本的文史结合、考论结合的方式。通过对《唐会要》、《通典》、《文献通考》、《册府元龟》、《新唐书》、《旧唐书》、

《登科记考》、《唐摭言》、《唐语林》、《封氏闻见记》等众多基础史料、笔记中相关资料的搜集整理，甄别分析，全面考察唐代试诗制度的内容，厘清试诗制度的细节。重点研读《全唐诗》、《文苑英华》收录的应试诗，借鉴清人试律专书毛奇龄《唐人试帖》、叶忱《唐诗应试备体》、臧岳《应试唐诗类释》、纪昀《唐人试律说》及今人《唐代试律试策校注》等材料，在文德政治视域下，科举制度背景中，系统考察应试诗的特征；从"政治—文学"的角度，构建新的科举文体评价体系，衡量兼具应用性与文学性的应试诗的独特价值与地位。以文人心态为中介，以原始材料为基础，深入挖掘材料与材料之间的关系，分析试诗制度与唐代社会各方面的联系，从而对试诗制度的作用、价值、地位形成判断。

我们旨在扩大视野，更新角度，对原始资料作出新的解读，以解决问题，推进唐代科举与文学研究的深入发展。然而由于自身学识、能力、精力等各方面因素的制约，呈现在眼前的书稿最终仍然未能达到预期的设想，疏漏与悖谬也在所难免，留下的遗憾只能有待各方面更加成熟以后，再作进一步的弥补与深入。只希望自己这一次浅尝辄止的探索可以给唐代科举与文学研究贡献一份微薄的果实，倘能获得方家品鉴，则幸莫大焉。

第一章

唐代科举试诗起源的时间

唐代科举沿袭隋代而来，改变了魏晋“上品无寒门，下品无世族”的现象，官爵位的世袭制被打破，为下层举子展开了一条充满诱惑却艰难曲折的仕进之路。无数举子在这条路上奋力往前，或平步青云，或蹭蹬潦倒。有的得到考官赏识而一飞冲天，留下旁人艳羡的目光；有的白首穷经终未谋得功名，留下一生不能接受的憾事。虽然在唐代的各个时期，科举的影响力各不相同，但从总体来看，它已成为影响文人士子人生轨迹和精神生活的重要因素。在众多的科考项目中，有一科颇为引人注目，它开创了文学致身的新局面，有时甚至成为唐代科举的代名词，这就是创制于隋而大盛于唐的进士科。

据《唐摭言》卷一《散序进士》载，当时凡应进士举者，即被世人称为“白衣公卿”或者“一品白衫”。[①] 进士及第被视为“登龙门”，“及第进士，俯视中黄郎”，“解褐多拜清紧，十数年间，拟迹庙堂”。[②] 张柬之曾孙张绰初考进士科落第，曾手捧《登科记》顶礼膜拜，称《登科记》为“千佛名经”。[③] 杜昇自拾遗赐绯，任职内廷，还上表请求参加进士科考试，及第后，人称“著绯进士”。[④] 薛元超以门荫入仕，高宗朝官至中书令，仍将未能进士擢第作为人生的三大遗憾之一。[⑤] 唐宣宗“爱羡进士”，曾在宫内自题“乡贡进士李道龙”。每对朝臣就问其“登第否”，若

---

① （五代）王定保：《唐摭言》卷一《散序进士》，上海古籍出版社1978年版，第4页。

② （唐）封演：《封氏闻见记》卷三《贡举》，学苑出版社2001年版，第34页。

③ 同上书。

④ （宋）王谠撰，周勋初校证：《唐语林校证》卷四《企羡》，中华书局1987年版，第380页。

⑤ （唐）刘餗：《隋唐嘉话》卷中，《唐五代笔记小说大观》，上海古籍出版社2000年版，第103—104页。

回答以进士登科入仕，必定大喜。[①] 由此我们不难发现，从唐代普通民众，一般举子到大臣权贵，甚至帝王多崇尚进士科，以出身进士为无上的荣耀，视进士科人才为人中龙凤。就总体而言，唐代社会形成了重进士的新风尚。无怪乎《新唐书》卷四十四《选举志上》言："大抵众科之目，进士尤为贵，其得人亦最为盛焉。……时君笃意，以谓莫此之尚。"[②]

一般认为，在唐代科举发展历程中，进士科能够超越明经科而成为全社会关注的焦点，使"咸亨之后，凡由文学一举于有司者，竞集于进士"[③]，形成"朝廷所大者，莫过文柄；士林所重者，无先辞科"[④] 的局面，与唐代进士科试诗有重要关系。"对于士人来说，以诗赋作为仕进的敲门砖，比只试策或试帖经更具有吸引力，进士科的地位明显提高了"[⑤]，因为"对策多可钞袭，帖经惟资记诵，别高下、定优劣，以诗赋文律为最宜。故聪明才思，亦奔凑于此也"[⑥]。但如果细查文献，我们还会发现，作为唐代科举史上一项重大的制度创新，以诗取士在当时其实并不仅仅局限于进士一科，它还曾出现在制举、吏部铨选、科目选博学宏词科试、入翰林院任学士的考试中。比如《旧唐书·杨绾传》载："天宝十三年，玄宗御勤政楼，试博通坟典、洞晓玄经、辞藻宏丽、军谋出众等举人……取辞藻宏丽外，别试诗赋各一首。制举试诗赋，自此始也。"[⑦] 王勃《上吏部裴侍郎启》言："铨擢之次，每以诗赋为先。"[⑧] 范摅《云溪友议》卷中载："唐宣宗十二年，前进士陈玩等三人，应博学宏词选。所司考定名第，及诗、赋、论进呈迄，上于延英殿，诏中书舍人李潘等对。"[⑨] 白居易《太社观献捷诗》题后有注"元和二年十一月四日，自集贤院召赴银台候旨。五日，召入翰林，奉敕试制书诏批答诗等五首，翰林院使梁守谦

---

① （宋）王谠撰，周勋初校证：《唐语林校证》卷四《企羡》，第370—371页。

② （宋）欧阳修、宋祁：《新唐书》，中华书局1975年版，第1166页。

③ （五代）王定保：《唐摭言》卷一《述进士上篇》，第3页。

④ 同上书，卷十四《主司失意》，第156页。

⑤ 苏芸：《从应试诗看唐代社会风气及士人心态》，《北京大学学报》2004年国内访问学者、进修教师论文专刊。

⑥ 钱穆：《国史大纲》上册，商务印书馆1996年版，第430页。

⑦ （五代）刘昫：《旧唐书》卷一百一十九《杨绾传》，中华书局1975年版，第3429页。

⑧ （唐）王勃：《上吏部裴侍郎启》，（清）董诰《全唐文》卷一百八十，中华书局1983年版，第1830页。

⑨ （唐）范摅：《云溪友议》卷中，《唐五代笔记小说大观》，第1293—1294页。

奉宣：'宜授翰林学士。'"[①] 只不过因为进士科在唐代科举考试中占有极为重要的地位，所以以往一谈到试诗，人们首先想到的便是进士科的以诗取士，甚至误以为只有进士科才试诗。这种只及一点、不顾其余的做法，折射出我们对唐代试诗现象在理解上存在着不彻底、不具体的问题。另外，对其他考试门类试诗现象的忽略，更主要地还源于我们过去对"科举"的狭义定义，即视"科举"为常科与制举这两大系统的组成。实际上，除了常科与制举以外，唐代的学校教育、吏部的考核提拔，以及其他一些特殊的情况和场合，都存在着类似的人才选拔考试，它们共同有机地组成了唐代社会举士选官的科举体系。从这个角度理解，"科举"的内涵可以扩展为"唐代选材命官中的所有的'分科考试'"，以及"所有与'天子'关系密切的选材命官"，"如此系统而完备的'唐代科举'内容，都应该引起我们的关注并纳入研究视野"。[②] 把广义的"科举"纳入研究视野，将有助于我们对唐代举士选官制度及其产生的影响形成更加全面而系统的认识。因此，我们下面的论述也将在广义的"科举"范围内进行，把广泛存在于唐代各类举士选官考试中的试诗作为唐代科举的一个重要组成部分予以考察，从而对试诗制度的总体面貌、实施情况、发挥的影响，以及在历史上的地位与价值等问题形成较全面的认识，并进而对唐代的用人制度、人才标准、应试类文体的特征和价值等问题产生更清晰的理解。

第一节　关于唐代试诗起源时间的几种说法

叙述历史，人们常常乐于从"很久很久以前"开始，然后再勾勒出一个与之对应的历史空间，这就像在建立一个坐标系，横、竖坐标一旦确定，事物在整个时空关系中的地位也就明确了，而其辐射的能量和范围便能够在这个坐标系中以比较清晰准确的方式被描绘出来。对唐代试诗起源的探究也源于这样一种考虑。

---

① （唐）白居易：《太社观献捷》，（清）彭定求《全唐诗》卷四百六十一，中华书局1960年版，第5246页。

② 陈飞：《唐代试策考述·绪言》，中华书局2002年版，第12页。

关于唐代试诗产生的时间，学界虽然已多有探讨，但是大多仅以进士科试诗作为考察对象，在一定程度上限制了研究视野和研究思路，从而使唐代试诗制度的总貌未能获得充分展现。我们试图在前人研究的基础上，通过分析对比不同的学术观点，去伪存真，去粗存精，同时结合文献考证、资料分析，在广义的科举范围内，从唐代举士选官的整体角度出发，提出对这一问题的认识。

目前，学界对唐代试诗起源时间的认识主要集中在下述四种观点。

一、“永隆二年”说

第一种观点认为试诗始于永隆二年（681），主要依据是调露二年（680）考功员外郎刘思立的奏请和永隆二年八月高宗颁布的《条流明经进士诏》：

> 至调露二年，考功员外郎刘思立始奏二科并加帖经。……永隆二年，诏明经帖十得六，进士试文两篇，识文律者，然后试策。[①]
>
> ——《通典·选举三·历代制下》
>
> 如闻明经射策，不读正经，钞撮义条，才有数卷。进士不寻史传，唯读旧策，共相模拟，本无实才。……自今已后，考功试人，明经每经帖试，录十帖得六已上者，进士试杂文两首，识文律者，然后并令试策。[②]
>
> ——《条流明经进士诏》

调露二年四月，刘思立除考功员外郎[③]，其奏请的文本久已不传。从杜佑的记载来看，刘思立当时奏请的是明经与进士二科一并加试帖经。《新唐书》卷四十四《选举志》载：“考功员外郎刘思立建言，明经多抄义条，进士唯诵旧策，皆亡实才，而有司以人数充第。”[④] 加试帖经，的

---

① （唐）杜佑：《通典》卷十五《选举三·历代制下》，中华书局 1988 年版，第 354 页。

② （宋）宋敏求：《唐大诏令集》卷一百〇六《政事·贡举》，商务印书馆 1959 年版，第 549 页。（清）董诰《全唐文》卷十三题为《严考试明经进士诏》，第 161 页。

③ （宋）王溥：《唐会要》卷七十六《贡举中·进士》，上海古籍出版社 2006 年版，第 1633 页。

④ （宋）欧阳修、宋祁：《新唐书》卷四十四《选举志上》，第 1163 页。

确有助于促进举子学习经史，夯实基础。而朝廷在酝酿了一年多以后，针对刘思立指出的问题，下诏进行改革，规定明经加试帖经，进士加试杂文两篇。后人所言“至高宗朝，刘思立为考功员外郎，又奏进士加杂文，明经填帖”①，或“考功员外郎刘思立奏请加试帖经与杂文”② 的说法，是将刘思立的奏请和朝廷的诏书内容相混淆了。（宋）叶梦得《避暑录话》卷下言：“永隆后进士始先试杂文二篇，初无定名。《唐书》自不记诗、赋所起，意其自永隆始也。”③ 审慎地推断试诗的上限或为永隆年。（清）赵翼《陔馀丛考》卷二十八《进士》则更明确地把时间锁定在永隆二年：

> 永隆二年，以刘思立言进士惟诵旧策，皆无实材，乃诏进士试杂文二篇，通文律者然后试策。此进士试诗赋之始。④

赵翼将诏书中的“杂文”理解为诗、赋，故定永隆二年为“进士试诗赋之始”。现代学者岑仲勉亦持此观点。他在《隋唐史》一书中谈道：“高宗调露二年，刘思立奏二科并加帖经，进士又加试杂文（即诗赋）”⑤，将此处的“杂文”定义为“诗赋”。

那么，试“杂文”是否就等同于试“诗赋”呢？谈及这一问题，我们很容易联想到下面两则材料：

> 至高宗朝，刘思立为考功员外郎，又奏进士加杂文，明经填帖，从此积弊，浸转成俗。幼能就学，皆诵当代之诗；长而博文，不越诸家之集。递相党与，用致虚声，六经则未尝开卷，三史则皆同挂壁。⑥
>
> ——《旧唐书·杨绾传》
>
> 进士科与隽、秀同源异派，所试皆答策而已。……有唐自高祖至高宗，靡不率由旧章。……后至调露二年，考功员外郎刘思立奏请加试帖经与杂文，文之高者放入策。寻以则天革命，事复因循。至神龙

① （五代）刘昫：《旧唐书》卷一百一十九《杨绾传》，第3430页。

② （五代）王定保：《唐摭言》卷一《试杂文》，第9页。

③ （宋）叶梦得：《避暑录话》卷下，丛书集成初编本，中华书局1985年版，第69页。

④ （清）赵翼：《陔馀丛考》卷二十八《进士》，商务印书馆1957年版，第583页。

⑤ 岑仲勉：《隋唐史》，中华书局1982年版，第189页。

⑥ （五代）刘昫：《旧唐书》卷一百一十九《杨绾传》，第3430页。

元年方行三场试，故常列诗赋题目于榜中矣。[①]

——《唐摭言·试杂文》

这两则材料常常被人们视为“杂文”即“诗赋”的依据。然而，如果我们仔细阅读，就会发现《旧唐书》所录太常少卿杨绾的奏议、王定保《唐摭言》的记载只能说明“杂文”包含诗赋。杨绾的奏议写于代宗宝应二年（763），此时距刘思立奏请一事已有83年，这期间进士科也早已从两场试变为三场试。杨绾写这则奏议的目的旨在抨击代宗朝学风虚浮，“至高宗朝……从此积弊，浸转成俗”等语仅是粗略洄溯学风虚浮现象之源起，而非细致勾勒进士科杂文试之演变过程；“皆诵当代之诗”是学风虚浮的表现之一，可作为代宗朝试诗的证明，却不能作为高宗朝开始试诗的依据。

至于《唐摭言》，其虽为《四库全书总目》所推许，肯定它“述有唐一代贡举之制特详，多史志所未及……不似他家杂录，但记异闻已也”[②]，但在此段叙述中却多有不准确或未翔实的地方。

比如，自高祖至高宗调露二年，进士科只试策的说法不准确。据《通典》卷十五《选举三·历代制下》载：“其初止试策，贞观八年，诏加进士试读经史一部。”[③]《唐会要》卷七十六《贡举中·进士》亦载：“贞观八年三月三日，诏进士试读一部经史。”[④]《通典》卷十七《选举五·杂议论中》、《唐会要》卷七十六《贡举中·进士》载：贞观二十二年（648）九月，张昌龄、王公谨应进士举，知贡举王师旦“考其文策全下”[⑤]。《玉海》卷二百○三《辞学指南·表》载：“唐显庆四年，进士试《关内父老迎驾表》。”[⑥]《玉海》卷二百○四《辞学指南·箴》载：“显庆四年，试

① （五代）王定保：《唐摭言》卷一《试杂文》，第9页。

② （清）纪昀：《四库全书总目》卷一百四十《子部·小说家类一》，中华书局1965年版，第1186页。

③ （唐）杜佑：《通典》卷十五《选举三·历代制下》，第354页。

④ （宋）王溥：《唐会要》卷七十六《贡举中·进士》，第1633页。

⑤ （唐）杜佑：《通典》卷十七《选举五·杂议论中》，第402页；（宋）王溥：《唐会要》卷七十六《贡举中·进士》，第1633页。

⑥ （宋）王应麟：《玉海》卷二百○三《辞学指南·表》，四库全书本，第2页。

《贡士箴》。"[①]《册府元龟》卷六百三十九《贡举部·条制》载："高宗上元二年正月，敕明经加试《老子》策二条，进士加试帖三条。"[②] 可见，调露二年以前，进士科在试策之外，还曾有过试读经史、文章、帖经的情况。

再比如，《唐摭言》云，调露二年刘思立奏请进士科加试帖经与杂文，武则天时事复因循，至神龙元年（705）方实行三场试。意谓刘思立已提出三场试（帖经、杂文、策）的建议，但武则天称帝期间仍然只试策，至神龙元年武则天归政，才正式开始实行三场试。而实际上，前已述及，刘思立仅奏请加试帖经，永隆二年《条流明经进士诏》才规定明经加试帖经，进士加试杂文，以制度的形式确立了"二场试"。至于正式实行三场试的时间是否在神龙元年现已不可考，亦不知王定保所据为何。不过，从现有资料来看，在开元二十五年（737）《条制考试明经进士诏》正式颁布之前，进士科确实曾出现过三场试的现象。比如，《唐六典》卷四《尚书礼部·礼部尚书侍郎》述进士试制时注云："旧例帖一小经并注，通六已上……然后试杂文两道、时务策五条。"[③]《通典》卷十五《选举三·历代制下》亦注："旧制，帖一小经并注。开元二十五年，改帖大经。"[④]（所谓"小经"，指《易》、《尚书》、《春秋公羊传》、《穀梁传》。"大经"，指《礼记》、《春秋左氏传》。[⑤]）这与开元二十五年（737）颁布的《条制考试明经进士诏》中所言"其进士宜停小经，准明经例，帖大经十帖，取通四已上。然后准例试杂文及策，考通与及第"[⑥] 亦相吻合。另外，颜真卿《朝议大夫守华州刺史上柱国赠秘书监颜君神道碑铭》言："君讳元孙……举进士，素未习《尚书》，六日而兼注必究。省试《九河铭》、《高松赋》。故事，举人就试，朝官毕集。考功郎刘奇乃先标榜君曰：铭赋二首，既丽且新；时务五条，词高理赡。惜其帖经通六，所以不

---

① （宋）王应麟：《玉海》卷二百〇四《辞学指南·箴》，四库全书本，第1页。

② （宋）王钦若：《册府元龟》卷六百三十九《贡举部·条制》，凤凰出版社2006年版，第7388页。

③ （唐）李林甫：《唐六典》卷四《尚书礼部·礼部尚书侍郎》，中华书局1992年版，第109页。

④ （唐）杜佑：《通典》卷十五《选举三·历代制下》，第356页。

⑤ （宋）欧阳修、宋祁：《新唐书》卷四十四《选举志上》，第1160页。

⑥ （唐）唐玄宗：《条制考试明经进士诏》，（清）董诰《全唐文》卷三十一，第345页。

（原本阙），屈从常第，徒深悚怍，由是名动天下。”[①] 据《旧唐书》卷一百八十七《忠义传下·颜杲卿传》载：“父元孙，垂拱初登进士第，考功员外郎刘奇榜其词策，文瑰挺拔，多士耸观。”[②] 可见，垂拱元年（685）的进士科考试，已包括帖小经、试策、试杂文两首《九河铭》、《高松赋》三个环节。而《唐语林》卷八《补遗》所云“员外郎刘思立以进士惟试时务策，恐复伤肤浅，请加试杂文两道，并帖小经”[③]，则将刘思立奏请一事与帖小经、试杂文、策的三场试混为一谈了。《旧唐书》卷一百一十九《杨绾传》、《新唐书》卷四十四《选举志上》所录杨绾上疏一事，虽文各有异，但都提及杨绾批评试杂文后，进士科举子缺乏经学功底的情况：“至高宗朝，刘思立为考功员外郎，又奏进士加杂文……从此积弊，浸转成俗。……六经则未尝开卷，三史则皆同挂壁。”[④]“进士科起于隋大业中，是时犹试策。高宗朝，刘思立加进士杂文……故为进士者皆诵当代之文，而不通经史。”[⑤] 倘若经刘思立奏请后，进士科便开始试帖小经，则何来此番不通经术的批评。因此，胡震亨《唐音癸签》卷十八《诂笺三·进士科故实》所云“唐进士初止试策。调露中，始试帖经，经通试杂文……杂文又通试策”[⑥] 的说法亦误。

另外，武则天称帝以后，也绝非只试策。颜真卿《朝议大夫赠梁州都督上柱国徐府君神道碑铭》在记叙徐秀进士及第时说：“君讳秀……年十五为崇文生，应举。考功员外郎沈佺期再试《东堂壁画赋》，公援翰立成。沈公骇异之，遂擢高第。”[⑦] 考沈佺期任知贡举时间有大足元年

① （唐）颜真卿：《朝议大夫守华州刺史上柱国赠秘书监颜君神道碑铭》，（清）董诰《全唐文》卷三百四十一，第 3457 页。

② （五代）刘昫：《旧唐书》卷一百八十七下《忠义传下·颜杲卿传》，第 4896 页。

③ （宋）王谠撰，周勋初校证：《唐语林校证》卷八《补遗》，第 714 页。

④ （五代）刘昫：《旧唐书》卷一百一十九《杨绾传》，第 3430 页。

⑤ （宋）欧阳修、宋祁：《新唐书》卷四十四《选举志上》，第 1166 页。

⑥ （明）胡震亨：《唐音癸签》卷十八《诂笺三·进士科故实》，古典文学出版社 1957 年版，第 160 页。

⑦ （唐）颜真卿：《朝议大夫赠梁州都督上柱国徐府君神道碑铭》，（清）董诰《全唐文》卷三百四十三，第 3480—3481 页。

(701)[①] 和长安二年（702）[②] 两说。不管哪一说，可见当时进士科考试（虽然是针对崇文生的单独考试）除试策以外，也曾试杂文。

至于《唐摭言》此段关于试杂文的叙述：刘思立奏请加试的是“杂文”，神龙元年以后常于进士榜上列出诗赋之题，似乎“杂文”与“诗赋”之间存在对等关系。然而从现有材料看，垂拱元年（685）进士科省试杂文题是《九河铭》、《高松赋》，显然并非“诗、赋”可囊括。

与之相对，下面这两则材料或许有助于我们进一步了解，在唐人观念中，“杂文”虽然包含诗赋，但并不等同于诗赋：

> 进士习业，亦请令习《礼记》、《尚书》、《论语》、《孝经》并一史。其杂文请试两首，共五百字以上、六百字以下，试笺、表、论、铭、颂、箴、檄等有资于用者，不试诗赋。[③]
>
> ——《通典·选举五·杂议论中》

此段文字出自大历年间洋州刺史赵匡的奏议。赵匡说笺、表、论、铭、颂、箴、檄等是杂文中“有资于用者”，则诗赋为杂文中无资于用者，因此请求不试诗赋。这说明在唐人观念中，“杂文”并不单指诗、赋，而是包含了诗、赋在内的多种文体。

另据《册府元龟》卷六百三十九《贡举部·条制》载，开元二十二年（734）三月诏曰：“多才科试，经国商略大策三道，并试杂文三道，取其词气高者。”[④] 同书卷六百四十三《贡举部·考试》载，天宝“十三载十月，御含元殿亲试博通文典……其词藻宏丽科，问策外更试律赋各一首。制举试诗赋，自此始也。”[⑤] 多才科属制举之一种，开元二十二年该科除试策三道外，还曾试杂文三道，然而这一杂文试并未成为制举试诗赋的开始，这也显示出“杂文”与“诗赋”在概念内涵上并不能等同。

事实上，进士科开始试杂文的时间就不在永隆二年。《条流明经进士

---

① 陈尚君持此观点，见《〈登科记考〉正补》，《陈尚君自选集》，广西师范大学出版社2000年版，第217页。

② 徐松持此观点，见（清）徐松撰，孟二冬补正《登科记考补正》卷四，第159页。

③ （唐）杜佑：《通典》卷十七《选举五·杂议论中》，第422页。

④ （宋）王钦若：《册府元龟》卷六百三十九《贡举部·条制》，第7390页。

⑤ 同上书，卷六百四十三《贡举部·考试》，第7428页。

诏》颁布于八月，而进士科解试早的在七八月间便要进行，省试一般在岁末年初举行，所以杂文试当始于第二年，即永淳元年（682）[①]。原来一般认为，现存最早的进士杂文试题是垂拱元年（685）省试《九河铭》、《高松赋》，之前的永淳元年、二年、三年进士杂文试是否有诗题皆不可考。因此，就目前来说，将进士科开始试诗的时间定在《条流明经进士诏》下达以后的第一次进士科考试，没有确切的依据；更何况试诗还不是唐代进士科的专利，在尚未考察其他考试门类的试诗情况之前，就贸然以进士科试诗的起源时间为唐代试诗的开端，也不妥当。

二、“开元天宝”说

第二种观点认为唐代科举试诗起源于开元年间，定型于天宝之际。（清）徐松在《登科记考》卷二“永隆二年辛巳”条的按语中指出：

> 杂文两首，谓箴铭论表之类。开元间，始以赋居其一，或以诗居其一，亦有全用诗赋者，非定制也。杂文之专用诗赋，当在天宝之季。[②]

徐松认为，在试杂文的最初阶段，题目主要是箴、铭、论、表等。诗歌作为进士科考试内容之一，开始于开元年间，最终确立于天宝之际。

徐松对诗歌进入杂文试由非定制而至专用的认识，以及天宝之际开始专试诗赋的时间判断得到现代不少学者的认同。比如程千帆根据王应麟《玉海》所载进士科试题，认为“进士科举加试文词，早在永隆二年以前即偶有之，而刘思立的奏请，则使它进一步地制度化了。又经过几十年的演变，才由任试包括诗、赋在内的各体杂文，逐渐转为只试诗、赋”，因此，“徐松的话是正确的”。[③] 傅璇琮也认为“徐松的话是有事实根据的”。他考察了徐松《登科记考》所载唐代进士科杂文试题，发现自永隆二年

---

① 永隆二年九月改年号为开耀。开耀二年（682）二月改年号为永淳。

② （清）徐松撰，孟二冬补正：《登科记考补正》卷二，第84—85页。

③ 程千帆：《唐代进士行卷与文学》，《程千帆全集》第8卷，河北教育出版社2000年版，第13页。

实行考试改革后，所试杂文的体裁多为铭、赋、颂，而开元十二年(724)[①]“才开始有试诗的记载，这就是著名的祖咏《终南山望馀雪》诗”；在这之后，又出现了箴、颂、赋、表等题目，直至天宝十载（751）以后，才“连续有诗赋的记载”。因此，傅璇琮认为“进士科在八世纪初开始采用考试诗赋的方式，到天宝时以诗赋取士成为固定的格局”。[②] 但也有一些学者认为以诗取士的时间应该更早。比如，王运熙在《释“河岳英灵集序”论盛唐诗歌》的注释中提到，开元时代始经常以律诗取士。[③] 皇甫煃《唐代以诗赋取士与唐诗繁荣的关系》一文根据《唐摭言》“至神龙元年方行三场试，故常列诗、赋题目于榜中”的记载和《文苑英华》所录省试类作品的相关资料，推论诗、赋取士的上限在神龙元年，下限在开元年间。[④] 陈铁民认为，徐松所言杂文之专用诗赋当在“天宝之季”，即“天宝之末”的意思。在整理了永淳元年（682）至天宝十五年（756）的杂文试题后，陈铁民提出：“杂文专用诗赋的固定格局最终形成的时间，徐松说在天宝之末，从开元时期杂文试题的演变趋向看，当过晚。”[⑤]

从上述介绍中，我们不难发现，持第二种观点的学者，无论依据的是《玉海》、《登科记考》还是《文苑英华》，大多以现存的进士科杂文试题为主要考察对象进行推导。那么以徐松为代表的这种观点究竟是否合理呢？让我们不妨重新审视天宝十五年（756）以前杂文试的情况：从永淳元年（682）至开元元年（713）的30年里，已考知的只有垂拱元年(685)《九河铭》、《高松赋》，徐松是否另有确凿证据我们不得而知，但仅凭这两题绝无可能确定初试杂文阶段，试诗与否以及数量多少。徐松见闻广博而又精于考证，但此处理由何在，他却并未说明。有学者指出，徐

---

① 胡可先、陈尚君均认为祖咏登进士第在开元十三年（725）。详见胡可先《〈登科记考〉匡补三编》，《徐州师范学院学报》（哲学社会科学）1989年第4期。陈尚君《〈登科记考〉正补》，《陈尚君自选集》，第225页。故《终南山望馀雪》为开元十三年（725）试题。

② 傅璇琮：《唐代科举与文学》，陕西人民出版社2003年版，第169—171页。

③ 王运熙：《释“河岳英灵集序”论盛唐诗歌》，《复旦学报》（社会科学版）1957年第2期。

④ 皇甫煃：《唐代以诗赋取士与唐诗繁荣的关系》，《南京师院学报》1979年第1期。

⑤ 详见陈铁民《梁玙墓志与唐进士科试杂文》，《北京大学学报》（哲学社会科学版）2006年第6期。

松下此判断是基于他对"杂文"概念内涵与外延的认识①，然《高松赋》的存在已说明徐松所谓"杂文两首，谓箴铭论表之类"判断的不准确。

又开元年间共考知杂文试题22个，具体如下：

年份	试题（诗）	试题（赋）	试题（其他）
开元元年（713）	长安早春	出师赋	
开元二年（714）		旗赋	
开元四年（716）		丹甑赋	
开元五年（717）	古木卧平沙	止水赋	
开元七年（719）		北斗城赋	
开元十一年（723）			黄龙颂
开元十三年（725）	终南山望馀雪	花萼楼赋	
开元十四年（726）			考功箴
开元十五年（727）		灞桥赋	积翠宫甘露颂
开元十八年（730）	柳陌听早莺	冰壶赋	
开元二十一年（733）	积雪为小山		
开元二十二年（734）	武库诗	梓材赋	
开元二十六年（738）	明堂火珠		拟孔融荐祢衡表
开元二十七年（739）	美玉诗	蓂荚赋	

其中，赋题10个，诗题8个，其他4个。诗、赋占考知试题总数的82%。每年两个试题均已考知的年份8个，其中一诗一赋的年份高达6个；每年考知一个试题的年份6个，其中一诗或一赋的年份高达4个，这4年不排除另一个是赋题或诗题的可能。两者相加，杂文试诗赋的年份占到考知试题年份的最大值是71%。可见，开元年间，诗、赋已成为杂文试的主要内容，与徐松所说的"以赋居其一，或以诗居其一，亦有全用诗赋者"的情况大体一致。诗、赋题目如此高频率的出现，告诉我们开元年间专试诗赋的趋势已经非常明显；但偶尔出现的颂、箴、表等，也在提醒我们，杂文试固定使用诗、赋的制度在开元年间并未定型。

又天宝年间共考知杂文试题4个，具体如下：

① 详见陈铁民《梁玙墓志与唐进士科试杂文》，《北京大学学报》（哲学社会科学版）2006年第6期。

年份	试题（诗）	试题（赋）	试题（其他）
天宝六年（747）		罔两赋	
天宝十年（751）	湘灵鼓瑟	豹舄赋	
天宝十五年（756）	东郊迎春诗		

全部为诗、赋之题。可见，杂文试之专用诗赋很有可能在天宝初，徐松“天宝之季”的说法的确过晚。

由于资料所限，虽然我们现在已经对进士科杂文专试诗赋之定型过程形成了比较一致的意见，但学界在试诗起源的时间上仍各执一说，未能形成令人信服的结论。

三、“仪凤四年”说

第三种观点由陈尚君提出，认为唐代科举试诗的起始时间下限在仪凤四年（679）。他在《〈登科记考〉正补》[①] 一文中指出，从现存文献来看，关于唐人试诗最早的记录出现在《大唐故亳州谯县令梁府君之墓志》[②] 里：

> 公讳璵，字希杭，京兆长安人也。……逮乎冠稔，博通经史，诸所著述，众挹清奇，制试杂文《朝野多欢娱诗》、《君臣同德赋》及第，编在史馆，对策不入甲科，还居学。间岁举进士至省，莺迁于乔，鸿渐于陆。属皇家有事拜洛明堂，简充斋郎，逡奔执豆。其年放选，郑部雄藩，原武大邑，公牵丝作尉……年七十有三，遘疾弥留……开元廿年二月十九日壬辰，终于公馆。

陈尚君认为，梁玙卒于开元二十年（732），时七十三岁。他制举及第，写《朝野多欢娱诗》时“逮乎冠稔”，即二十岁左右，则其应制及第当在仪凤四年或五年。孟二冬《登科记考补正》卷二“仪凤四年己卯”

① 陈尚君：《〈登科记考〉正补》，《陈尚君自选集》，第211—212页。

② 周绍良主编：《唐代墓志汇编·开元363》，上海古籍出版社1992年版，第1407—1408页。

根据陈尚君文，亦将梁玙制举及第时间定为仪凤四年。[①] 据此，在仪凤年间就有科举试诗的现象了。这篇墓志中“所载试诗赋题，为存世唐人试诗赋的最早记载，弥足珍视”[②]。

陈铁民对陈尚君和孟二冬的观点提出了不同看法。他在《梁玙墓志与唐进士科试杂文》[③] 一文中指出，陈、孟二人对《大唐故亳州谯县令梁府君之墓志》的解读都存在一定问题。《墓志》中“逮乎冠稔”四句与“制试杂文”所述为二事，不能作为推测其“制试杂文”时间的依据。陈尚君断梁玙应制及第在仪凤四年，举进士及第在永昌元年（689）（因墓志中有“皇家有事，拜洛明堂”云云，当指武后亲享明堂、改制称帝一事），明显与《墓志》中所言“间岁”不符。孟二冬断梁玙应制及第在仪凤四年，举进士及第在永隆二年（681）[④]，虽与“间岁”之语相合，但与《墓志》中的“属皇家有事拜洛、明堂”之语抵牾。

那么梁玙这两次考试究竟发生在什么时候呢？关于这一点，“皇家有事，拜洛明堂”是关键。拜洛水、享明堂事之前后，可详见史书记载：

> （垂拱）四年春二月，毁乾元殿，就其地造明堂。……夏四月，魏王武承嗣伪造瑞石，文云：“圣母临人，永昌帝业。”令雍州人唐同泰表称获之洛水。皇太后大悦，号其石为“宝图”……五月，皇太后加尊号曰圣母神皇。秋七月，大赦天下。改“宝图”曰“天授圣图”，封洛水神为显圣，加位特进，并立庙。……十二月己酉，神皇拜洛水，受“天授圣图”，是日还宫。明堂成。永昌元年春正月，神皇亲享明堂，大赦天下，改元，大酺七日。[⑤]
>
> ——《旧唐书·则天皇后本纪》

《新唐书》卷四《则天皇后本纪》、《资治通鉴》卷二百〇四《唐纪》“则天后垂拱四年”也有类似记载。无论是拜洛受图，还是明堂之建，在

---

① （清）徐松撰，孟二冬补正：《登科记考补正》卷二，第82—83页。

② 陈尚君：《〈登科记考〉正补》，《陈尚君自选集》，第211页。

③ 陈铁民：《梁玙墓志与唐进士科试杂文》，《北京大学学报》（哲学社会科学版）2006年第6期。

④ （清）徐松撰，孟二冬补正：《登科记考补正》卷二，第86页。

⑤ （五代）刘昫：《旧唐书》卷六《则天皇后本纪》，第118—119页。

当时都属国之大事。《资治通鉴》卷二百〇四载："己酉，太后拜洛受图。皇帝、皇太子皆从，内外文武百官、蛮夷各依方叙立，珍禽、奇兽、杂宝列于坛前，文物卤簿之盛，唐兴以来未之有也。"① 此时正值武则天大造声势、谋夺皇位之际，"宝图"的出现恰当其时。拜洛受图，场面宏大，贡物之多，盛况空前。而关于建明堂的设想，太宗和高宗都曾有过，至武则天执政，方成事实。垂拱四年（688）二月，武则天动用数万人，拆毁乾元殿，于其地建明堂。至十二月，明堂成，高二百九十四尺，方三百尺，共三层，颇为壮观。建成后，武则天赐宴群臣，大赦天下，允许百姓入内参观。第二年，也就是永昌元年（689）正月，她与皇帝、太子亲享明堂，后又在明堂受朝贺，颁布政令，大飨群臣。② 正因为是当朝盛事，需要众多人参与，所以朝廷挑选了不少人充作斋郎。《旧唐书》卷一百八十九上《儒学传序》载："是时复将亲祠明堂及南郊，又拜洛，封嵩岳，将取弘文国子生充斋郎行事，皆令出身放选，前后不可胜数。"③ 新科及第的梁玙也就是在这样一股潮流中，先被选为斋郎，获得出身，参加拜洛水、享明堂的典礼，然后直接被任命为县尉。而拜洛受图在垂拱四年十二月，则梁玙进士及第当在该年春。因此，陈尚君认为的在永昌元年有误，至于孟二冬认为的在永隆二年更与史实不符。而其"制试杂文"与"举进士至省"时隔"间岁"，则当在垂拱二年（686），而非陈、孟二人认为的仪凤四年。

四、"垂拱二年"说

同样是对梁玙墓志的解读，前已叙及，陈铁民提出了不同的看法，因此关于唐代试诗起始时间的下限也就有了另一种认识，即垂拱二年。

需要指出的是，陈铁民《梁玙墓志与唐进士科试杂文》在否定了陈尚君和孟二冬对《朝野多欢娱诗》创作时间的界定以后，又进一步提出，《墓志》原文所写"制试杂文"，并非指制举考试，而是进士科考试。理由有三：第一，除天宝十三载（754）辞藻宏丽科制举试诗赋外，唐代制

---

① （宋）司马光：《资治通鉴》卷二百〇四《唐纪·则天后垂拱四年》，中华书局 1956 年版，第 6454 页。

② 同上书，卷二百〇四《唐纪·则天后垂拱四年》、《唐纪·则天后永昌元年》，第 6447、6454—6456 页。

③ （五代）刘昫：《旧唐书》卷一百八十九上《儒学传序》，第 4942 页。

举通常只有试策一个试项，而梁玙首次应的科考却有两个试项；第二，应制及第后又应进士试，这与唐代的制度不相合；第三，若梁玙果真应制及第，应立即授官，而非“还居学”。他推测梁玙首次所应科考为进士科。①

对于陈铁民的新论，我们以为，似有可商榷之处。首先，关于制举的试项问题。《旧唐书》、《唐会要》二书均记载，制举试诗从唐玄宗天宝十三载（754）开始，当年的辞藻宏丽科，除试策外，另加试诗、赋各一首。具体如下：

> （天宝十三载秋）上御勤政楼试四科制举人，策外加诗赋各一首。制举加诗赋，自此始也。②
>
> ——《旧唐书·玄宗本纪》
>
> 天宝十三载十月一日，御勤政楼，试四科举人。其辞藻宏丽，问策外更试诗赋各一道。（注：制举试诗赋，从此始。）③
>
> ——《唐会要·贡举中·制科举》

《册府元龟》卷六百四十三《贡举部·考试》也有类似记载。④ 因为材料中都提及了“从（自）此始”，所以一般以为，此前的制举从未试过诗、赋。但据《资治通鉴》卷二百一十五《玄宗天宝六载》载：

> 上欲广求天下之士，命通一艺以上皆诣京师。李林甫恐草野之士对策斥言其奸恶，建言：“举人多卑贱愚聩，恐有俚言污浊圣听。”乃令郡县长官精加试练，灼然超绝者，具名送省，委尚书覆试，御史中丞监之，取名实相副者闻奏。既而至者皆试以诗、赋、论，遂无一人及第者。林甫乃上表贺野无遗贤。⑤

此事最早可见于中唐元结《喻友》的叙述：

---

① 陈铁民：《梁玙墓志与唐进士科试杂文》，《北京大学学报》（哲学社会科学版）2006 年第 6 期。

② （五代）刘昫：《旧唐书》卷九《玄宗本纪》，第 229 页。

③ （宋）王溥：《唐会要》卷七十六《贡举中·制科举》，第 1649 页。

④ （宋）王钦若：《册府元龟》卷六百四十三《贡举部·考试》，第 7428 页。

⑤ （宋）司马光：《资治通鉴》卷二百一十五《唐纪·玄宗天宝六载》，第 6876 页。

天宝丁亥（六载）中，诏征天下士人有一艺者，皆得诣京师就选。相国晋公林甫以草野之士猥多，恐泄漏当时之机，议于朝廷曰："举人多卑贱愚聩，不识礼度，恐有俚言，污浊圣听。"于是奏待制者悉令尚书长官考试，御史中丞监之，试如常吏（如吏部试诗、赋、论、策）。已而布衣之士无有第者，遂表贺人主，以为野无遗贤。①

《资治通鉴》与《喻友》的叙述大体相同，可见司马光此段记录基本取材于元结。不过，他在元结的基础上更详细地说明了此次制举考试的流程和试项。鉴于司马光严谨的治学态度，《资治通鉴》补充的内容当有所本，而《全唐文》原注内容"如吏部试诗、赋、论、策"之"策"字当为衍出。从这则材料我们发现，早于天宝十三载，李林甫操纵的这次制举便已出现试诗赋的情况。《旧唐书》和《唐会要》的叙述或许针对的是制举考试中规律性试诗赋现象的产生，但由于目前在历史文献中未能发现辞藻宏丽科再试诗赋的记录，因此我们也无法确知《旧唐书》和《唐会要》的本意。陈铁民特别提到，除天宝十三载辞藻宏丽科制举试诗赋外，唐代制举通常只有试策一个试项。此语不错，一般唐代制举的确只试策，但在科举制度尚不成熟、仍然处于不断变化中的唐代，科场有例外亦属平常。天宝十三载的这场制举是例外，前面已提及的开元二十二年（734）的多才科，除了试策还试杂文②，唐后期的日试万言、日试百篇也有试诗的内容③。故胡震亨《唐音癸签》卷十八《诂笺三·进士科故实》曾云："至于制举试策，元以罗非常之才。乃问策外，亦试诗赋，其觭重如此。"④更何况，制举乃天子为延揽非常之才而特开，应时应势产生的科目数不胜数。凭我们现在看到的文献资料，断言制举试诗赋仅天宝十三载辞藻宏丽一科，且将之作为论据，似不妥。

---

① （唐）元结：《喻友》，（清）董诰《全唐文》卷三百八十三，第3887页。

② （宋）王钦若《册府元龟》卷六百三十九《贡举部·条制》载，开元二十二年三月诏曰："多才科试，经国商略大策三道，并试杂文三道，取其词气高者。"第7390页。

③ （五代）王定保《唐摭言》卷十一《荐举不捷》载："长沙日试万言王璘……复为《鸟散余花落》诗三十首。"第122页。白居易《日试诗百首田夷吾曹璠等授魏州兖州县尉制》言："明试以诗，五言百篇。"详见《白居易集》卷五十二，中华书局1979年版，第1099页。

④ （明）胡震亨：《唐音癸签》卷十八《诂笺三·进士科故实》，第161页。

其次，关于墓志的用语问题。我们都知道墓志是对逝者生平经历的回顾与评价，不仅表达生者对逝者的缅怀之情，更对逝者的一生起了盖棺定论的作用。因此人们写作时必定态度慎重，尤其关于一些重要事迹的描述，遣词造句多会斟酌再三；虽然其中不免溢美之词，但事实当不会有误。基于这样的认识，我们再来重新看一下《大唐故亳州谯县令梁府君之墓志》对梁玙参加考试过程的介绍：

> 制试杂文《朝野多欢娱诗》、《君臣同德赋》及第，编在史馆，对策不入甲科，还居学。间岁举进士至省，莺迁于乔，鸿渐于陆。

我们都知道，“制”在古代有特殊的含义，不能滥用。制举声望高于其他科目，皇帝甚至称制举登科者为门生①。且制举不是常举，并非每年举行，因此我们查阅现存开元年唐人墓志，其中涉及应制举或制举及第的，往往或者注明具体参加科目的名称，比如“应博通文史举高第”、“应词藻宏丽举甲科”、“有制举忠鲠，君对策及第”②；或者特别言明乃应制举，比如“（应）制举（及第）”③、“应诏（自）举”④；若涉及考试试项，则会点出“制”字，比如“制策高第”⑤等。相应的，墓志中涉及应进士举或进士及第的，则一般或者点明进士科名称，比如“举进士”⑥、

---

① （唐）苏鹗《杜阳杂编》卷上载：“此皆朕门生也。”《唐五代笔记小说大观》，上海古籍出版社2000年版，第1379页。

② 分别出自颜鲁公《康使君神道碑铭》，李乂《大唐故特进中书令博陵郡王赠幽州刺史崔公（玄暐）墓志铭并序》，陈子昂《大周故宣议郎骑都尉行曹州离狐县丞高府□（君）（像护）□□□（墓志铭）》。

③ 《大唐故右金吾将军魏公（靖）墓志铭并序》，《唐故朝散大夫行洪州都督府丰城县令上柱国公士谯郡清河房府君（诞）墓志铭并序》，《大周故检校胜州都督左卫大将军全节县开国公上柱国王君（珠）墓志铭并序》。

④ 《□□□□□□轻车都尉强君（伟）墓志铭并序》，《大唐故左□□□监察御史张府君（复）墓志铭并序》，《大唐故益州都督法曹大理丞毕君（正义）墓志铭》，杨炯《右将军魏哲神道碑》。

⑤ 薛稷《故洛州洛阳令郑府君碑》。

⑥ 独孤及《张从师墓表》，独孤及《顿邱李公墓志》，颜真卿《颜元孙神道碑》。

“进士高（及、擢）第”①；或者点明进士身份，比如“州（乡）贡进士”②、“国子（太学）进士”③；若涉及考试试项，则仅言“射策甲科（及第、高第）”④，从未出现“制”字。由此可见，梁玙墓志中的“制”字并非随意使用。而且前文只说“制试杂文”，后文却明确点出“举进士至省”，且未加“复”、“再”等语，若第一次参加的就是进士试，为何如此表述？因此，从墓志的行文用语来看，梁玙第一次参加的是制举的可能性更大。另外，在一篇字数有限的记述逝者生平的碑文中，作者特地记录了所试诗赋的题目，这在墓志中是极为罕见的。为什么这样写？很有可能梁玙参加的这次考试在环节上不同以往，因而作者特别记录下来。这也从一个侧面吻合了制举一般只试策，但也偶有例外加试诗赋的事实。

最后，关于“及第”和“甲科”的理解。墓志记录梁玙制试杂文及第，“对策不入甲科”，应指梁玙仅仅通过了第一道杂文试的环节，第二个环节对策未能通过。“及第”一语除了解释为“登第”外，还有“及格”的意思。比如《新唐书》卷四十四《选举上》载：“前假，博士考试，读者千言试一帖，帖三言，讲者二千言问大义一条，总三条通二为第，不及者有罚。岁终，通一年之业……诸学生通二经、俊士通三经已及第而愿留者，四门学生补太学，太学生补国子学。”⑤《册府元龟》卷六百

① 卢藏用《苏瓌神道碑》，刘禹锡《王俊神道碑》，《唐故邠王文学天水赵公墓志铭并序》，孙逖《宋州司马先府君墓志铭》，常衮《叔父故礼部员外郎墓志铭》，阳浚《唐故朝散大夫太子左赞善大夫陇西李府君（朏）墓志铭并序》，□乘《大唐故右领军卫仓曹参军杜府君（钑）墓志铭并序》。

② 陈子昂《周故内供奉学士怀州河内县尉陈该石人铭》，贾曾《唐故银青光禄大夫博州刺史柱国李君（尚贞）墓志铭并序》，《唐银青光禄大夫太子宾客岳阳县开国伯食邑五百户陈公（宪）墓志铭并序》，《唐故石州刺史刘君（穆）墓志铭并序》，张希迥《大唐故朝议大夫行兵部郎中上柱国冯翊严府君（识玄）墓志铭并序》。

③ 范履冰《大唐故纳言上轻车都尉博昌县开国男韦府君（仁约）墓志铭》，张楚金《唐故朝请郎行河南府河清县主簿左府君（光胤）墓志铭并序》，宇文暹序、包何铭《大唐故信都郡武强县尉朱府君墓志》，岑羲、郑愔《大唐故黄门侍郎兼修国史赠礼部尚书上柱国扶阳县开国子韦府君（承庆）墓志铭并序》。

④ 范履冰《大唐故纳言上轻车都尉博昌县开国男韦府君（仁约）墓志铭》，崔玄暐《周故宋州砀山县令李府君（义琳）神道铭并序》，卢献《大唐故巫州龙标县令崔君（志道）墓志铭并序》。

⑤（宋）欧阳修、宋祁：《新唐书》卷四十四《选举志上》，第1161页。

○四《学校部·奏议第三》有类似记载：“每旬放一日休假，前一日博士考试。其试读书，每千句言内试一帖，帖三言讲义者，每二千言内问大义一条，总试三条。通二为及第，通一及全不通者，斟量决罚。”① 唐代无论常科还是制举，都要求必须先通过前一个考试环节，成绩合格后方能进入下一个环节。所以，“杂文及第”，仅指杂文试这个环节及格。

在“对策不入甲科”中，“科”原指“科别”，但唐代“甲科”多指“甲第”，即科举考试中及第的第一等级。比如陈子昂《唐水衡监丞李府君墓志铭》：“对策甲科，授益州大都督府录事参军。”②《新唐书》卷四十四《选举志上》列举了十种常科应试科目的及第标准，其中“凡秀才，试方略策五道，以文理通粗为上上、上中、上下、中上，凡四等为及第。凡明经，先帖文，然后口试，经问大义十条，答时务策三道，亦为四等。……凡进士，试时务策五道、帖一大经，经、策全通为甲第；策通四、帖过四以上为乙第。凡明法，试律七条、令三条，全通为甲第，通八为乙第。”③ 而杜佑《通典》卷十五《选举三·历代制下》在言及这一问题时说：“按令文，科第秀才与明经同为四等，进士与明法同为二等。然秀才之科久废，而明经虽有甲乙丙丁四科，进士有甲乙二科，自武德以来，明经惟有丁第，进士惟乙科而已。”④ 但有时，“甲科”亦指考试中某一试项的成绩。比如《新唐书》卷一百四十《苗晋卿传》载：“天宝二年，判入等者凡六十四人，分甲、乙、丙三科，以张奭为第一。”⑤《册府元龟》卷六百三十八《铨选部·谬滥》亦载：“有张奭者，御史中丞倚之子，不辨菽麦，假手为判，时升甲科。”⑥ 唐代吏部铨选先试书、判，再察身、言。判入甲科，仅指其试判成绩优秀。上元元年（760）刘峣上疏言：“如有德行侔于甲科，书判不能中的，其可舍之乎？”⑦ 德行侔于甲科，仅指选人德行很好。因此，《墓志》言梁玙“对策不入甲科”应是

① （宋）王钦若：《册府元龟》卷六百○四《学校部·奏议》，第6969页。

② （唐）陈子昂：《唐水衡监丞李府君墓志铭》，（清）董诰《全唐文》卷二百一十六，第2188页。

③ （宋）欧阳修、宋祁：《新唐书》卷四十四《选举志上》，第1161、1162页。

④ （唐）杜佑：《通典》卷十五《选举三》，中华书局1988年版，第357页。

⑤ （宋）欧阳修、宋祁：《新唐书》卷一百四十《苗晋卿传》，第4642页。

⑥ （宋）王钦若：《册府元龟》卷六百三十八《铨选部·谬滥》，第7376页。

⑦ （宋）王溥：《唐会要》卷七十四《选部上·论选事》，第1585页。

对其在试策这个环节考试不第的婉转说法。所以，也就无所谓梁玙不可能应制举及第后再应进士举，以及立即授官之说。虽然现在我们无法确知梁玙应试的究竟为何种科目，但不排除其为试诗赋的制举科目的可能性。

从现有历史文献来看，武则天临朝称制的前五年，除了嗣圣元年（684）制诏举人外，其余三年（包括垂拱二年）均不见记载，直至垂拱四年（688）起，才又开始连续制诏举人。若梁玙第一次应考的果真是制举，则此墓志可补文献之不足。

综上所述，在目前文献资料缺乏的情况下，要确定唐代科举试诗开始的具体时间，的确还有待进一步的研究。但就梁玙的墓志铭来看，不管他第一次考的是何种科目，其所试的《朝野多欢娱诗》、《君臣同德赋》作于垂拱二年，当与事实相差不远，且此一诗一赋之题，是我们现在能看到的最早关于唐代科举试诗赋题目的记载。换言之，试诗进入唐代科举正式考试环节，其时间下限在垂拱二年。

第二节 唐代科举试诗的产生

对于唐代试诗起源时间的讨论，过去大多以进士科试诗为考察对象，关注其以制度的形式或者作为正式考试环节出现的时间。这样的研究思路看上去似乎理所当然，不言自明，但在一定程度上影响了我们对事物的全面认识与深入理解。因为任何新生事物的出现必定有酝酿其产生的温床，其发生的过程也必定会经历一个从孕育，到萌芽，到舒枝展叶的过程。倘若仅仅把目光聚焦在它破土而出的瞬间，忽视其更为漫长的影响深远的积蓄期，从某种角度来看，则是放弃了对事物起源本质的探究。因此，我们对唐代科举试诗起源时间的探寻，似乎也可以退后一步来进行观察。

事实上，以诗取士的理念早已广泛地存在于中国传统社会人才培养和选拔的标准中。如果追溯其源头，我们甚至可以把目光投向先秦的孔子。孔子曰："不学诗，无以言。"① 固然他说的是诸侯卿大夫在外交场合"交接邻国，以微言相感，当揖让之时，必称《诗》以谕其志，盖以别贤不

① （宋）朱熹集注：《论语集注·季氏》，齐鲁书社 1992 年版，第 172 页。

肖而观盛衰焉"[①]，然而作为从政应该具备的一种文化修养，诗歌无疑已开始进入人们的视野。而孔子提出的诗歌“兴、观、群、怨”的化成作用，在汉代、魏晋、南北朝也得到了认可。统治者普遍认同诗歌有助王化，诗歌创作才能是个人素质与品位高下的一个重要指标，将诗歌的创作与发展纳入“政治—文化”建设的范畴，广招文学之士为己所用。唐代试诗制度正是在这种长期存在的文才意识和用人标准逐渐定型，并且具备了实行的必要性和可能性的情况下，才由隐性的潜在状态上升为显性的制度规定。因此，当我们旨在考察唐代科举试诗存在的作用、意义与价值时，与其在制度规定或实际考试环节中寻找试诗开始的具体时间，还不如扩大范围，在唐代整个举士选官领域内考察以诗取士的最初阶段，即非制度化的阶段，这样或许有助于我们更加全面深入地了解唐代试诗的产生。

如果能够认同非制度条件下的这个前提，那么我们会发现唐代其他一些更早的关于以诗取士的记载：

> 君侯受朝廷之寄，掌镕范之权。至于舞咏浇淳，好尚邪正，宜深以为念者也。伏见铨擢之次，每以诗赋为先。诚恐君侯器人于翰墨之间，求材于简牍之际，果未足以采取英秀，斟酌高贤者也。[②]
>
> ——王勃《上吏部裴侍郎启》

写这封信时，王勃正在参加吏部铨选。时任吏部侍郎的裴行俭向他索要诗文，以便作为选拔的依据。王勃显然反对这种制度规定外的选拔标准，故在信中对“铨擢之次，每以诗赋为先”的现象表达了不满。据傅璇琮《唐才子传校笺》考，高宗总章二年（669）春夏间，王勃任沛王府修撰，由于戏写《檄英王鸡》，触怒高宗，被斥出府。此后，从总章二年五月至咸亨二年（671）春夏，一直客游四川。[③]今查裴行俭任吏部侍郎在咸亨元年（670）、二年间，且“吏部侍郎”在高宗龙朔二年（662）改名为“司列少常伯”，至咸亨二年才复旧，故王勃此次参选当在咸亨二年秋冬。唐代官员铨试以判文为主，因此王勃所言“以诗赋为先”似非指

---

① （汉）班固：《汉书》卷三十《艺文志》，中华书局1962年版，第1755—1756页。

② （唐）王勃：《上吏部裴侍郎启》，（清）董诰《全唐文》卷一百八十，第1830页。

③ 具体参见（元）辛文房撰，傅璇琮主编《唐才子传校笺》（一）卷一《王勃》，中华书局1987年版，第27、28页。

在铨选中出题试诗赋，而是参选官员向吏部侍郎交纳平时所作诗赋，以便吏部侍郎从多个方面分辨参选官员素质才能的高低，由此权衡决定其注拟职务。这种情况与进士科行公卷类似。从这封信来看，至咸亨二年，吏部铨选已经将诗、赋的好坏作为铨擢与否的前提了，而且“每”字暗示出这种现象似乎已经普遍地存在了一段时间。但显然它仍然是一种潜在的参考标准，并没有被固定地写入律条，因此，身为参选官员的王勃会口气不恭地对这种在“翰墨之间”、“简牍之际”选拔人才的方法予以直接否定。王勃此言的出发点其实并不旨在否定文学的意义，事实上他本人的文章便写得甚为宏丽。一直以继承王通续儒家经典为己任的他，只是为了纠正唐初文学文华藻饰，争构纤微，朝中多器重宫廷诗人而轻视“英秀”、“高贤”者的流弊，才有了上述言论。话虽说得有点矫枉过正，但借此我们不难看到，诗赋在当时官员选拔的过程中发挥了背后推手的作用。

此外，骆宾王也曾给裴行俭写过一封《上吏部侍郎帝京篇启》①。篇首言：“昨引注日，垂索鄙文，拜手惊魂，承恩累息。”引注日，指吏部考试通过后，吏部侍郎给参加铨选的官员注拟官职的日子。吏部侍郎裴行俭向骆宾王索要诗文，作为评判拔擢的参考依据，骆宾王由此献上长诗《帝京篇》。在这首作品中，骆宾王直接抒发了自己十年不调、沉沦下僚的愤懑之情，作品充满了刚健的气骨和壮大的力量，一别于主流诗坛虚浮华美、苍白贫弱的应制之风。这是吏部铨选将诗歌作为官吏选拔之参考标准的又一例证。由此可见，至咸亨二年（671），虽然诗歌尚未进入铨试环节，但吏部已将其作为铨擢与否的前提之一。

那么诗歌是否曾进入吏部正式的铨试环节呢？唐代铨试一般以身、言、书、判为内容。《通典》卷十五《选举三·历代制下》载：“其择人有四事：一曰身，取其体貌丰伟。二曰言，取其词论辩正。三曰书，取其楷法遒美。四曰判，取其文理优长。……凡选，始集而试，观其书判；已试而铨，察其身、言。”② 这其中，试判是关键，但前期也有试杂文的情况。比如颜真卿《尚书刑部侍郎赠尚书右仆射孙逖文公集序》载孙逖在

---

① （唐）骆宾王：《上吏部侍郎帝京篇启》，《骆宾王集》卷六，中国书店影印本1988年版。

② （唐）杜佑：《通典》卷十五《选举三·历代制下》，第360页。

参试时，“吏部侍郎王邱试《竹帘赋》，降阶约拜，以殊礼待之”。[①]《唐会要》卷七十五载：“开元八年七月，王丘为吏部侍郎，拔擢山阴尉孙逖。”[②] 可见，开元八年（720）铨试曾试赋。而据《唐会要》卷七十四《选部上·论选事》载：

> 开元三年，左拾遗张九龄上疏曰：“……臣以为选部之弊，在不变法，变法之易，在陛下涣然行之。夫以一诗一判，定其是非，适使贤人君子，从此遗逸。斯亦明代之阙政，有识者之所叹息也。”[③]

《全唐文》卷二百八十八录有此文《上封事书》：

> 故臣以为选部之法，弊於不变，变法之易，在陛下焕然行之。假如今之铨衡，欲自为意，亦限行之已久，动必见疑，遂用因循，益为浮薄。今若刺史县令，精核其人，即每年当管之内，应有合选之色，先委考其才行，堪入品流，然后送台，台又推择，据所用之多少，为州县之殿最：一则州县慎于所举，必取入官之才，二则吏部因其有成，无多庸人之数。纵有不在送者，妄起怨端，且犹分谤于外台，不至喧哗于南省。今则每岁选者，动以万计，京师米物，为之空虚，岂多士若斯？盖渝滥至此。而欲仍旧致理，难于改制，只益文法烦碎，贤愚浑杂，就中以一诗一判，定其是非，适使贤人君子，从此遗逸，斯亦明代之缺政，有识者之所叹息也。[④]

张九龄在指出当时选官领域存在的问题时，提到吏部选官“以一诗一判，定其是非”。这似乎显示出在开元初期，诗歌亦曾进入铨试，且已实行一段时间。另据《旧五代史》卷一百四十八《选举志》载，后唐天成五年（930）二月九日敕：“其进士科已及第者，计选数年满日，许令就

---

① （唐）颜真卿：《尚书刑部侍郎赠尚书右仆射孙逖文公集序》，（清）董诰《全唐文》卷三百三十七，第3415页。

② （宋）王溥：《唐会要》卷七十五《选部下·藻鉴》，第1607页。

③ 同上书，卷七十四《选部上·论选事》，第1585—1586页。

④ （唐）张九龄：《上封事书》，（清）董诰《全唐文》卷二百八十八，第2926页。

中书陈状，于都堂前各试本业诗赋判文。其中才艺灼然可取者，便与除官。”[①] 后唐科举之法多循唐制，这则敕文关于铨试以诗、赋、判为内容的规定或许与进士科试诗、赋、策有一定关联，但也不可否认其与唐代铨试之间的联系。

另外，据《唐摭言》载，王泠然在开元五年（717）进士及第后，曾以诗干谒高昌宇，以寻求更好的仕宦出路：

> 去年冬十月得送，今年春三月及第。……意者，望御史今年为仆索一妇，明年为留心一官。……并诗若干首，别来三日，莫作旧眼相看。[②]
>
> ——《唐摭言·恚恨》

这也同样显示出在铨选中实际上存在着以诗取士的潜在标准。

综上所述，相比较于进士科在开元中后期才开始比较固定地试诗[③]、以诗行卷[④]，天宝元年（742）才实行纳公卷[⑤]，显然吏部以诗选官、选人以诗行卷的时间要更早。

因此，我们可以推论，最迟至高宗咸亨二年，吏部以诗选官的潜在标准已日益明显，由此影响到进士科出现试诗。至玄宗朝开元前期，在统治阶级意志和社会风气的共同作用下，诗歌作为正式的铨试内容曾一度进入考试环节，以诗干谒的现象逐渐普遍，从而将以诗取士的用人原则全面推广，并进而促使进士科杂文试专用诗歌的定型。不过，铨试中一诗一判的形式并没有坚持下来，或许因为铨选的根本目的在于考察官员的吏治才干，所以像张九龄这样的大臣反对铨选中存在不重实际、注重文辞的浮华倾向；也可能因为当进士科实行以诗取士后，对文学人才的选拔已在最初

① （宋）薛居正：《旧五代史》卷一百四十八《选举志》，中华书局1976年版，第1978页。

② 分别见于（五代）王定保《唐摭言》卷二《恚恨》，第22、23页。

③ 开元中后期才有连续试诗的记录，可见进士科比较固定地试诗差不多在这个时期。

④ 据程千帆《唐代进士行卷与文学》考，行卷内容中加入诗歌，应在诗歌成为杂文试内容以后。

⑤ （五代）刘昫《旧唐书》卷九十二《韦安石传》载，天宝元年，韦陟“为礼部侍郎……曩者主司取与，皆以一场之善，登其科目，不尽其才。陟先责旧文，仍令举人自通所工诗笔，先试一日，知其所长，然后依常式考核，片善无遗，美声盈路”。第2958、2959页。

的海选阶段得到实现，所以铨试没有必要再偏向文学，故仍然回到以吏干为主的选拔标准。正如马端临所言，“按唐取人之法，礼部则试以文学……吏部则试以政事”，倘若铨选“不切于从政”，不注重考察官员临政治民的能力，那么与礼部试也就没有什么太大的区别了，其所试也就为“赘疣”矣。① 但从总体来看，唐代吏部铨选崇文倾向长期存在且影响深远，以至后唐将诗赋引入固定的铨试环节。

需要指出的是，以诗歌为代表的文学才能并非从一开始就是唐王朝选拔官员的重要标准之一。高祖年间，朝廷用人仍然沿袭自魏晋以来的重武轻文风气。贞观年间，在太宗君臣进一步明确了以儒学为治国之本的基本国策后，采取了多项措施大力扶持儒学复兴，儒学文士才逐渐开始受到重用，故这个时期对文学之士的需求并不显著。这一点从武德、贞观前期的举贤诏书中即能发现端倪：

> 择善任能，救民之要术；推贤进士，奉上之良规。自古哲王，宏风阐教，设官分职，惟才是与。……朕膺图驭宇，宁济兆民，思得贤能，用清治本。招选之道，宜革前弊，惩劝之方，式加常典。苟有才艺，所贵适时，洁己登朝，无嫌自进。……其有志行可录，才用未申，亦听自己具陈艺能，当加显擢，授以不次。②
>
> ——唐高祖《令京官五品以上及诸州总管刺史各举一人诏》
>
> 朕以寡薄，嗣守鸿基，实资多士，共康庶政。……自亲巡东夏，观省风俗，兴言至治，夕惕兢怀。然则齐赵魏鲁，礼义自出，江淮吴会，英髦斯在。……载伫风猷，实劳梦想。宜令河北、淮南诸州长官，于所部之内，精加访采。其孝悌淳笃，兼闲时务，儒术该通，可为师范，文词秀美，才堪著述，明识治体，可委字民，并志行修立，为乡里所推者，举送洛阳宫，各给传乘，优礼发遣。当随其器能，擢以不次。③
>
> ——唐太宗《令河北淮南诸州举人诏》

---

① （元）马端临：《文献通考》卷三十七《选举十·举官》，中华书局1986年版，第354页。

② （唐）唐高祖：《令京官五品以上及诸州总管刺史各举一人诏》，（清）董诰《全唐文》卷二，第32页。

③ （唐）唐太宗：《令河北淮南诸州举人诏》，（清）董诰《全唐文》卷六，第71页。

从上述两则材料中，我们不难发现，唐初帝王在统治之初都毫无例外地将关注重点放在如何吸取前代教训，建设新兴王朝上。无论是唐高祖的“用清治本”、“宜革前弊”，还是唐太宗的“兴言至治，夕惕兢怀”都表达了这样的意思。有鉴于隋朝奢靡败亡的结局，唐初统治者对虚艳浮美的“亡国之音”心存警惕；再加以王朝初建，百废待兴，因而择才取士看重“志行可录”、“志行修立”，要求“所贵适时”、“兼闲时务”、“儒术该通”、“明识治体”，注意实用型政治人才的录用。虽然朝廷也需要“文词秀美”之士，但亦要求“才堪著述”。从总体来看，至贞观前期，统治者在人才的任用与选拔上仍然较轻视文学之士，卢照邻甚至称当时是“文臣鼠窜，猛士鹰扬”① 的时代。这种情况直到贞观后期才有改观：

> 可令天下诸州，明扬侧陋。所部之内，不限吏人，其有服道栖仁，澄心砺操，出片言而标物范，备百行以综人师，质高视于琳琅，人不问于曾、闵，洁志邱园，扬名里闬；或甄明政术，晓达公方，禀木铎于孔门，受金科于郑相，奇谋间发，明略可以佐时，识鉴清通，伟才长于干国；或含章杰出，命世挺生，丽藻遒文，驰楚泽而方驾，钩深覩奥，振梁苑以先鸣，业擅专门，词高载笔；或辨雕春囿，谈莹秋天，发研机于一言，起飞电于三寸，蓄斯奔箭，未遂扬庭：并宜推择，咸同举荐，以礼将送，具状表闻。②
>
> ——《令天下诸州举人手诏》

这封归属在唐太宗名下的诏书写于贞观二十年（646），由许敬宗执笔。其中，除要求征召贤能德重、政术甄明、学艺优洽者以外，还要求举荐文蔚翰林者，特别强调须“丽藻遒文”、“钩深覩奥”、“业擅专门，词高载笔”。这与贞观十一年（637）诏书中“文词秀美，才堪著述”的要求相比，更强调了深典丽藻的重要性，体现了对文学之士的重视。另外，起草者许敬宗本身就是贞观后期专以辞藻见赏的文才。他的诗大多写得典奥懿雅、雕绘满眼，“无论表现什么内容，总是瑞云笼罩，德辉满天”，

---

① （唐）卢照邻：《释疾文·粤若》，（清）董诰《全唐文》卷一百六十七，第1701页。

② （唐）唐太宗：《令天下诸州举人手诏》，（清）董诰《全唐文》卷八，第95页。

如同“镶金嵌玉、铺锦列绣的工艺装饰品”一般①。他的创作对初唐宫廷诗向着典雅富丽的方向发展起了至关重要的作用。从他起草的这份诏书来看，语言同样镶金嵌玉，博奥雅丽。颇具意味的是，在前一年，中书令岑文本去世，许敬宗代替岑，任中书侍郎。而贞观前期岑文本曾因自己“出自书生，每怀㧑挹”，升任中书令后，又自以“非勋非旧”，“无汗马之劳，徒以文墨致位中书令”，颇觉“忧惧”②；许敬宗在得居机要后，却因为其“词采甚丽，深见嗟赏”③。从这一前一后两位中书省文臣的际遇比较中，我们能够很容易地发现贞观前、后期朝廷对文学之士态度的潜变。当然这种潜变在当时只是一种开始：

> （贞观）二十二年九月，考功员外郎王师旦知贡举，时进士张昌龄、王公瑾并有俊才，声振京邑，而师旦考其文策全下，举朝不知所以。及奏等第，太宗怪无昌龄等名，因召师旦问之。对曰：“此辈诚有文章，然其体性轻薄，文章浮艳，必不成令器。臣若擢之，恐后生相效，有变陛下风雅。”帝以为名言，后并如其言。④
>
> ——《唐会要·贡举中·进士》

文学的发展自有其惯性。初唐时，陈隋旧朝浮靡艳美的文风并未因王朝的更替而消失，只不过在开国之初，高祖、太宗君臣励精图治，努力开创盛世基业，因此这种文风也受到了宫廷提倡雅音、汰除浮靡思想的抵制。但到了贞观后期，已经初显太平气象的宫廷逐渐表现出对江左文学传统的接受和发展，颂美虚浮之声流行其间。正是在这样的大环境下，张昌龄、王公瑾才能凭借浮艳文章获得“俊才”美誉，并“声振京邑”，而其被黜也才会“举朝不知所以”。从唐太宗初怪张昌龄等无名，到最后以王师旦所言为是的反应过程来看，此时的他在感性层面上亦极称赏文辞的华美，认可这种风气的转变，只是考虑到政治上的需要和提倡风雅的重要性，才从理性上对浮艳文风加以否定。因此当唐王朝经过贞观之治，逐渐步入稳定上升期后，这种原先被励精图治、克勤克俭压制着的对美丽辞

① 葛晓音：《诗国高潮与盛唐文化》，北京大学出版社 1998 年版，第 29 页。

② （五代）刘昫：《旧唐书》卷七十《岑文本传》，第 2538 页。

③ 同上书，卷八十二《许敬宗传》，第 2762 页。

④ （宋）王溥：《唐会要》卷七十六《贡举中·进士》，第 1633 页。

藻、文辞之士的需求终于被释放了出来。最迟至高宗咸亨二年，吏部选拔人才“以诗赋为先”的标准得以确立。在之后的武后朝、玄宗朝，对文才的需求进一步扩大。诗歌作为重要的考试内容在不同种类、不同情况的科考场合中不断获得延展。

如果说进士科等常科旨在建设国家储备人才库的话，那么吏部的选拔工作则是要正确地消费人才，做到人尽其才，才尽其用。无论及第举子、还是前资官，通过吏部，评判其才能高下、素质高低或政迹好坏，再被委派具体的官职。所以铨选较之进士科更具鲜明的现实针对性，而其选拔标准也更具根本性。我们以往常常把目光集中在进士科的选拔标准上，忽略了对吏部铨选标准的研究，而事实上恰恰是后者影响、决定了前者。所以在谈到唐代科举“以诗取士”的产生问题时，及时观照吏部的用人标准，应该说是一种较为客观的方法。综上所述，唐代科举“以诗取士”产生的时间下限在咸亨二年，只不过当时诗歌尚未进入正式的考试环节，但作为一种潜在的参考指标已经广泛地影响着铨选结果。

第二章

唐代科举试诗产生的背景

唐代科举试诗第一次被以制度的形式确立下来，是在永隆二年(681）八月，这时距离考功员外郎刘思立奏请增加试项的时间已经一年有余。在经过一年多的审慎考虑后，朝廷颁布了这一份在唐代科举史上具有重大意义和深远影响的诏书——《条流明经进士诏》。在这份诏书中，试诗第一次以制度的形式被正式地提了出来。此诏一出，无疑引起了一场地震式的波动：对于处在震心的那些研究惯了策论文书的备考进士举子而言，这意味着此后的许多年，他们将为之付出更多的努力，苦心钻研诗歌创作技巧，培养自身更加全面的文学才能；对于同样处于震心的考试官员而言，这意味着他们要及时转变思维，尽快制定、熟悉具体细致且具有操作性的诗歌评判标准；而对于处在震心以外的人们而言，这份诏书以极为直接而清晰的方式告诉了他们，诗歌在政治文化生活中的地位正在日益提升。但所有人也许都没有意识到，此举使诗歌创作的主体基础得到了前所未有的扩大，创作队伍的精英化程度得到了进一步提升，社会上学习、创作和钻研诗歌的热情也进一步升温，而若干年后涌现出来的众多诗歌天才们便正是在这样的大环境中孕育成长起来的。人们这时候还不知道他们即将迎来的是怎样一个在诗歌史上无与伦比、繁荣鼎盛的时代，而这个时代让千百年后的我们至今还深深地为之迷恋。

这份意义重大的诏书是这样写的：

学者立身之本，文者经国之资，岂可假以虚名，必须征其实效。如闻明经射策，不读正经，抄撮义条，才有数卷。进士不寻史传，唯读旧策，共相模拟，本无实才。所司考试之日，曾不拣练，因循旧例，以分数为限。至于不辨章句，未涉文词者，以人数未充，皆听及第。其中亦有明经学业该深者，唯许通六经；进士文理华赡者，竟无甲科。铨综艺能，遂无优劣。试官又加颜面，或容假手，更相属请，莫惮纠绳。由是侥幸路开，文儒渐废。兴廉举孝，因此失人；简贤任能，无方可致。自今已后，考功试人，明经每经帖试，录十帖得六已上者，进士试杂文两首，识文律者，然后并令试策。日仍严加捉搦，必材艺灼然，合升高第者，并即依令。其明法并书算贡举人，亦量准此例，即为恒式。①

麟德元年（664）十二月，武则天开始垂帘听政。为了扩大自己的统治基础，得以与李唐贵族和朝中权臣相抗衡，她在举士选官领域内，积极扶持寒庶之子，提拔中下层官员。永隆二年，正是其密谋篡位的准备时期，刘思立在这个时候奏请试杂文，似乎有迎合武则天的意思。不过从这封诏书的表述来看，试杂文的直接原因是试图通过考察举子的文思才情，一方面区分其文学修养的高下真伪，另一方面使试策可以专一于考辨举子的政治识见，以杜绝考试陋习。当试策执行了一段时间以后，有的进士科考生投机取巧，不通过借鉴历史来解答现实问题，而仅仅依靠模拟旧策、堆垛陈词来应对考试；考官在录取过程中，又宁滥勿缺，不分良莠，徇私舞弊，导致朝廷无法选拔出真正合格的人才。对于尚处于建设进程中的王朝来说，人才的稀缺本就让统治者颇为头痛，而此时科场上竟然还出现这样的情况，改革便成为当务之急。因此，朝廷决定在进士科试策之前，加设一道程序，即试杂文两首，把识文律作为进士科录取的首要条件。通过上述两个环节，分别考察举子的文学才能与政治才干，以拔擢真正有才华的人。

前已提及，进士科的以诗取士很可能受到了吏部铨选的影响。如果说《条流明经进士诏》的规定试杂文有纠正进士科考试陋习的直接原因，那么吏部铨选是否也存在着类似陋习？据《朝野佥载》卷四载：

周天官选人沈子荣诵判二百道，试日不下笔。人问之，荣曰："无非命也。今日诵判，无一相当。有一道颇同，人名又别。"至来年选，判水硙，又不下笔。人问之，曰："我诵水硙，乃是蓝田，今

① （宋）宋敏求：《唐大诏令集》卷一百〇六《政事・贡举》，第549页。

问富平，如何下笔。”闻者莫不抚掌焉。[①]

暂不论沈子荣之愚笨可笑，从他诵判二百道的举动可知，早在武则天时，士子为通过吏部铨选，便有类似进士科一样模拟、抄袭旧作的行为。因此在判文之外，参以诗歌等其他文学样式作为拔擢的依据，确有必要。但是引人思考的是，科举作为一项文官选拔制度，其最终目的旨在寻找官吏而非文学家，重视对文人德行操守和政治才能的考察是应有之义，那为什么在唐代会将诗歌创作的优秀与否作为官员选拔的重要标准？是诗歌有利于考察选人的德行操守？诗歌创作才能亦属于政治才能之一？还是除了考察这两项重要内容之外，选拔另有标准？唐代试诗的产生究竟说明了什么？一点一点地揭开表象，逐渐深入探究唐代科举试诗的产生背景，我们便会发现在这一现象背后蕴藏着深远而广阔的社会历史图景。

第一节　文才需求的历史演进

任何一种现象的产生与发展都是历史必然性与偶然性的结合。必然性的存在让我们充满了求知的欲望，想要揭开表象，一探内里，并且希冀着在揭开冰山一角之后，有蔚为壮观的新景象展现于眼前。偶然性的存在又使历史充满了不确定的趣味，超越逻辑因果关系的莫名因素就像骆驼背上的最后一根稻草，在重要时刻改变了历史发展的方向。

试诗是中国科举史上一个非常独特的现象，是这个千年古国富有浪漫激情、理想气息和年轻活力的一个表征。在这个充满诗性精神的国度里，曾有多少人挥洒自己的青春和汗水，从事于这项艺术的创作；又有多少人肩负着天下的责任、家族的使命，怀揣着个人的理想与企盼，孜孜不倦于这一曲曲文字、音韵、节拍的协奏。为什么在如此众多的文明中，只有中国人才作了这样的选择，使一份原本单调机械的制度图纸，平白增添了几分美丽的柔光。除了众所周知的中国人在思维方式上具有直觉性、情感性、整体性等特点以外，还有其他什么因素左右了这一选择？深究其理，我们认为这首先与诗歌国度长久积沉下来的文化传统以及在此传统下生成的政治文化心理有关。

---

① （唐）张鷟：《朝野佥载》卷四《唐五代笔记小说大观》，第52页。

“政治一旦选择了文化，它便立刻被文化规定下来。与此同时，‘文学’则处于文化和政治的双重规定之中。”① 与其在政治中找寻影响文学的因素，还不如在文化中探究其根本来得更加直接。毋庸置疑，儒家文化是中国文化传统的核心。无论它在发展过程中呈现出多少阶段性特征，也无论它受到了多少其他宗教思想、理论学说的冲击和影响，就总体而言，在中国，儒家文化的核心地位从未改变过。它深深地扎根于中国文化的土壤中。其构建的伦理道德体系、封建秩序意识、行为处事原则影响了一代又一代的政治统治者，也掌控着一代又一代的政治蓝图。中国诗歌的发展从一开始便处于儒家文化与儒家化政治的双重规定中。这种规定，在《诗经》的年代就已显现出来。

一、先秦儒家文化背景下文才意识的萌芽

在遥远的周代，木铎振动于野，悠远的声响将人们聚集拢来，各地传唱的民谣就这样被乐官汇集到周天子的朝堂上，与贵族们所献的雅诗、太师乐工们所创的颂歌一起，共同组成了中国诗歌的原典之作。《尚书》言：“命汝典乐，教胄子，直而温，宽而栗，刚而无虐，简而无傲；诗言志，歌永言，声依永，律和声。”②《国语·晋语六》言：“吾闻古之言王者，政德既成，又听于民。于是乎使工诵谏于朝，在列者献诗，使勿兜，风听胪言于市，辨袄祥于谣，考百事于朝，问谤誉于路，有邪而正之，尽戒之术也。”③ 诗歌在西周时期就被统治者用作培养弟子文化修养、优良品德的教材和了解政治得失、风俗民情的政治手段。

经过孔子的删减编修，凝结了周人礼乐文化精神的《诗经》更成为一部诗教的经典。孔子曾多次提及诗，以及诗的作用：

> 《诗》三百，一言以蔽之，曰：“思无邪”。④
>
> 子所雅言，《诗》、《书》、执礼，皆雅言也。⑤

---

① 陈飞（署名陈选公）：《唐代文学的文化规定》，《郑州大学学报》（哲学社会科学版）1996 年第 1 期。

② （清）皮锡瑞：《今文尚书考证》，中华书局 1989 年版，第 82—84 页。

③ 徐元诰：《国语集解》，中华书局 2002 年版，第 387—388 页。

④ （宋）朱熹集注：《论语集注·为政》，第 9 页。

⑤ 同上书，《述而》，第 67 页。

兴于《诗》，立于礼，成于乐。[①]

不学诗，无以言。[②]

诵《诗》三百，授之以政，不达；使于四方，不能专对；虽多，亦奚以为？[③]

《诗》，可以兴，可以观，可以群，可以怨。迩之事父，远之事君。多识于鸟兽草木之名。[④]

孔子肯定诗歌的教化作用，把诗和礼、乐一并视为提高人的道德修养的必要手段。《礼记·经解》云："孔子曰：入其国，其教可知也。其为人也，温柔敦厚，诗教也。"[⑤]《史记·孔子世家》载"孔子以诗书礼乐教"[⑥]，因为"诗之为义，有兴而感触，有比而肖似，有赋而直陈，有风而曲写人情，有雅而正陈道义，有颂而形容功德。……学之而振奋之心、勉进之行油然兴矣，是兴于诗"[⑦]。诗歌可以寓道理于形象，通过兴发、比喻、直陈、曲讽等方式，进行生动直观、含蕴丰富的教育，从而陶冶人的温良性情，培养美德情操，塑造中正平和的人格，进而达到服务于政治教化的目的。孔子还肯定诗歌的言志作用。《礼记·孔子闲居》载："孔子云：志之所至，诗亦至焉。"[⑧]《上海博物馆藏战国楚竹书·孔子诗论》载："孔子曰：诗亡离志，乐亡离情，文亡离言。"[⑨] 诗乃观世言志之作。无论内政、外交，无论献诗言志或赋诗言志，都能因兴而观，陈志以讽，达到微言相感、考见得失、以观盛衰的目的。

重视诗歌在政治生活、礼乐文化、人才培养中的教化作用，是中国很早就有的传统，以孔子为代表的先秦儒家学派将此发扬光大。在先秦儒家

---

① （宋）朱熹集注：《论语集注·泰伯》，第77页。

② 同上书，《季氏》，第172页。

③ 同上书，《子路》，第129页。

④ 同上书，《阳货》，第177页。

⑤ （汉）郑玄注，（唐）孔颖达疏：《礼记正义》卷五十《经解》，十三经注疏本，中华书局1980年版，第1609页。

⑥ （汉）司马迁：《史记》卷四十七《孔子世家》，中华书局1959年版，第1938页。

⑦ （清）李塨：《论语传注》，民国十二年（1923）四存学会铅印本，第43页。

⑧ （汉）郑玄注，（唐）孔颖达疏：《礼记正义》卷五十一《孔子闲居》，十三经注疏本，第1616页。

⑨ 马承源：《上海博物馆藏战国楚竹书》（一），上海古籍出版社2001年版，第123页。

学说的影响下，诗歌成为礼乐制度的重要组成部分，成为上层贵族、文人士子学习教育的重要内容，成为先秦政治—文化生活不可或缺的一个部分。虽然当时人们尚未形成对诗歌创作人才的单独需求，但是诗歌素养已经成为人才必备的特质之一，文才意识已经开始在人们心中悄然萌芽。

二、汉代儒学一统背景下文才要求的确立

汉代独尊儒术，儒家诗教传统也在这一思想背景下得到继承与发展，逐渐产生了风雅正变的政治文学观。《毛诗序》言："风，风也，教也，风以动之，教以化之"，认为诗具有感染和熏陶人的力量，可以"正得失，动天地，感鬼神"。① 班固《汉书·艺文志》表达了对"采诗以观"的理解："《书》曰：'诗言志，歌咏言。'故哀乐之心感，而歌咏之声发。诵其言谓之诗，咏其声谓之歌。故古有采诗之官，王者所以观风俗，知得失，自考正也。""自孝武立乐府而采歌谣，于是有代赵之讴，秦楚之风，皆感于哀乐，缘事而发，亦可以观风俗，知薄厚云。"② 认同诗歌有助于统治者了解民情、考见得失，是国家治乱兴衰的"晴雨表"。《毛诗序》更进一步论述了诗歌在政教功能上的交互性表现："上以风化下，下以风刺上，主文而谲谏，言之者无罪，闻之者足以戒。"③ 不过，无论是颂美的"正声"，还是怨刺的"变声"，都要遵循"乐而不淫，哀而不伤"的审美原则，这样，统治者就可以利用这些具有温柔敦厚的品性气质的诗歌作品达到"经夫妇，成孝敬，厚人伦，美教化，移风俗"④ 的目的，以便于建立明确的价值体系、稳定的道德体系和有效的统治秩序。

由诗及赋，汉代最具典型性的文学样式——赋，在汉儒看来具有同样的作用。王符在《潜夫论》卷一《务本》中言："诗赋者，所以颂善丑之德，泄哀乐之情也。"⑤ 班固《两都赋·序》亦言："赋者，古诗之流

---

① （汉）毛亨传，郑玄笺，（唐）孔颖达疏：《毛诗正义》卷一《毛诗序》，十三经注疏本，第 270 页。

② （汉）班固：《汉书》卷三十《艺文志》，第 1708、1756 页。

③ （汉）毛亨传，郑玄笺，（唐）孔颖达疏：《毛诗正义》卷一《毛诗序》，十三经注疏本，第 271 页。

④ 同上书，第 270 页。

⑤ （汉）王符撰，（清）汪继培笺，彭铎校正：《潜夫论笺校正》卷一《务本》，新编诸子集成本（第一辑），中华书局 1985 年版，第 19 页。

也。……或以抒下情而通讽谕，或以宣上德而尽忠孝。雍容揄扬，著于后嗣，抑亦雅颂之亚也。”① 汉代空前强盛的国势声威催生了文坛的颂扬之风，汉儒认为汉赋的作用一方面固然在于宣扬教化，使在上者可以以盛德感化于下，同时观民情而正己道；另一方面更在于歌颂太平，润色鸿业，缔造繁荣昌盛的社会景象。这一思想在大一统的太平治世获得普遍的认同与贯彻。

由此，西汉出现了中国历史上第一个文人凭诗赋才能入仕的高峰期。汉武帝即位后，将当时著名的辞赋家枚乘、枚皋、司马相如等一并召入宫中，收为近臣。此后汉代的历位帝王也大都学习武帝的榜样，比如汉宣帝在宫中召集了王褒、张子侨等文学侍从之臣，汉成帝任命了扬雄、刘向、刘歆等人，东汉章帝将班固、傅毅等召入宫中。除中央朝廷外，一些诸侯王的宫廷也广招善属文者，比如西汉前期的吴、梁宫廷，武帝时期淮南王刘安的宫廷等。虽然这些文人入仕后政治地位普遍不高，很多时候仅是“言语侍从之臣”②，甚至时时有“类俳倡”③、“似俳优”④ 的感觉，但他们的创作在为盛世王朝颂扬太平、歌唱伟迹、明示道德的过程中着实发挥了不小的作用。比如：

润色鸿业，礼乐争辉，辞藻竞骛。⑤

——《文心雕龙·时序》

相如虽多虚词滥说，然其要归引之节俭，此与《诗》之风谏何异。⑥

——《史记·司马相如列传》

上令褒与张子侨等并待诏，数从褒等放猎，所幸宫馆，辄为歌颂，第其高下，以差赐帛。议者多以为淫靡不急，上曰：“‘不有博

---

① （汉）班固：《两都赋·序》，（梁）萧统编，（唐）李善注《文选》卷一，岳麓书社2002年版，第1页。

② 同上书。

③ （汉）班固：《汉书》卷五十一《贾邹枚路传》，第2366页。

④ 同上书，卷八十七下《扬雄传下》，第3575页。

⑤ （梁）刘勰著，黄叔琳等注：《增订文心雕龙校注》卷九《时序》，中华书局2000年版，第539页。

⑥ （汉）司马迁：《史记》卷一百一十七《司马相如列传》，第3073页。

> 弈者乎，为之犹贤乎已！'辞赋大者与古诗同义，小者辩丽可喜。辟如女工有绮縠，音乐有郑卫，今世俗犹皆以此虞说耳目，辞赋比之，尚有仁义风谕，鸟兽草木多闻之观，贤于倡优博弈远矣。”顷之，擢褒为谏大夫。①
>
> ——《汉书·王褒传》

司马相如等西汉辞赋家的创作往往通过铺陈描写外部世界，间接地为统治者歌功颂德，同时稍加点出道德主题。“劝百讽一”的内容，迎合了统治者“内多欲而外施仁义”② 的实质要求。东汉前期班固等人的创作则进一步发展，出现了大量的说教内容，从正面宣扬儒家统治思想，直接为统治者歌功颂德。

在儒家实用思想的影响下，文学不是单纯的文学、美的文学、艺术的文学，它从一开始便具有了重视社会的鲜明的政治功利色彩。展现在汉赋中的那些高度修辞化的语言、琳琅满目的铺陈叙述并不是为了加强文学的艺术特质，而是为了更加彰显说教的力量。尽管从客观效果来看，人们常常会迷失于美丽辞藻所编织的鸿篇巨制中，然而根深蒂固的儒学意识最终会把他们拉回政教的轨道。所以终汉一代，作为“上以风化下，下以风刺上”的工具，诗赋始终没有摆脱政治附庸的地位。“在儒家文化的规定下，‘文学’首先是君主（或‘圣人’）们治理天下的工具，其次是大臣们帮助君主治理天下的工具，最后才是地位低下的文人们追求政治进身的工具，总之都是政治的工具。”③ 既然是政治的工具，那么较好地掌握了这一工具的人就是有助于政治建设的王佐之才。一方面，言志的诗歌是修身养性的第一要著，受其熏陶成长起来的人会更具美好的情操和温柔敦厚的气质，这正是封建集权君主需要的辅弼之臣所应具备的素质前提；另一方面，在这个儒学一统思想界、诗教说被普遍认可的王朝中，诗歌的讽谏、称颂功能不仅受到了统治者的重视，更引来了文人士子的创作自觉，他们以自己的诗篇为这个盛世王朝奉献上了热情的赞歌。汉代对诗歌创作人才的需求便是在这样的背景下，逐渐确立起来的。

---

① （汉）班固：《汉书》卷六十四下《王褒传》，第2829页。

② （汉）司马迁：《史记》卷一百二十《汲郑列传》，第3106页。

③ 陈飞（署名陈选公）：《唐代文学的文化规定》，《郑州大学学报》（哲学社会科学版）1996年第1期。

三、魏晋文学自觉背景下文才需求的多样

东汉以来持续动乱，儒学的独尊地位受到极大动摇，社会思想显得异常活跃，各种学说同时并兴，异端思想得以流行。人们挣脱了礼教的密网，不再相信所谓的“天命”，转而追求“越名教而任自然”，寄情于药、酒，放纵于狂诞。诗歌创作的政教目的被削弱，训勉的内容相应减少，自由抒情和绮文丽藻的成分却日益增加。从曹丕主张“诗赋欲丽”① 到陆机倡导“诗缘情而绮靡”②，无不强调诗歌的缘情作用及审美特质，甚至行政公文也在这种追求华美的风气下变得雕琢繁缛起来。这个时代因此被鲁迅称作人性自觉的时代、文学自觉的时代。

一方面，儒家诗教思想影响的渐趋减弱和文学“情”与“美”特质的发现，使上层统治者有了消费文学的娱乐审美需要和对创作文学消费品的人才的需要。《宋书》卷五十五《臧焘徐广傅隆传论》言：“自魏氏膺命，主爱雕虫，家弃章句，人重异术。”③ 建安时期，在曹氏父子周围出现了中国文学史上第一个重要的文学集团。他们互赠诗文，同声相和，将诗歌作为交流沟通、娱悦性情的媒介。此后，西晋年间围绕权臣贾谧的“二十四友”的文学创作，东晋前期以谢安为中心的文学交游，无不显现出同样特点。

另一方面，儒学在这一时期虽然不再具有统治人心的力量，但它在政治和伦理建设方面依然发挥作用。诗歌作为政治工具的性质并未完全改变，在汉代儒学一统背景下确立起来的人才观也继续得以持续。所以尽管诗歌创作的政教目的有所减弱，政教内容有所减少，但其政治功利性并未消失。事实上，当时曹丕、曹植、贾谧等人招揽众多文士皆各有其政治目的。

另外，魏晋士族亦往往利用文学来体现自身地位优势。从东汉后期开始出现的世家大族，经九品中正制的实施，获得了政治、经济、文化上的特权，变得更为强盛。为了维系家族地位，他们普遍重视对子弟文化素质

① （魏）曹丕：《典论·论文》，（梁）萧统编，（唐）李善注《文选》卷五十二，第1566页。

② （晋）陆机：《文赋》，（梁）萧统编，（唐）李善注《文选》卷十七，第524页。

③ （梁）沈约：《宋书》卷五十五《臧焘徐广傅隆传论》，中华书局1974年版，第1552页。

的培养，而诗赋便是必备修养之一，由此形成重视诗歌创作、以能文自矜的风气。这一时期出现了大量的文学家族，其中尤以陈郡谢氏和琅邪王氏最为显赫。谢氏见于《文选》的就有六人，王氏七代之中文才相续。他们的许多作品都用典雅华丽的诗歌彰显着对文化话语权的掌控，强调着宗族关系和伦理观念，表达着炫耀宗族、绍续家风的思想。

不管出于娱乐需要，还是政治需要，魏晋时期文学才能仍然是评判人才的一个重要指标，善诗能文便能受到赏识、拔擢：

> （刘）放为松答太祖书，其文甚丽。太祖既善之，又闻其说，由是遂辟放。①
>
> ——《三国志·魏书·程郭董刘蒋刘传》
>
> 琳作诸书及檄，草成呈太祖。太祖先苦头风，是日疾发，卧读琳所作，翕然而起曰："此愈我病。"数加厚赐。②
>
> ——《三国志·魏书·王卫二刘傅传》裴松之注引《典略》
>
> 吴质，济阴人，以文才为文帝所善，官至振威将军，假节都督河北诸军事，封列侯。③
>
> ——《三国志·魏书·王卫二刘傅传》
>
> 欧阳建字坚石……雅有理思，才藻美赡，擅名北州。时人为之语曰："渤海赫赫，欧阳坚石。"④
>
> ——《晋书·石苞传》附《欧阳建传》
>
> 华学业优博，辞藻温丽，朗赡多通，……初未知名，著《鷦鷯赋》以自寄。……陈留阮籍见之，叹曰："王佐之才也！"由是声名始著。⑤
>
> ——《晋书·张华传》
>
> 元皇中兴，披文建学，刘刁礼吏而宠荣，景纯文敏而优擢。逮明

① （晋）陈寿撰，（宋）裴松之注：《三国志》卷十四《魏书·程郭董刘蒋刘传》，中华书局1959年版，第456页。

② 同上书，卷二十一《魏书·王卫二刘傅传》，第601页。

③ 同上书，第607页。

④ （唐）房玄龄等：《晋书》卷三十三《石苞传》附《欧阳建传》，中华书局1974年版，第1009页。

⑤ 同上书，卷三十六《张华传》，第1068、1069页。

帝秉哲，雅好文会，升储御极，孳孳讲艺，练情于诰策，振采于辞赋，庾以笔才逾亲，温以文思益厚，揄扬风流，亦彼时之汉武也。①

——《文心雕龙·时序》

魏晋儒家经学沦落，继之以玄学兴起。诗歌不再是经学的附庸，其抒情、审美特质得到了空前的张扬，追求以逞才为主要目的的繁缛绮靡的创作风气越来越占据主导地位。无论是诗歌的社交功能和娱乐性的日益增强需要急思之才，还是行政公文的骈体化需要写作者具有相当的文学素养，抑或世家大族以诗歌来彰显自身的文化品位和特殊地位，作为评判人才优秀与否的一个指标，诗歌受到社会上层的普遍重视。在这个文学自觉的时代，基于不同需要的人们表现出超过以往的对文才的重视。

四、南朝文学独立背景下文才需求的炙热

追步魏晋文学自觉之风，南朝文学从经学的阴影中走了出来，呈现出更为独立的姿态。诗歌的抒情性和审美性特征为更多的人认识并接受，重视诗歌的风气更为炙烈。如果说此前的文学是以被动者的身份，受制于文化与政治的双重规定的话，那么独立以后的文学则积蓄起了影响文化与政治的力量，并将之施展于社会生活的方方面面。

宋文帝立四学，将文学与儒学、玄学、史学并立。范晔《后汉书·文苑传》、萧子显《南齐书·文学传论》，开创正史记录文学家事迹的先例。以刘勰《文心雕龙》、钟嵘《诗品》、萧绎《金楼子·立言》、萧统《文选序》为代表的各种文学批评、文学理论纷纷涌现。这个时期门阀势力已逐渐衰微，文化士族只得更多地依赖自身文化优势以延续魏晋以来的贵族气派。据统计，《南史·文学传》所载 50 人中，49 人为士族子弟。在逯钦立所辑的《宋诗》、《齐诗》、《梁诗》、《陈诗》中，家世可考的诗人共 178 人，其中 172 人出身士族。② 帝王和王室成员则急于追赶文化潮流，通过塑造文化形象，展现皇权尊严。门阀政治开始向皇权政治回归，文学家族也渐渐被宫廷王室文学集团所替代。于是宴集赋诗、品评文艺在安于富庶、追求享乐的统治阶层生活中屡见不鲜。宋武帝刘裕、宋孝武帝刘

---

① （梁）刘勰著，黄叔琳等注：《增订文心雕龙校注》卷九《时序》，第 541 页。

② 杜晓勤：《初盛唐诗歌的文化阐释》，东方出版社 1997 年版，第 69 页。

骏、宋明帝刘彧皆好招揽文才，赋诗唱和；竟陵王萧子良开西邸，形成“竟陵八友”文人集团，夜集学士击钵赛诗①传为一段佳话；梁武帝萧衍“天情睿敏，下笔成章，千赋百诗，直疏便就，皆文质彬彬，超迈今古”②，“每所御幸，辄命群臣赋诗，其文善者，赐以金帛”③，见于史书记载的文学活动不胜枚举；昭明太子萧统亦喜引纳才学之士，常与王筠、刘孝绰、陆倕等游宴赋诗；梁简文帝萧纲的写诗才华可居王室第一，以他为中心的文学集团的创作也最为繁荣。

这个时期，文学之士较之前代更受青睐：沈约以文学著名，历仕宋、齐、梁三朝，官至尚书令；阴铿以文才为陈文帝赏识；江淹、范云、王融、谢朓、王僧儒、刘孝孙等也多因善辞藻而获得重任。人们崇拜的偶像已从过去通经征圣的经士转向了才思泉涌的文士。能诗善文作为选拔人才的标准较之此前各个时代都更为重要。比如：

> 智渊爱好文雅，词采清赡，世祖深相知待，恩礼冠朝。上燕私甚数，多命群臣五三人游集，智渊常为其首。同侣未及前，辄独蒙引进。④
>
> ——《宋书·江智渊传》
>
> 子隆在荆州，好辞赋，数集僚友，朓以文才，尤被赏爱，流连晤对，不舍日夕。⑤
>
> ——《南齐书·谢朓传》
>
> 观夫二汉求贤，率先经术；近世取人，多由文史。二子之作，辞藻壮丽，允值其时。⑥
>
> ——《梁书·江淹任昉传论》
>
> 自高祖即位，引后进文学之士，苞及从兄孝绰、从弟孺、同郡到

---

① （唐）李延寿《南史》卷五十九《王僧孺传》附《虞羲传》载：“竟陵王子良尝夜集学士，刻烛为诗，四韵者则刻一寸，以此为率。文琰曰：‘顿烧一寸烛，而成四韵诗，何难之有。’乃与令楷、江洪等共打铜钵立韵，响灭则诗成，皆可观览。”中华书局1975年版，第1463页。

② （唐）姚思廉：《梁书》卷三《武帝本纪下》，中华书局1973年版，第96页。

③ 同上书，卷四十九《文学传序》，第685页。

④ （梁）沈约：《宋书》卷五十九《江智渊传》，第1609—1610页。

⑤ （梁）萧子显：《南齐书》卷四十七《谢朓传》，中华书局1972年版，第825页。

⑥ （唐）姚思廉：《梁书》卷十四《江淹任昉传论》，第258页。

溉、溉弟洽、从弟沆、吴郡陆倕、张率并以文藻见知，多预讌坐，虽仕进有前后，其赏赐不殊。[①]

——《梁书·文学上·刘苞传》

高祖招文学之士，有高才者，多被引进，擢以不次。[②]

——《梁书·文学下·刘峻传》

后主嗣业，雅尚文词，傍求学艺，焕乎俱集。每臣下表疏及献上赋颂者，躬自省览，其有辞工，则神笔赏激，加其爵位，是以搢绅之徒，咸知自励矣。[③]

——《陈书·文学传序》

帝王和王室成员对文才前所未有的重视，引来求仕者的诗文干谒之举。出身低微的鲍照通过献诗，获得刘义庆赏识，擢为国侍郎[④]；王融博学有文才，上书齐武帝求自试，被任命为秘书丞，后又赠诗书于王俭，迁丹阳丞、中书郎[⑤]；虞寄献《瑞雨颂》，被梁武帝称为“卿家之士龙”[⑥]。正如曹道衡在《兰陵萧氏与南朝文学》一书中所言：“南朝士人之致力于诗赋创作，实与跻身仕途有很大关系。”[⑦] 文学的政治功利性在此期集中表现在求仕谋官这一点上。曹道衡曾援引下面两条材料：

大明之代，实好斯文。高才逸韵，颇谢前哲，波流相尚，滋有笃焉。自是闾阎年少，贵游总角，罔不摈落六艺，吟咏情性。学者以博依为急务，谓章句为专鲁，淫文破典，斐尔为功。[⑧]

——裴子野《雕虫论》

---

① （唐）姚思廉：《梁书》卷四十九《文学上·刘苞传》，第688页。

② 同上书，卷五十《文学下·刘峻传》，第702页。

③ （唐）姚思廉：《陈书》卷三十四《文学传序》，中华书局1972年版，第453页。

④ （唐）李延寿《南史》卷十三《宋宗室及诸王上》附《鲍照传》载：“照始尝谒义庆未见知，欲贡诗言志……于是奏诗，义庆奇之。赐帛二十匹，寻擢为国侍郎，甚见知赏。”第360页。

⑤ （梁）萧子显：《南齐书》卷四十七《王融传》，第817—818页。

⑥ （唐）姚思廉：《陈书》卷十九《虞荔传》附《虞寄传》，第258页。

⑦ 曹道衡：《兰陵萧氏与南朝文学》，中华书局2004年版，第65页。

⑧ （梁）裴子野：《雕虫论》，《全梁文》卷五十三，（清）严可均《全上古三代秦汉三国六朝文》，中华书局1958年版，第3262页。

魏之三祖，更尚文词，忽君人之大道，好雕虫之小艺，下之从上，有同影响，竞骋文华，遂成风俗。江左、齐、梁，其弊弥甚，贵贱贤愚，唯务吟咏。遂复遗理存异，寻虚逐微，竞一韵之奇，争一字之巧，连篇累牍，不出月露之形，积案盈箱，唯是风云之状。世俗以此相高，朝廷据兹擢士。利禄之路既开，爱尚之情愈笃。于是闾里童昏，贵游总卯，未窥六甲，先制五言，至如羲皇舜禹之典，伊傅周孔之说，不复关心，何尝入耳，以傲诞为清虚，以缘情为勋绩，指儒素为古拙，用词赋为君子。[①]

——李谔《上隋文帝革文华书》

根据这两条材料，曹道衡分析说："迄今为止，我们还没有发现南朝有以诗赋取士的明文规定。……裴子野和李谔都把作诗与取士联系起来，恐怕并非指应考时作诗，而是指因诗而得进入仕途。"[②] 南朝好斯文，尚文词，因诗歌得以入仕的现象较普遍，出现了"竞骋文华"，"世俗以此相高，朝廷据兹擢士。利禄之路既开，爱尚之情愈笃"的情况。

需要指出的是，这一时期儒学仍然是社会思想的一个重要组成部分，甚至仍然是公认的正统思想。传统的儒家诗教观虽然被淡化，但它的影响依然存在。比如萧统在《文选序》中一方面肯定文学的"增华"是历史的必然，另一方面却强调诗教的"风雅之道"。在其《答湘东王求文集及〈诗苑英华〉书》中亦指出文学不能片面地追求典丽，应以"文质彬彬"的"君子之致"[③] 为目标。刘勰《文心雕龙》一方面强调文学不是阐发儒家之道的工具，应以华丽为美；另一方面却强调创作要以儒家经典为典范，提倡雅正，排斥离经叛道的文学。同处梁代，萧纲、萧绎反对文学创作上的宗经复古，重视文学的抒情性和审美性，提倡新异的创造；而裴子野《雕虫论》以儒家的教化观念为根本，否认一切不能对维护统治秩序产生直接作用的文学作品。这种在文学创作理论上的折中态度、矛盾心理、相左观点，无不显示出传统儒家思想与当时社会思潮之间的相互冲击与融合。

---

① （隋）李谔：《上隋文帝革文华书》，《全隋文》卷二十，（清）严可均《全上古三代秦汉三国六朝文》，第 4135 页。

② 曹道衡：《兰陵萧氏与南朝文学》，第 64 页。

③ （梁）萧统：《答湘东王求文集及〈诗苑英华〉书》，《全梁文》卷二十，（清）严可均《全上古三代秦汉三国六朝文》，第 3064 页。

南朝这种因诗文入仕的风气也影响了后来的举士选官。天授二年(692)，唐人薛登在一则指陈科举之弊的上疏中就曾指出："有梁荐士，雅爱属词；陈氏简贤，特珍赋咏。故其俗以诗酒为重，不以修身为务。逮至隋室，余风尚在……不以指实为本，而以浮虚为贵。"① 比如杨广素来雅好诗文，极喜延揽文士，曾召集众多诗人入宫：

> 王好文雅，招引才学之士诸葛颖、虞世南、王胄、朱瑒等百余人以充学士。而䛒为之冠，王以师友处之，每有文什，必令其润色，然后示人。……炀帝嗣位，拜秘书监，封汉南县公。帝退朝之后，便命入阁，言宴讽读，终日而罢。帝每与嫔后对酒，时逢兴会，辄遣命之至，与同榻共席，恩若友朋。帝犹恨不能夜召，于是命匠刻木偶人，施机关，能坐起拜伏，以像于䛒。②
>
> ——《隋书·柳䛒传》
>
> （诸葛颖）清辩有俊才，晋王广素闻其名，引为参军事，转记室。……炀帝即位，迁著作郎，甚见亲倖。出入卧内。③
>
> ——《隋书·文学·诸葛颖传》
>
> "虞郎之文，无以尚也！"……及陈亡，晋王广引为学士。……迁著作佐郎，与虞世南、庾自直、蔡允恭等四人常居禁中，以文翰待诏，恩盼隆洽。④
>
> ——《隋书·文学·虞绰传》
>
> 晋王广闻之，引为学士。大业初，授著作佐郎。自直解属文，于五言诗尤善。……特为帝所爱。帝有篇章，必先示自直，令其诋诃。自直所难，帝辄改之，或至于再三，俟其称善，然后方出。其见亲礼如此。后以本官知起居舍人事。⑤
>
> ——《隋书·文学·庾自直传》

他在大业三年下诏招揽人才，要求"强毅正直，执宪不挠，学业优

① （五代）刘昫：《旧唐书》卷一百〇一《薛登传》，第3138页。

② （唐）魏征：《隋书》卷五十八《柳䛒传》，中华书局1973年版，第1423—1424页。

③ 同上书，卷七十六《文学·诸葛颖传》，第1734页。

④ 同上书，卷七十六《文学·虞绰传》，第1738—1739页。

⑤ 同上书，卷七十六《文学·庾自直传》，第1742页。

敏，文才美秀，并为廊庙之用，实乃瑚琏之资”①。“文才美秀”亦是“廊庙之用”，“瑚琏之资”。这种风气延续至唐，在铨选、常科、制举等考试中先后出现了以诗取士的现象。

曹道衡在《兰陵萧氏与南朝文学》一书中曾经指出：“隋唐之以诗赋取士，实源于这种南朝以来把诗文写作看成选拔官员的重要标准的风气。”② 此语固然不错，但从上面的论述中我们发现，这种将诗文写作看成选拔官员重要标准的风气，事实上源自先秦以来逐渐确立并发展起来的对诗歌言志功能、教化功能、政治功能、颂美功能、审美娱乐功能的认识。人们不仅可以通过“言志”的作品，了解创作者的心胸抱负、文化水平、个性修养；更重要的，还可以利用其多种功能，使之成为治理天下的工具。因此，虽然唐代在举士选官过程中，以诗歌形式考辨人才，但归根结底还是旨在挑选、拔擢官吏而非文学家。诗歌才能在这里就是一种政治才能，所以它顺理成章地成为了衡量人才的一种标准。

第二节　政治与审美的现实需要

在儒家文化和儒家化政治传统的孕育、发展、演变下，历经先秦文才意识的萌芽、汉代文才要求的确立、魏晋文才需求的多样、南朝文才需求的炙热，至唐，诗歌才能作为衡量优秀政治人才的一个指标已被人们接受并熟悉。不过，作为唐代举士选官领域的创新之举，以诗取士的确立除了源于上述对传统人才标准的继承以外，还与唐代现实的政治—文化建设、统治者的娱情审美需要和社会好尚诗歌的时代风气紧密相关。

一、巩固扩大统治基础的需要

当唐代开国君臣们戎马倥偬，历经艰险，终于赢得天下后，随即就面临着如何在一片遭遇了战祸兵燹、百废待兴的土地上建设新兴王朝的考验。借鉴了前朝衰亡的教训，唐太宗认为：“古来帝王以仁义为治者，国祚延长，任法御人者，虽救弊于一时，败亡亦促。”③ 他以三代之治为榜

① （唐）魏征：《隋书》卷三《炀帝本纪上》，第68页。

② 曹道衡：《兰陵萧氏与南朝文学》，第65页。

③ （唐）吴兢：《贞观政要》卷五《仁义》，上海古籍出版社1978年版，第149页。

样，曾言“余思三代以来，君好仁，人必从之”[①]。他赞同“戡乱以武，守成以文”[②]，认识到思想意识对安定人心、维护国家稳定的重要性。贞观二年（628），他曾向侍臣这样分析前朝败亡的原因：

> 至如梁武帝父子志尚浮华，惟好释氏、老氏之教，武帝末年，频幸同泰寺，亲讲佛经，百僚皆大冠高履，乘车扈从，终日谈论苦空，未尝以军国典章为意。及侯景率兵向阙，尚书郎已下，多不解乘马，狼狈步走，死者相继于道路。武帝及简文卒被侯景幽逼而死。孝元帝在于江陵，为万纽于谨所围，帝犹讲《老子》不辍，百僚皆戎服以听，俄而城陷，君臣俱被囚絷。庾信亦叹其如此，及作《哀江南赋》，乃云：“宰衡以干戈为儿戏，缙绅以清谈为庙略。”此事亦足为鉴戒。[③]

他听取魏征“思国之安者，必积其德义”[④] 的意见，认为“为君之道，处至极之尊，以亿兆为心，以万邦为意，理人必以文德”[⑤]，采用了“偃革兴文，布德施惠，中国既安，远人自服”[⑥] 的内政外交总方针，即通过构建文德政治，推行仁政文治，巩固李唐王朝的统治。基于上述认识，再加上“在中华帝国历史上，只有被普遍遵奉的文化规范所支持，政治支配才能成功，政府行为也才能被普遍接受”[⑦]，尊孔崇儒成为李唐王朝统治者当时唯一的选择。为了建立并稳定统治基础，他们迫切需要重建儒家文化主流意识形态的地位。所以尽管李唐王室出身于胡汉杂居的陇西地区，不及中原士族对儒家文化的笃定；尽管三教并行是他们思想开放的一个表征，道、佛二教在唐代的某些时期甚至颇为繁盛，但唐代统治者在

---

① （唐）唐太宗：《金镜》，（清）董诰《全唐文》卷十，第127页。

② （宋）司马光：《资治通鉴》卷一百九十二《唐纪·太宗贞观元年》，第6030页。

③ （唐）吴兢：《贞观政要》卷六《慎所好》，第195页。

④ （五代）刘昫：《旧唐书》卷七十一《魏征传》，第2551页。

⑤ （唐）唐太宗：《金镜》，（清）董诰《全唐文》卷十，第127页。

⑥ （五代）刘昫：《旧唐书》卷七十一《魏征传》，第2558页。

⑦ Arthur F. Wright《The Sui Dynasty：Unification of Chian，A. D. 581—617》，日译本《隋代史》，布目潮沨、中川努译，法律文化社1982年版，第135页。转引自葛兆光《中国思想史》第二卷，复旦大学出版社2005年版，第2页。

王朝建立之初就显示出对儒家文化的继承与重视。

为了推行文德政治，唐初统治者先后设立了秘书省、修文馆（弘文馆、昭文馆）、崇文馆（崇贤馆）、国子学、太学等文化教育机构，表现出对复兴儒学的高度重视。唐高祖于武德二年（619）六月下诏兴仕崇儒，在国子学立周公、孔子庙各一所，四时致祭。又于武德七年（624）二月亲自到国子学参加释奠礼。他在举送明经的诏书中表示："六经茂典，百王仰则，四学崇教，千载垂范。是以西胶东序，春诵夏弦，说礼敦诗，本仁祖义。建邦立极，咸必由之。"① 唐太宗也是锐意经籍。在任秦王时，便于府中开文学馆，召集名儒房玄龄、魏征、杜如晦等 18 人为学士。即位后，更加崇重儒学，精选天下文儒之士虞世南、褚亮、姚思廉等入弘文馆，讲论经义，商略政事。贞观二年（628）诏立孔子庙堂于国学，以仲尼为先圣，颜子为先师，大征天下儒士，以为学官。贞观四年（630）又诏各州县学皆立孔子庙，树立各级官学祭孔之习尚。同年，他因经籍去圣久远，文字多讹谬，诏颜师古考订《五经》，颁行天下。后以儒学多门，章句繁杂，诏孔颖达等撰定《五经正义》，令天下传习。他还注意提拔重用儒学通经之士，由此形成四方儒士多抱负典籍、云会京师的景象。② 唐初统治者甚至视儒术为决定其政权存亡的根本。《贞观政要》卷六《慎所好》载太宗言："朕今所好者，惟在尧、舜之道，周、孔之教，以为如鸟有翼，如鱼依水，失之必死，不可暂无耳。"③ 真是"欲守成者，舍儒何以哉！"④

"唐代制度在历史渊源上可能是'承隋'的，但在精神实质上则是以'三代之治'为理想目标，以汉魏尤其是西汉为实际取法。"⑤ 基于建构统治地位合法性、合理性、稳定性的需要，尊孔崇儒成为唐初统治者推行文德政治的重要标志。在魏晋南北朝乱世中曾经一度被削弱的儒家文化，在新生的盛世王朝里重新被置于重要的领导者位置，而且从总体来看，终唐一世都未改变。唐初统治者采取了一系列政策措施，致力于重建儒家文化体系，以确立正统的伦理道德风尚和稳定的政治统治秩序，追求"文质彬

① （唐）李渊：《令诸州举送明经诏》，（清）董诰《全唐文》卷三，第 35 页。
② （五代）刘昫：《旧唐书》卷一百八十九上《儒学传序》，第 4940—4941 页。
③ （唐）吴兢：《贞观政要》卷六《慎所好》，第 195 页。
④ （宋）司马光：《资治通鉴》卷一百九十二《唐纪·高祖武德九年》，第 6023 页。
⑤ 陈飞：《唐代试策考述》，第 16 页。

彬”的政治状态和社会文明。在这样的政治—文化背景下，儒家文学观获得了全面的继承与发扬，文学再次被视为施行政治教化的重要工具，其抒情性、审美性重又让位于政治性、伦理性。比如，魏征《隋书》卷七十六《文学传序》言：“文之为用，其大矣哉！上所以敷德教于下，下所以达情志于上，大则经纬天地，作训垂范，次则风谣歌颂，匡主和民。”[①]姚思廉《梁书》卷四十九《文学传序》言：“经礼乐而纬国家，通古今而述美德，非文莫可也。是以君临天下者，莫不敦悦其义，缙绅之学，咸贵尚其道，古往今来，未之能易。”[②]姚思廉《陈书》卷三十四《文学传序》言：“大则宪章典谟，裨赞王道，小则文理清正，申纾性灵。至于经礼乐，综人伦，通古今，述美恶，莫尚乎此。”[③]无不强调文学的政治教化功能。在这一政教文学观的影响下，诗歌作为代表性的文学样式，亦重新担负起作训垂范、匡主和民、润色鸿业、刺过讥失的政治使命。比如，唐太宗曾言：“宏风导俗，莫尚于文；……不游文翰，不识智之源。……当此之际，则轻甲胄而重诗书。”[④]《隋书》卷三十二《经籍志》言：“君尊于上，臣卑于下，面称为谄，目谏为谤，故诵美讥恶，以讽刺之。初但歌咏而已，后之君子，因被管弦，以存劝戒。”[⑤]孔颖达奉诏撰定《五经正义》时，在《毛诗正义序》中亦言：“夫诗者，论功颂德之歌，止僻防邪之训，虽无为而自发，乃有益于生灵。……若政运淳和，则欢娱被于朝野；时当惨黩，亦怨刺形于咏歌。作之者，所以畅怀舒愤；闻之者，足以塞违从正。……故曰：‘感天地，动鬼神，莫近于诗。’此乃诗之为用，其利大矣。”[⑥]显然，上述论点皆承续自汉儒“风以动之，教以化之”、“温柔敦厚”、“风雅正变”的诗教观。

当诗歌继续被视为修身的途径和政治的工具时，诗歌创作才能自然地也继续受到统治者的重视，并被视为构建文德政治所需人才的重要素质。查阅史书，我们不难发现，唐初统治者安排了一批以词艺文学见长的文士在各类文化教育机构中任职，选拔其他行政官员时也注意搜罗文学之士：

① （唐）魏征：《隋书》卷七十六《文学传序》，第1729页。

② （唐）姚思廉：《梁书》卷四十九《文学传序》，第685页。

③ （唐）姚思廉：《陈书》卷三十四《文学传序》，第453页。

④ （唐）李世民：《帝范》卷四《崇文》，新世界出版社2009年版，第104页。

⑤ （唐）魏征：《隋书》卷三十二《经籍志》，第918页。

⑥ （汉）毛亨传、郑笺注，（唐）孔颖达疏：《毛诗正义序》，第264页。

爰及我朝，挺生贤俊……门罗吐凤之才，人擅握蛇之价。靡不发言为论，下笔成文，足以纬俗经邦，岂止雕章缛句。[①]

——《旧唐书·文苑传序》

朗勤学，好属文。……尝制千字诗，当时以为盛作。……武德初，授齐王文学、祠部郎中，封汝南县男，再转给事中。[②]

——《旧唐书·文苑上·袁朗传》

允恭有文彩，善缀文。……雅善吟咏……太宗引为秦府参军兼文学馆学士。贞观初，除太子洗马。[③]

——《旧唐书·文苑上·蔡允恭传》

贞观年中，太宗外厌兵革……内兴文事。虞（世南）、李（百药）、岑（文本）、许（敬宗）之俦以文章进……咸能起自布衣，蔚为卿相，雍容侍从，朝夕献纳。我（唐）之得人，于斯为盛。[④]

——卢照邻《南阳公集序》

故侧席无倦于齐庭，开筵有待于燕馆。属以大行台司勋郎中杜如晦、记室考功郎中房玄龄、于志宁、军谘祭酒苏世长、天策府记室薛收、文学褚亮、姚思廉、太学博士陆德明、孔颖达、主簿李道元、天策仓曹李守素、王府记室参军虞世南、参军事蔡允恭、薛元敬、颜相时、宋州总管府户曹许敬宗、太学助教盖文达、谘议典签苏勖等，或背淮而至千里，或适赵以欣三见。咸能垂裾邸第，委质藩维，引礼度而成典则，畅文词而咏风雅，优游幕府。是用嘉焉。宜令并以本官兼文馆学士。[⑤]

——李世民《置文馆学士教》

如果说唐太宗拔擢诗才是出于仁政文治的需要的话，那么以诗取士在武周时代的兴盛，则更多的与武则天笼络庶族，以扩大自身统治基础有关。

唐初科举承袭隋制，明经、进士二科皆以试策为主，且明经科的地位

---

① （五代）刘昫：《旧唐书》卷一百九十上《文苑传序》，第4982页。

② 同上书，第4984页。

③ 同上书，第4988页。

④ （唐）卢照邻：《南阳公集序》，（清）董诰《全唐文》卷一百六十六，第1692页。

⑤ （唐）李世民：《置文馆学士教》，（清）董诰《全唐文》卷四，第49页。

要远高于进士科。一般来说，士族子弟往往可以利用家传儒学、通晓经典的有利条件，在科举考试中胜出。“进士科……特见尊重，以为全国人民出仕之唯一正途，实始于唐高宗之代，即武曌专政之时。”[①]

据沈既济《词科论》记载：“初，国家自显庆以来，高宗圣躬多不康，而武太后任事，参决大政，与天子并。太后颇涉文史，好雕虫之艺，永隆中始以文章选士。及永淳之后，太后君天下二十余年，当时公卿百辟无不以文章，因循遐久，浸以成风。”[②] 进士科试杂文的诏书在高宗永隆年间的出现，不仅与纠正虚浮考风有关，也与武则天爱好文学不无关系。据《旧唐书》卷六《则天皇后本纪》载，武则天“素多智计，兼涉文史”[③]。她不仅著有《垂拱集》一百卷、《金轮集》十卷[④]，还有 70 多篇诗文作品传世，甚至被后人评为宫闱文学之“一大家”[⑤]。在她执政期间，像崔融、李峤、苏味道、宋之问、沈佺期、张说、杜审言、陈子昂等一批文学之士被网罗至朝廷。但是武则天大力推行以诗取士的原则，发展以进士科为代表的文学诸科，其目的主要还在于通过加试文学，培养新兴庶族阶层，打压高门世族，以扩大其统治基础。正如陈寅恪在《唐代政治史述论稿》中曾经指出的，相比较于经学的重师传家学，须博览群书，文学更依赖于个人的思想阅历和灵性才智，因此世族重经学，而寒门重文辞。[⑥] 通过以诗取士，“当时山东、江左人民之中，有虽工于为文，但以不预关中团体之故，致遭屏抑者，亦因此政治变革之际会，得以上升朝列，而西魏、北周、杨隋及唐初将相旧家之政权尊位遂不得不为此新兴阶级所攘夺替代”[⑦]。所以说，大量招纳文学之士，是武则天抑制高门世族的一个手段。

通过以诗取士、扩大科举录取名额、大力发展制举，借修书形成“北门学士”、“珠英学士”等措施，显赫的政治权力与普通的文词之士产生

---

① 陈寅恪:《唐代政治史述论稿》，上海古籍出版社 1997 年版，第 21 页。

② （唐）沈既济:《词科论》，（清）董诰《全唐文》卷四百七十六，第 4868 页。

③ （五代）刘昫:《旧唐书》卷六《则天皇后本纪》，第 115 页。

④ （宋）欧阳修、宋祁:《新唐书》卷六十《艺文志四》，第 1597 页。传为崔融、元万顷等代作，但不管怎样，亦可显现武则天对文学的态度。

⑤ 谢无量:《中国妇女文学史》第二编下，中华书局 1931 年版，第 10 页。

⑥ 陈寅恪:《唐代政治史述论稿》，第 81 页。

⑦ 同上书，第 18—19 页。

了关联，新兴庶族阶层的政治地位有了明显提高，文化环境也逐渐地由儒学化向文学化转变。尽管武则天干预、执掌朝政的时间不长，然而朝廷上下重文学轻儒学的风气一旦形成，便呈星火燎原之势，不可阻遏。“自武后擅权，广开文士仕进之路，进士科第逐渐占优势，此种情形，愈演愈烈。中叶以后，政治上之势力，几为出身进士科第之士所独占，明经出身转为时人讽讥之口实，文学经学之盛衰，于此可见。”①

从唐初的复兴儒学、构建文治，以巩固政治基础，到武则天时期的借以诗取士获得庶族支持，以扩大统治基础，在试诗制度孕育、萌芽的过程中，唐代统治者的现实政治需要始终发挥着主导作用。

二、诗歌审美抒情特征的吸引

与儒家文学观看似矛盾的是，以太宗为代表的唐初统治者同时还表现出对彩丽竞繁的南朝诗歌的好尚。这种审美上的需要，和上文提及的政治需要互为表里，促进了宫廷诗歌创作的繁荣，使吟诗唱和日益成为宫廷政治—文化生活的一项重要内容，并进而激发了对诗歌创作人才的需求。

虽然儒家认为“质胜文则野，文胜质则史”②，但亦强调“辞达而已矣”③，辞达即可，不能舍“质”之本而求“文”之末。但南朝诗歌，尤其是梁陈宫体，则完全颠覆了儒家的文质观，所以也必然的，在唐初复兴儒学之际，遭到强烈的批判。正如前文所述，贞观之初，唐初统治者视南朝诗歌为“亡国之音”，否定的声音不绝于耳：

> 江左梁末，弥尚轻险，始自储宫，刑乎流俗，杂沾滞以成音，故虽悲而不雅。……原夫两朝叔世，俱肆淫声，而齐氏变风，属诸弦管，梁时变雅，在夫篇什。莫非易俗所致，并为亡国之音；而应变不殊，感物或异，何哉？盖随君上之情欲也。④
>
> ——《北齐书·文苑传序》
>
> 古人有言，亡国之主，多有才艺，考之梁、陈及隋，信非虚论。

① 严耕望：《唐人习业山林寺院之风尚》，《严耕望史学论文集》（下），上海古籍出版社2009年版，第924页。

② （宋）朱熹：《论语集注·雍也》，第55页。

③ （宋）朱熹：《论语集注·卫灵公》，第165页。

④ （唐）李百药：《北齐书》卷四十五《文苑传序》，中华书局1972年版，第602页。

然则不崇教义之本，偏尚淫丽之文，徒长浇伪之风，无救乱亡之祸矣。[①]

——《陈书·后主本纪》

梁简文之在东宫，亦好篇什，清辞巧制，止乎衽席之间，雕琢蔓藻，思极闺闱之内。后生好事，递相放习，朝野纷纷，号为宫体。流宕不已，讫于丧亡。陈氏因之，未能全变……文章道尽。[②]

——《隋书·经籍志·集部》

梁自大同之后，雅道沦缺，渐乖典则，争驰新巧。简文、湘东，启其淫放，徐陵、庾信，分路扬镳，其意浅而繁，其文匿而彩，词尚轻险，情多哀思。格以延陵之听，盖亦亡国之音乎！[③]

——《隋书·文学传序》

雅以正邦，哀以亡国，这是唐代统治者在考察了前代衰亡演变的历史后得出的规律性认识，虽然这样的认识在我们今天看来，实在有些以偏概全，或者小题大做，但在当时，却是他们“兴言至治，夕惕兢怀”[④] 的态度所致。因此，去除浮丽之文，推崇雅正之音，是他们对文学提出的政治要求。

但是另一方面，我们也必须认识到，唐初统治者要求去除浮丽，推崇雅音并不意味着完全放弃南朝文学，放弃对文学美的追求，这既不符合文学自身的演变规律，也不符合文学自觉以来的发展趋势。我们从他们的创作实践中就能看清这种情况：

唐初惟文皇《帝京篇》，藻赡精华，最为杰作，视梁、陈神韵少减，而富丽过之。[⑤]

——《诗薮·内编·古体中》

武德贞观间，太宗及虞世南、魏征诸公五言，声尽入律，语多绮

① （唐）姚思廉：《陈书》卷六《后主本纪》，第119—120页。

② （唐）魏征：《隋书》卷三十五《经籍志·集部》，第1090页。

③ 同上书，卷七十六《文学传序》，第1730页。

④ （唐）唐太宗：《令河北淮南诸州举人诏》，（清）董诰《全唐文》卷六，第71页。

⑤ （明）胡应麟：《诗薮·内编》卷二《古体中·五言》，上海古籍出版社1979年版，第36页。

靡，即梁陈旧习也。[①]

——《诗源辩体》

或许有人会质疑，文学理论与文学实践出现暂时不同步的情况不是很常见吗？但倘若我们换个角度来看，便会发现，除去文学发展自有其惯性以外，南朝诗风的得以复现与衍化也和当时的政治需求、统治者的审美心理有关。“唐帝室与隋一样，与鲜卑贵族有密切关系，他们取得帝位，建立南北统一的国家，亟须表明自己是汉族人，最有效的方法是接受南朝文化，使人们承认李氏朝廷是汉族正统的继承者。”[②] 因此，对南朝文化，包括对南朝诗歌的承袭，同样出自政治统治的需要。而当时代表着汉族正统的南朝文化其实质是外儒内华，表现在文学上，即表面上遵循儒家诗教观，实质上却无不以追求华美绮丽的感观刺激和柔弱纤细的情感表述为目的。从审美心理角度来看，南朝那些绮艳柔美的文字、精致浏亮的诗篇对骑在马背上看惯了战尘飞扬的唐太宗来说有着非同一般的吸引力。虽然在理性上他肯定“风雅正变”、“温柔敦厚”，但在感情上不由自主地对南朝彩丽竞繁的诗篇表现出好感。从秦王府学士到弘文馆学士，多为江南才子，在与他们的交往过程中，逐渐受到江左文化影响的唐太宗对南朝诗歌也渐趋欣赏。因此，太宗君臣批判南朝诗歌之种种，强调敦道崇质，并不旨在全面否定“文”之存在的必要性，只不过是要求以儒家颂美和乐、温柔敦厚的内核来取代南朝诗歌雅道沦缺、情多哀思的实质，以典实雅丽的诗文来完成润色鸿业、颂美王政的任务（这绝非质木无文的作品可以承担）。尤其到了贞观后期，随着国势日盛，在太平气象已显，宫廷环境开始由前期的崇尚简朴，发展为追逐享乐的情况下，唐太宗对南朝诗歌的喜爱也表现得越来越明显。史书留下了唐太宗作宫体诗的记载[③]，让我们在这位英武的皇帝身上看到一抹轻艳的粉红。而《全唐诗》和《全唐诗外编》的记录，则又让我们欣赏到占据其存世诗歌数量[④]近一半的感时应

① （明）许学夷：《诗源辩体》卷十二，人民文学出版社 1987 年版，第 138 页。

② 范文澜：《中国通史》第四册，人民出版社 1975 年版，第 333 页。

③ （宋）欧阳修、宋祁《新唐书》卷一百〇二《虞世南传》：“帝尝作宫体诗，使赓和。世南曰：‘圣作诚工，然体非雅正。上之所好，下必有甚者，臣恐此诗一传，天下风靡。不敢奉诏。’帝曰：‘朕试卿耳！’赐帛五十匹。”第 3972 页。

④ 唐太宗存世诗歌 109 篇。

景、吟咏风月之作。难怪闻一多这样评价："他（指唐太宗）所追求的只是文藻，是浮华，不，是一种文辞上的浮肿，也就是文学的一种皮肤病。"①

以太宗为首的宫廷创作继续着魏晋以来爱尚文辞、肯定文学作品审美特征的风气，所作、所赏多求词丽：

> 太宗大破辽贼于驻跸山，敬宗立于马前受旨草诏书，词彩甚丽，深见嗟赏。②
>
> ——《旧唐书·许敬宗传》
>
> 泰文辞美丽，岂非才士。我心中念泰，卿等所知。③
>
> ——《旧唐书·濮王泰传》
>
> 太宗尝称世南有五绝：一曰德行，二曰忠直，三曰博学，四曰词藻，五曰书翰。④
>
> ——《贞观政要·任贤》

据贾晋华《唐代集会总集与诗人群研究》考证，太宗朝诗人群的唱和及文学活动起于武德九年（626）九月，终于贞观二十三年（649）。其中朝会、宴游、咏物在他们的唱和诗中占了绝对多数，往往"刻意调节宫商，雕饰辞藻，写景状物，巧构俪偶。其中有不小一部分仍沿袭南朝宫廷诗风习，堆砌繁密的细碎景物，构造精致巧妙的对偶"⑤。因此欧阳修在《隋太平寺碑》中指出："南北文章，至于陈隋，其弊极矣。以唐太宗之致治，几乎三王之盛，独于文章，不能少变其体。"⑥

与这种对美的文学的由衷好尚相并行的，是对文学遣兴娱情作用的逐渐认同，太宗朝开始的君臣宴集唱诗之风正说明了这一点。这一风气长久不衰，至武后、中宗朝至于极盛。固然宫廷宴集唱和有征示天下太平、君臣欢洽、文教大治的政治功用，但也不可否认，在"狎猥佻佞，忘君臣礼

---

① 闻一多：《唐诗杂论·类书与诗》，上海古籍出版社1998年版，第8页。

② （五代）刘昫：《旧唐书》卷八十二《许敬宗传》，第2762页。

③ 同上书，卷七十六《濮王泰传》，第2656页。

④ （唐）吴兢：《贞观政要》卷二《任贤》，第40页。

⑤ 贾晋华：《唐代集会总集与诗人群研究》，北京大学出版社2001年版，第36页。

⑥ （宋）欧阳修：《隋太平寺碑》，《欧阳修全集》，中国书店1986年版，第1148页。

法，惟以文华取幸”①、“既陪天欢，不敢不醉”② 的宴乐豫游过程中，赋诗亦具有遣兴娱情作用。尤其到武周后期、中宗朝，这种宫廷创作越来越向轻松娱乐的方向发展：

> 则天幸洛阳龙门，令从官赋诗，左史东方虬诗先成，则天以锦袍赐之。及之问诗成，则天称其词愈高，夺虬锦袍以赏之。③
>
> ——《旧唐书·宋之问传》
>
> 时麟台监张昌宗及成均祭酒李峤总领其事，广引文词之士，日夕谈论，赋诗聚会。④
>
> ——《旧唐书·徐坚传》
>
> 李峤、崔融、薛稷、宋之问，皆如良金美玉，无施不可。……阎朝隐之文，如丽色靓妆，衣之绮绣，燕歌赵舞，观者忘忧。然类之风雅，则为俳矣。⑤
>
> ——《大唐新语·文章》
>
> 夏，四月，癸未，置修文馆大学士四员，直学士八员，学士十二员，选公卿以下善为文者李峤等为之。每游幸禁苑，或宗戚宴集，学士无不毕从，赋诗属和，使上官昭容第其甲乙，优者赐金帛；同预宴者，唯中书、门下及长参王公、亲贵数人而已，至大宴，方召八座、九列、诸司五品以上预焉。于是天下靡然争以文华相尚，儒学忠谠之士莫得进矣。⑥
>
> ——《资治通鉴·唐纪·中宗景龙二年》

由于诗歌娱情审美特征的吸引，初唐宫廷创作日趋兴盛。绮靡诗风大行其道，铺排辞藻，务为美丽，颂美、娱乐成为宫廷文学主流。在这样的将赋诗唱和作为主要文娱活动的飨会游豫场合中，隐藏于赏花赏乐、觥筹

---

① （宋）欧阳修、李祁：《新唐书》卷二百〇二《文艺中·李适传》，第5748页。

② （宋）计有功撰，王仲镛校笺：《唐诗纪事校笺》卷一《中宗》，中华书局2007年版，第20页。

③ （五代）刘昫：《旧唐书》卷一百九十中《文苑中·宋之问传》，第5025页。

④ 同上书，卷一百〇二《徐坚传》，第3175页。

⑤ （唐）刘肃：《大唐新语》卷八《文章》，中华书局1984年版，第130页。

⑥ （宋）司马光：《资治通鉴》卷二百〇九《唐纪·中宗景龙二年》，第6622页。

交错、一片祥和背后的是心照不宣的相互较劲。如果在观景酣赏之际，可以援笔立就佳作，便能迅速博得皇帝的青睐、同僚的艳羡，少则赏赐珍品，多则加官晋爵；而任何露怯的表情、拙劣的言辞则会引来皇帝的轻视、同僚的耻笑。这个时候，是否具有急思之才，是否可以恰如其分地组织语言、表达主旨、创作诗篇成为极其重要的素质。诗歌再次成为能否获得帝王青眼相待的重要依据，成为进阶荣身的政治工具。

三、文学成为政治独立的组成部分

我们发现，中国诗歌从发端之初便与儒家文化、儒家化政治紧密相连，虽然此后它经过了漫长的历史长河，逐渐摆脱二者的束缚，形成自身吟咏性情的独立个性和赏心悦目的美丽外表，但它在政治文化生活中的工具角色始终未曾获得完全的改变。

至唐代，当唐初统治者确立了仁政文治、尊孔崇儒的基本策略以后，如何有效地运用政治手段，重建道德体系，推行文化建设，普施社会教化是一项重要的任务。虽然高祖李渊本着关中本位政策，对来自山东旧族、江左士族的文化采取了一定程度的排抑态度，对以诗歌为代表的各类文学的发展不甚重视；但太宗李世民是一位文化建设意识更强烈、更具开放心态的皇帝。他对南北文化，尤其是江左文化，表现出一份回护与欣赏，并进而衍生出兼收并蓄的时代思想。尽管太宗朝尚未来得及实现南北文化的真正和融，却为大唐王朝后来的发展确立了包容开放的盛世姿态。唐太宗一方面崇重儒教，坚持文治，主张具有一定灵活性的儒家诗教观；另一方面又追步外儒内华的江左文化，好尚南朝诗歌。在他的宫廷中，诗歌既有箴规，又有颂美；既是佐佑王化、施行文教的政治工具，又不失抒情审美特征，因此“文质彬彬”成为太宗朝诗歌发展的理想范式。之后初唐的各位帝王也大多对诗歌的教化功能、政治功能、审美娱情功能持认同态度。无论他们是出于巩固并扩大统治基础的考虑，还是出于对文学的真心爱好，或仅仅为了显示修养而附庸风雅，他们成为了诗歌的创作者和提倡者。不仅唐太宗李世民，高宗李治、中宗李显、睿宗李旦和武则天也均有诗歌保存至今。他们带着自己的朝臣吟唱并且记录了唐王朝最初的繁华。而诗人们则由于自身优秀的文才被拔擢至清要的职位，侍从于帝王左右，深得宠信。此时的宫廷诗歌多奉和应制之作，颂扬太平之声，无不典雅华美，流丽细腻。公文也追步南朝风气，以骈俪为主，虚内华外，文繁典深。朝廷上下无不陶醉于盛世初显的繁华气象和文采焕然的诗词篇章中：

> 凡天子飨会游豫，唯宰相及学士得从。春幸梨园，并渭水祓除，则赐细柳圈辟疠；夏宴蒲萄园，赐朱樱；秋登慈恩浮图，献菊花酒称寿；冬幸新丰，历白鹿观，上骊山，赐浴汤池，给香粉兰泽，从行给翔麟马，品官黄衣各一。帝有所感即赋诗，学士皆属和。①
>
> ——《新唐书·文艺中·李适传》
>
> （中宗）帝谓侍臣曰：今天下无事，朝野多欢，欲与卿等词人，时赋诗宴乐，可识朕意，不须惜醉。大学士李峤、宗楚客等跪奏曰：臣等多幸，同遇昌期。谬以不才，策名文馆。思励驽朽，庶裨河岳。既陪天欢，不敢不醉。此后每游别殿，幸离宫，驻跸芳苑，鸣笳仙禁，或戚里宸筵，王门醟席，无不毕从。②
>
> ——《唐诗纪事·中宗》
>
> 自则天久视之后，中宗景龙之际……搜英猎俊，野无遗才。右职以精学为先，大臣以无文为耻。每豫游宫观，行幸河山，白云起而帝歌，翠华飞而臣赋。雅颂之盛，与三代同风。③
>
> ——张说《唐昭容上官氏文集序》

良辰美景，同遇昌期，朝野多欢，王气澹荡，这无处不在的太平景象一经诗人们彩笔新题，便显得格外令人神往。赋诗唱和在这样的环境中，成为建设文德政治不容轻视的一环。

汉代曾经出现过中国历史上第一个文人凭借文学才能入仕的高峰期，但当时选入宫中的辞赋家们并未能获得多少参与国家政事的机会，大多数情况下，他们只是以类似俳优的身份而存在。到了唐代，士子由于自身优秀的文才被提升至清要位置，侍从于帝王左右。他们一方面固然也参与诗酒之会，并因此深得宠信；但另一方面，他们同样可以参决大事，成为帝王的肱股之臣，岑文本、虞世南、李峤、张说等无不如此。

于是，文学的重要性越来越明显，某些时候甚至超越了儒学。据《旧

---

① （宋）欧阳修、宋祁：《新唐书》卷二百〇二《文艺中·李适传》，第5748页。

② （宋）计有功撰，王仲镛校笺：《唐诗纪事校笺》卷一《中宗》，第20页。

③ （唐）张说：《唐昭容上官氏文集序》，（清）董诰《全唐文》卷二百二十五，第2275页。

唐书》卷一百八十九上《儒学传序》载："高宗嗣位，政教渐衰，薄于儒术，尤重文吏。于是醇醲日去，华竞日彰，犹火销膏而莫之觉也。"①《资治通鉴》卷二百〇九《唐纪·中宗景龙二年》也曾有过这样的描述："于是天下靡然争以文华相尚，儒学忠谠之士莫得进矣。"② 可见，至高宗、中宗时，朝廷用人已开始从儒学之士向文学之士倾斜。尽管随着唐王朝的发展，曾出现过多次文学与经学、文儒与吏能之争，但不可否认，文学在唐代确立了自身在文德政治构建、礼乐体系确立、社会教化施行过程中的重要地位，在某种程度上，我们甚至可以说，它已经成为唐代政治的一个独立组成部分。

如果诗歌仅仅以宫廷宴集唱和的形式存在，那么它还不足以具有之后的强大影响力。关键在于，唐初统治者又进一步把它引入了教育、考试、选拔制度中，试图通过这样的方式，为自身文德政治的构建培养、选拔具有文儒特质的人才，并借用诗歌的外壳，将主流思想体系、道德意识形态传播于社会各阶层。一旦"借助权力建立了常规的世俗利益与经典的知识话语的联系，把一种有强烈意识形态色彩的知识、思想和信仰作为知识阶层的晋身必由途径，于是这种知识、思想与信仰就成了拥有权力的话语体系，真的使'天下英雄入吾彀中'，这时，一个新的政治与文化的合理性也终于获得了支持，统一的国家有了统一的思想与文化。"③ 借助权力，以主流思想体系、道德意识形态为底蕴的制度背景下的诗歌成为文人士子仕途发展中必不可少的内容，由此，原本局限于一定范围内的诗歌的影响力，渐次扩展到整个社会；而在文学特质表象底下蕴含着的政治内蕴也借此得到传播。试诗的产生正折射出唐代统治者在两种异质文化共存的背景中形成了自身对文学功能、对"政治—文化"体系的独特认识。

四、迎合崇尚文才的社会风气

文学本就是中国古典文化中传情达意的主要载体，绵延千年，仍然富有活泼旺盛的生命力，尤其诗歌更以其生动的形象、优美的韵律、精练的语言颇受人们喜爱。再加上，上之所好，下必有甚，在文德政治背景下，

---

① （五代）刘昫：《旧唐书》卷一百八十九上《儒学传序》，第4942页。

② （宋）司马光：《资治通鉴》卷二百〇九《唐纪·中宗景龙二年》，第6622页。

③ 葛兆光：《中国思想史》第二卷，第4页。

伴随着文化建设的发展，唐初宫廷文学的兴盛、宫廷文人的受宠在社会上形成了一种示范效应。在人们的日常生活交际中，诗歌成为不可或缺的内容，而文学才子也成为了全社会崇尚的对象。唐代以诗取士的确立迎合了全社会崇尚文学、崇拜文人的风气，而它的实施又反过来促进了这一风气的持续升温，长久不衰。

我们不妨来看两则大家都很熟悉的材料，从中便可发现唐人对文学的喜爱，对文学之士的重视。据《唐摭言》卷五《以其人不称才试而后惊》载：

> 王勃著滕王阁序，时年十四。都督阎公不之信，勃虽在座，而阎公意属子婿孟学士者为之，已宿构矣。及以纸笔巡让宾客，勃不辞让。公大怒，拂衣而起；专令人伺其下笔。第一报云："南昌故郡，洪都新府；"公曰："亦是老先生常谈！"又报云："星分翼轸，地接衡庐。"公闻之，沉吟不言。又云："落霞与孤鹜齐飞，秋水共长天一色。"公矍然而起曰："此真天才，当垂不朽矣！"遂亟请宴所，极欢而罢。①

都督本想在宾客面前夸赞女婿，孰料如意算盘被王勃打破，于是勃然大怒，拂衣而起。但等他看到王勃的真文采后，便很快转变态度，不由夸赞其为"真天才"，"当垂不朽"，并延请王勃至宴所，极欢乃罢。都督对王勃的态度由怒至喜的巨大转变，从一个侧面反映出拥有才华的文学之士在当时社会上受欢迎、受崇重的程度。另外，需要注意的是，都督本想在众宾客面前夸赞女婿的，也正是他的文学才华，因此才让他事先宿构。这说明"文才即人才"的观念已在社会上流行。

再比如《唐诗纪事》卷八引《独异记》载：

> 子昂初入京，不为人知。有卖胡琴者，价百万，豪贵传视无辨者。子昂突出，谓左右曰："辇千缗市之。"众惊问，答曰："余善此乐。"皆曰："可得闻乎？"曰："明日可集宣阳里。"如期偕往，则酒肴毕具，置胡琴于前。食毕，捧琴语曰："蜀人陈子昂有文百轴，驰走京毂，碌碌尘土，不为人知。此乐贱工之役，岂宜留心。"举而碎

---

① （五代）王定保：《唐摭言》卷五《以其人不称才试而后惊》，第61页。

之，以其文轴遍赠会者。一日之内，声华溢郡。时武攸宜为建安王，辟为书记。①

这也是一个耳熟能详的故事。我们以往较多注意的可能是陈子昂的哗众取宠、惊世骇俗。事实上，他的买琴、碎琴皆为抛砖引玉，只想借此奉上百轴文卷。而他一日之内，声华溢郡，当然也绝非仅仅由于他标新立异，更多的应该是对他文学才华的高度肯定，武攸宜将他辟为书记官，正说明了这一点。

因此我们可以看到，当帝王“以万机之暇，游息艺文”② 之时，当臣子由于“文高前列”、“升荣粉署”③ 之际，社会风气自然亦受其影响，驱使人们把无限的热情投向文学创作和鉴赏活动，把文学才子视为崇拜的对象。而这种尚文的社会环境一旦形成，又会潜移默化地不断感染身处其中的人，进而反过来成为影响社会、政治、文化发展的一种力量。从这个角度来看，试诗的设立迎合了当时尚文的风气。

第三节 五律入试的多重原因

在中国文学源远流长的发展进程中，各类文体层出不穷，各逞其态。在唐以前，除了词、戏曲尚未形成外，其他均已有所发展，或者已经成熟，摆在唐人面前的选择不可谓不多。然而为何当以文学取士的标准被确立以后，人们只是短暂地试行了几种文体，便很快将目标锁定在了五言律诗和律赋上？而且在此后的时间里，除了某些特殊的年份试诗遭遇了否定，作为唐代举士选官制度中最具特色的一个试项，它始终闪烁着耀眼的光芒，不但使文学之士身价倍增，成为全社会注目的焦点；而且使诗歌尤其是律诗这一专门之学获得了前所未有的普及，并因此在唐诗迈向顶峰的过程中发挥了积极的作用。

一种文体要成为科举考试的合理试项，首先应该满足一些条件，我们大体可以概括为以下五点：第一，能满足统治阶层考查举子特定能力或素

① （宋）计有功撰，王仲镛校笺：《唐诗纪事校笺》卷八《陈子昂》，第 234 页。

② （唐）唐太宗：《帝京篇序》，（清）彭定求《全唐诗》卷一，第 1 页。

③ （唐）武平一：《请追赠杜审言官表》，（清）董诰《全唐文》卷二百六十八，第2723 页。

质的需要，以保证选拔出来的人才具有符合朝廷实际需要的品质；第二，能获得统治阶层乃至社会大众的文化心理认同，以保证人才的拔擢具有相当的甄选范围；第三，有利于优胜劣汰目的的实现，即对广大举子而言，写作这种文体具有一定的挑战性，能体现试题的区分度；第四，有利于真实水平的体现，即要写好这种文体，无法用投机取巧的方法，也没有终南捷径可走，以减少浑水摸鱼、滥竽充数现象的发生；第五，评判有一定的客观标准可以遵循，且评判标准易于掌握，这既能使考官的评阅具有实际操作性，又维护了考试的公平原则。那么五言律诗是否能够满足上述五个方面的要求呢？

一、满足考查文理华赡的需要

前已述及，唐代统治者的理想政治模型是“三代之治”，为此他们通过各种途径，采取多种措施，以构建理想中的文德政治。它试图“通过伦理和礼乐的内外配合，使社会成员的道德人格得到提高和完善，具有‘真’的心地‘善’的德行和‘美’的形容，从而构成安定有序的社会关系”[①]。科举制度是唐代文德政治的产物之一，在为全社会打开仕进之门、提供平等机会的同时，其需要挑选出最具真善美特质的“文质彬彬”的人才，以保证社会上层精英文化的正统性，并利用这些人才，帮助其构建文德兼治的政治模型。正如唐太宗在谈到用人问题时，曾经指出的那样：“为政之要，惟在得人，用非其才，必难致治。今所任用，必须以德行、学识为本。”[②]“德行”，指符合儒家伦理道德规范的人格。唐代吏部对官员施行考课的首要标准便是四善——德、慎、公、勤，皆属对道德品质的考察。元和二年（807）朝廷曾下文，“州府所送进士，如迹涉疏狂，兼亏礼教……虽薄有辞艺，并不得申送”[③]。德行不端者连被举送的资格都没有。开成元年（836）十月，朝廷又下文，常科举子至京后，须结款通保，“如有缺孝弟之行，资朋党之势，迹由邪径，言涉多端者，并不在就试之限”[④]，以保证应举者的人品德行。“学识”，指具有“立身之本”的

---

① 陈飞：《唐代试策考述》，第16页。

② （唐）吴兢：《贞观政要》卷七《崇儒学》，第219页。

③ （宋）王溥：《唐会要》卷七十六《贡举中·进士》，第1634页。

④ 同上书，第1636页。

"学"和"经国之资"的"文"[1]，此二者皆须以儒家思想为主要根据。大历时洋州刺史赵匡曾上书奏请将吏部铨选判文合格者划分为四等：

> 其有既依律文，又约经义，文理宏雅，超然出群，为第一等；其断以法理，参以经史，无所亏失，粲然可观，为第二等；判断依法，颇有文彩，为第三等；颇约法式，直书可否，言虽不文，其理无失，为第四等。此外不收。[2]

从上述评判标准中我们可以发现，吏部试判一方面要考辨选人临政治民的吏治才干，是否熟悉法律条文，是否具备深厚的儒学修养；另一方面也要考虑判文的辞旨表达，须"文理弘雅"。这其实就是对铨选官员"学识"的考查。如果说吏部试判的评判标准里包含了朝廷对官员"学"、"文"兼备的要求的话，那么唐初常科考试最重要的两科——明经、进士科的设立则分别着眼于强调朝廷对"学"与"文"两类不同人才的需求。据《唐语林》卷八载："唐朝初，明经……乃案章疏试墨策十道；……进士时务策五道。"[3] 两科均试策，均需考生具备一定的"学"、"文"水平，但二者的侧重点又各不相同，"明经更强调'经义'内涵、'章句'功夫等'学业'水平；进士更强调'史传'内涵、'文词'艺能等'文理'水平"[4]。从现存上官仪的进士科试策《对用刑宽猛策》、《对求贤策》[5] 来看，二篇策文写得辞藻堆砌，典故累垛，并无多少实质性见解，由此可见朝廷选拔进士科人才的主要标准之所在。因而，当吏部试判、进士科试策出现模拟、抄袭旧作的弊端，无法辨明其"文理"水平时，朝廷经过审慎考虑，最终决定铨选除试判外，还须考查待选官员平时的写作水平；之后，礼部试以此为参考，进士科加试杂文，通过灵活的杂文创作来检验举子，以挑选出真正才艺灼然、合升高第之人。如果说明经科加试帖经是以最直接的方式检验举子对经书原作的背诵、理解之功，使明经科

---

① 《条流明经进士诏》："学者立身之本，文者经国之资。"（宋）宋敏求《唐大诏令集》卷一百〇六《政事·贡举》，第549页。

② （唐）赵匡：《选人条例》，（清）董诰《全唐文》卷三百五十五，第3605页。

③ （宋）王谠撰，周勋初校证：《唐语林校证》卷八《补遗》，第713—714页。

④ 崔荣华：《唐代进士科"以诗赋取士"辨析》，《唐都学刊》2005年第4期。

⑤ （清）董诰：《全唐文》卷一百五十五，第1584页。

"学业该深"的要求有了更显见的针对性；那么进士科加试杂文则以"识文律"[①]为前提，使进士科向"文理华赡"进一步倾斜。因此，在决定考试文种时，首先应该考虑其是否有助于考查"文理华赡"的需要。

由于吏部铨选试诗赋的具体情况已不可详考，故今以唐初进士科杂文试题目为例，说明诗赋相比较于其他文体，更利于考查举子的"文理"水平。今查唐初进士杂文试尚未形成试诗赋之定制前的各年题目，朝廷曾以铭[②]、赋、诗、颂[③]、箴[④]、表[⑤]为题。各题的设计比较集中地体现出朝廷的用人倾向，即希冀文学可以发挥颂扬太平、以上化下、以下讽上的作用。表多表达臣子对君主的忠诚和希望，常借用抒情手法，达到动之以情的效果，故有"表以陈请"[⑥]之说。虽然在政治生活中，表的使用频率较高，试表颇具现实意义，然其为无韵之笔，虽不排斥文采，但更倾向于实用，与朝廷诏书中"识文律"的要求和对人才"文理华赡"的期待尚有距离。铭多称颂君主功德，要求"博约而温润"，义理深邃，温和畅达；颂亦以颂扬为目的，要求"优游以彬蔚"，从容自然，文采华美；箴以规诫为主题，要求"顿挫而清壮"，音情顿挫，清新刚健。[⑦]此三者虽然皆为有韵之文，注重文采，抒情性较强，对写作者史传内涵和文辞艺能的要求也较高，但皆是在汉代辞赋推动下形成的四言韵文样式，与赋的主题和功能多有重复之处。或许出于上述原因，铭、颂、箴、表四种文体虽然在杂文试初期曾经出现，不过最终还是退出了选举考场。而诗、赋无疑是各类文学体裁中最主要且最富生命力的样式，二者在历史上都曾为营造"文质彬彬"的社会政治气象发挥过重要作用，均要求内涵丰富，构思精巧，语言精美，格律谨严，需要写作者具备相当的历史文化知识、语言文字水平、形象思维能力和审美感受能力。从满足统治阶层考查举子"文理"水平的角度来看，诗、赋应该说是首当其冲的选择。

---

① 《条流明经进士诏》："进士试杂文两首，识文律者，然后并令试策。"（宋）宋敏求《唐大诏令集》卷一百〇六《政事·贡举》，第549页。

② 垂拱元年（685），《九河铭》。

③ 开元十一年（723），《黄龙颂》；开元十五年（727），《积翠宫甘露颂》。

④ 开元十四年（726），《考功箴》。

⑤ 开元二十六年（738），《拟孔融荐祢衡表》。

⑥ （梁）刘勰著，黄叔琳等注：《增订文心雕龙校注》卷五《章表》，第306页。

⑦ （晋）陆机：《文赋》，（梁）萧统编，（唐）李善注《文选》卷十七，第524页。

二、五言律诗已成诗坛主流

诗歌形式多种多样，四言、五言、七言、骚体、乐府、古体、近体，不一而足，那么唐代统治者为何独以五言律诗为题呢？

从诗体发展程度来说，五言诗歌在唐以前已发展成熟，是魏晋南北朝诗歌最主要的形式。先秦时代，四言诗曾是黄河流域的主流诗体，它所承载的《诗》文化绵延千年，其表现出来的庄重舒缓的感情、齐整少变的节奏、固定单调的句式，迎合了那个时代“尚同”①、“齐一”② 的社会要求。在南方，骚体以其激荡的情感、浪漫的思致、奇幻的想象、华美的辞章、多变的句式展现出恢宏瑰丽的特质，与《诗经》共同构建了中国诗歌的两大源头，深远地影响了后代文学。至汉代，四言诗和骚体皆渐趋没落，代之而起的，除了蔚为大观的辞赋，还有崭露头角的乐府、五言古体、七言古体。由于占据乐府主要地位的乐府民歌具有浓郁的民间色彩和鲜明的地域风格，所以乐府始终难登大雅之堂。尽管汉代文人也参与创作，后来又曾先后出现过拟乐府、新乐府，在一定程度上改变了这种状况，然而乐府从未能成为诗歌的主流。《诗经》在汉代固然仍被士人普遍习诵，但伴随着东汉社会思想一统性控制的削弱、个体意识的增强、审美意识的变化，人们更加追求情感表现的多变和强烈，于是具有灵活句式、善变节奏、适应多种情感表达需要的五言诗开始逐渐取代四言诗占据诗歌创作的主流地位，而四言诗只在赋、颂、赞、碑、诔、箴、铭等特殊的韵文文体中才被加以运用。这种情况一直延续，南朝士族甚至以能作五言诗作为显示身份、炫耀才能的手段。所以虽然汉末七言诗也开始出现，然而在古人眼里，七言诗为变体，五言诗才是正统，这一点从钟嵘所言“五言居文词之要，是众作之有滋味者也”③ 便可见一斑。因此，在唐初，五言诗已经成为诗坛主流。

从审美心理来看，近体比古体更具诗歌的和谐之美，更符合诗歌语言音律上的审美特质。在唐以前，近体诗的几种类型皆已出现。继齐永明年

---

① 墨子主张“尚同”。（汉）班固《汉书》卷三十《艺文志》注：“言皆同，可以治也。”第1738页。

② 孔子提出养民要“道之以德，齐之以礼”，详见（宋）朱熹集注《论语集注·为政》，第10页。

③ （梁）钟嵘：《诗品·序》，（清）何文焕《历代诗话》，中华书局2004年版，第3页。

间沈约等人提出“四声八病”说以后，至南北朝后期，五律大体定型。在民歌中被广泛运用的五言短诗，经过文人改造，此时演变成了五言绝句。另外，七律和七绝也有了雏形。近体诗在声辞音韵上的美感、对偶用事上的谨严，辞藻修辞上的精巧，给读者带来前所未有的和谐之感。它的出现展示了诗歌创作由简单向复杂、由低级向高级、由原始向技巧方向演变的必然趋势，从此诗歌的人工美开始替代自然美。朱光潜在《诗的音律本身的价值》一文中谈道：“艺术的基本原则是‘寓变化于整齐’。”[①] 黑格尔在《美学》中说：“至于诗则绝对要有音节或韵，因为音节和韵是诗的原始的唯一的愉悦感官的芬芳气息，甚至比所谓富于意象的富丽辞藻还更重要。”[②] 近体诗在音律上要求平仄相重相间、要对要粘、有拗有救，严格规定句数、字数和对仗。相比较于古体，近体诗在形式上的这些特点更符合“寓变化于整齐”的艺术基本原则，更能使人感受到语言错落有致的美，体会到愉悦的“芬芳气息”。倘若再往深一层进行分析，相比较于古体，近体诗在语言形式上的特点更符合中国文化以圆为美、以和为贵的特点。近体诗在格律上展现出来的前后呼应、首尾圆合，正蕴含着中国文化以圆为美的崇圆意识；异音相从、二元互补的规则，正体现着中国文化对“和”的追求。这种在对立中求和谐，在和谐中有对立的诗歌形式，体现出中国文化追求和谐、统一、圆融的根本精神。因此，近体诗一经出现便受到欢迎，并逐渐超越五言、七言古体成为创作主流，至唐代这种情况仍然延续。正如沈祖棻在《唐人七绝诗浅释·引言》中提到的，唐诗中最多的是五言律诗、七言绝句、七言律诗三种[③]，其中尤以五律为多，占第一位。

从政治统治需要来看，作为南朝正统文化的重要组成部分，近体诗是唐初统治者的必然选择。我们知道，李唐王室出身于鲜卑胡族。这种出身上的非正统性使其虽然征服了天下，但在面对中原地区的高门世族、陈隋的成熟制度、南朝的繁荣文化时，仍然不可避免地带有自卑感。一方面，他们通过重修氏族志、提高科举地位、扩大科举规模等方式，削弱中原世

---

① 朱光潜：《诗论》第五章《诗与散文》，生活·读书·新知三联书店 1984 年版，第 120 页。

② ［德］黑格尔撰，朱光潜译：《美学》第三卷（下）《各门艺术的体系》（续），第三章《诗》，商务印书馆 1981 年版，第 68—69 页。

③ 沈祖棻：《唐人七绝诗浅释·引言》，上海古籍出版社 1981 年版，第 21 页。

族力量，扩大自身统治基础；另一方面，他们又封老子为太上玄元皇帝，并且因袭南朝制度，追步南朝文化，急于树立自身正统形象。正如范文澜所言："南朝末由徐庾完成的近体文，唐太宗力予提倡，原因所在，不只是魏晋以来文学趋势不可违抗，更重要的还在于继承华夏正统来助成国家的统一。"①

从唐代诗歌发展情况来看，五言律诗的定型较之七言律诗更早，也发展得更为成熟。初唐诗坛以宫廷创作为主流，君臣们的游宴赋诗、赠别唱和多以五律为基本形式。早在沈、宋之前，就已经产生了不少驰誉文坛、传诵不息的名篇。因此，对唐初举子而言，五律较之七律是一种更为熟悉的诗体，在创作经验的积累和创作技巧的成熟上也更甚于七律。选用五律为题，可以保证一定的应举人数，从而确保人才选拔的广泛性。

三、符合考试公平化标准化的要求

从考试本身来看，近体诗的写作需要遵循较多的规则，能够在一定程度上为考试的公平性、公正性提供保证。

在科考场上创作五律，既要受到近体诗规则的约束，又要受到命题、时间、场合、气氛等的限制和影响。在此种情形下，想要写出优秀的篇章，一展自身才华，对广大应试者而言，无疑具有相当的挑战性。但也正是在此种情形下，若还能成就佳篇，那就真正显示出应试者良好的文学修养和心理素质，达到了优胜劣汰的选拔目的。虽然创作五律亦有一定的门径可循，但是相比较于判、策的模拟旧作，套话连篇，虚辞累叠，诗歌写作自然更具创造性和灵活度。它需要写作者具备良好的文史修养，扎实的语言功底，敏捷的文思和广博的才情。这些都不能一蹴而就，需要平时的积累，这就可以减少投机取巧、蒙混过关的情况发生。

另外，近体诗的写作有明确而严谨的规则可循，这意味着评阅也有相对客观的标准可以遵守，且这种规则易于掌握、便于执行。文学创作和文学鉴赏本是非常主观的艺术活动，将之纳入公平、公正的考试场合多少有些不切实际。然而，律诗"寓变化于整齐"的特点，既保证了评阅具有一定的客观标准，又能发挥评阅者的主观能动性，使人才选拔的过程显现出规范性和灵活性相统一的特点。胡震亨曾言："按其声病，可塞有司之

① 范文澜：《中国通史》第四册，第333页。

责。虽知为文华少实，舍是益汗漫无所守耳。”① 可谓看到了近体诗成为考试文体的特质所在。近体诗的评判比其他文学体裁更具操作性，这是五律最终成为试诗定制，而铭、颂、箴、表和古体诗未能入选的原因之一。

综上所述，试诗的确立是多方面因素综合作用下的结果。在儒家文化和儒家化政治对文才需求的历史影响下，在新兴王朝巩固扩大统治基础、构建文德政治的现实需要下，受到文学无法抵抗的审美抒情特质的诱惑，出于纠正考风和适宜作为应试类文体的考虑，五言律诗最终被纳入科举考试的范围。

① （明）胡震亨：《唐音癸签》卷十八《诂笺三·进士科故实》，第161页。

第三章

唐代进士科试诗

我们不能用现代人的思维去衡量古人的选择，因为他们自有其所依存的社会历史文化空间。选拔任用官员竟然采用创作诗歌的方式，相信这在当今社会很难被理解。然而，在唐人那里，诗歌本来就是“政治—文化”生活的一个重要组成部分，创作诗歌既是一种文学行为，很多时候也是一种政治行为。从上至下的积极参与，云蒸霞蔚的创作局面，缔造出盛世王朝“文质彬彬”的政治环境和四海升平的社会气象。无论言志也罢，诗教也罢，为官执政、统治天下，都离不开诗歌。在这个以仁政文治为施政理想的王朝中，从政的必要素质是“强识博文”[①]，确立试诗制度的根本目的首要在于帮助构建文德政治，其次才是选拔优秀的文儒才士。

虽然以诗取士的标准和试诗的形式不仅仅只出现在唐代进士一科，然而鉴于进士科在试诗制度中的重要地位，我们还是先来考察一下它的情况。

第一节　进士科概述

科场登第、平步青云曾是多少文人士子的人生梦想。寒窗苦读，夜以继日；夏课习业，不遑寝休；投策干谒，四处奔波；屡举不第，老死举场。付出这一切，就是希望有朝一日可以黄莺出谷，飞上枝头。“太宗皇帝真长策，赚得英雄尽白头”[②]，实在是一语中的的辛酸语。这不仅是一场场的考试，更是一场场思智、体力、财富、关系、命运的较量，是“草

① 《条制考试明经进士诏》：“强识博文，可以从政。”（清）董诰《全唐文》卷三十一，第344页。

② （五代）王定保：《唐摭言》卷一《散序进士》，第5页。

泽望之起家，簪绂望之继世"①，关联着家族命运、个人前程的大事。而在唐代为数不少的常贡科目中，最能汇聚众多举子焦灼、渴望眼神的无疑就是进士科了。

一、进士科的初建、成熟与发展

进士科初建于隋炀帝大业年间，成熟于唐玄宗开元年间，极盛于唐德宗贞元以后。从现有文献来看，最早提及隋炀帝始创进士科的是唐代的薛登。天授三年（692），时任左补阙的薛登在指陈科举之弊的上疏中这样表述进士科的开始：

> 开皇中李谔论之于文帝……帝纳李谔之策，由是下制禁断文笔浮词。……炀帝嗣兴，又变前法，置进士等科。于是后生之徒，复相放效，因陋就寡，赴速邀时，缉缀小文，名之策学，不以指实为本，而以浮虚为贵。②

《旧唐书》卷一百一十九《杨绾传》、《通典》卷十四《选举二·历代制中》、《大唐新语》卷十《厘革》、王定保《唐摭言》卷一《述进士上篇》等也均指出进士科始建于隋炀帝时期。③ 唐袭隋制，于武德四年（621）下诏，以进士为选士之目，并于第二年正式开考，④ 此为唐进士开科之始。

唐代进士科初止试策五道⑤，期间也偶尔有过试读经史、文章、帖经的年份，然终非定制。永隆二年（681）朝廷颁布《条流明经进士诏》，

---

① （五代）王定保：《唐摭言》卷九《好及第恶登科》，第97页。

② （五代）刘昫：《旧唐书》卷一百〇一《薛登传》，第3138页。

③ 同上书，卷一百一十九《杨绾传》："近炀帝始置进士之科，当时犹试策而已。"第3430页。（唐）杜佑《通典》卷十四《选举二·历代制中》："炀帝始建进士科。"第343页。（唐）刘肃《大唐新语》卷十《厘革》："隋炀帝改置明、进二科。"第153页。（五代）王定保《唐摭言》卷一《述进士上篇》："进士，隋大业中所置也。"第3页。

④ （五代）王定保《唐摭言》卷一《统序科第》载："始自武德辛巳岁四月一日，敕诸州学士及早有明经及秀才、俊士、进士，……取其合格，每年十月随物入贡。"第1页。卷十五《杂记》："至五年十月，诸州共贡……进士三十人。十一月引见，……十二月吏部奏付考功员外郎申世宁考试。"第159页。

⑤ （唐）封演《封氏闻见记》卷三《贡举》："国初，……进士试时务策五道。"第32页。

正式确立进士科“二场试”，即先试杂文，文律通，然后试策。此后又曾出现二场之外先帖小经的情况。据王定保《唐摭言》载，此事起于神龙年间[①]，但其所据为何，尚不知晓。不过，从《唐六典》、《通典》以及开元二十五年（737）朝廷下达的《条制考试明经进士诏》来看，确实曾出现试帖小经并注的现象：

> 旧例帖一小经并注，通六已上……然后试杂文两道、时务策五条。[②]
>
> ——《唐六典·尚书礼部·礼部尚书侍郎》
>
> 旧制，帖一小经并注。开元二十五年，改帖大经。[③]
>
> ——《通典·选举三·历代制下》
>
> 其进士宜停小经，准明经例，帖大经十帖，取通四已上。[④]
>
> ——《条制考试明经进士诏》

但此时帖小经究竟是朝廷定制，还是像唐代铨选以诗行公卷一样，仅是制度外的一种约定俗成，从现有资料来看，尚不确定。目前我们能够看到的是进士科“三场试”正式以制度的形式被确定下来是在开元二十五年（737）。这一年正月，朝廷下达《条制考试明经进士诏》[⑤]，规定进士科先帖大经十条，通四已上，再试杂文、策，每场定去留。大约在中唐，三场试的顺序略有改变。据《唐会要》卷七十六《贡举中》载：“（大和八年）其年十月，礼部奏：‘进士举人，自国初以来，试诗赋、帖经、时务策五道，中间或暂改更，旋即仍旧。’”[⑥] 以诗赋为先，然后帖经、试策，中间虽有其他调整，但多为暂时。因此，自开元二十五年以后，进士科三场试的试项内容就已基本定型，进士科至此发展成熟。

王定保曾言进士科“盛于贞观、永徽之际”，然今对徐松《登科记考》所录进士及第人数进行统计，却发现似乎并非如此。贞观、永徽年间

---

① （五代）王定保《唐摭言》卷一《试杂文》：“至神龙元年方行三场试。”第 9 页。

② （唐）李林甫：《唐六典》卷四《尚书礼部·礼部尚书侍郎》，第 109 页。

③ （唐）杜佑：《通典》卷十五《选举三·历代制下》，第 356 页。

④ （唐）唐玄宗：《条制考试明经进士诏》，（清）董诰《全唐文》卷三十一，第 345 页。

⑤ 同上书。

⑥ （宋）王溥：《唐会要》卷七十六《贡举中》，第 1636 页。

(627—655)，进士科共录取288人，平均每年大约录取10人，与贞观之前（武德四年—武德九年，即621—626）平均每年录取3人相比，的确有了很明显的上升，但是与总章以后（668—683）平均每年录取24人相比，此期的进士科并未显现出“兴盛”的征兆；而且此时及第进士的仕途官运也远不及贞元以后亨达，不知王定保此言所本何在。从唐人的言论来看，进士科受到人们的特别重视始于玄宗开元、天宝年间：

> 玄宗时，士子殷盛，每岁进士到省者常不减千余人。[①]
>
> ——《封氏闻见记·贡举》
>
> 自开元天宝间，万方砥平，仕进者以文讲业，无他蹊隧。[②]
>
> ——权德舆《唐故尚书工部员外郎赠礼部尚书王公神道碑铭并序》
>
> 开元、天宝之中……是以进士为士林华选，四方观听，希其风采，每岁得第之人，不浃辰而周闻天下。[③]
>
> ——《通典·选举三·历代制下》
>
> 开元以后，四海晏清，士无贤不肖，耻不以文章达。[④]
>
> ——《通典·选举三·历代制下》

虽然这个时期，以文为学，参加进士科考试的人为数不少，但是进士中举者登台阁、做高官的比重其实并不高。[⑤] 事实上，进士科的兴盛始于贞元、元和之际。这种兴盛除了表现在参试人数多以外，还主要表现在一大批进士出身的人开始跻身于统治集团上层，担任各项重要职务，并在政治生活中日益发挥重大作用。唐人对这种变化也多有记载：

> 进士为时所尚久矣。是故俊乂实集其中，由此出者，终身为闻人。……故位极人臣，常十有二三，登显列十有六七。[⑥]

---

① （唐）封演：《封氏闻见记》卷三《贡举》，第33页。

② （唐）权德舆：《唐故尚书工部员外郎赠礼部尚书王公神道碑铭并序》，《权德舆诗文集》卷十七，上海古籍出版社2008年版，第276页。

③ （唐）杜佑：《通典》卷十五《选举三·历代制下》，第358页。

④ 同上书，第357页。

⑤ 参见吴宗国《唐代科举制度研究》，第170—172页。

⑥ （唐）李肇：《唐国史补》卷下，《唐五代笔记小说大观》，第193页。

——《唐国史补》

国朝开进士一门，苟有登升者，皆资之为宰相、公侯、卿大夫，则此门固不轻矣。[①]

——舒元舆《上论贡士书》

（开成元年）十月，中书门下奏："朝廷设文学之科，以求髦俊，台阁清选，莫不由兹。"[②]

——《唐会要·贡举中·进士》

（乾符二年正月敕）："进士策名，向来所重，由此从官，第一出身。"[③]

——《厘革新及第进士宴会敕》

吴宗国在《唐代科举制度研究》一书中统计了贞元以后朝廷中高级官员进士出身者的人数，发现"正是在贞元、元和之际这个时期，大部分高级官员开始由进士出身者担任，进士科成为高级官吏的主要来源"，认为"经过从宪宗到文宗（806—840）几十年的发展，从进士出身的官员中选拔宰相和高级官吏，已经成为朝廷选官的一项基本原则"。[④] 这一说法，从这个时期宰相任命的前后变化中，也可以得到验证。据统计，德宗建中元年至顺宗永贞元年（780—805），进士科出身在宰相总数中仅占38%，而宪宗元和元年至宣宗大中十三年（806—859），这个比例已大幅度提升至76%。[⑤] 从中我们不难发现，贞元、元和以后，进士科的繁盛及其在社会政治中的重要性。

二、举子的组成与选拔途径

与其他常科一样，参加进士科考试的一般也由以下两种人组成：一为"生徒"，包括中央和地方各级学校的学生；一为"乡贡"，即投牒自荐的白身人。

（一）中央一级学校的生徒

中央一级的学校对学生的入学资格有较高要求，并非谁都可以进入。

① （唐）舒元舆：《上论贡士书》，（清）董诰《全唐文》卷七百二十七，第7487页。

② （宋）王溥：《唐会要》卷七十六《贡举中·进士》，第1636页。

③ （宋）宋敏求：《唐大诏令集》卷一百〇六《政事·贡举》，第550页。

④ 吴宗国：《唐代科举制度研究》，第180、181页。

⑤ 金滢坤：《中晚唐五代科举与社会变迁》，人民出版社2009年版，第168页。

《新唐书》卷四十四《选举志上》对此记载得较为详细：

> 国子学，生三百人，以文武三品以上子孙若从二品以上曾孙及勋官二品、县公、京官四品带三品勋封之子为之；太学，生五百人，以五品以上子孙、职事官五品期亲若三品曾孙及勋官三品以上有封之子为之；四门学，生千三百人，其五百人以勋官三品以上无封、四品有封及文武七品以上子为之，八百人以庶人之俊异者为之。①
>
> 凡馆二：门下省有弘文馆，生三十人；东宫有崇文馆，生二十人。以皇缌麻以上亲，皇太后、皇后大功以上亲，宰相及散官一品、功臣身食实封者、京官职事从三品、中书黄门侍郎之子为之。②
>
> 诏宗室三等以下、五等以上未出身，愿宿卫及任国子生，听之。……三卫番下日，愿入学者，听附国子学、太学及律馆习业。③

进入中央一级学校的学生多为皇亲贵族或官宦子弟。其中弘文馆、崇文馆、国子学、太学、四门学皆主要培养应明经、进士等举业的学生，五者在学习内容上并无太大区别，只是级别高低各有不同。国子学、太学、四门学三学之间的生徒可递相升补。据《新唐书》卷四十四《选举志上》载："岁终，通一年之业……诸学生通二经、俊士通三经已及第而愿留者，四门学生补太学，太学生补国子学。"④ 国子学、太学、四门学的生徒"每岁有业成上于监者，以其业与司业、祭酒试之：……进士帖一中经，试杂文，策时务，征故事……登第者，白祭酒，上于尚书礼部"⑤。每年由国子监组织，对学业合格者根据不同的科目分别进行考试。习进士业者须考帖经、杂文和时务策三项内容，然后按既定限额举送至礼部（开元二十五年以前为吏部）。弘文馆、崇文馆的学生完成学业后可进入尚书省另试。

普通庶人子弟若想进入国子监隶属的中央一级学校，一般有三种途径。

---

① （宋）欧阳修、宋祁：《新唐书》卷四十四《选举志上》，第1159页。

② 同上书，第1160页。

③ 同上书，第1164页。

④ 同上书，第1161页。

⑤ （唐）李林甫：《唐六典》卷二十一《国子监》，第558页。

（武德七年诏：）其有吏民子弟，识性开敏，志希学艺，亦具名申送入京，量其差品，并即配学，明设考课，各使厉精。①

——《置学官备释奠礼诏》

四门学，生千三百人，其五百人以勋官三品以上无封、四品有封及文武七品以上子为之，八百人以庶人之俊异者为之。②

——《新唐书·选举志上》

唐初武德年间，就已开始申送庶人子弟入京，受业国学。至太宗贞观年间，以制度的形式明确规定四门学1300人的名额中，有800名是给庶人之俊异者的。另据《唐会要》卷三十五《学校》载：

开元二十一年五月敕："诸州县学生，年二十五已下，八品九品子若庶人，生年二十一已下，通一经已上，未及通经，精神通悟，有文词史学者，每年铨量举选，所司简试，听入四门学，充俊士。"③

——《唐会要·学校》

开元二十一年的诏书亦说明，庶人若符合一定条件，通过监司简试，可入四门学充俊士。只不过第一种途径是直接通过州县举送，经考试，优异者得以进入中央官学。第二种是先入州县学馆，待通过选拔考试后，补为国子监生。比如上面所引，诸州县学生，年二十五以下，优秀者入四门学。《唐摭言》卷一《乡贡》亦提及："贞元已前，两监之外，亦颇重郡府学生，然其时亦由乡里所升，直补监生而已。"④ 还有第三种是省试不第，补入国学。《唐会要》卷三十五《学校》载："诸州人省试不第，情愿入学者，听。"⑤《新唐书》卷四十四《选举志上》亦载："即诸州贡举省试不第，愿入学者亦听。"⑥ 当然，不管通过哪种途径，由于国子监所属馆学生员名额有限，且官僚子弟已占了一大部分，所以一般庶民子弟

① （宋）宋敏求：《唐大诏令集》卷一百〇五《政事·崇儒》，第537页。

② （宋）欧阳修、宋祁：《新唐书》卷四十四《选举志上》，第1159页。

③ （宋）王溥：《唐会要》卷三十五《学校》，第741页。

④ （五代）王定保：《唐摭言》卷一《乡贡》，第7页。

⑤ （宋）王溥：《唐会要》卷三十五《学校》，第741页。

⑥ （宋）欧阳修、宋祁：《新唐书》卷四十四《选举志上》，第1164页。

得入其中的比例非常小。至天宝十二年（753）七月，“诏天下举人不得充乡贡，皆补学生。四门俊士停”①，庶人子弟进入国子监的名额就更少了。

开元以前，国子监馆学颇为兴盛，“监司每年应举者，尝有千数”②，尤其贞观年间，人数达“八千余人，济济洋洋焉，儒学之盛，古昔未之有也”③。是时，每榜录取人员多由两监生徒组成。比如开耀二年（682），五十一人中雍思泰一人乡贡；永淳二年（683），五十五人中元求仁一人乡贡；长安四年（704），四十一人中李温玉一人乡贡④。乡贡及第人数远不及两监，“进士不由两监者，深以为耻”⑤。入得两监，及第就较为容易，于是开始出现州县乡贡举人利用各种手段寄籍国子监应举的现象。比如，《唐摭言》卷一《乡贡》云：“景龙元年，李钦让称定州乡贡附学。尔来乡贡渐广，率多寄应者，故不甄别于榜中。”⑥ 再比如，孙逖在《宋州司马先府君墓志铭》中提到，其父潞州人孙嘉之弱冠以文章著称，垂拱、载初之际，“遂投迹太学，托名常调，天册中以进士擢第”⑦。由于两监学生多由上层子弟组成，所以虽然唐代在武德年间就已开科取士，似乎与汉代实行察举制和魏晋实行九品中正制时，贵族豪门把持仕进之途的局面有所不同，但真正标志着科举考试公平化的乡贡在天宝年间才开始兴起，此时的进士等科依然一身贵族气息。

天宝以后，官学逐渐衰落，学官备受冷遇⑧，乡贡渐趋增多，于是玄宗不得不在天宝十二年（753）下诏废除乡贡，以挽救官学的衰微。“奈何人心既去，虽拘之以法，犹不能胜。”⑨ 馆监生徒与乡贡在数量上的对比越来越悬殊。据《唐国史补》载：“至贞元八年，李观、欧阳詹犹以广

① （五代）刘昫：《旧唐书》卷二十四《礼仪志》，第921页。

② （唐）杨玚：《谏限约明经进士疏》，（清）董诰《全唐文》卷二百九十八，第3027页。

③ （五代）刘昫：《旧唐书》卷一百八十九上《儒学上》，第4941页。

④ （五代）王定保：《唐摭言》卷一《乡贡》，第8页。

⑤ 同上书，卷一《两监》，第5页。

⑥ 同上书，卷一《乡贡》，第8页。

⑦ （唐）孙逖：《宋州司马先府君墓志铭》，（清）董诰《全唐文》卷三百一十三，第3182页。

⑧ 李绅元和九年（814）任国子助教，白居易《渭村酬李二十见寄》中有“莫叹学官贫冷落”的诗句，参见（清）彭定求《全唐诗》卷四百三十八，第4861页。

⑨ （五代）王定保：《唐摭言》卷一《两监》，第5页。

文生登第，自后乃群奔于京兆矣。”[①]《唐摭言》亦言，至贞元十年（794）以后，出现了进士“殆绝于两监”[②]的现象。这种变化既与学校自身的教育体制有关，也与庶族文人的兴起相连，而其背后折射出来的则是一系列政治、经济、军事形势的巨变。正如傅璇琮所言，“天宝以后由乡贡应举者超过学馆，说明一般非身份地主（大多为中小地主）在科举中所占比重的提高。这一历史性的变化是值得重视的。”[③]

（二）地方各级官学的生徒

唐代按各地所辖范围和人数设立地方各级官学，有京都学，大、中、下都督府学，上、中、下州学，京县学和上、中、下县学等。各级官学对在校生人数分别有限制，从《新唐书》卷四十四《选举志上》的记载来看，一般府学收学生50—80名，州学收学生40—60名，县学收学生20—50名。[④]而唐开元二十八年（740）时，全国设州（郡）府328个，县1573个，[⑤]这样算来，唐开元年间在州县官学学习的生徒数量至少有4万人。相比较于国子监各学对入学者身份的严格等级限制，州县官学相对要宽松，除了“工、商之家不得预于士”[⑥]以外，州县生徒“限年十四以上，十九以下，皆郡县自补”[⑦]。

地方各级学校生徒参加省试的途径主要有两条。一是学业合格者经简试入京都四门学，补国子监阙员，后由国子监举送至省。二是通过当州试，附于馆监系统直接参加礼部省试：

> 每岁仲冬，州县馆监举其成者送之尚书省。[⑧]
>
> ——《新唐书·选举志上》
>
> 武德辛巳岁四月一日，敕诸州学生及早有明经及秀才、俊士、进士，明于理体，为乡里所称者，委本县考试，州长重覆，取其合格，

① （唐）李肇：《唐国史补》卷下，《唐五代笔记小说大观》，第194页。
② （五代）王定保：《唐摭言》卷一《两监》，第5页。
③ 傅璇琮：《唐代科举与文学》第三章《乡贡》，第47页。
④ （宋）欧阳修、宋祁：《新唐书》卷四十四《选举志上》，第1160页。
⑤ 同上书，卷三十七《地理志》，第960页。
⑥ （唐）李林甫：《唐六典》卷三《尚书户部》，第74页。
⑦ （唐）杜佑：《通典》卷五十三《礼十三·大学》，第1468页。
⑧ （宋）欧阳修、宋祁：《新唐书》卷四十四《选举志上》，第1161页。

每年十月随物入贡。[①]

——《唐摭言·统序科第》

(每年)州县学生，当州试。并艺业优长者为试官，仍长官监试。其试者通计一年所授之业，口问大义十条。得八已上为上，得六已上为中，得五已下为下。类三不及，在学九年。……不任贡举者，并解退。其从县向州者，数下第，并须通计。[②]

——《唐摭言·两监》

州县官学的生徒与乡贡一般皆须参加本地选拔考试，但二者考试内容与形式不同。从《唐摭言》来看，州县学生的学业考试每年举行，若在学九年仍不得举送，将被解退，这九年也包括了县学生徒在由县向州的考试中下第的年数。这说明学生须经过逐级考核，由县而州，合格者才被举荐至省。

开元以前，虽然庶族阶层通过科举制度，已逐步登上政治舞台，但从总体来看，社会的政治、经济、文化权仍多集中在贵族豪门手中，教育亦未普及，庶族阶层文化水平普遍较低，因此当时官学兴盛，乡贡式微，怀牒自荐者较少。开元、天宝以后，进士科日益受到崇重，庶族知识分子入仕数量渐增，尤其私学得到大规模发展，两监逐渐衰落，地方上的州县学更是一蹶不振，代之而起的是乡贡队伍的日益壮大。封演在《封氏闻见记》中这样描述当时的情形："玄宗时，两京国学有明经、进士，州县之学，绝无举人。于是敕停乡贡，一切令补学生然后得举。无何，中原有事，乃复为乡贡，州县博士学生惟二仲释奠行礼而已。"[③] 停乡贡的规定是违背现实发展的勉强之举，不久便宣告无效。官学的衰落已不可阻遏，甚至出现了州县官学无生徒可荐的局面。失去举贤荐能的功能，州县博士们只剩下了发挥宣传社会礼教的作用。

(三)怀牒自荐的各地乡贡

乡贡的出现是唐代科举制度的一个闪光点，它使人们看到了"朝为田舍郎，暮登天子堂"的希望。这种希望虽然渺茫，却是一团燃烧在庶族子弟胸中的火焰，照亮了他们艰辛的求仕之路。

---

① (五代)王定保：《唐摭言》卷一《统序科第》，第1页。

② 同上书，卷一《两监》，第6页。

③ (唐)封演：《封氏闻见记》卷一《儒教》，第5页。

从制度上来讲，庶族子弟只要达到一定的年龄条件便可进入州县学，然而实际情况是州县各级依据其所辖范围大小和人数多少，各官学有一定的名额限制。只有当有人解退、升补入国学，登科，有了员阙时，才由州县长官选择补入。这样一来，入州县学实际上并不是一件容易的事情，尤其在开元以前官学兴盛的时候，竞争的存在不可避免，更别说进入对身份限制更严格的国子监所属馆学了。为了应举，不少庶族子弟于是选择了代表着唐代教育广泛普及程度的私学。他们有的入私塾，有的接受私人讲学，有的在个人家庭中由父母兄长完成对他们最初的蒙学教育、甚至是较高一级的应试科举教育。更贫寒的士子则入村学、坊巷学，习业山林寺院，或者利用业余时间自学成才。至天宝以后，与官学的冷落境遇相对比的是，更具针对性和灵活性的私学教育逐渐成为士子求学的主要方式。

按规定，乡贡举子须在本籍投牒自荐，然后经历由乡向县、由县向州、由州向省的逐级选拔考试，即李奕《登科记序》所言，“自乡升县，县升州，州升府，皆历试行艺”①。韩愈在《赠张童子序》中曾详细描述这一过程：

> 天下以之明二经举于礼部者，岁至三千人。始自县考试，定其可举者，然后升于州若府。其不能中科者，不与是数焉。州若府总其属之所升，又考试之如县，加察详焉，定其可举者，然后贡于天子，而升之有司。其不能中科者，不与是数焉，谓之乡贡。②

但事实上，异地取解的情况并不少见，尤其中唐以后，“不本于乡，不序于庠”③ 更成了常事。究其原因，主要因为政治、经济、文化、教育资源的不平衡导致某些州府及第比例较高，解送名额较多，所以考生对这些州府趋之若鹜。另外，也包括州府长官或考试官与自己关系密切、长官或考试官文名高、其地离京师距离近、州府长官可以提供较丰厚举资等各种因素。在各州府中，京兆府无疑最具地位。据《唐摭言》卷二《京兆府解送》记载：

---

① （唐）李奕：《登科记序》，（清）董诰《全唐文》卷五百三十六，第5445页。

② （唐）韩愈：《赠张童子序》，（清）董诰《全唐文》卷五百五十五，第5617页。

③ （唐）韩愈：《进士策问十三首》，（清）董诰《全唐文》卷五百四十七，第5547页。

神州解送，自开元、天宝之际，率以在上十人，谓之等第……小宗伯倚而选之，或至浑化，不然，十得其七八。苟异于是，则往往牒贡院请落由。暨咸通、乾符，则为形势吞嚼，临制近，同及第。[①]

所谓“等第”指的是“京兆府考而升者”[②]，其前十名几乎等同省试及第，最少也有十分之七八的比例，故有“神州等第录”[③] 的说法。《因话录》卷三《商部下》载：“时重十人，内为等第。”[④] 柳宗元在《送辛生下第序略》中所说“京兆尹岁贡秀才，常与百郡相抗”[⑤] 也是这个意思。据孙樵《唐故仓部郎中康公墓志铭并序》载，大中二年（848），康僚任京兆府试官时，“其与选者，不逾年继踵升第。故中书侍郎高公璩、尚书仓部郎中杨嵓、太常博士杜敏求、今春官贰卿崔公殷梦、尚书屯田郎中崔亚、前左拾遗陈昼及樵十辈，皆出其等列也”[⑥]，亦说明史籍所载非虚。倘若当年及第情况并非如此，京兆府甚至可以要求贡院解释黜落的理由，可见其地位之非同一般。除京兆府以外，天宝以后，同州、华州的及第率也相对较高。“同华解最推利市，与京兆无异，若首送，无不捷者”[⑦]，时有“以京兆为荣美，同华为利市”[⑧] 的说法。另外，县试实际上也并不是必需的环节，很多时候，举子可直接至州府取解。即便至州府取解，也并不都要参加考试。比如，若举子事先已获得州府长官的青睐，便能获得免试取解的资格。据《旧唐书》卷一百九十下《文苑·李商隐传》载，李商隐在令狐楚镇河阳时，曾以文干谒，“楚以其少俊，深礼之，令与诸子游。楚镇天平、汴州，从为巡官，岁给资装，令随计上都。开成二年（837），方登进士第。”[⑨] 李商隐因为文才甚高，深得令狐楚赏识，故

---

① （五代）王定保：《唐摭言》卷二《京兆府解送》，第 13 页。

② 同上书，卷一《述进士下篇》，第 4 页。

③ 同上书，卷二《元和元年登科记京兆等第榜叙》，第 13 页。

④ （唐）赵璘：《因话录》卷三《商部下》，《唐五代笔记小说大观》，第 853 页。

⑤ （唐）柳宗元：《送辛生下第序略》，《柳宗元集》卷二十三，中华书局 1979 年版，第 629 页。

⑥ （唐）孙樵：《唐故仓部郎中康公墓志铭并序》，（清）董诰《全唐文》卷七百九十五，第8339 页。

⑦ （五代）王定保：《唐摭言》卷二《争解元》，第 17 页。

⑧ 同上书，卷一《两监》，第 5 页。

⑨ （五代）刘昫：《旧唐书》卷一百九十下《文苑·李商隐传》，第 5077 页。

能不参加府试就直接取解。王定保《唐摭言》卷一《述进士下篇》所谓“外府不试而贡者，谓之拔解”[①]，指的就是这种情况。需要注意的是，拔解只在外府进行，京兆府举子若想获得荐送机会，必须经过选拔考试。由此看来，京兆府及第比例在诸州府中最高，有其合理性存在。另外，拔解并非白荐，须举子事先托人投献文章，以获得州府长官认可，因此拔解仅限进士一科，其他诸科并无此类现象。[②]

乡贡进士要获得入京的机会，除了在学业上须胜人一筹，在品行和出身方面也须达到一定要求：

> 自今已后，州府所送进士，如迹涉疏狂，兼亏礼教，或曾任州府小吏，有一事不合清流者，虽薄有辞艺，并不得申送。如后举事发，长吏奏停现任，如已停替者，殿二年。本试官及司功官，见任及已停替，并量事轻重贬降，仍委御史台常加察访。[③]
>
> ——《唐会要·贡举中·进士》
>
> 举人曾为官司科罚，曾任州县小吏，虽有辞艺，长吏不得举送，违者举送官停任，考试官贬黜。[④]
>
> ——《旧唐书·宪宗本纪上》

乡贡进士必须品行端正，恪守礼教，而且不曾担任过州县小吏。除了“工、商之家不得预于士”[⑤] 以外，唐统治者对地位低下的小吏出身者也予以禁止。究其原因，马端临以为“盖惟恐杂流取名第，以玷选举也”[⑥]。当然这种禁止和举子不得冒籍一样，常常流于形式，仍然有州县小吏、工商之子不但获得举荐，而且中第。比如：

> 许棠，宣州泾县人，早修举业。乡人汪遵者，幼为小吏，洎棠应

---

① （五代）王定保：《唐摭言》卷一《述进士下篇》，第4页。

② 《会昌五年举格节文》：“诸州府所试进士杂文，据元格并合封送省。准开成三年五月三日敕落下者，今缘自不送所试以来，举人公然拔解。”（五代）王定保《唐摭言》卷一，第2页。

③ （宋）王溥：《唐会要》卷七十六《贡举中·进士》，第1634页。

④ （五代）刘昫：《旧唐书》卷十四《宪宗本纪上》，第423页。

⑤ （唐）李林甫：《唐六典》卷三《尚书户部》，第74页。

⑥ （元）马端临：《文献通考》卷三十一《选举考·举士》，第297页。

二十余举，遵犹在胥徒；然善为歌诗，而深自晦密。一日辞役就贡，会棠送客至灞浐间，忽遇遵于途中，棠讯之曰："汪都何事至京?"遵对曰："此来就贡。"棠怒曰："小吏无礼!"而与棠同砚席，棠甚侮之，后遵成名五年，棠始及第。①

——《唐摭言·为乡人轻视而得者》

（邵谒）少为县厅吏……咸通七年抵京师，隶国子。时温庭筠主试，悯擢寒苦，乃榜谒诗三十余篇，以振公道。曰："前件进士，识略精微，堪裨教化，声词激切，曲备风谣，标题命篇，时所难著，灯烛之下，雄词卓然。诚宜榜示众人，不敢独专华藻，仍请申堂，并榜礼部。"已而释褐，后赴官，不知所终。②

——《唐才子传·邵谒》

李勋尚书先德为衙前将校，八座方为客司小子弟，亦负文藻，潜慕进修，因舍归田里。……尔后果策名第，扬历清显，出为郓州节度也。③

——《北梦琐言·李勋尚书发愤》

乡贡的存在对唐代科举制度来说，具有不同寻常的意义。它打破了士庶间的悬隔，增强了人才的纵向流动性。官学在入学资格、升补方法等方面的诸多限定，无不着意于维护森严的封建等级秩序；而乡贡的存在是对等级界限的有力打破。不管每年乡贡及第的人数有多少，他们进入仕途，掌要职、做高官的又有多少，仅仅贡举不由馆学、士子可怀牒自荐这种形式，就足以让那些庶民子弟心生出无限憧憬和幻想。瞬息之间，他们看到一直高高在上的政治权力忽然放低了姿态向他们走来，使他们有机会通过努力，改变自己乃至整个家族的命运，这是一份多么强烈的诱惑与刺激。相反地，对于那些已经习惯了享受特权的士族子弟而言，他们却要因此不得不面对失去过往荣耀的可能，接受残酷的现实挑战。新生盛世的统治者们用自己开阔的胸襟与兼容并包的智慧，为人们提供了平等入仕的机会，虽然这种机会在执行的过程中实现得非常有限，但它对唐代社会的发展有着深远的影响。

---

① （五代）王定保：《唐摭言》卷八《为乡人轻视而得者》，第89页。

② （元）辛文房著，傅璇琮主编：《唐才子传校笺》（三）卷八《邵谒》，第453—454页。

③ （五代）孙光宪：《北梦琐言》卷三《李勋尚书发愤》，中华书局2002年版，第52页。

第二节 尚书省试诗

关于唐代科举制度及其与文学的研究，前人已多有涉及，尤其80年代以后，出现了一些颇具代表性的专著，其中尤以程千帆的《唐代进士行卷与文学》、傅璇琮的《唐代科举与文学》、吴宗国的《唐代科举制度研究》、王勋成的《唐代铨选与文学》、陈飞的《唐代试策考述》等最为人熟知。但是由于研究的重点和关注的角度不同，上述专著虽然对进士科试诗制度作了一定的论述，但若就研究的系统性和完整性来讲，仍然有可补充之处。我们的论述将在前人的研究基础上，通过对文献资料的整合、研究思路的调整，着重于勾勒、描绘唐代试诗制度的整体面貌，以便大家对这一制度形成较为完整清晰的认识。

唐代参加进士科的生徒和乡贡，各有其进入省试的不同途径，须经历大大小小许多考验。从总体来看，进士科试诗包括两个阶段，即解试、省试（武周时期还实行过短暂的殿试）；主要由初试（常规试、别头试、弘文崇文生试、宗正寺试）—考覆—覆试等不同环节组成。解试又包括了四个类别的考试，即国子监试、地方馆学试、州府试、县试。前两种属馆监系统，参加者为生徒；后两种属地方行政系统，参加者为乡贡。还有两个比较特殊的学馆——弘文馆与崇文馆，虽然它们并不隶属于国子监，但由于其生徒可以像国子监生徒一样，入馆学习后再参加省试，所以可以把这两个学馆与国子监视为同一级别。由此可见，唐代进士科试诗已经呈现出系统化的特点，实现了对文学人才最广泛范围、最基础层次的培养与选拔，为唐代文治策略的实施提供了基本的人才保障。

下面就按上述分类，对进士科包含的几种考试类型作一具体的情况介绍，以与唐代试诗制度相关的内容为重点，对其他关联不大、但目前研究者尚未涉及或未作具体展开的内容，进行查漏补缺式的说明。

一、初试

唐代参加常科的乡贡与生徒经选拔后，共同汇集于京城，参加最终的省试。考试原由吏部负责，一般考功员外郎主试，偶尔也有其他官员参与，比如“龙朔中，敕右史董思恭与考功员外郎权原崇同试贡举”[①]。由于郎官品级仅从六品上，“位轻务重，名实不伦”[②]，故开元二十五年（737）开始，省试移交礼部负责，改由正四品下的礼部侍郎主持，这样，人才的选拔权与聘任权分了家。之后也常有其他四品清要官，极少数情况下甚至正三品清要官任知贡举的情况。比如，《文献通考》卷三十《选举考三·举士》载：“开元时以礼部侍郎专知贡举，其后或以他官领，多用中书舍人及诸司四品清资官。唯会昌中命太常卿王起知贡举，时亦检校仆射。”[③] 由于吏部、礼部皆属尚书省，故称这一级别的考试为省试，也有称礼闱或礼部试的。

（一）常规试

在唐代各类常科中，唯进士科有试诗要求。在省试开始之前，进士科举子须向礼部交纳包括诗歌在内的省卷（公卷），以便礼部考试官对举子的实际才学水平有所了解。据《演繁露》卷七载：“唐人举进士必行卷首，为缄轴录其所著文以献主司也。”[④] 这一制度始于天宝元年（742），韦陟“为礼部侍郎……曩者主司取与，皆以一场之善，登其科目，不尽其才。陟先责旧文，仍令举人自通所工诗笔，先试一日，知其所长，然后依常式考核，片善无遗，美声盈路”[⑤]，尽可能地避免“取人以一日试为高下”的片面，以实现“无遗材”的目的。[⑥] 交纳公卷要求写诗歌，最初始于吏部铨选，后在进士科中长期实行，这既与朝廷强调诗歌的政治功用、强调进士人才的文学才华紧密相关，也和社会上崇尚诗歌、推崇诗才的风气不无联系。

唐代进士科各场试的顺序在各个时期有所不同。永隆二年《条流明经进士诏》规定，进士科第一场试杂文，识文律者方可进入第二场试策，使举子只能依靠自身广博的学识、敏捷的才思、出色的文采，而非背诵、模拟旧策，才能实现及第的梦想。开元二十五年《条制明经进士诏》将之

---

① （唐）封演：《封氏闻见记》卷三《贡举》，第32页。

② （宋）王溥：《唐会要》卷五十九《尚书省诸司下·礼部侍郎》，第1203页。

③ （元）马端临：《文献通考》卷三十《选举考三·举士》，第281页。

④ （宋）程大昌：《演繁露》卷七“唐人行卷”条，丛书集成初编本，中华书局1991年版，第74页。

⑤ （五代）刘昫：《旧唐书》卷九十二《韦安石传》，第2958、2959页。

⑥ （宋）欧阳修、宋祁：《新唐书》卷一百二十二《韦安石传》，第4351页。

改为，先帖经，再试杂文，最后试策，将经籍的掌握能力放在首要位置，显示出对进士科举人“敦本复古，经明行修”① 的要求。约至中唐，三场试的顺序又调整为“试诗赋、帖经、时务策五道”②，重将诗赋写作作为进士及第的基本门槛。比如，大历九年（774）阎济美参加进士科省试，待杂文榜放后再试帖经，③ 可见，当时三场试顺序已是诗赋排第一。杂文试结束后，知贡举会立刻评阅试卷，并于近日内放杂文榜，不及者即被黜落，不能参加下一场考试。比如，阎济美“初举刘单侍郎下杂文落第，二举坐王侍郎杂文落第”即为杂文试后下第。而他第三次应举时，“十一月下旬，遂试杂文。十二月三日，天津桥放杂文榜”④，可知十日左右杂文评阅便宣告结束。不过评阅时间似没有期限规定，可根据实际情况或长或短。比如，李程贞元十二年（796）应进士举时，从其出试至杂文试放榜仅隔了一天的时间：

> 贞元中，李缪公……先是出试，杨员外于陵省宿归第，遇程于省司，询之所试，程探靴中得赋稿示之……翌日杂文无名，于陵深不平。⑤

杂文落第后，也偶有重收的例子。比如：

> 元和九年韦贯之榜，殷尧藩杂文落矣；杨汉公尚书，乃贯之前榜门生，盛言尧藩之屈，贯之为之重收。
>
> 贞元中，李缪公先榜落矣；先是出试，杨员外于陵省宿归第，遇程于省司，询之所试，程探靴中得赋稿示之，其破题曰：“德动天鉴，祥开日华。”于陵览之，谓程曰：“公今年须作状元。”翌日杂文无名，于陵深不平；乃于故策子末缮写，而斥其名氏，携之以诣主文，从容绐之曰：“侍郎今者所试赋，奈何用旧题？”主文辞以非也。于

① （唐）唐玄宗：《条制考试明经进士诏》，（清）董诰《全唐文》卷三十一，第344页。

② （宋）王钦若：《册府元龟》卷六百四十一《贡举部·条制第三》，第7403页。

③ （唐）温庭筠：《乾𦠆子》，（宋）李昉《太平广记》卷一百七十九《贡举二·阎济美》，中华书局1961年版，第1335页。

④ 同上书。

⑤ （五代）王定保：《唐摭言》卷八《已落重收》，第90页。

陵曰："不止题目，向有人赋次韵脚亦同。"主文大惊。于陵乃出程赋示之，主文赏叹不已。于陵曰："当今场中若有此赋，侍郎何以待之？"主文曰："无则已，有则非状元不可也。"于陵曰："苟如此，侍郎已遗贤矣。乃李程所作。"亟命取程所纳，面对不差一字。主文因而致谢，于陵于是请擢为状元，前榜不复收矣，或曰出榜重收。[①]

或许评阅时间有限，知贡举来不及仔细研读；或许知贡举仅凭一己好恶，主观臆断；亦或许受请托影响，总之存在着有才反遭黜落的情况。于是有人为落第者打抱不平，遂出现了出榜重收的例子。当然被黜落的不见得都有才，被重收也不见得都合理，只是制度并未禁行，所以黜落重收的事情也就可以存在。在试诗过程中，知贡举既受舆论监督，又受权贵左右，与制度的不成熟相并行的往往是人为因素的增多。

试诗当日，进士并令排门齐入就试，席地坐于贡院廊庑之下。偶尔有的考生也会特立独行。"黎逢气貌山野，及第年，初场后至，便于帘前设席。主司异之。"[②] 因为迟到，居然选择坐在主司所设帘帐之前，这种不守常礼的举动实在罕见。诗赋考试要持续一天，一般为卯时（早晨五点至七点）始，酉时（下午六时左右）止。如果到时间还完不成，可以延续到晚上，以三条烛为限，烛尽为止，故有"三条烛尽，烧残举子之心"的戏言。[③] 省试诗一般为五言六韵律诗，命题由知贡举负责，比如"贞元中，刘太真侍郎试慈恩寺望杏园花发诗"[④]，"礼部侍郎吕渭试进士，以'瑞柳'为题"[⑤] 等。但有时候也有皇帝御赐题目的情况，比如开成元年、开成二年、开成三年，高锴知贡举期间，每年皆恩赐诗题。[⑥] 今查《文苑英华》、《全唐诗》等留存的省试诗，发现命题范围广，题目来源多。有出自百家典籍的，有引自前贤诗作的，有缘事而发的，有因景而设的，甚为灵活机动，不受局限。不过，从上文所引《唐摭言》卷八《已落重收》

① （五代）王定保：《唐摭言》卷八《已落重收》，第 90 页。

② 同上书，卷五《以其人不称才试而后惊》，第 61 页。

③ （宋）胡仔：《苕溪渔隐丛话·后集》卷二十一《王禹玉》，人民文学出版社 1962 年版，第 150 页。

④ （五代）王定保：《唐摭言》卷三《慈恩寺题名游赏赋咏杂纪》，第 28 页。

⑤ （宋）王溥：《唐会要》卷七十六《贡举中·缘举杂录》，第 1639 页。

⑥ （宋）王钦若：《册府元龟》卷六百四十一《贡举部·条制第三》，第 7404 页。

中杨于陵的例子来看，试题似不可重复，至少在某段期限内是不能重复的。倘若举子对题目有不解之处，可上前询问。叶梦得《石林燕语》卷八载："唐礼部试诗赋，题不皆有所出，或自以意为之，故举子皆得进问题意，谓之'上请'。"① 倘若遇到诗题中有家讳，举子只得放弃当年的考试机会。钱易《南部新书》丙卷载："凡进士入试，遇题目有家讳，即托疾，下将息状求出，云：'牒某，忽患心痛，请出试院将息，谨牒如的。'"②

由于唐代仍处于科举的发展期，一些制度尚不健全，所以有时易发生泄题的情况。据《封氏闻见记》卷三《贡举》载，龙朔年间，董思恭知贡举，"轻脱，泄进士问目"，结果被三司审查，再加他贪污受贿严重，遂被除名流放。③ 再比如《唐摭言》卷九《好知己恶及第》载：

> 崔元翰，为杨崖州炎所知，欲奏补阙，恳曰："愿进士。"由此独步场中，然不晓呈试，先求题目为地。崔敖知之，旭日都堂始开，盛气白侍郎曰："白云起封中赋，敖请退。"主司于帘中卒愕换之，是岁二崔俱捷。④

这亦是一桩泄题事件。崔元翰于省试前已知晓杂文试题，同时应考的崔敖对此事进行了揭发，逼得礼部侍郎不得不在考前临时换题，以掩饰自己泄题之失。制度的不严密程度由此可见一斑。

进士科试诗最初不允许举子挟带书策。据《通典》卷十五《选举三·历代制下》载："（礼部）阅试之日，皆严设兵卫，荐棘围之，搜索衣服，讥诃出入，以防假滥焉。"⑤ "搜索衣服"，当指搜查举子是否藏匿书策之类。《通典》成书于贞元十七年（801），说明在此之前，省试禁止挟带书策。另据《唐会要》卷七十六《贡举中·进士》载：

> 乾元初，中书舍人李揆兼礼部侍郎，揆尝以主司取士，多不考实，徒峻其隄防，索其书策。殊不知艺不至者，居文史之囿，亦不能

① （宋）叶梦得：《石林燕语》卷八，中华书局1984年版，第113页。

② （宋）钱易：《南部新书》丙卷，中华书局2002年版，第35页。

③ （唐）封演：《封氏闻见记》卷三《贡举》，第32页。

④ （五代）王定保：《唐摭言》卷九《好知己恶及第》，第97页。

⑤ （唐）杜佑：《通典》卷十五《选举三·历代制下》，第357页。

> 摛其词藻，深昧求贤意也。及其试进士文章日，于中庭设五经及各史，及切韵本于床，而引贡士谓之曰："国家进士，但务得才，经籍在此，各务寻检。"由是数日之间，美声上闻。①

《新唐书·李揆传》亦载此事：

> 俄兼礼部侍郎。揆病取士不考实，徒露搜索禁所挟，而迂学陋生，葄枕图史，且不能自措于词。乃大陈书廷中，进诸儒约曰："上选士，弟务得才，可尽所欲言。"由是人人称美。②

李揆于乾元二年（759）任知贡举。他认为进士科重在考辨举子的文思、才情，而非经史记诵之功、韵书记忆之力。之前主司"徒峻其隄防，索其书策"，却不知倘若举子才思不足、技艺不佳，即使有文史典籍可供参阅，也无法写出佳篇美作；倒不如让举子从回忆文史典籍、格律音韵的束缚中解脱出来，集中精力施展才情。于是当年试诗，李揆特地于中庭放置书策供举子寻检。从这段话来看，乾元二年之前，礼部试诗亦不允许挟带书策，但这种禁止似乎只是惯例，而非制度明文规定，因此知贡举有权根据实际情况自行决定。然而到长庆元年（821）时，白居易在《论重考试进士事宜状》中道："伏准礼部试进士例：许用书策。"③ 当时进士试诗已允许寻检书策。傅璇琮在分析白居易《论重考试进士事宜状》时认为，"许用书策"之"书策"仅指《切韵》等韵书，除此以外的书籍一概不允许带入。④ 但《唐摭言》在解释"书策"时说："挟藏入试谓之'书策'"⑤，并未特指韵书，而是泛指便于携带可以挟藏的小册子；而且从李揆"居文史之囿，亦不能摛其词藻"，"葄枕图史，且不能自措于词"的认识和将五经、各史、《切韵》一并置于中庭的做法来看，似乎"书策"并非仅局限于韵书。李揆受到"人人称美"，说明其允许寻检书策的做法顺应了选拔进士科人才的实际需要，而这种做法是否后来逐渐演变为新的

---

① （宋）王溥：《唐会要》卷七十六《贡举中·进士》，第1634页。

② （宋）欧阳修、宋祁：《新唐书》卷一百五十《李揆传》，第4808页。

③ （唐）白居易：《论重考试进士事宜状》，《白居易集》卷六十《奏状三》，第1266页。

④ 详见傅璇琮《唐代科举与文学》第四章《举子到京后活动概说》，第101—104页。

⑤ （五代）王定保：《唐摭言》卷一《述进士下篇》，第4页。

科场惯例就不得而知了，至少在贞元末至长庆元年间，进士科试诗开始允许使用书策。

进士科考试还允许以诗赎帖。所谓“赎帖”指“帖经被落，许以诗赎”①。以诗赋取士是进士科最鲜明的有别于其他常科的地方，习进士业者也多将写杂文作为日常学习的第一要著，因此往往经学功底较差，即阎济美所言“早留心章句，不工帖书”②。为了让一些经学基础薄弱、但又确有文学才华的举子不至于在帖经环节就被黜落，自天宝初开始，省试允许以诗赎帖：

> 天宝初，达奚珣、李岩相次知贡举，进士文名高而帖落者，时或试诗放过，谓之赎帖。③
>
> ——《封氏闻见记·贡举》

据徐松《登科记考》所录，达奚珣知贡举在天宝二年至天宝五年（743—746），李岩在天宝六年至天宝八年（747—749）。可知，这段时间若进士科举子才名高标、帖经不过，可用诗来代替。这一举措使进士科作为文学之科的特征更加明显，让那些不擅长经学的举子，尤其是无法依恃家学渊源来研习经学的贫寒举子有了更多及第的机会，对扩大统治基础有一定的作用。当然，也因为这种灵活性的存在，难免发生知贡举徇私情，借以诗赎帖，放人及第的事情。温庭筠《乾䉼子》便记载了阎济美写赎帖诗的情形：

> 是春，某既下第，又将出关。因献座主六韵律诗曰：“……”座主览焉，问某，今年何者退落。具以实告，先榜落第。座主赧然变色，深有遗才之叹。乃曰：“所投六韵，必展后效。足下南去，幸无疑将来之事。”某遂出关。秋月江东求荐，名到省后，两都置举，座主已在洛下。……十一月下旬。遂试杂文。十二月三日，天津桥放杂文榜，景庄与某俱过。其日苦寒，是月四日，天津桥作铺帖经……某

① （清）梁章钜：《制艺丛话·试律丛话》，上海书店2001年版，第511页。

② （唐）温庭筠：《乾䉼子》，（宋）李昉《太平广记》卷一百七十九《贡举二·阎济美》，第1335页。

③ （唐）封演：《封氏闻见记》卷三《贡举》，第33页。

具前白主司曰："某早留心章句，不工帖书，必恐不及格。"主司曰："可不知礼闱故事，亦许诗赎？"某致词后，纷纷去留。某又遽前白主司曰："侍郎开奖劝之路，许作诗赎帖，未见题出。"主司曰："赋天津桥望洛城残雪诗。"某只作得二十字，某诗曰："新霁洛城端，千家积雪寒。未收清禁色，偏向上阳残。"已闻主司催纳诗甚急，日势又晚，某告主司："天寒水冻，书不成字。"便闻主司处分："得句见在将来。"主司一览所纳，称赏再三，遂唱过。其夕，景庄相贺云："前与足下并铺，试《蜡日祈天宗赋》，窃见足下用鲁丘对卫赐。据义，卫赐则子贡也，足下书卫赐作驷马字，唯以此奉忧耳。"某闻是说，反思之，实作驷马字，意甚惶骇。比榜出，某滥忝第，与状头同参座主，座主曰："诸公试日，天寒急景，写札杂文，或有不如法。今恐文书到西京，须呈宰相，请先辈等各买好纸，重来请印，如法写净送纳，抽其退本。"诸公大喜。及某撰本却请出，驷字上朱点极大。座主还阙之日，独揖前曰："春间遗才，所投六韵，不敢暂忘，聊副素约耳。"①

大历八年（773），上都知贡举②在阎济美杂文试环节，将其黜落。阎济美出关之前，献诗座主，座主方才发现自己已然遗才。于是第二年再任东都知贡举时，他特别关照了阎济美，不仅提醒其以诗赎帖，在其未完成诗作时仍然唱过，而且还在明知其赋卷有误的情况下放其及第，并特意找借口允许其改正，重新缮写。尽管座主意在弥补遗才之失，但赎帖有时会成为试诗制度的一个漏洞。

（二）别头试

省试初试，除了常规的考试外，还有一些特殊的形式，比如别头试。

---

① （唐）温庭筠：《乾馔子》，（宋）李昉《太平广记》卷一百七十九《贡举二·阎济美》，第1335—1336页。

② 《唐诗纪事》亦载此事："济美，大历九年春下第，将出关，献座主张谓诗……"所记时间、知贡举与《乾馔子》不同。详见（宋）计有功撰，王仲镛校笺《唐诗纪事校笺》卷三十六《阎济美》，第1243页。另《登科记考》载，大历八年、大历九年上都知贡举为礼部侍郎张谓，东都知贡举为留守蒋涣，阎济美大历九年及第。详见（清）徐松撰、孟二冬补正《登科记考补正》卷十，第442、447页。与《乾馔子》所载"座主已在洛下"有出入。故阎济美所遇座主究竟为谁，尚存疑待考。

别头试是一种避嫌制度。据《唐会要》卷五十八《尚书省诸司》载：

> 开元二十九年十一月十九日，礼部侍郎韦陟奏："准旧例，掌举官亲族，皆于本司差郎中一人考试，有及第者，尚书覆定，然后附奏。臣本司今阙尚书，纵差郎官，是臣麾下，事在嫌疑，所望厘革。伏望天恩许臣移送吏部，差考功员外郎试拣，侍郎覆定，任所在闻奏。即望浮议止息。"①

唐旧制，若知贡举有亲族故旧参加省试，则须由礼部郎中为其另试，礼部尚书覆定。鉴于省试自开元二十五年（737）始，才由吏部移交礼部负责，故上述另行考试的旧例当实行于开元二十五年以后。至开元二十九年（741），由于礼部尚书位缺，礼部郎中又都处于韦陟麾下，为避嫌疑，韦陟向朝廷建议，将亲族移送吏部考功司考试，由考功员外郎主持，吏部侍郎覆定。相比较于之前的礼部内另行考试，这种方法的确更能保证考试的公平性，所以一经奏请，便敕准实施。据《新唐书》卷四十四《选举志上》载："礼部侍郎亲故移试考功，谓之别头。"②《册府元龟》卷六百四十《贡举部·条制第二》亦载："礼部侍郎掌贡举，其亲故即试于考功，谓之别头举人。"③ 可见，唐代别头试特指掌贡举的礼部侍郎倘有亲族故旧参加省试，须移交吏部考功司另行考试的制度。之前，虽然也出现了有别于其他贡举人的单独考试，但由于其仍在礼部内进行，故只能算唐代别头试的雏形。开元二十九年（741），别头试才真正出现。

唐代别头及第，始于上元二年（761）。据《唐摭言》卷八《别头及第》载："别头及第，始于上元二年钱令绪、郑人政、王悌、崔志恂等四人，亦谓之承优及第。"④《登科记考》认为此乃唐高宗上元二年（675）之事。傅璇琮《唐代科举与文学》亦以《登科记考》为是，但提出存疑之处："这时贡举考试还是由吏部考功员外郎主持，不知此时的别头试归哪一官署，从这寥寥数语中看不出更多的情况。"⑤ 如上文所言，开元二

① （宋）王溥：《唐会要》卷五十八《尚书省诸司·考功员外郎》，第1185页。

② （宋）欧阳修、宋祁：《新唐书》卷四十四《选举志上》，第1165页。

③ （宋）王钦若：《册府元龟》卷六百四十《贡举部·条制第二》，第7398页。

④ （五代）王定保：《唐摭言》卷八《别头及第》，第91页。

⑤ 傅璇琮：《唐代科举与文学》第四章《举子到京后活动概说》，第86页。

十五年（737）以后才有另行考试的规定，开元二十九年（741）才出现严格意义上的别头试，因此“上元二年”似应指唐代宗上元二年（761）。在此之前，虽然已存在别头试，然至上元二年（761）才第一次出现及第的情况。

举行别头试之前，一般由知贡举先提出另设考试的奏请。“敕下后，榜示南院，外内亲族，具有约勒”①，经天子批准后，知贡举在礼部贡院南门榜示参试亲族故旧的名单。虽然现在没有资料记载别头试的具体考试内容与程序，但诸多文献这种不言而喻式的缺省，恰恰说明了别头试的试诗制度与常规的省试可能是一致的。另外，我们也可以从一则旁证来认识这种一致性：建中二年（781）十月，中书舍人赵赞权知贡举，提出进士杂文试以箴、论、表、赞等代诗、赋，德宗依奏，于是第二年开始停试诗、赋。建中三年（782）的进士杂文试题据《辞学指南》为《学官箴》②，又元潘昂霄《金石例》载当年进士别头试杂文题为《欹器铭》③。可见，别头试是另出试题的，且与一般进士试在考试规则上并行一致。另外，由于参试者数量不多，所以别头试的及第人数一般也较少。据《旧唐书》卷一百六十八《高锴传》载：“锴……累迁吏部员外。大和三年，准敕试别头进士明经郑齐之等十八人。榜出之后，语辞纷竞，监察御史姚中立以闻，诏锴审定，乃升李景、王淑等，人以为公。”④《全唐文》卷九百七十四录有御史台上呈的《奏姚中立高锴考试状》：

> （大和三年三月），据吏部分察姚中立称：“准敕考试别头进士、明经等官考功员外郎高锴，考试礼部关送到进士郑齐之、李景素两人；明经王淑等十八人，并及第。放榜之后，群议沸腾，职当分察，不敢缄默。及得高锴状，伏以进士、明经并先无格限，其所送进士二人，文艺并堪与及第。明经比年所送不过三五人，今年礼部开送十一人，及考试帖义，十一人并堪与及第。”⑤

① （唐）萧倣：《与浙东郑商绰大夫雪门生薛扶状》，（清）董诰《全唐文》卷七百四十七，第7739页。

② （宋）王应麟：《玉海》卷二百〇四《辞学指南・箴》，四库全书本，第2页。

③ 转引自（清）徐松撰，孟二冬补正《登科记考补正》卷十一，第487页。

④ （五代）刘昫：《旧唐书》卷一百六十八《高锴传》，第4388页。

⑤ （唐）阙名：《奏姚中立高锴考试状》，（清）董诰《全唐文》卷九百七十四，第10101页。

大和三年（829），考功员外郎高锴负责主持进士等科的别头试。礼部一共关送参试者20人，考试结果20人同时及第，因而引起群议。监察御史（一说吏部分察）姚中立认为13人符合及第要求。而朝廷经过覆试后，最终确定进士2人，明经5人得第。

任何一种制度的产生，若以一部分人的利益受损为代价，则必然会遭遇利益受损方的反抗。唐代社会一直存在着士庶斗争，尽管不同时期士庶阶层人员的组成发生了许多变化，但是基于不同身份、地位的权力斗争从未停止，表现在科举及第问题上亦是如此。从唐初国子监生徒占大多数及第名额，到天宝以后乡贡士子及第增多，再到元和以后，公卿大臣子弟应举及第人数增多，每一次升降起伏的过程都与士庶的利益冲突紧密相连。据《唐摭言》卷八《别头及第》载：

> 会昌四年王起奏五人：杨知至（原注：刑部尚书汝士之子）、源重（原注：故相牛僧孺之甥）、郑朴（原注：河东节度使崔元式女婿）、杨严（原注：监察御史发之弟）、窦缄（原注：故相易直之子），恩旨令送所试杂文付翰林重考覆，续奉进。止杨严一人，宜与及第；源重四人落下。①

《旧唐书》卷一百七十七《杨收传》亦载此事：

> 严字凛之，会昌四年进士擢第。是岁仆射王起典贡部，选士三十人，严与杨知至、窦缄、源重、郑朴五人试文合格，物议以子弟非之，起覆奏。武宗敕曰："杨严一人可及第，余四人落下。"②

会昌四年（844），知贡举王起续奏杨严等五人堪放及第。由于此五人皆为贵族官僚子弟，为平息物议，唐武宗下令将此五人所试杂文交由翰林学士重新复核，结果仅杨严一人及第，其余四人皆覆落。复核的结果让唐武宗、李德裕等颇为失望。据《旧唐书》卷十八上《武宗本纪》载：

---

① （五代）王定保：《唐摭言》卷八《别头及第》，第91页。

② （五代）刘昫：《旧唐书》卷一百七十七《杨收传》，第4601页。

帝曰："贡院不会我意。不放子弟，即太过，无论子弟、寒门，但取实艺耳。"李德裕对曰："郑肃、封敖有好子弟，不敢应举。"帝曰："我比闻杨虞卿兄弟朋比贵势，妨平人道路。昨杨知至、郑仆之徒，并令落下，抑其太甚耳。"德裕曰："……然朝廷显官，须是公卿子弟。何者？自小便习举业，自熟朝廷间事，台阁仪范，班行准则，不教而自成。寒士纵有出人之才，登第之后，始得一班一级，固不能熟习也。则子弟成名，不可轻矣。"①

会昌年间正是武宗专重李德裕，李德裕独秉朝纲的时期。作为士族出身的李德裕站在自身阶层立场鄙薄庶族士子乃是本质使然。他甚至还提出了朝廷显官必得任用公卿子弟的建议，表现出对庶族子弟的轻视。作为贵族官僚最高代表的武宗因不满牛党代表人物杨虞卿兄弟把持科场，显示出与李德裕一致的观点。在这段对话中，他连续用了"太过"、"抑其太甚"等语，表达了对不放子弟的不满。

别头试的产生，原本旨在防止与知贡举有关的贵族官僚子弟只依靠身份地位而不是真才实学得到及第的机会，然而这项致力于维护科举考试公平原则的制度，在士庶之争以及官僚内部权力斗争的背景下，却遭到是否执行下去的考验。一方面，由于"势门子弟，交相酬酢。寒门俊造，十弃六七"②，所以社会上对滥放官僚子弟及第的现象颇为反感，晚唐甚至还出现了"凡为子弟，议不可进"③ 的激烈言论，一些为避免惹来物议的知贡举和代表庶族利益的官僚纷纷主张执行别头试。另一方面，别头试有别于常规的省试，其参试人数少，及第人数就更少；再加上处于"物议以子弟非之"④ 的舆论压力下，可能导致及第难度比常规试大（从开元二十九年（741）开始实行，至上元二年（761）才有人及第，似乎就说明了这个问题）。这自然让那些原本可以凭借与知贡举的关系而比较容易获得及第机会的官僚子弟颇为不满，也让那些站在他们背后的士族代表们很是忿然。于是，针对别头试，他们或者要求停罢，或者消极执行。比如贞元十

---

① （五代）刘昫：《旧唐书》卷十八上《武宗本纪》，第602、603页。

② 同上书，卷一百六十四《王播传》，第4278页。

③ （唐）杜牧：《上宣州高大夫书》，（清）董诰《全唐文》卷七百五十二，第7793页。

④ （五代）刘昫：《旧唐书》卷一百七十七《杨收传》，第4601页。

年（794），中书侍郎平章事齐抗奏罢礼部别头举人[①]；贞元十二年（796）吕渭知贡举时，其姻亲裴延龄之子操文词非工，但仍放其及第[②]；大中九年（855）沈询知贡举时，其母建议放族中沈澹及第，理由是“近日崔、李侍郎，皆与宗盟及第”。沈询遂遵母言。[③] 同时，由于唐代请托之风盛行，即便别头另试，仍然可以对主考官施加影响。柳宗元曾言：“礼部试士，有与亲戚者，则附于考功，莫不阴授其旨意而为进退者。”[④] 这样的别头试实在形同虚设，因此中晚唐时期这一制度时行时废：贞元八年（792），杨于陵“徵拜膳部员外郎，转考功，知别头举”[⑤]；贞元十六年（800），中书舍人高郢奏罢，朝廷下旨“别头举人，宜委礼部考试，不须置别头”[⑥]；元和十三年（818），权知礼部侍郎庾承宣奏有亲属应明经、进士举，复别头试；大和三年（829），高锴为吏部考功员外郎，别头试取士不当，监察御史姚中立又奏停；大和六年（832），侍郎贾𫗧又奏复之。[⑦] 为了追求考试的公平公正，避嫌制度不可缺少，然而倘若制度内容制定得不严密，执行起来不规范，而且还缺少相应的监督机制、纠错机制、配套制度，那么美好的初衷便只能是初衷而已，在复杂严酷的现实面前，它必将以失败告终。随着唐代社会的进一步腐化，别头试最终也不可避免地趋于衰落。

（三）弘文崇文生试

唐代除了有针对知贡举亲族故旧而另设的考试以外，高级官僚子弟亦可通过弘文馆、崇文馆的举送，至尚书省参加为其单独另设的考试，即弘文崇文生试。

弘文馆隶属于门下省，原为修文馆，亦曾改名昭文馆，并置学士与生徒。贞观元年（627），初有学生 24 人，为“在京官文武职事五品已上

① （宋）王钦若：《册府元龟》卷六百四十《贡举部·条制第二》，第 7398 页。

② （宋）欧阳修、宋祁：《新唐书》卷一百六十《吕渭传》，第 4966 页。

③ （唐）范摅：《云溪友议》卷下《沈母议》，《唐五代笔记小说大观》，第 1303 页。

④ （唐）柳宗元：《唐故秘书少监陈公行状》，（清）董诰《全唐文》卷五百九十一，第 5981 页。

⑤ （唐）李翱：《唐故金紫光禄大夫尚书右仆射致仕上柱国宏农郡开国公食邑二千户赠司空杨公墓志铭》，（清）董诰《全唐文》卷六百三十九，第 6450 页。

⑥ （宋）王钦若：《册府元龟》卷六百四十《贡举部·条制第二》，第 7399 页。

⑦ 参见（宋）欧阳修、宋祁《新唐书》卷四十四《选举志上》，第 1165、1166 页。

子，有性爱学书，及有书性者"，仅于馆内学习书法。同年，经王珪奏请，始习经、史，并加以考试，"准式贡举"。[①] 它是名副其实的贵族学校。据《新唐书》卷四十四《选举志上》载："凡馆二，门下省有弘文馆，生三十人；……以皇缌麻以上亲，皇太后、皇后大功以上亲，宰相及散官一品、功臣身食实封者、京官职事从三品、中书黄门侍郎之子为之。"[②] 扩招学生至30人，皆出身于唐代社会最上流阶层，即皇室、外戚的近亲，宰相、功臣和从三品以上大员的儿子。崇文馆与弘文馆类似，不过由太子东宫掌管。据《唐会要》卷六十四《史馆下·崇文馆》载：

> 显庆元年三月十六日，皇太子弘，请于崇贤馆置学士，并置生徒，诏许之。始置二十员，其东宫三师、三少、宾客、詹事、左右庶子、左右卫率及崇贤馆三品学士子孙，亦宜通取。至上元二年八月二十七日，改崇贤馆为崇文馆。(原注：避章怀太子讳也。)[③]

崇贤馆原为太子东宫的文学馆，始建于贞观十三年（639）[④]。显庆元年（656），在李弘的要求下，崇贤馆开始置学士，并从东宫官僚子弟中挑选20人为生徒。上元二年（675），为避太子李贤之讳，才改名崇文馆。至贞元八年（792）生徒量减至15人[⑤]。从录取学生的出身来看，亦皆贵胄子弟。由于两馆的馆员数额较少，所以一旦出现员阙少而请求入学者多的情况，两馆都按照出身门荫的高低予以取舍。"先补皇缌麻已上亲，及次宰辅子孙。仍于同类之内，所用荫，先尽门地清华，履历要近者，其余据官荫高下类例处分。"[⑥] 其设立的意图非常明显，即培养处于金字塔尖上的高级统治阶层的子弟，"令其讲艺，绍袭家风"[⑦]，使其可以在政治领域中发挥作用，从而保证皇权统治和皇权继承人的稳定和持续，保护高级统治阶层的利益。

---

① （宋）王溥：《唐会要》卷六十四《史馆下·弘文馆》，第1316、1317页。
② （宋）欧阳修、宋祁：《新唐书》卷四十四《选举志上》，第1160页。
③ （宋）王溥：《唐会要》卷六十四《史馆下·崇文馆》，第1320页。
④ 李锦绣：《试论唐代的弘文、崇文馆生》，《文献》1997年第2期。
⑤ （宋）欧阳修、宋祁：《新唐书》卷四十九上《百官志四上》，第1294页。
⑥ （宋）王溥：《唐会要》卷七十七《贡举下·弘文崇文生举》，第1659页。
⑦ 同上书。

弘文馆、崇文馆的学习内容大体与国子学、太学、四门学类似，主要以应进士、明经举为目的，培养综合型的政治人才。及第后所授官阶也与其他明经、进士科等举子一致。《新唐书》卷四十五《选举志下》载："明经，上上第，从八品下；上中第，正九品上；上下第，正九品下；中上第，从九品下。进士、明法，甲第，从九品上：乙第，从九品下。弘文、崇文馆生及第，亦如之。"[①] 或许因为弘文、崇文生皆贵胄子弟，一般可以借由门荫入仕，所以针对他们的考试制度与其他生徒有所不同。

从目前资料来看，尚未发现两馆实行年终学业考核制度和解试制度，说明对弘文、崇文生的学习监管比较宽松，选拔要求不甚严格。《唐六典》卷二《尚书吏部·考功员外郎》载："其弘文、崇文生各依所习业随明经、进士例。"[②] 学习结束后，依明经、进士例，分科参加省试。考试可单独命题，由当年知贡举主持，比如贞元十八年（802），知贡举权德舆曾出试题《宏文、崇文生策问三道》[③]。考试结束后，也有覆试的情况。大足元年（701）[④]（或长安二年（702）[⑤]），考功员外郎沈佺期就曾以《东堂壁画赋》为题，覆试崇文生徐秀。[⑥] 在《唐会要》卷七十七《贡举下》"弘文崇文生举"的条目下亦录有大和七年（833）敕："试经毕日，仍差都省郎官两人覆试。"[⑦] 由于弘文、崇文生天然地有可以倚仗的背景，馆内对其习业要求也不高，倘若对他们执行和其他考生一样的标准，则必定及第概率很低，所以朝廷针对弘文、崇文生有更加灵活的考试内容与录取标准。关于这一点，《唐六典》卷二《尚书吏部·考功员外郎》有较详细的记载：

---

① （宋）欧阳修、宋祁：《新唐书》卷四十五《选举志下》，第1173页。

② （唐）李林甫：《唐六典》卷二《尚书吏部》，第44页。

③ 详见（唐）权德舆《宏文、崇文生策问三道》，（清）董诰《全唐文》卷四百八十四，第4941页。

④ 陈尚君持此观点，见《〈登科记考〉正补》，《陈尚君自选集》，广西师范大学出版社2000年版，第217页。

⑤ 徐松持此观点，见（清）徐松撰，孟二冬补正《登科记考补正》卷四，第159页。

⑥ （唐）颜真卿：《朝议大夫赠梁州都督上柱国徐府君神道碑铭》，（清）董诰《全唐文》卷三百四十三，第3480—3481页。

⑦ （宋）王溥：《唐会要》卷七十七《贡举下·弘文崇文生举》，第1660页。

弘、崇生虽同明经、进士，以其资荫全高，试亦不拘常例。（弘、崇生习一大经、一小经者、两中经者，习《史记》者、《汉书》者，《东观汉记》者，《三国志》者，皆须读文精熟，言音典正。策试十道，取粗解注义，经通六，史通三。其试时务策者，须识文体，不失问目意，试五得三。皆兼帖《孝经》、《论语》共十条。）①

《新唐书》亦有类似记载，当据《唐六典》而来：

凡弘文、崇文生，试一大经、一小经，或二中经，或《史记》、《前》《后汉书》、《三国志》各一，或时务策五道。经史皆试策十道。经通六，史及时务策通三，皆帖《孝经》、《论语》共十条通六，为第。②

——《新唐书·选举志上》

一般认为《唐六典》成书于开元二十六年（738），则上述内容定为在此前所设。虽然朝廷原则上要求弘文、崇文生的省试与其他明经、进士一样，但实际上，往往“不拘常例”，比常规的省试简单。据《唐六典》卷二《尚书吏部·考功员外郎》载：

其明经各试所习业，文、注精熟，辨明义理，然后为通。正经有九：《礼记》、《左传》为大经，《毛诗》、《周礼》，《仪礼》为中经，《周易》、《尚书》、《公羊》、《穀梁》为小经。通二经者，一大一小，若两中经；通三经者，大、小、中各一；通五经者，大经并通。其《孝经》、《论语》并须兼习。（诸明经试两经，进士一经，每经十帖。《孝经》二帖，《论语》八帖。每帖三言。通六已上，然后试策：《周礼》、《左氏》、《礼记》各四条，余经各三条，《孝经》、《论语》共三条，皆录经文及注意为问。其答者须辨明义理，然后为通。通十为上上，通八为上中，通七为上下，通六为中上。其通三经者，全通为上上，通十为上中，通九为上下，通八为中上，通七及二经通五为不

① （唐）李林甫：《唐六典》卷二《尚书吏部》，第45—46页。

② （宋）欧阳修、宋祁：《新唐书》卷四十四《选举志上》，第1162页。

第。）其进士帖一小经及《老子》（皆经、注兼帖），试杂文两首，策时务五条，文须洞识文律，策须义理惬当者为通。（若事义有滞、词句不伦者为不。其经、策全通为甲，策通四、帖通六已上为乙，已下为不第。）①

同书卷四《尚书礼部·礼部尚书》载：

（旧制，诸明经试每经十帖、《孝经》二帖、《论语》八帖、《老子》兼注五帖，每帖三言，通六已上，然后试策十条，通七，即为高第。开元二十五敕：诸明经先帖经，通五已上，然后口试，每经通问大义十条，通六已上，并答时务策三道。）凡进士先帖经，然后试杂文及策，文取华实兼举，策须义理惬当者为通。（旧例帖一小经并注，通六已上；帖《老子》兼注，通三已上，然后试杂文两道、时务策五条。开元二十五年，依明经帖一大经，通四已上，余如旧。）②

常规明经科省试有通二经、三经、五经者，《孝经》、《论语》③ 并须兼习。初为二场试，先帖经、再试经义策。进士科先试杂文、再试时务策。开元二十五年（737）《条制明经进士诏》改为明经科须帖经、口问经义、试时务策，进士科则帖经、试杂文和时务策。与常规的省试相比，我们发现，弘文、崇文生的省试无论在考试形式、内容还是及第标准上都更加简单。在形式上，考试仅试策、帖经两项，没有口问经义或杂文试项。试策内容明经科为二经，或一史，进士科为时务策。帖经仅限于《孝经》与《论语》这两部极为基础、篇幅不长，难度不大的儒家典籍，其他经籍皆无须帖记。常规明经科要求举子“文、注精熟，辨明义理，然后为通”，而弘文、崇文生的经、史策只需“粗解注义”。常规进士科要求举子试策时“义理惬当”，而弘文、崇文生的时务策只要“识文体，不失问目意”即可。当然，这只是一个大体的情况，具体而言，知贡举还可以

---

① （唐）李林甫：《唐六典》卷二《尚书吏部》，第45页。

② 同上书，卷四《尚书礼部》，第109页。

③ 上元元年始，加《老子》。长寿二年，停。神龙元年，恢复。天宝元年，停。贞元元年，又加。贞元十二年，再停。详参（宋）王溥《唐会要》卷七十五《贡举上·明经》，第1627—1628页。

根据实际需要，参考常规省试进行调整。比如，上文提及的沈佺期出赋题试崇文生，权德舆试宏文、崇文生时出策题三道，皆是遵照常规省试的例子。

尽管针对弘文、崇文生的省试相对简单，但是他们在考试中的表现仍然差强人意：

> 开元二十六年正月八日敕文："弘文、崇文生，缘是贵胄子孙，多有不专经业，便与及第，深谓不然。自今已后，一依令式考试。"至天宝十四载二月十日，弘文馆学生，自今已后，宜依国子监学生例帖试，明经、进士帖经并减半，杂文及策皆须粗通，仍永为恒式。①
>
> ——《唐会要·贡举下·弘文崇文生举》

由于学生皆为贵胄子弟，资荫全高，即便不专经业，粗通文义，知贡举也往往放其及第。为了公平起见，也为了加强中央集权统治，开元二十六年（738），玄宗特地下诏，要求"一依令式考试"，即要求两馆学生也须和其他明经、进士举子一样实行三场试，考试相同的内容，并按规定标准予以录取，不可便宜从事。就习进士业者来看，其考试增加了一个试项——杂文，帖经的难度和时务策的录取标准皆有所提高。及第对于这些纨绔子弟来说，一下成了遥不可及的事情。这样的改革当然会引来朝中权贵的激烈反对，于是天宝十四年（755）唐玄宗又将考试的难度和录取的标准降低，明经、进士都比国子监学生少帖一半经，杂文和策只需粗通即可。天宝十四年，杂文试以诗赋为内容已基本确定。故当时弘文、崇文馆进士的省试已试诗。虽然形式、类型与国子监试诗相同，但在及第标准上要远低于国子监，"粗通"可以说是写诗最起码的要求。我们现在不见有文献记载的弘文、崇文馆试诗，或许也和这些应试诗质量低劣，没有留存、流传的必要有关系。至广德元年（763），针对弘文、崇文生的省试再次降低标准，以习经业为主：

> 广德元年七月二十六日敕："弘文、崇文两馆生，皆以资荫补充。

① （宋）王溥：《唐会要》卷七十七《贡举下·弘文崇文生举》，第1659页。

所习经业，务须精熟，楷书字体，皆得正样。通者与出身，不通者罢之。”①

——《唐会要·贡举下·弘文崇文生举》

此后的考试也一直如此。“课试既浅，艺能亦薄”②，弘文、崇文生习业水平之低下，以及朝廷对他们及第入仕之网开一面借此可以体现。

可以说，弘文、崇文生试是针对高级官僚子弟入仕的一种保护机制，其根本目的旨在确保处于金字塔尖上的高级统治阶层子弟的政治地位，从而保证皇权统治的巩固稳定和文德政治的持续发展。

（四）宗正寺试

与弘文崇文生试的目的、性质类似，省试中还有一种针对宗室子弟的特殊考试，即宗正寺试。宗正寺所送者皆宗室子弟，身份自非普通官员子弟可比。据《新唐书》卷四十四《选举志上》载：“武后之乱，改易旧制颇多。中宗反正，诏宗室三等以下、五等以上未出身……其家居业成而堪贡者，宗正寺试，送监举如常法。”③ 可知，唐代宗室子弟除了进入弘文馆、崇文馆、国子监各馆学外，还可在家习业，通过参加宗正寺的考试，进入省试。唐文宗开成元年（836）秋曾下《敕礼部侍郎高锴试宗正寺解送人诏》④：

夫宗子维城，本枝百代，封爵便宜，无令废绝。常年宗正寺解送人，恐有浮薄，以忝科名。在卿精拣艺能，勿妨贤路。其所试赋则准常规，诗则依齐梁体格。

可见，考试形式、内容与常规试相似，可单独命题。进士同样须试诗、赋，具体要求可根据实际情况确定，一般录取标准较常规试要低。每年解送人数以举格规定为限，数量不大，但比弘文、崇文馆多。唐武宗会昌五年（845）正月制曰：“宗子每因恩泽，皆赐出身，自幼授官，多不

① （宋）王溥：《唐会要》卷七十七《贡举下·弘文崇文生举》，第1659页。

② （五代）刘昫：《旧唐书》卷八十七《魏玄同传》，第2851页。

③ （宋）欧阳修、宋祁：《新唐书》卷四十四《选举志上》，第1164页。

④ （唐）唐文宗：《敕礼部侍郎高锴试宗正寺解送人诏》，（清）董诰《全唐文》卷七十一，第754页。

求学，未详典法，颇有愆违，委宗正寺收补。”① “所送人数：其国子监明经，旧格每年送三百五十人，今请送三百人；进士，依旧格送三十人；其隶名明经，亦请送二百人；其宗正寺进士，送二十人。”②

由于资料所限，关于宗正寺试的其他情况不详。因其与弘文、崇文生试类似，乃针对高级统治阶层子弟的单独考试，故略录于此。

二、考覆

考覆存在于唐代举士选官的诸多考试中，特指考试官评判确定等第后，考覆官对及第者答卷进行复核，并有权决定考生考试结果的制度。这种制度的制定目的是保证中央机构能够选拔出真正需要的人才。同时，考覆也是对考试官权力的一种监督，可以说它体现了唐代中央行政机构在选拔、录用官员时对于公平正义的追求。但是，由于现存历史文献关于唐代考覆制度的记载比较零散，而且偶尔还有矛盾之处，所以我们今天对这一制度的认识还很不清楚。

唐代常科省试中的考覆，指省试结束、知贡举评判确定等第后，中书门下组织人员复核及第者答卷（初为杂文和策，后仅限杂文）。若详覆后认为皆中选，则依礼部榜单放榜；若认为有人不中选，则中书门下有权驳下。这与质疑考试结果而重新出题的覆试不同。它使举子及第与否的决定权上升至宰臣一级，为宋代的殿试打下基础。我们此处仅讨论与进士科试诗有关的考覆制度。

从目前的文献资料看，唐代进士科于开元二十五年（737）开始实行考覆。《条制考试明经进士诏》是现存最早规定常科实行考覆的正式文件，其中有“其应试进士等，唱第讫，具所试杂文及策，送中书门下详覆”③ 等语。从中可见进士科考覆最初以杂文和策为主要内容。

我们已经知道，唐代试杂文始于永淳元年（682），此前由于进士科只试策，导致举子“不寻史传，唯读旧策，共相模拟，本无实才”，于是永隆二年（681）朝廷下诏，“自今已后，考功试人……进士试杂文两首，

---

① （唐）唐武宗：《加尊号后郊天赦文》，（清）董诰《全唐文》卷七十八，第819页。

② （五代）王定保：《唐摭言》卷一《会昌五年举格节文》，第2页。

③ （唐）唐玄宗：《条制考试明经进士诏》，（清）董诰《全唐文》卷三十一，第345页。

识文律者，然后并令试策”。[①] 杂文与策皆属主观题，虽有一定评判依据，但评阅者的主观意志和个人好恶会较大程度地影响考试结果；再加上唐代科举不糊名，行卷、干谒、通榜屡见不鲜，考试的公平性受到严重损害。开元二十四年举子诋诃李昂一案更成为改革常科考试制度的导火索：

> 开元二十四年，李昂员外性刚急，不容物，以举人皆饰名求称，摇荡主司，谈毁失实，窃病之而将革焉。集贡士与之约曰：“文之美恶悉知之矣，考校取舍存乎至公，如有请托于时，求声于人者，当悉落之。”既而昂外舅常与进士李权邻居相善，乃举权于昂。昂怒，集贡人，召权庭数之。……（权）乃阴求昂瑕以待之。异日会论，昂果斥权章句之疵以辱之。权拱而前曰：“夫礼尚往来，来而不往，非礼也。鄙文不臧，既得而闻矣；而执事昔有雅什，常闻于道路，愚将切磋，可乎？”昂怒而嘻笑曰：“有何不可！”权曰：“‘耳临清渭洗，心向白云闲。’岂执事之词乎？”昂曰：“然。”权曰：“昔唐尧衰耄，厌倦天下，将禅于许由，由恶闻，故洗耳。今天子春秋鼎盛，不揖让于足下，而洗耳，何哉？”……昂闻惶骇，蹶起，不知所酬，乃诉于执政，谓权风狂不逊。遂下权吏。[②]

这一事件不仅导致常科贡举权由吏部转至礼部，而且也让继任者姚奕在反思科场丑闻后，提出进士科加试帖经的建议[③]，以加强举子儒学修养，降低进士科主观题的比例。朝廷据此颁布《条制考试明经进士诏》：

> 其明经自今已后，每经宜帖十，取通五已上。免旧试一帖，仍案问大义十条，取通六已上。免试经策十条，令答时务策三首，取粗有文性者与及第。其进士宜停小经，准明经例，帖大经十帖，取通四已上。然后准例试杂文及策，考通与及第。其明经中有明五经以上，试无不通者，进士中兼有精通一史，能试策十条，得六已上者，委所司

① 《条流明经进士诏》，（宋）宋敏求《唐大诏令集》卷一百〇六《政事·贡举》，第549页。

② （五代）王定保：《唐摭言》卷一《进士归礼部》，第11页。

③ （宋）王溥：《唐会要》卷七十六《贡举中·进士》，第1633页。

> 奏听进止。其应试进士等唱第讫，具所试杂文及策，送中书门下详覆。其所问明经大义日，仍须对同举人考试。庶能否共知，取舍无愧，有功者达，可不勉与：[①]

诏书在明经、进士两科考试制度方面做出两大调整：一是增加考试试项。两科皆加试帖经。二是改革考试环节。进士科增加考覆，及第举子的杂文及策须一并送至中书门下进行复核。鉴于自开元中后期始，进士科有连续试诗的记录，可知此时考覆的杂文中，诗歌已是主要内容。明经科口问大义时，“须对同举人考试”，以达到“取舍无愧”的目的。不难发现，无论是李昂的个人努力，还是姚奕依托于朝廷的改革，针对的主要问题都是举子“饰名求称，摇荡主司，谈毁失实”，“请托于时”[②] 的徇私舞弊行为。考覆的增设，对纠正时弊意义重大。

关于唐代对诗歌如何进行考覆的具体情况已无文献记载，但从《册府元龟》卷六百四十二《贡举部·条制第四》所录后唐长兴元年（930）中书门下的一则奏文中，我们可以推知其大致情况：

> 中书门下奏：“敕新及第进士所试新文，委中书门下细览详覆，方具奏闻……中书量重具详覆者，李飞赋内三处犯韵，李毂一处犯韵，兼诗内错书‘青’字为‘清’字，并以词翰可嘉，望特恕此误。……其李飞、樊吉、夏侯珙、吴沺、王德柔、李毂等六人（此处《登科记考》所引《册府元龟》有“望放及第”四字）。……（孙澄）诗内‘田’字犯韵。……（李象）诗中言‘十千’，‘十’字处，合使平声字，偏字犯韵。……（杨文龟）诗中偏字犯韵。……（杨仁远）诗内‘莲蒲’字，合着平声字，兼‘黍粱’不律。……其卢价等七人，望许令将来就试，仍放再取文解。……（郑朴）诗中‘十千’字犯韵，又言‘玉珠’。其郑朴许令将来就试，亦放取解。[③]

此奏文虽为后唐所写，但由于五代科举基本沿袭唐人，因此其中反映

---

① （唐）唐玄宗：《条制考试明经进士诏》，（清）董诰《全唐文》卷三十一，第344—345页。

② （五代）王定保：《唐摭言》卷一《进士归礼部》，第11页。

③ （宋）王钦若：《册府元龟》卷六百四十二《贡举部·条制第四》，第7412、7413页。

出来的情况当与唐代相差不远。从所引文字来看，我们可以获悉以下几点：第一，中书门下仅复核及第进士的答卷。这说明考覆仅限于对名实不副者的黜落，并不能弥补沧海遗珠之失。第二，对应试诗的复核鲜涉主题立意、篇章结构、辞藻文采等内容，而以审核其格律使用是否准确，是否有错别字等为主。想是因为前三者并无客观统一之标准，倘非有太大出入，一般考覆官不会将这些作为复核的主要内容，以避免引起较大争议。惟格律、错别字的评判能有据可查，可一一复核。开元二十五年《条制考试明经进士诏》在解释明经、进士须加试帖经的原因时，特别指出，时进士“以声韵为学，多昧古今”①。事实上造成这一原因的根本，即在于文学创作一旦被纳入考试，以追求标准化、公平化为目的时，其内容与形式皆受限制，“考文者以声病为是非”② 是必然的结果。换言之，无论写作还是评判，包括考覆，形式主义倾向在科举文体中不可避免。第三，考覆的结果可分为四种：及第；特恕失误，望放及第；将来就试，放取解；落第。及第，指完全符合要求，毫无争议；望放及第，指虽有失误，但瑕不掩瑜或情有可原，可考虑及第；放取解，指此番落第，将来可以免解试，直接取解；落第，指将来就试时仍需重新参加解试。不过中间这两种乃根据具体情况而设，并非每次皆然。

考覆可以让知贡举在评判进士科举子杂文时有所顾忌，从而在一定程度上减少徇私舞弊的发生。比如温庭筠《乾𦠆子》载：“座主曰：‘诸公试日，天寒急景，写札杂文，或有不如法。今恐文书到西京，须呈宰相，请先辈等各买好纸，重来请印，如法写净送纳，抽其退本。”③ 这位大历九年（774）的东都知贡举想放阎济美及第，却要事先让阎济美改正答卷，原因很简单，因为“文书到西京，须呈宰相”，可见考覆对主司有一定的制约作用。但是，与唐代科举制度存在的诸多漏洞相比，这种制约作用相当有限。所以在这个例子里，知贡举仍然可以放阎济美及第。

或许因为考覆在实际执行过程中，作用甚微，故终唐一代时行时废。据《新唐书》卷四十四《选举志上》载：“初，开元中，礼部考试毕，送

① （唐）唐玄宗：《条制考试明经进士诏》，（清）董诰《全唐文》卷三十一，第 344 页。

② （五代）刘昫：《旧唐书》卷一百一十九《杨绾传》，第 3432 页。

③ （唐）温庭筠：《乾𦠆子》，（宋）李昉《太平广记》卷一百七十九《贡举二 · 阎济美》，第 1336 页。

中书门下详覆，其后中废。”[①] 具体中止的时间已不见文献记载。今据《册府元龟》卷六百四十《贡举部·条制第二》所载：“（建中）三年（782）四月，敕：‘礼部应进士举人等……如才堪及第者，送名中书门下，重加考核。’”[②] 可知，当时省试在实行考覆。另，贞元十三年（797）十二月，尚书左丞、权知贡举顾少连奏请，改经书口义为墨义时说：“试义之时，独令口问，对答之失，覆视无凭，黜退之中，流议遂起。”[③] 虽然说的是明经科，但亦可推知，贞元年间进士科也仍然在实行考覆。

省试考覆的再次实行始于长庆元年（821）。当年，发生了震惊朝野的科试案。“是岁，侍郎钱徽所举送，覆试多不中选，由是贬官，而举人杂文复送中书门下。”[④] 时礼部侍郎钱徽任知贡举。宰相段文昌、翰林学士李绅保荐之人均未及第，而中书舍人李宗闵、右补阙杨汝士二人亲属皆及第。段、李二人对此甚为不满，言钱徽所放之人皆“子弟艺薄，不当在选中”。于是穆宗派中书舍人王起、主客郎中知制诰白居易重试得第进士，结果十四人中有十人不中选，及第仅四人（其中裴度之子裴譔为“特赐及第”）。[⑤] 经历这一事件后，考覆得以立即恢复。在下达重试结果的诏书中，唐穆宗作了如下规定：“今后礼部举人，宜准开元二十五年敕，及第人所试杂文，先送中书门下详覆。”[⑥] 策被排除在考覆内容之外，既说明诗赋评判的公正性有待加强，也显示出诗赋在进士科考试中的重要地位。

至于解试考覆的恢复，在会昌五年（845）。据《唐摭言》卷一《会昌五年举格节文》所载：“今缘自不送所试以来，举人公然拔解；今诸州府所试，各须封送省司检勘，如病败不近词理，州府妄给解者，试官停见任用阙。”[⑦]

起初，进士科省试结束后，礼部公布等第在先，中书门下考覆在后。这样倘若中书门下考覆结果与原榜单有出入，改易榜单既不方便，又有损

---

① （宋）欧阳修、宋祁：《新唐书》卷四十四《选举志上》，第 1165 页。

② （宋）王钦若：《册府元龟》卷六百四十《贡举部·条制第二》，第 7397 页。

③ 同上书，第 7398 页。

④ （宋）欧阳修、宋祁：《新唐书》卷四十四《选举志上》，第 1165 页。

⑤ 详见（五代）刘昫《旧唐书》卷一百六十八《钱徽传》，第 4383—4384 页。

⑥ （宋）王溥：《唐会要》卷七十六《贡举中·进士》，第 1635 页。

⑦ （五代）王定保：《唐摭言》卷一《会昌五年举格节文》，第 2 页。

礼部考试的权威性；倘若便宜从事，则易使考覆流于形式。因此长庆三年（823）正月，礼部侍郎王起奏曰：

> 伏以礼部放榜，已是成名，中书重覆，尚未及第。重覆之中，万一不定，则放榜之后，远近误传，其于事理，实为非便。臣伏请今年进士堪及第者，本司考试讫，其诗赋先送中书门下详覆，候敕却下本司，然后准旧例大字放榜。[①]

建议中书门下将考覆诗赋的时间改在礼部放榜之前，即先经中书门下详覆，核定等第后，再由天子下敕礼部放榜，以避免更改榜单引起非议，导致误传。王起是在钱徽被贬以后继任礼部侍郎一职的。虽然他的这项建议有分减知贡举责任的意思，但客观来看，这一建议既符合实际操作规律，又能使中书门下的监督作用得到有效发挥，而且维护了科考结果的权威性。据《南部新书》己卷载："孟宁，长庆三年王起放及第。至中书，为时相所退。"[②] 当年，共录取进士二十八人，孟宁在考覆时被黜退。《旧唐书》卷一百六十四《王播传》言，王起"掌贡二年，得士尤精"，"所选皆当代辞艺之士，有名于时，人皆赏其精鉴徇公"，[③] 或许就缘于他这种审慎的态度。然而美好的初衷并不一定会带来完美的结果。原来唱榜后再考覆，中书门下在例行复查时，倘若改动太多必定不宜，故不得不有所顾忌，因此才有上文所引的"特恕此误"、"望放及第"的情况。改为先考覆再放榜后，中书门下尤其是宰相个人在科考录取中的权力有所扩大，其消极的一面便是选拔过程中的人为干预因素（尤其是宰相个人好恶）增加不少，并使"呈榜"合法化，易影响考试的公平性。而于王起个人，他也因"议者以为起虽避是非，失贡职也，故出为河南尹"[④]。

所谓"呈榜"，指"进士未放榜前，礼部侍郎遍到宰相私第，先呈及第人名"[⑤]，经宰相认同后再放榜。呈榜具体起于何时已不可考。这是知贡举的一种私下行为，后渐成惯例。不同于中书门下对进士科及第举子的

---

① （宋）王溥：《唐会要》卷七十六《贡举中·进士》，第1635页。

② （宋）钱易：《南部新书》己卷，第83页。

③ （五代）刘昫：《旧唐书》卷一百六十四《王播传》，第4278、4280页。

④ 同上书，第4278页。

⑤ （宋）王钦若：《册府元龟》卷六百四十一《贡举部·条制第三》，第7404页。

应试文书予以详覆后再作取舍，呈榜时，宰相纯粹凭个人对举子的印象或好恶进行判断。比如：

> 太真将放榜，先巡宅呈宰相。榜中有姓朱人及第，宰相以朱泚近大逆，未欲以此姓及第，亟遣易之。①
>
> ——《唐摭言·误放》

贞元四年（788），刘太真任知贡举，呈榜于宰相。一举子只因与朱泚同姓，便遭宰相所退。再比如：

> 元和二年，崔侍郎邠重知贡举，酷搜江湖之士。初春将放二十七人及第，潜持名来呈相府，才见首座李公。公问："吴武陵及第否？"主司恐是旧知，遽言："吴武陵及第也。"其榜尚在怀袖，忽报中使宣口敕，且揖礼部从容，遂注武陵姓字，呈上李公。公谓曰："吴武陵至是粗人，何以当其科第？"礼部曰："吴武陵德行虽即未闻，文笔乃堪采录。名已上榜，不可却焉。"相府不能因私诎士，唯唯而从。②
>
> ——《云溪友议·因嫌进》

元和二年（807），知贡举崔邠在放榜前私下征求宰相意见。一听宰相问及吴武陵，便立刻加其姓名于及第榜单，由此可见宰相对知贡举的影响力。不过，尽管有影响，呈榜行为也只是一种潜在状态，决定权主要的还是在知贡举，因而最终宰相不能"因私诎士"。而长庆三年（823）朝廷依王起奏议，先考覆再放榜后，呈榜便得到了制度上的支持。这样看来，在没有其他配套机制辅助的情况下，进士科考覆的设立实在是一件充满悖论的事情：一边是权力需要监督，制度需要公平；另一边却是越监督关系越纷繁，制度的公平性也越难维护。考覆的行废也就在这种矛盾中反复着。

据《唐会要》卷七十六《贡举中·进士》载：

> （大和）八年正月，中书门下奏："进士放榜，旧例，礼部侍郎

---

① （五代）王定保：《唐摭言》卷八《误放》，第88页。

② （唐）范摅：《云溪友议》卷下《因嫌进》，《唐五代笔记小说大观》，第1302页。

皆将及第人名先呈宰相，然后放榜。伏以委任有司，固当精慎，宰相先知取舍，事匪至公。今年以后，请便令放榜，不用先呈人名。其及第人所试杂文，及乡贡三代名讳，并当日送中书门下，便合定例。”敕旨依奏。①

呈榜行为可能导致考试结果受制于宰相的个人意志，此非至公之道，因此大和八年（834）中书门下奏请，禁止放榜之前先呈及第人名给宰相，要求将进士及第者的诗赋和乡贡三代名讳送至中书门下进行复核。至会昌三年（843）正月，李德裕等又奏请：

旧例进士未放榜前，礼部侍郎遍到宰相私第，先呈及第人名，谓之呈榜。比闻多有改换，颇致流言。宰相稍有寄情，有司固无畏忌，取士之滥，莫不由斯。将务责成，在于不挠，既无取舍，岂必预知？臣等商量，今年便任有司放榜，更不得先呈臣等，仍向后便为定例。如有固违，御史纠举奏者。②

从这则材料来看，继大和八年的呈榜禁令颁布以后，呈榜行为非但没有停止，反而愈演愈烈。至会昌年间，呈榜所引起的问题已非常明显：“多有改换”、“颇致流言”、“取士之滥，莫不由斯”，严重影响了进士科人才的正常选拔。因此，李德裕等再次奏请从会昌三年开始禁止此种行为，以维护考试的公平性。然而呈榜这样公开的行为没有了，私下探询宰相态度的做法却依然存在。据《玉泉子》载：“会昌三年，王起知举，问德裕所欲，答曰：‘安问所欲，如卢肇、丁棱、姚鹄，岂不可与及第耶？’起于是依其次而放。”③《旧唐书》卷十八《武宗本纪》亦载：“时左仆射王起频年知贡举，每贡院考试讫，上榜后，更呈宰相取可否。”④ 这实际上就是呈榜的一种变相。长庆三年（823）王起提出中书考覆应在放榜之前，被人议为“失贡职也，故出为河南尹”⑤ 的时候，尚有无辜遭贬之

① （宋）王溥：《唐会要》卷七十六《贡举中·进士》，第1635、1636页。

② （宋）王钦若：《册府元龟》卷六百四十一《贡举部·条制第三》，第7404页。

③ （唐）阙名：《玉泉子》，《唐五代笔记小说大观》，第1422页。

④ （五代）刘昫：《旧唐书》卷十八《武宗本纪》，第602页。

⑤ 同上书，卷一百六十四《王播传》，第4278页。

感，此番再知贡举，却先问之于宰相，实为失责职也。

除了例行的考覆以外，还有一种比较特殊的考覆形式，之前未能引起研究者注意。进士科省试的例行考覆一般由中书门下对全部及第举子试卷进行复核，而这类特殊的考覆则专门针对部分及第举子进行。比如，此前所引《唐摭言》卷八《别头及第》、《旧唐书》卷一百七十七《杨收传》中的记载：

> 会昌四年王起奏五人：杨知至（原注：刑部尚书汝士之子）、源重（原注：故相牛僧孺之甥）、郑朴（原注：河东节度使崔元式女婿）、杨严（原注：监察御史发之弟）、窦缄（原注：故相易直之子），恩旨令送所试杂文付翰林重考覆。①
>
> 严字凛之，会昌四年进士擢第。是岁仆射王起典贡部，选士三十人，严与……五人试文合格，物议以子弟非之，起覆奏。武宗敕曰："杨严一人可及第，余四人落下。"②

会昌四年（844），由于对别头及第者有质疑，杨严等五人所作之杂文须另行考覆。此次考覆不同于中书门下以往对所有及第进士杂文所作的例行考覆，故特别由翰林学士负责。

无独有偶，大中元年（847）进士科试亦出现了类似的考覆情况，二者可互为印证。据《旧唐书》卷十八下《宣宗本纪》载：

> 二月丁酉，礼部侍郎魏扶奏："臣今年所放进士三十三人，其封彦卿、崔琢、郑延休等三人，实有词艺，为时所称，皆以父兄见居重位，不得令中选。"诏令翰林学士承旨、户部侍郎韦琮重考覆，敕曰："彦卿等所试文字，并合度程，可放及第。有司考试，只在至公，如涉请托，自有朝典。今后但依常例放榜，不得别有奏闻。"③

由于封彦卿等三人父兄皆身居朝廷重位，一旦放其及第，易招来物议。所以虽然他们三人实有词艺，但是魏扶仍然不敢贸然行事，特地另行

① （五代）王定保：《唐摭言》卷八《别头及第》，第91页。

② （五代）刘昫：《旧唐书》卷一百七十七《杨收传》，第4601页。

③ 同上书，卷十八下《宣宗本纪》，第617页。

请奏，希望天子下令予以复核。唐宣宗特派翰林学士进行考覆。《唐会要》卷七十六《贡举中·进士》亦载此事：

> 大中元年正月，礼部侍郎魏扶放及第二十三人，续奏堪放及第三人：封彦卿、崔琢、郑延休等，皆以文艺为众所知，其父皆在重任，不敢选，取其所试诗赋封进，奏进止。令翰林学士、户部侍郎、知制诰韦琮等考，尽合程度。其月二十五日，奉进止："并付所司放及第。有司考试，只合在公，如涉徇私，自有典刑。从今已后，但依常例取舍，不得别有奏闻。"①

《唐会要》对此次考覆情况记载得更详细，指出封彦卿等三人属"续奏堪放及第"，特"取其所试诗赋封进"，由翰林学士复核。可见，此类考覆一般出现在续奏及第的情况下，由翰林学士针对有争议人物的诗赋答卷予以复核。由于它并不另出试题，故仍属考覆范围，只是情况比较特殊，复查人员的级别更高而已。

通过对唐代进士科考覆制度的考察，我们认识到任何一种具体制度，除了需要有相对周全的设计之外，还要有相应的制度环境、配套机制加以辅佐，否则很难达到预期效果。唐代考覆制度的设定可谓用心良苦，但是又因为缺乏对考覆官权力的有效监管，缺乏对于考覆内容的具体限定，再加上考覆程序的不合理设置，使考覆制度功能的发挥受到了极大的制约，这是考覆制度反复存废的主要原因之一。此外一个原因在于，唐代仍处于科举考试的发展期，对于制度实践经验不多，结果造成了制度漏洞多，干谒、行卷、呈榜、通榜等行为屡见不鲜。封建专制体制下的人治局限也使考覆制度的执行最终不得不屈服于现实需要，使这个制度根据某些官员或统治者的一时喜好而时行时废，不能得到始终如一地、不折不扣地贯彻执行。如何尽可能地在用人选拔制度上实现公平、公正，这不仅对唐代行政机构来说是个命题，对我们今天的人事制度改革而言，也是一个值得深思的问题。

三、覆试

除了考覆以外，唐代进士科还有覆试制度。如果说考覆是一种监督机

---

① （宋）王溥：《唐会要》卷七十六《贡举中·进士》，第1637页。

制，那么覆试就是一种纠错机制。覆试，又称重试，指由于某些特殊原因，对已及第者进行重新考试，以评定其等第的制度。因为覆试一般也由翰林学士主持，所以人们容易将它与上文提及的由翰林学士主持的那类比较特殊的考覆形式相混淆。实际上，此二者最大的区别即在于性质不同，考覆是复核已有答卷，并未采取考试形式；而覆试则是另出试题，重新考选。倘若我们仅以主试官是否为翰林学士为标准来区分考覆与覆试，未免流于皮相。由于二者的相似性，在相关科举的历史文献中，也偶有误用“考覆”与“覆试”之处，当注意甄别。比如，长兴元年（930）张文宝下十五人及第，中书门下详覆诗文后黜落九人，[①] 而徐松《登科记考》卷二十五却录为：“重试落下九人。”[②] 此“重试”当为“考覆”之误。

唐代进士科最早的覆试记录见于王定保《唐摭言》卷一《乡贡》：“咸亨五年，七世伯祖鸾台凤阁龙石白水公，时任考功员外郎下覆试十一人。”[③] 今查咸亨五年（674）八月改年号为上元，而省试一般在年末至初春举行，故当在上元元年。徐松《登科记考》卷二亦载，这一年考功员外郎王方庆取“进士五十七人，重试及第十一人”[④]。因此，唐代进士科最早的覆试记录当在上元元年。不过，进士科试杂文始于永隆二年（681），故上元元年的这次覆试当不包括诗、赋的内容。由于材料缺乏，现已无法考知覆试的具体原因。另据徐松《登科记考》卷二载，永淳元年（682）进士五十五人，重试及第十一人。[⑤] 或许与这一年为杂文试第一年，举子备考不足，不太适应新的考试内容，而考官在录取规则、评判标准等方面把握不准有关。除此以外，《登科记考》还记录了嗣圣元年（684）、垂拱元年（685）、神龙元年（705）、长庆元年（821）、会昌五年（845）、乾宁二年（895）六次进士科覆试记录。通过它们，我们可以了解一些关于唐代进士科覆试制度的内容。

覆试一般发生在及第榜单公平性存有争议时。比如长庆元年（821）的科考案，从表面上看是宰相段文昌出于私心，对榜单提出非议，再加上有元稹、李绅的附和，于是皇帝下令重试。事实上，这一事件背后隐伏着

---

① （宋）王钦若：《册府元龟》卷六百四十二《贡举部·条制第四》，第7412—7413页。

② （清）徐松撰，孟二冬补正：《登科记考补正》卷二十五，第1090页。

③ （五代）王定保：《唐摭言》卷一《乡贡》，第8页。

④ （清）徐松撰，孟二冬补正：《登科记考补正》卷二，第71页。

⑤ 同上书，第87页。

另外的原因。关于这一点，前人曾有过具体的分析[①]，概括来讲，即此事与当时日益显现的党争问题有关。这其中牵涉之人或为牛党、李党领袖，或为与之有交情之人，原本用于选拔人才的制度于是沦为了结党营私的工具。再比如会昌五年（845）覆试的原因亦是由于社会上对考试结果有争议，“物论以为请托”，于是皇帝下令命翰林学士重试。“谏议大夫、权知礼部贡举陈商选士三十七人中第……令翰林学士白敏中覆试，落张渎、李玗、薛忱、张觌、崔凛、王谌、刘伯刍等七人。”[②] 除此以外，有时候即便考场上出现了一些意外，也不能覆试。比如《唐摭言》卷九《防慎不至》载：

> 房珝，河南人，太尉之孙，咸通四年垂成而败。先是名第定矣，无何写录之际，仰泥落击翻砚瓦，汙试纸，珝以中表重地，只荐珝一人，主司不获已须应之；珝既临曙，更请叩副试，主司不诺，遂罢。[③]

房珝出身太尉之家，考试前倚仗权势，已内定名第。不遂人意的是他在考试时偏偏不小心打翻了砚台，污损试纸。而唐代为了防止考生夹带纸张或者偷换试纸，规定考试用纸皆须事先加盖礼部印章，不得随意更换。于是房珝不得不请求重试，但知贡举不答应，最后他“垂成而败”。

倘若确有覆试必要，须由皇帝下令重新出题，在内殿或翰林院进行考试。重试的主考官往往由皇帝挑选，一般为翰林学士，有时候也由其他官员担任或与翰林学士同试。比如长庆元年（821）的重试，“敕今年钱徽下进士及第郑朗等一十四人，宜令中书舍人王起、主客郎中知制诰白居易等重试以闻。”[④] 由于翰林学士元稹、李绅、李德裕等人皆附和宰相段文昌，为了保证考试的公平性，必须坚持主试官的中立立场，因此唐穆宗特意另行授旨王起、白居易主持考试。再比如乾宁二年（895）的覆试，“宣翰林学士承旨、户部侍郎、知制诰陆扆，秘书监冯渥，于云韶殿考所

---

① 可参看傅璇琮《唐代科举与文学》第十二章《举子情状与科场风习》，第372—374页；吴宗国《唐代科举制度研究》第十一章《科举中的权贵子弟问题》，第237—242页。

② （五代）刘昫：《旧唐书》卷十八上《武宗本纪》，第604页。

③ （五代）王定保：《唐摭言》卷九《防慎不至》，第94页。

④ （五代）刘昫：《旧唐书》卷十六《穆宗本纪》，第488页。

试诗赋”①。

从现存文献资料看，进士科覆试的内容仅为诗、赋，比如长庆元年（821）覆试题目为《孤竹管赋》、《鸟散余花落诗》，由唐穆宗亲自出题；乾宁二年（895）覆试题目为《曲直不相入赋》、《良弓献问赋》、《询于刍荛诗》和《品物咸熙诗》，由唐昭宗亲自命题。此次覆试，二诗二赋，比一般的省试篇目更多，且对诗赋的写作要求也更高，除了题中用韵以外，还要求《良弓献问赋》取五声字轮次，各双用为韵；《询于刍荛诗》写回文格，正以“刍”字、倒以“荛”字为韵；《品物咸熙诗》为七言八韵。② 可见，为了确保公平公正地考查出举子的真实水平，覆试可以提高难度，增加题量，以充分发挥纠错机制的作用。

覆试的考试规则和评阅标准一般与省试相同，不过有时候主试官员也可以根据实际情况作特殊规定。比如，在长庆元年（821）的覆试中，王起和白居易特意制定了有别于礼部省试的考试规则。当时礼部进士科省试，“许用书策，兼得通宵”。考虑到“得通宵则思虑必周，用书策则文字不错”，为了提高考试难度，覆试规定“书策不容一字，木烛只许两条”③。王起和白居易之所以更改考试规则，实与唐穆宗对此次覆试的要求有关。穆宗曾言，覆试“意在精核艺能”，因而“不于异常之中，固求深僻题目，贵令所试成就，以观学艺浅深”。另外，由于“近日浮薄之徒，扇为朋党，谓之关节，干挠主司，每岁策名，无不先定。永言败俗，深用兴怀”，覆试亦旨在“以警将来”④，打压科场的不正风气。基于精核艺能、纠正时弊的宗旨，王起和白居易才刻意更改规则，提高难度。当然，提高难度，并不意味着全部黜落，白居易特别指出，评卷时可以适当降低标准，“虽诗赋之间，皆有瑕病；在与夺之际，或可矜量”⑤。再比如，省试一般为一天，但乾宁二年（895）的覆试只持续了半天：“（九日）丙申试新及第进士……令至九日午后一刻进纳”⑥。在如此短的时间

① （唐）黄滔：《莆阳黄御史集·别集》引《唐昭宗实录》，丛书集成初编本，商务印书馆1935年版，第349页。

② 详见（唐）黄滔《莆阳黄御史集·别集》引《唐昭宗实录》，第348—349页。

③ （唐）白居易：《论重考试进士事宜状》，《白居易集》卷六十《奏状三》，第1266页。

④ （五代）刘昫：《旧唐书》卷十六《穆宗本纪》，第488页。

⑤ （唐）白居易：《论重考试进士事宜状》，《白居易集》卷六十《奏状三》，第1266页。

⑥ （唐）黄滔：《莆阳黄御史集·别集》引《唐昭宗实录》，第348—349页。

内却要完成四篇作品，难度提高了不少，其鉴别真才的用意非常明显。相比较于省试规则的固定，覆试由于涉及人员少，考鉴才学、主持公道的意识明确，因而可根据实际情况灵活调整。

此外，覆试对应试诗歌的评判也不似考覆那样单一。它不仅要考察诗歌格律是否符合要求，更要考察具体的诗歌内容、形式写得怎样，举子的文学才能是否已经达到及第的要求。比如乾宁二年（895），在覆试后下达的朝廷敕文中，各举子的应试诗赋从语言到内容都被作了仔细评价：

> 既鉴妍媸，须有升黜。其赵观文、程晏、崔赏、崔仁宝等四人，才藻优赡，义理昭宣，深穷体物之能，曲尽缘情之妙。所试诗赋，辞艺精通，皆合本意。其卢赡、韦说、封渭、韦希震、张蠙、黄滔、卢鼎、王贞白、沈崧、陈晓、李龟祯等十一人，所试诗赋，义理精通，用振儒风，且蹑异级。其赵观文等四人，并卢赡等十一人，并与及第。其张贻宪、孙溥、李光序、李枢、李途等五人，所试诗赋，不副题目，兼句稍次，且令落下，许后再举。其崔砺、苏楷、杜承昭、郑稼等四人，诗赋最下，不及格式，芜颣颇甚。①

上述评语，既涉及语言“才藻优赡”，“辞艺精通”；又涉及内容“义理昭宣”，“皆合本意”，“义理精通，用振儒风”；还包括刻画描绘“深穷体物之能，曲尽缘情之妙”，从中可以看出，对覆试诗歌的评阅既细致又全面。

唐代设立覆试制度，将考试官与覆试官分开，由不同部门执行评判功能，相互制约，这对于营造公平、公正的考试环境，杜绝徇私舞弊现象的发生具有积极作用，在当时也具有维护公平、纠正时弊、匡正士风的意义。

第三节　各级官学试诗

在进入省试之前，生徒主要在各个馆学修习举业。为了检查所属学生的学业情况，各级馆学均设有一定的考核机制，对学习期满、考核合格的

① （唐）唐昭宗：《覆试进士敕》，（清）董诰《全唐文》卷九十一，第955页。

学生还有相应的选拔考试。经过层层筛选，优秀者最终被推荐至礼部。

一、国子监试

武德初建国子学，贞观元年（627）五月，改名国子监。龙朔二年（662），东都亦置国子监。国子监管辖六学一馆，分别为国学、太学、四门学、律学、书学、算学，天宝年间又加上广文馆。其中，涉及试诗制度的是国学、太学、四门学和广文馆，前三学皆以培养参加进士、明经科的学生为主，对入学者各有相应的身份要求。一旦进入，这些学生便主要被分为习进士业者或习明经业者。比如范履冰《大唐故纳言上轻车都尉博昌县开国男韦府君（仁约）墓志铭》云："府君年甫弱冠，举国子进士，射策甲科。"① 岑义、郑愔《大唐故黄门侍郎兼修国史赠礼部尚书上柱国扶阳县开国子韦府君（承庆）墓志铭并序》云："年甫廿有三，太学进士，对策高第。"② 卢粲《大唐故蒲州猗氏县令□府君（隆基）墓志铭并序》云："弱冠，以国子监明经射策高第。"③ 广文馆仅针对举进士业者，对入馆者的身份要求不高。

唐代对国子监生徒的学习期限有一定的规定。"凡六学生有不率师教者，则举而免之。其频三年下第，九年在学及律生六年无成者，亦如之。"④ 即如果连续三年国子监岁考不合格，在学九年（律生为六年）尚未取得应试礼部资格的，将被解退。又据《册府元龟》卷六百〇四《学校部·奏议第三》载，元和元年（806）规定："又有文章帖义不及格限，频经五年，不堪申送者，亦请解退。"⑤ 可知元和元年以后，改为连续五年不堪申送，即被解退。另外，唐代还限制生徒在学习期间的改业行为，比如神龙二年（706）朝廷就曾下诏要求"不得改业"⑥。不过，这一规定

---

① （唐）范履冰：《大唐故纳言上轻车都尉博昌县开国男韦府君（仁约）墓志铭》，吴钢主编《全唐文补遗》第2辑，三秦出版社1995年版，第6页。

② （唐）岑羲、郑愔：《大唐故黄门侍郎兼修国史赠礼部尚书上柱国扶阳县开国子韦府君（承庆）墓志铭并序》，吴钢主编《全唐文补遗》第3辑，三秦出版社1996年版，第37页。

③ （唐）卢粲：《大唐故蒲州猗氏县令□府君（隆基）墓志铭并序》，吴钢主编《全唐文补遗》第1辑，三秦出版社1994年版，第82页。

④ （唐）李林甫：《唐六典》卷二十一《国子监》，第558—559页。

⑤ （宋）王钦若：《册府元龟》卷六百〇四《学校部·奏议第三》，第6968页。

⑥ （宋）王溥：《唐会要》卷三十五《学校》，第741页。

执行得似乎并不严格。韩愈在《送陈密序》中曾言："密来太学，举明经，累年不获选，是弗利于是科也。今将易其业而三礼是习，愿先生之张之也。"① 陈密本习明经，由于累年不获选，想改习三礼，韩愈因此特地写信为其寻求帮助。这说明虽有明令禁止，但是改业在当时也不是不可能的事，只是实现起来不那么容易罢了。

国子监三学以教授儒家经典为主要内容，各学内部有旬考、岁考，皆属学业合格考试，以帖经和口试经义为主。不过，有时候似乎也有试诗的内容，比如现存有薛能的《国学试风化下》诗，即为国学内部的试诗作品。所谓旬考，指每旬假一日之前由馆监博士主持的考试。"读者千言试一帖，帖三言，讲者二千言问大义一条，总三条通二为第，不及者有罚。"② 岁考，则在年终进行，"每年国子监所管学生，国子监试……其试者通计一年所受之业，口问大义十条，得八已上为上，得六已上为中，得五已上为下。"③ "每岁通两经。求仕者，上于监，秀才、进士亦如之"④。各学生徒只要业成通两经以上，便可举荐至国子监，参加国子监组织的选拔考试。监试一般在秋季举行，因为生徒每年十一月一日须与乡贡一起参加朝见天子的活动。考试由国子司业和祭酒主持，考试内容、方法与省试大体一致，只不过进士帖一中经而非大经⑤：

> 凡六学生每岁有业成上于监者，以其业与司业、祭酒试之：明经帖经，口试，策经义；进士帖一中经，试杂文，策时务，征故事；……登第者，白祭酒，上于尚书礼部。⑥

国子监最后的选拔考试才有试诗的内容。从现存的两首国子监应试诗——喻凫《监试夜雨滴空阶》、刘得仁《监试莲花峰》来看，其写作要求与进士科省试诗相同。通过者方能参加省试。

---

① （唐）韩愈：《送陈密序》，（清）董诰《全唐文》卷五百五十五，第5615页。

② （宋）欧阳修、宋祁：《新唐书》卷四十四《选举志上》，第1161页。

③ （宋）王溥：《唐会要》卷三十五《学校》，第740页。

④ （宋）欧阳修、宋祁：《新唐书》卷四十八《百官志》，第1266页。

⑤ 同上书，卷四十四《选举志上》："凡《礼记》、《春秋左氏传》为大经，《诗》、《周礼》、《仪礼》为中经，《易》、《尚书》、《春秋公羊传》、《穀梁传》为小经。"第1160页。

⑥ （唐）李林甫：《唐六典》卷二十一《国子监》，第558页。

国子监除了三学以外，还有广文馆的学生修习进士业。据《旧唐书》卷九《玄宗本纪》载：“（天宝九载）秋七月乙亥，国子监置广文馆，领生徒为进士业者。”[①]《唐会要》卷六十六《广文馆》亦载：“天宝九载七月十三日置，领国子监进士业者，博士、助教各一人，品秩同太学。以郑虔为博士，至今呼郑虔为‘郑广文’。”[②] 馆中博士、助教“并以文士为之”[③]。当时的执政者称，此馆旨在“总领文词”，培养“词藻之士”。[④] 而王定保认为广文馆专门教授习进士业者，“斯亦救生徒之离散也”[⑤]。所谓“生徒之离散”指天宝以后，生徒数量锐减。出现这种现象的主要原因：一是由于官学教授内容与考试脱节，不再能吸引以及第为习业目的的举子。开元中后期，进士科杂文试逐渐固定试诗赋，而官学仍以教习儒家经义为主，二者间出现偏差。于是，私学以其针对科考试项的教学内容和灵活的教学方法在与官学的竞争中胜出。二是乡贡逐渐兴起，生徒在科举考试中的得第比例有所下降，使举子不再依附于馆监系统。开元以前，“监司每年应举者，尝有千数；简试取其尤精，上者不过二三百人。省司重试，但经明行修，即与擢第，不限其数。”[⑥] 而开元十七年（729）时，“省司定限天下明经、进士及第，每年不过百人。两监惟得一二十人”[⑦]。与之相对，京兆府、同州、华州的录取比例却越来越高，举子皆“以京兆为荣美，同华为利市”[⑧]。于是生徒离散，官学陷入危机。玄宗一方面下令“天下举人，不得充乡赋，皆须补国子学士及郡县学生，然后听举”[⑨]，另一方面设立广文馆以吸引修习进士业者，弥补国子监诸学教习内容与考试内容不一致的问题。据《新唐书》卷四十八《百官志三》载，永泰年间，西京广文馆有学生六十人，东都十人。[⑩] 广文馆既属国子监，则亦附

① （五代）刘昫：《旧唐书》卷九《玄宗本纪下》，第 224 页。

② （宋）王溥：《唐会要》卷六十六《广文馆》，第 1375 页。

③ （唐）杜佑：《通典》卷二十七《职官九・广文馆》，第 767 页。

④ （宋）王谠撰，周勋初校证：《唐语林校证》卷二《文学》，第 120 页。

⑤ （五代）王定保：《唐摭言》卷一《广文》，第 8 页。

⑥ （唐）杨玚：《谏限约明经进士疏》，（清）董诰《全唐文》卷二百九十八，第 3027 页。

⑦ 同上书。

⑧ （五代）王定保：《唐摭言》卷一《两监》，第 5 页。

⑨ （宋）王溥：《唐会要》卷七十六《贡举中・缘举杂录》，第 1639 页。

⑩ （宋）欧阳修、宋祁：《新唐书》卷四十八《百官志三》，第 1267 页。

于馆监系统参加考试。

虽然广文馆的设立旨在重振官学，但是国子监馆学的衰退并非一朝一夕就可改变，而乡贡队伍的日益壮大是不可阻挡的洪流。更为重要的是，广文馆在设立之初就未曾受到朝廷多少重视，这从它的师资安排、馆舍处理、学生的身份要求和地位处境便可看出。据《新唐书》卷二百〇二《文艺中·郑虔传》载：

> 更为置广文馆，以虔为博士。虔闻命，不知广文曹司何在，诉宰相，宰相曰："上增国学，置广文馆，以居贤者，令后世言广文博士自君始，不亦美乎？"虔乃就职。久之，雨坏庑舍，有司不复修完，寓治国子馆，自是遂废。①

郑虔本为协律郎，由于著书立传，被人诬告私撰国史而贬谪十年。还京后，受到唐玄宗赏识，适值设立广文馆之际，遂被任命为博士。在上述材料中，宰相的话颇值得玩味。他先说广文馆乃招良纳贤之处，意在表示广文馆博士地位的清要；再说郑虔是广文博士的首任者，将被后世铭记，意在显示担任此职的意义。经此游说，离朝十年、不谙时事的郑虔才接受了任命。可见，对当朝士人来说，广文馆博士似乎不是一个美差，郑虔是在宰相的劝说下，才懵懵懂懂地就了职。另外，馆舍日久雨坏，有司竟然不复修完，于是不得不移至国子馆内，可见其在中央各馆学中地位之低下。朝廷对广文馆学生的身份要求也比较低。比如闽南考中进士的第一人欧阳詹，就曾求学于广文馆。他出身于中下级官僚家庭，祖父衎为温州长史，父亲昌为博罗县丞。② 再比如广文生李观，虽然郡望陇西③，但已成寒庶，不见其祖、父有任何担任官职的记录，只有外祖父曾任河南行军司马④。他家境贫寒，曾自称"有亲而贫，旨养不充。侨处江介，无素基业"⑤。这样看来，广文馆学生的身份要求可能与四门学相近，即八品、九品官僚子弟，或庶人中俊异者。不管是广文馆的博士还是学生，其处境

① （宋）欧阳修、宋祁：《新唐书》卷二百〇二《文艺中·郑虔传》，第5766页。

② （唐）欧阳詹：《与王式书》，《欧阳行周文集》卷八，四部丛刊初编本。

③ （唐）韩愈：《李元宾墓铭》，（清）董诰《全唐文》卷五百六十六，第5730页。

④ （唐）李观：《贻先辈孟简书》，（清）董诰《全唐文》卷五百三十三，第5414页。

⑤ （唐）李观：《与吏部奚员外书》，（清）董诰《全唐文》卷五百三十二，第5406页。

皆颇为困窘：

> 杜工部交郑广文，尝以诗赠虔曰：“诸公衮衮登台省，广文先生官独冷。甲第纷纷厌粱肉，广文先生饭不足。……”①
>
> ——《唐摭言·师友》
>
> 始，其春官氏擢广文生者，名第无高下。贞元八年，欧阳詹第三人，李观第五人。迩来此类不乏。暨大中之末，咸通、乾符以来，率以为末第。或曰：乡贡，宾也；学生，主也。主宜下于宾，故列于后也。天顺二年，孔鲁公在相位，思矫其弊，故特置吴仁璧于蒋肱之上。明年，公得罪去职，及第者复循常而已。②
>
> ——《唐摭言·广文》

地位的低下与处境的困窘无不显示出广文馆的萧条，有悖于科举发展潮流而勉强进行的尝试最终未能获得什么效果。据《唐国史补》卷下载：“至贞元八年，李观、欧阳詹犹以广文生登第，自后乃群奔于京兆矣。”③广文馆从设立之初就没有多大影响，虽然直至中晚唐，依然在招收学生，④ 但它始终没有呈现过多少兴旺的迹象。

二、地方馆学试

地方各馆学的考试经历了一个发展的过程。唐初乡贡数量极少，生徒与乡贡一并参加地方考试，由县及州，优秀者入京。《唐摭言》卷一《统序科第》载：“武德辛巳岁四月一日，敕诸州学士及早有明经及秀才、俊士、进士，明于理体，为乡里所称者，委本县考试，州长重覆，取其合格，每年十月随物入贡。”⑤ 这种情况到中宗年间发生改变。据《唐会要》卷三十五《学校》载：

---

① （五代）王定保：《唐摭言》卷四《师友》，第 50 页。

② 同上书，卷一《广文》，第 8 页。

③ （唐）李肇：《唐国史补》卷下，《唐五代笔记小说大观》，第 194 页。

④ （宋）王溥《唐会要》卷六十六《东都国子监》载：“（元和二年）十二月，国子监奏：‘请每馆定额如后：……广文馆六十员。’”第 1371 页。（唐）陆龟蒙有诗《南阳广文博士还雷平后寄》，（清）彭定求《全唐诗》卷六百二十六，第 7193 页。

⑤ （五代）王定保：《唐摭言》卷一《统序科第》，第 1 页。

> 神龙二年九月，敕……州县学生，当州试，并选艺业优长者为试官，仍长官监试。其试者通计一年所受之业，口问大义十条，得八已上为上，得六已上为中，得五已上为下。及其学九年，不贡举者，并解退。其从县向州者，年数下第，并须通计，服阕重仕者，不在计限。①

此时，虽然州县馆学的生徒与乡贡一样在本地参加选拔考试，但在考试内容和形式上已有不同。从这则材料来看，地方馆学在学业岁考制度上与国子监馆学保持一致，每年年终考试，以所受经业为主要内容，以口问大义为主要形式。考试官为当地艺业优长者，负责评判学生的学业水平，州县长官负责复核考试结果，以保证公平公正。若在学九年仍不得举送，将被解退。这九年也包括了县学的生徒在由县向州的考试中下第的年数。由此可见，地方馆学生徒也须经过逐级选拔，由县而州，合格者才被举荐至省。正如皇甫湜《对贤良方正直言极谏策》所言："置乡校县学州庠，以教训其子弟，长育其才，自乡升之县，自县升之州，自州升之礼部。"②

综观监馆系统的考试，共有县级、州级、监级三等，其中县、州级馆学试皆只考核举子的经籍背诵、理解能力，至国子监试才加入诗赋、策问的内容。对唐代统治者而言，儒学是治国立身之本，因此熟练掌握经学是成为合格官员预备人才的最基础条件，尤其是官僚子弟入仕的基本条件。即便进士科还须试诗、赋、策，在很长一段时间里，诗、赋写作甚至成为进士及第的第一道门槛，有时还允许以诗赎帖，但科举制度规定下的诗赋始终受制于统治集团的政治需要，依存于文德政治的社会环境，被纳入儒家文化的话语体系中。其品质属性归根到底，还是儒学的。所以，以诗取士，究其实质，不过是以儒取士的一种衍化与变相。虽然在选拔体制上，唐代统治者向庶族打开了仕进之门，然而在教育体制上，他们仍然希望坚持以官僚子弟为主的方针，尤其在最高端教育资源的分配上，他们毫不犹豫地让官僚子弟占据了绝大多数的名额。坚持对这些官僚子弟教育的儒学

---

① （宋）王溥：《唐会要》卷三十五《学校》，第740、741页。

② （唐）皇甫湜：《对贤良方正直言极谏策》，（清）董诰《全唐文》卷六百八十五，第7018页。

化，使其信仰封建王朝需要臣子信仰的主流思想，正是为了固守社会上层的封建正统性，巩固王朝的立业之基。唐初，明经及第易于进士科，及第后所授官阶高于进士科都说明了这个问题。对于社会下层，唐代统治者则用利益的诱惑来代替制度的规定，用导向性来代替强制性，使这些一直生活在社会底层、一直与权力无缘的人充满了入仕的渴望，进而自觉地将自己融入统治者铸造的人才模型中加以打造。统治者真正关注的重点并不在他们身上，为他们打开仕进之门在很大程度上不过是一种旨在巩固统治、缓解矛盾、打造政治向心力的手段而已。他们不可能成为唐代官僚组成中的大多数，因为科举入仕在唐代只是诸多仕进之途中的一种，其他可以确保官僚子弟入仕的政策或潜在规则一直与之并行。而庶民的身份也决定了他们的这种自我打造仅仅局限于表象，从根本上来讲，他们依然有自己的政治立场、权力意识、利益诉求，因此士庶之间的权力斗争在唐代历史发展进程中始终是一条时隐时现的重要线索。这就可以理解为什么科举考试的内容和程序一变再变，而馆监系统内部的学习与考试始终坚持以儒学为主；为什么对那些存在于乡村中的村学、私塾，唐代统治者任由其根据情况的变化不断加入更具应试特点的教育内容，而馆监系统内的教学内容却一成不变。但也正是由于唐代统治者试图坚持高端教育的正统化，不针对科考的变化与时俱进，才使馆监生徒在科举考试中逐渐失去了竞争力，也让官学的衰落成为了现实。至于发展到后来，乡贡逐渐兴起，进士科取代明经成为社会焦点，庶族子弟渐成中晚唐高级官员的主要成员，则是唐代统治集团在设立制度之初没有料到的。统治者最初只想拉开一个小口子，没料到最后却决了堤。

第四节 各级地方试诗

举选不由馆学者谓之乡贡。他们或者出自家学，或者寄于私学，学有所成后便怀牒自列于各地州县，自荐参加科举考试。《新唐书》卷四十四《选举志上》载："举选不系馆、学者，谓之乡贡，皆怀牒自列于州、县。"① 李奕《登科记序》言："自乡升县，县升州，州升府，皆历试行

① （宋）欧阳修、宋祁：《新唐书》卷四十四《选举志上》，第1161页。

艺。”[①] 乡贡须先参加乡试，再县试，优秀者举荐至州府，经由州府选拔后，再至京城参加省试。由于乡贡“每年十月随物入贡”[②]，故各地的州府试一般在十月以前就完成了。据赵匡《举选议》言：“大抵举选人以秋初就路，春末方归。”[③] 又据《南部新书》乙卷载：“长安举子……七月后，投献新课，并于诸州府拔解。人为语曰：‘槐花黄，举子忙。’”[④] 举子七月后离家赴举，投献新课，则县试与州府试当于八九月间进行。倘若地处偏远，则时间会更早，比如欧阳詹《泉州刺史席公宴邑中赴举秀才于东湖亭序》言：“贞元癸酉岁，邑有秀士八人，公将首荐于阙下……秋七月，与八人者乡饮之礼既修，乃加之以宴。”[⑤] 由于福建泉州距离京城甚远，因而七月就已完成州府试了。因此解试又被称为“秋闱”。唐初乡贡皆须于本州拔解，后因各地政治、经济、教育、文化资源不平衡，导致地区之间举子选送机会不均等，解额数量、登第比率有较大差异，至开元年间逐渐出现异地拔解的情况，即赵匡所说的“选人不约本州所试，悉令聚于京师”[⑥]。韩愈亦曾言及此类情况：“今之举者，不本于乡，不序于庠，一朝而群至乎有司。”[⑦] 对此，朝廷曾下诏禁止。开元十九年（731），唐玄宗规定：“诸州贡举，皆于本贯籍分信明者。然依例，不得于所附贯，便求申送。如有此色，所由州县即便催科，不得递相容许。”[⑧] 然而寄籍行为禁而不止，到中晚唐时期变得更加普遍。比如白居易出生洛阳，却得宣州解[⑨]；李商隐为怀州河内人，却得汴州解[⑩]等，乃至于“入试非正身，十有三四”[⑪]。而从会昌五年（845）朝廷颁布的举格中“寄客外州府举士

---

① （唐）李奕：《登科记序》，（清）董诰《全唐文》卷五百三十六，第5445页。

② （五代）王定保：《唐摭言》卷一《统序科第》，第1页。

③ （唐）赵匡：《举选议》，（清）董诰《全唐文》卷三百五十五，第3603页。

④ （宋）钱易：《南部新书》乙卷，第21、22页。

⑤ （唐）欧阳詹：《泉州刺史席公宴邑中赴举秀才于东湖亭序》，（清）董诰《全唐文》卷五百九十六，第6026页。

⑥ （唐）赵匡：《举选议》，（清）董诰《全唐文》卷三百五十五，第3603页。

⑦ （唐）韩愈：《进士策问十三首》之六，（清）董诰《全唐文》卷五百四十七，第5547页。

⑧ （宋）王溥：《唐会要》卷七十六《贡举中·缘举杂录》，第1638—1639页。

⑨ （唐）白居易：《送侯权秀才序》，《白居易集》卷四十三《记序》，第943页。

⑩ （五代）刘昫：《旧唐书》卷一百九十下《文苑传下·李商隐传》，第5077页。

⑪ （唐）赵匡：《举选议》，（清）董诰《全唐文》卷三百五十五，第3603页。

人”① 之语来看，或许由于屡禁不止，此种行为似乎已获得朝廷默许。

一、州府试

州府试的程序、方法与省试大体一致。《唐摭言》卷二《为等第后久方及第》注曰：“京兆府解试比同礼部三场试，巢寇之后，并只就一场耳。”② 虽然说的是京兆府，但其他各州府试的情况应该相差无几，即也有三场试，其中包括试诗。从现存州府应试诗的体式来看，其标准、要求与省试诗大体相同，不过有时候也会有特殊的安排。比如元和十三年(818)，令狐楚出为华州刺史，当年府试进士科特别规定“加置五场”，即诗、歌、文、赋、帖经。这一例外让许多乡贡始料不及，尤其那些没有真才实学，只想凭借亲旧关系获得举荐的举子，不得不放弃考试。据载，以往手持清要书信前来应试的每年不下十几人，那一年竟全无一人，即使有不远千里而来的，也“闻是皆寝去”③。省试是全国性的人才选拔考试，一旦考试程序与内容有改动，牵涉面极广，而州府试在影响范围上相对较小，所以制度上可以更灵活。再比如乔彝参加京兆府解试时，“日午叩门，试官令引入，则已醺醉。视题，曰《幽兰赋》，不肯作，曰：‘两人相对作得此题，速改之。’乃改为《渥洼马赋》。奋笔斯须而就，其辞甚工。……以解副荐之。”④ 中午才至考场，仍许进入，可见考场规定并不严格；视题不作，要求速改，还果应其求，可见制度之灵活；不因越矩行为黜落，反而以解试第二名的成绩举荐至省，可谓“不拘一格”。

州府试主试官的身份也相对比较自由。一般来说，主试官由诸州府刺史或节度使等长吏挑选，由功曹参军或司功参军⑤担任，比如大和初京兆府主试官为功曹参军李相回。开成二年（837）京兆府主试官为功曹参军

① （五代）王定保：《唐摭言》卷一《会昌五年举格节文》，第 2 页。

② 同上书，卷二《为等第后久方及第》，第 16 页。

③ 同上书，卷二《争解元》，第 17 页。

④ （宋）王谠撰，周勋初校证：《唐语林校证》卷三《品藻》，第 294 页。

⑤ （唐）杜佑《通典》卷三十三《职官典·总论郡佐》载：“大唐改曰司功参军。开元初，京尹属官及诸都督府并曰功曹参军，而列郡则曰司功参军。”第 913 页。

卢宗回。[①] 有时候也有由府尹、刺史自己担任，或者另定他人的情况。元和十三年（818）华州主试官为刺史令狐楚[②]，大和六年（832）京兆府主试官为渭南县尉唐特[③]，乾符四年（877）京兆府主试官为万年县尉公乘亿，咸通末江西府主试官为督邮罗邺。[④] 解试的结果要经州府长官复核。比如上文所提乔彝之例中，两试官见其"奋笔斯须而就，其辞甚工，便欲首送"，而京兆尹却觉得其人"峥嵘甚"[⑤]，故终以解副荐之。可见京兆尹最后影响了等第的评定。另外，与省试不同的是，省试最后放榜必定有高下排名，而州府试由于只是进入省试的资格试，因此在有的年份有的地区不分排名先后。比如，《唐摭言》卷二《废等第》载：

> 开成二年，大尹崔珙判云：选文求士，自有主司。州府送名，岂合差等？今年不定高下，不锁试官；既绝猜嫌，暂息浮竞。差功曹卢宗回主试。除文书不堪送外，便以所下文状为先后，试杂文后，重差司录侯云章充试官，竟不列等第。明年，崔珙出镇徐方，复置等第。[⑥]

从这则材料来看，开成二年（837）京兆府解送以所下文状先后为序排名，没有了京兆府"等第"之设。大中七年（853）韦澳任京兆府尹时，为了平息贡举人"互争强弱，多务奔驰"之风，同时也为了避免有"爱憎之谤"，规定"送省进士、明经等，并以纳策试前后为定，不在更分等第之限。"[⑦] 据《唐语林》卷七记载，"等第"的废除在大中七年(853)[⑧]：

---

① （五代）王定保《唐摭言》卷二《恚恨》："太和初，李相回任京兆府参军，主试。"第20页；《废等第》："开成二年……差功曹参军卢宗回主试。"第14页。

② （五代）王定保《唐摭言》卷二《争解元》："元和中，令狐文公镇三峰，时及秋赋，榜云：'特加置五场。'"第17页。

③ （唐）赵璘《因话录》卷三《商部下》："唐尚书特，大和六年尉渭南，为京兆府试进士官。"《唐五代笔记小说大观》，第853页。

④ （五代）王定保《唐摭言》卷二《置等第》："差万年县尉公乘亿为试官。"第14页；同卷《争解元》："咸通末，……取罗邺为督邮，邺因主解试。"第17页。

⑤ （宋）王谠撰，周勋初校证：《唐语林校证》卷三《品藻》，第294页。

⑥ （五代）王定保：《唐摭言》卷二《废等第》，第14页。

⑦ 同上书。

⑧ 详参（清）徐松撰，孟二冬补正《登科记考补正》卷二十二，第913页。

> 李卫公颇升寒素。旧府解有等第，卫公既贬，崔少保龟从在省，子殷梦为府解元。广文诸生为诗曰："省司府局正绸缪，殷梦元知作解头。三百孤寒齐下泪，一时南望李崖州。"卢渥司徒以府元为第五人，自此废等第。①

州府试中有"锁试官"的规定，上文所引开成二年大尹崔珙的判词中即有"不锁试官"之语。傅璇琮在《唐代科举与文学》一书中曾介绍过"锁院"："为了防止考场作弊，宋以后有一种叫做锁院的制度，就是考试的官员在任命以后，随即住入贡院，断绝与外面来往，直至放榜时为止。"他接着又考证了相关的材料，结合唐代科考的特点，认为"唐代不存在锁院制度之说。而且，唐代即使有所谓锁院，也与杜绝或防范考官与举子交通无关"②。那么唐代究竟是否存在着"锁院"制度？崔珙所言"锁试官"是否就等同于"锁院"呢？

所谓"锁院"，事实上有两个层面的意思。一指"锁考场"，即严禁外来无关者入内，影响考场秩序，破坏考试规定。比如：

> （李群）比及京师，已锁贡院，乃槌院门请引见。③
>
> ——《唐摭言·争解元》
>
> 阅试之日，皆严设兵卫，荐棘围之，搜索衣服，讥诃出入，以防假滥焉。④
>
> ——《通典·选举三·历代制下》
>
> 试者突入，棘围重重……施棘围以截遮，是疑之以贼奸徒党。⑤
>
> ——舒元舆《上论贡士书》

三则例子中对贡院考场的封锁皆旨在规范考生行为，防止无关人员扰乱考场秩序。举人入贡院时，兵卫要搜身，防止其私挟禁带物品；还要检验身份，以防替考。另外，考生还须自行携带已加盖有礼部印章的答题

---

① （宋）王谠撰，周勋初校证：《唐语林校证》卷七《补遗》，第614页。

② 傅璇琮：《唐代科举与文学》第九章《知贡举》，第229、230页。

③ （五代）王定保：《唐摭言》卷二《争解元》，第18页。

④ （唐）杜佑：《通典》卷十五《选举三·历代制下》，第357页。

⑤ （唐）舒元舆：《上论贡士书》，（清）董诰《全唐文》卷七百二十七，第7487页。

纸，以防作弊更换试卷。比如，在前文曾提及的阎济美及第一事中，知贡举曾言："今恐文书到西京，须呈宰相，请先辈等各买好纸，重来请印，如法写净送纳，抽其退本。"[①] 后唐天成四年（929）十月，礼部《条陈贡举事例奏》也曾提到在试纸上加盖印章之事：

诸色举人至入试之时，前五日内，据所纳到试纸，本司印署讫，却送中书门下，取中书省印，印过却付司给散，逐人就试贡院。[②]

举人入试前五日内，须分别至礼部和中书门下省，在领到的试纸上加盖贡院印和中书省印。这虽是后唐制度，但亦可作为我们理解唐代的参考。据《旧唐书》卷十八下《宣宗本纪》载：

（大中九年三月）御史台据正月八日礼部贡院捉到明经黄续之、赵弘成、全质等三人伪造堂印、堂帖，兼黄续之伪著绯衫，将伪帖入贡院，令与举人虞蒸、胡简、党赞等三人及第，许得钱一千六百贯文。据勘黄续之等罪款，具招造伪，所许钱未曾入手，便事败。奉敕并准法处死。主司以自获奸人，并放。[③]

大中九年（855）的这次科考案说明无关人员入贡院时，须持相关的身份证明。黄续之等三人便是靠伪造堂帖、堂印[④]进入的。

"锁院"的第二层意思，即"锁试官"，指知贡举等参与考试的官员在规定时间内须入住贡院，不得与外界交往，至放榜后方能离开贡院。这是针对考试官员的一种行为限制，旨在防范徇私舞弊，避免出现泄题、外通榜帖等影响考试公平、公正的事件发生。据《唐会要》卷二十四《朔望朝参》载：

---

① （唐）温庭筠：《乾𦠆子》，（宋）李昉《太平广记》卷一百七十九《贡举二·阎济美》，第1336页。

② （后唐）阙名：《条陈贡举事例奏》，（清）董诰《全唐文》卷九百七十，第10073页。

③ （五代）刘昫：《旧唐书》卷十八下《宣宗本纪》，第633页。

④ 所谓"堂帖"指宰相签押下达的文书，"堂印"是中书堂的官印。（唐）李肇《唐国史补》卷下："宰相判四方之事有堂案。处分百司有堂帖。"《唐五代笔记小说大观》，第188页。

自今以后，吏部、兵部尚书、侍郎，除试人铨注唱官，并礼部侍郎、兵部南曹官试人，及入宿日，其余朝参等官，并准式。”①

贞元十二年（796）四月，德宗下诏规定，礼部侍郎除试人、入宿日以外，皆要参加朝参。诏书中提到的“入宿日”，即指知贡举入贡院的时间。元和元年（806）三月，御史中丞武元衡在奏书中也提到：“兵部、吏部、礼部贡院官员，每举选限内，有十月至二月不奉朝参。”② 这说明在省试期间的确存在着知贡举不准出贡院的规定，所以可以免朝参。唐代知贡举的任命一般在上一年的八月。《玉泉子》曾记：“时已八月，未命主司……忽闻驰马传呼曰：‘尚书知举。’”③ 而知贡举入住贡院的时间则要在十月，即各地乡贡至京以后。这中间的一段时间间隔，为举子请托、通榜、行卷留下了充裕的时间：

贡士许道敏，随乡荐之初，获知于时相。是冬主文者将莅事于贡院，谒于相门。丞相大称其文学精臻，宜在公选，主文加简揖额而去。④

——《唐阙史·许道敏同年》

是岁元和七年，许孟容以兵部侍郎知举。固言访中表间人在场屋之近事者，问以求知游谒之所，斯人且以固言文章，甚有声称，必取甲科，因绐之曰：“吾子须首谒主文，仍要求见。”固言不知其误之，则以所业径谒孟容。孟容见其著述甚丽，乃密令从者延之，谓曰：“举人不合相见，必有嫉才者。”使诘之，固言遂以实对。孟容许第固言于榜首，而落其教者姓名，乃遣秘焉。⑤

——《太平广记·定数十·李固言》

长庆元年春，礼部侍郎钱徽入贡院日，文昌及绅恳言二人，继以

---

① （宋）王溥：《唐会要》卷二十四《朔望朝参》，第544页。

② （五代）刘昫：《旧唐书》卷十四《宪宗本纪上》，第416页。

③ （唐）阙名：《玉泉子》，《唐五代笔记小说大观》，第1432页。

④ （唐）高彦休：《唐阙史》卷上《许道敏同年》，《唐五代笔记小说大观》，第1340—1341页。

⑤ （宋）李昉：《太平广记》卷一百五十五《定数十·李固言》，第1112页。

私书。①

——《册府元龟·宰辅部·徇私》

王起知举，将入贡院，请德裕所欲。德裕曰："安问所欲？借如卢肇、丁稜、姚颉，不可在去流内也。"起从之。②

——《唐语林·补遗》

在入住贡院之前，主司与举子不能直接相见，但托人行卷还是可以的。知贡举出贡院的时间规定在放榜之后：

大中元年，魏扶知礼闱，入贡院，题诗曰：……。及榜出，为无名子削为五言以讥之。③

——《南部新书》

待放榜后，魏扶的七言诗才从礼闱传出，被人削为五言。可见，放榜前知贡举一直被锁于贡院中，不得与外交通。倘若因为一些特殊情况，考试官员不得不外出的，须向宰相告假。《唐摭言》卷八《已落重收》载："李景让以太夫人有疾，报堂请暂省侍。"④

从《唐摭言》卷二《废等第》的记载来看，除了省试，州府试也有锁院的现象。开成二年（837），崔珙下令，府试不定等第，解送名单以所下文状先后为序，以此来"既绝猜嫌，暂息浮竞"。此次"锁院"仅锁考场，不锁考试官，因为这次考试只是按照所在府规定的解送人数来挑选贡举人，解送名单不论排名先后，所以一方面考试官阅卷时只要大体地把握优劣程度，不需要勉为其难或者有失公正地细分高下；另一方面，举子也就不需要奔走干谒，争夺"等第"乃至解元了。换句话说，这是一项以模糊的形式来获得较准确结果的改革，可以避免管窥之下，"实难裁处"⑤ 的尴尬。

由此看来，唐代的确存在着锁院制度，虽然其中锁试官一项执行起来

---

① （宋）王钦若：《册府元龟》卷三百三十七《宰辅部·徇私》，第3798页。

② （宋）王谠撰，周勋初校证：《唐语林校证》卷七《补遗》，第624—625页。

③ （宋）钱易：《南部新书》卷戊，第72页。

④ （五代）王定保：《唐摭言》卷八《已落重收》，第90页。

⑤ 详见（五代）王定保《唐摭言》卷二《废等第》，第14页。

并没有多大实际效用，因为唐代的科举考试既不糊名，又可请托、行卷、通榜，隔离与否意义不大。另外，锁试官执行得也不那么坚决，比如贞元十一年（795）吕渭知贡举期间，曾在取舍不定、犹豫苦闷之际写下《贞元十一年知贡举挠阁（一作闷）不能定去留寄诗前主司》[①] 一诗给他的前主司顾少连。再比如元和二年（807），崔邠知贡举期间，"将放二十七人及第，潜持名来呈相府"[②]。可见省试知贡举在阅卷期间、放榜之前仍有与外交通的情况存在。省试是这样，那么州府试就更不会严格了。

和省试诗须送中书门下考覆一样，为了防止解试之不公，诸州府所送举人的应试诗赋亦须报送尚书省予以检勘。《北梦琐言》卷一《令狐滈预拔文解》有"举人文卷须十月前送纳"[③] 之语。据《唐摭言》卷一《会昌五年举格节文》载："诸州府所试进士杂文，据元格并合封送省。准开成三年五月三日敕落下者，今缘自不送所试以来，举人公然拔解；今诸州府所试，各须封送省司检勘，如病败不近词理，州府妄给解者，试官停见任用阙。"[④] 若覆核发现有不合格者，即黜退，同时考试官也将受到停职的处罚。另外，据《云溪友议》卷下《去山泰》载："（宋言）及就府试，冯涯侍郎作掾而为试官，以解首送言也。时京兆尹张大夫毅夫，以冯参军解送举人有私，奏谴澧州司户。再试，退解头宋言为第六十五人。"[⑤] 因京兆尹张毅夫认为冯涯解送举人有私，遂组织覆试，结果解头宋言被退为第六十五人。可见，在州府试中，倘若评判结果引起争议，同样可以覆试。

二、县试

至于县试，作为选拔至州府的考试，其程序、方法基本与州府试一致，可能在程序上更简单。从现存材料来看，唐代县试一般由县尉主持，比如王泠然应举时，宋城县的县试即由县尉高昌宇主持。[⑥] 所试内容也有

---

① （清）彭定求：《全唐诗》卷三百〇七，第 3488 页。

② （唐）范摅：《云溪友议》卷下《因嫌进》，《唐五代笔记小说大观》，第 1302 页。

③ （五代）孙光宪：《北梦琐言》卷一《令狐滈预拔文解》，《唐五代笔记小说大观》，第 1808 页。

④ （五代）王定保：《唐摭言》卷一《会昌五年举格节文》，第 2 页。

⑤ （唐）范摅：《云溪友议》卷下《去山泰》，《唐五代笔记小说大观》，第 1302 页。

⑥ （五代）王定保：《唐摭言》卷二《恚恨》，第 21—22 页。

杂文，《全唐文》收录有吕鏄、王起的《万年县试金马式赋》各一篇，皆注“以汉朝铸金为名马式为韵”[①]，当为同年万年县试律赋。虽然不见县试诗歌留存，但既然有试赋，那么诗歌进入进士科县试应该也是可以想见的。有时举子可以跳过县试，直接申送至州府。比如《太平广记》卷一百五十四《定数九·樊阳源》载：

> （樊阳源）有表兄任密县令，使人招某骤到密县。某不得已遂出去。……不日到密县，便患痢疾。联绵一月，困惫甚。稍间，径归洛中，谓表兄曰：“两府取解，旧例先须申。某或恐西府不得，兄当与首送密宰矣。”曰：“不可处。”但令密县海送，固不在托。[②]

樊阳源因其表哥担任密县令，得以未经县试而直接获得密县解。

乡试的情况究竟如何，由于文献缺乏已经不得而知。但既然县试有时候也只是一种形式，可以直接跳过的话，那么乡试的名存实亡也就可想而知了。

州府试和县试在级别上较省试低，就试人员的范围相对要小，所以无论是考试官员的挑选、考试内容的制定，还是考场规则的执行、考试结果的评定等，都较之省试更为简易、灵活；再加上州府试和县试本身在制度上也不如省试完备，没有别头试等规定，这都增加了及第与否的偶然性。薛登所说的“今之举人，有乖事实。乡议决小人之笔，行修无长者之论”[③]，张鷟所说的“诸州……及其简试，芜滥极多”[④] 都显示了地方级考试中普遍存在着荐士不公、取士混乱的现象。

由此看来，唐代进士科的试诗分别通过中央行政系统、馆监系统、地方行政系统予以实施。每一系统的试诗制度除了在灵活性、严格度上有所区别外，对应试诗的形式、内容、体制要求，评判标准皆大体一致。为了尽量保证考试结果的公平性，唐代已设立了考覆、覆试、避嫌、隔离等制度。考试级别越高，相对地，制度制定得越完备，执行起来也越严格。不

---

① 分别见（清）董诰《全唐文》卷五百九十四、卷六百四十三，第6009、6502页。

② （宋）李昉：《太平广记》卷一百五十四《定数九·樊阳源》，第1106、1107页。

③ （五代）刘昫：《旧唐书》卷一百〇一《薛登传》，第3138页。

④ （唐）张鷟：《诸州贡举悉有保明及其简试芜滥极多若不量殿举主或恐奸源渐盛并仰折中处分》，（清）董诰《全唐文》卷一百七十二，第1753页。

过由于唐代仍处于科举的发展期，漏洞的存在不可避免，由此衍生出某些特定的时代流弊、科场风俗，并进而波及唐代政治、社会、生活的诸多方面，其影响不容小觑。自从进士科试诗制度确立以后，对它的讨论、争议就未停止过，而试诗也正是在这种被肯定、否定，再被肯定，再被否定的反复中向前发展。

第五节 对唐代进士科试诗的四次争议

唐代以诗取士是在儒家文化和儒家化政治对文才需求的历史影响下，在新兴王朝巩固扩大统治基础、构建文德政治的现实需要下，受到文学无法抵抗的抒情审美特质的诱惑，出于纠正考风的考虑，才最终被纳入科举制度的。试诗制度的确立有其一定的必然性，然而作为一种新生事物，试诗制度在实施过程中难免遭遇非议。仅针对进士一科，在有唐一代历史上，有文献记载的对以诗取士的选拔方式发生较大争议的就有四次，其中表现激烈的甚至以取消科举作为途径。但是综观这些争议，皆仅在试诗制度的外部寻求解决问题的方法，而未能从其内部探求制止弊端的机制，因此，唐代进士科试诗制度始终处于一种看似变化实则稳定的状态中。同时，人们对这一制度的批判往往基于其所属阶层的立场，常常关联着不同时期的社会政治特点，因此，通过分析这四次争议产生的过程及其背后的原因，可以让我们从一个侧面深入体会唐代不同时期的社会政治特点及其对试诗制度的影响。

一、开元二十四年姚奕之请

第一次对进士科以诗取士制度提出质疑是在开元二十四年（736），导火索是举子诋诃李昂一案。《大唐新语》、《唐摭言》等对此事都有详细记载。

开元二十四年，考功员外郎李昂因反对科考请托之风，庭斥举子李权。孰料李权怀恨在心，当众批评李昂用典瑕疵，借机羞辱。李昂被攻讦得措手不及，不知如何应对。虽然此事最后以李权受到处置而告终，但当众羞辱知贡举已严重损害科举的威严。朝廷因此开始思考知贡举的选用问题，认识到从六品上的考功员外郎执掌选才择人之事，确实有“位轻务重，名实不伦”之忧。于是当年三月十二日朝廷下诏，“每年诸色举人及斋郎等简试，并于礼部集，既众务烦杂，仍委侍郎专知"[①]。此后，知贡举一职便改由正四品下的礼部侍郎担任。

时任礼部侍郎的姚奕将在开元二十五年（737）主持考试，成为唐代科举史上常选由吏部移交至礼部的第一位知贡举。身为李昂的后继者，反思科场丑闻，审时度势地提出建议乃情理中事。据《旧唐书·姚崇传》载，姚奕是姚崇的小儿子，"少而修谨"[②]。举子当庭诋诃考官，本就有违礼法，而在这个"修谨"之人看来，更是士风败坏的表现。于是如何加强举子的礼教观念，增强举子的道德修养成为姚奕重点考虑的问题。虽然他在开元二十四年（736）十月上疏朝廷的奏请原文已不可见，然而从他所提的进士科加试帖《左氏传》、《周礼》、《仪礼》三经，通五与及第[③]的建议来推测，他很有可能在奏书中批评了进士科举子不习儒业、有昧礼教的现象。之所以特别要求进士科加帖此三经，主要基于两方面的考虑：一是由于此三经乃圣贤微旨，俱为儒家政治礼仪教育之重要经典，在唐代被分别规定为大经、中经。"三礼、三传及《毛诗》、《尚书》、《周易》等，并圣贤微旨，生徒教业，必事资经远，则斯文不坠"，《周礼》乃"经邦之轨则"，《仪礼》为"庄敬之楷模"。[④] 而当时李昂事件又反映出进士科举子的道德修养、礼仪教化存在严重不足，再发展下去，恐儒风沦丧，因此姚奕提出进士科须加试帖经的建议。二是为了改善开元年间举子习经厚此薄彼的问题。据《唐会要》记载，《周礼》、《仪礼》与另两部经籍《公羊》、《穀梁》在开元初就曾遭遇"独学无友，四经殆绝"[⑤] 的尴尬。开元八年（720）七月，国子司业李元瓘上书言，因士子所习，"务在出身"，而"《礼记》文少，人皆竞读"，故要求国子监加试《周礼》、《仪礼》和《公羊》、《穀梁》的帖经内容。[⑥] 开元十六年（728）十二月，国子祭酒杨玚亦在奏书中言："今之明经，习《左氏》者十无一二，恐《左氏》之学废。又《周礼》、《仪礼》、《公羊》、《穀梁》，亦请量加优

---

① （宋）王溥：《唐会要》卷五十九《尚书省诸司下·礼部侍郎》，第1203页。

② （五代）刘昫：《旧唐书》卷九十六《姚崇传》，第3029页。

③ （宋）王溥：《唐会要》卷七十六《贡举中·进士》，第1633页。

④ 同上书，卷七十五《贡举上·帖经条例》，第1630页。

⑤ 同上书。

⑥ 同上书。

奖。”[1] 可见，在开元年间，除了文少易诵的《礼记》之外，明经举子已出现了严重的轻视三礼、三传的现象。两位国子监官员为此都提出了加试指定帖经书籍的要求。明经尚且如此，进士科更可预料。这一现象的出现，究其实质，在于举子避难就易、急于求成的心理。在这种特定应试心理的作祟下，出现了开元末“进士以声韵为学，多昧古今；明经以帖诵为功，罕穷旨趣”，皆不能“敦本复古，经明行修”[2] 的情况。在姚奕建议的基础上，开元二十五年（737）二月，朝廷颁布《条制考试明经进士诏》：

> 致理兴化，必在得贤；强识博闻，可以从政。且今之明经、进士，则古之孝廉、秀才。近日以来，殊乖本意，进士以声韵为学，多昧古今；明经以帖诵为功，罕穷旨趣，安得为敦本复古，经明行修？以此登科，非选士取贤之道也。其明经自今已后，每经宜帖十，取通五已上；免旧试一帖，仍案问大义十条，取通六已上；免试经策十条，令答时务策三首，取粗有文性者，与及第。其进士宜停小经，准明经例，帖大经十帖，取通四已上，然后准例试杂文及策，考通与及第。其明经中有明五经以上，试无不通者。进士中兼有精通一史，能试策十条，得六已上者，委所司奏听进止。其应试进士等唱第讫，具所试杂文及策，送中书门下详覆。其所问明经大义日，仍须对同举人考试。庶能否共知，取舍无愧，有功者达，可不勉与！[3]

在试杂文实行了半个世纪以后，科场上又出现了新的问题——进士科举子只知声律，不习经史。这一次和永隆二年（681）《条流明经进士诏》中所指出的进士科举子“不寻史传，惟读旧策，共相模拟，本无实才”[4] 的现象虽然表现不同，但实质皆为投机取巧的举子钻了制度的空子。当初为了阻止举子凭记诵模拟旧策得第，才于永隆二年下旨加试杂文，这是看中了杂文无法模拟的长处，可以考辨举子的真实水平。然而诗赋成为进士

---

① （宋）王溥：《唐会要》卷七十五《贡举上·明经》，第 1627 页。

② （唐）唐玄宗：《条制考试明经进士诏》，（清）董诰《全唐文》卷三十一，第 344 页。

③ 同上书，第 344、345 页。

④ （宋）宋敏求：《唐大诏令集》卷一百〇六《政事·贡举》，第 549 页。

科及第门槛后，却又出现了举子多将精力放在具体的诗赋创作技艺的研究上，而不注重修炼自身学识修养的问题，着实偏颇了统治者对进士科举人“强识博文”、德才兼备的要求，也导致像李权这样的举子根本无视儒家温柔敦厚的人格要求，悖言逆行，乖张放肆，有违礼教之本。因此，第一次对进士科试诗制度的争议实际上并不旨在否定以诗取士的方式，而是为了纠正人才培养与选拔偏离正统轨道的倾向，所以才试图采取补救措施，通过增加试帖来驱动举子研习经史，提高学识，熏习儒风，故时人有“侍郎姚奕颇振纲纪”① 的评价。

姚奕提高了对进士科举子习经业水平的要求，客观上造成了文学之士及第的困难；再加上“举司帖经，多有聱牙孤绝倒拔筑注之目，文士多于经不精，至有白首举场者”②。而与科场上的这种变化相对应的是开元年间文学之士落败于同吏干之才的斗争。吏治与文学之争滥觞于武则天时期，当时朝堂上有以狄仁杰为首的吏才一派和以上官昭容为首的文才一派。玄宗开元年间，两派轮番掌权，斗争表现明显。吏才派代表人物姚崇为狄仁杰亲手提拔，开元初任宰相时，排挤了张说、刘幽求、郭元振、赵彦昭、李峤等一批著名的文学大臣，后又举荐宋璟这样的吏治之才为相。汪篯《唐玄宗时期吏治与文学之争——玄宗朝政治史发微之二》曾指出，在姚崇用事期间，匡赞玄宗的大臣，如刘幽求、张说等人，都相继被贬出朝，“姚崇和这些功臣中间的互不相容，似乎还隐含着用吏治与用文学的政见不同”③。在科举领域内，姚崇亦采取了限制进士科发展的策略。据徐松《登科记考》所载加以统计，从中宗神龙元年（705）至玄宗先天二年（713），平均每年录取进士 52 人，而在姚崇为相期间，平均每年录取进士仅 19 人。开元四年（716）姚崇罢相，吏事强敏的宋璟、张嘉贞先后继任，继续沿袭姚崇重用吏才、轻薄文才的用人观，直至开元九年（721）张说复登相位，文学之士才又开始占据上风，徐坚、韦述、贺知章、徐安贞、孙逊、王翰、张九龄等皆因文辞而受张说赏拔。开元前期，唐王朝逐渐步入繁盛阶段，“承平岁久，志在粉饰盛时”④，故多引文儒之

---

① （唐）封演：《封氏闻见记》卷三《贡举》，第 33 页。

② 同上书。

③ 唐长孺编：《汪篯隋唐史论稿》，中国社会科学出版社 1981 年版，第 196 页。

④ （五代）刘昫：《旧唐书》卷九十七《张说传》，第 3057 页。

士，佐佑王化，尤其在张说、张九龄执政期间，掀起了一股以文举士的潮流。崔颢、祖咏、储光羲、王昌龄、常建、王维、刘长卿、颜真卿、李颀、萧颖士、李华等一大批文学之士先后及第。开元十八年（730），张说去世。开元二十四年（736）末，由于李林甫的排挤，张九龄被罢知政事，并于第二年贬出朝廷。李林甫诬其“文吏，拘古义，失大体”[①]，因才学被用的张九龄，终因才学被贬，而“自无学术，仅能秉笔”[②] 的李林甫从此独揽大权。李林甫执政期间结党营私，排除异己，“自是朝廷之士，皆容身保位，无复直言”[③]。他明练吏事，“薄于文雅”[④]，“尤忌文学之士”[⑤]，当时一些正直的有才华的文学之士皆遭贬抑，严重的甚至被杀。他的掌权标志着开元后期统治者用人政策再度从重文士转变为重吏才，反映到科举领域，则是自张说开始的以文举士之风暂告停歇。身为姚崇之子，姚奕在政治观、用人观上难免受到其父影响，他在这样一个转变时期提出加试帖经，无疑给进士科举子入仕又增添了难度。

二、宝应二年杨绾之疏

全面否定进士科试诗是在唐代宗宝应二年（763）。六月，时任礼部侍郎的杨绾上疏条奏贡举之弊，其中涉及对进士科以诗取士方式的否定：

> 近炀帝始置进士之科，当时犹试策而已。至高宗朝，刘思立为考功员外郎，又奏进士加杂文，明经填帖，从此积弊，浸转成俗。幼能就学，皆诵当代之诗；长而博文，不越诸家之集。递相党与，用致虚声，六经则未尝开卷，三史则皆同挂壁。况复征以孔门之道，责其君子之儒者哉！祖习既深，奔竞为务。矜能者曾无愧色，勇进者但欲凌人，以毁讟为常谈，以向背为己任。投刺干谒，驱驰于要津；露才扬己，喧腾于当代。古之贤良方正，岂有如此者乎！朝之公卿，以此待士，家之长老，以此垂训。欲其返淳朴，怀礼让，守忠信，识廉隅，何可得也！譬之于水，其流已浊，若不澄本，何当复清。……

① （宋）欧阳修、宋祁：《新唐书》卷一百二十六《张九龄传》，第 4429 页。

② （五代）刘昫：《旧唐书》卷一百〇六《李林甫传》，第 3240 页。

③ （宋）司马光：《资治通鉴》卷二百一十四《唐纪·玄宗开元二十四年》，第 6825 页。

④ （五代）刘昫：《旧唐书》卷一百一十一《高适传》，第 3328 页。

⑤ （宋）司马光：《资治通鉴》卷二百一十五《唐纪·玄宗天宝元年》，第 6853 页。

> 凡国之大柄，莫先择士。自古哲后，皆侧席待贤；今之取人，令投牒自举，非经国之体也。望请依古制，县令察孝廉，审知其乡闾有孝友信义廉耻之行，加以经业，才堪策试者，以孝廉为名，荐之于州。……自县至省，不得令举人辄自陈牒。……试日，差诸司有儒学者对问，每经问义十条，问毕对策三道。其策皆问古今理体及当时要务，取堪行用者。……其国子监举人，亦请准此。……所冀数年之间，人伦一变，既归实学，当识大猷。居家者必修德业，从政者皆知廉耻，浮竞自止，敦庞自劝，教人之本，实在兹焉。①

杨绾将社会伦理道德的败坏归因于朝廷错误的选人方式。他认为当时科举之弊主要有两点：第一，进士试诗使举子越来越重视文学子集的诵读，而轻视儒家经籍的学习，六经三史被束之高阁，无人问津，结果导致孔道渐微，儒风衰颓。第二，投牒自荐、投刺干谒的方式，使举子以奔竞为务，勾结权贵，露才扬己，破坏了社会风气，有损“仁义礼智信，温良恭俭让”理想人格的塑造。为了“返淳朴，怀礼让，守忠信，识廉隅”，杨绾相应地提出了两条建议：一是停明经、进士等科，改举孝廉；二是废除举子怀牒自荐，恢复乡举、里选之法，并配合以对试经义和策问三道。之后，广德元年（763）七月二十六日，杨绾又再次上奏关于孝廉举人的贡举条目，解释具体方法。杨绾的奏疏得到了给事中李廙、给事中李栖筠、尚书左丞贾至、京兆尹严武等人的同声相和。然而科举已施行日久，牵一发而动全身，要想把这个全面颠覆性的设想转变为现实需要勇气，更需要谨慎。唐代宗为此先后三次征询大臣意见。杨绾等人的奏议以重振儒风为宗旨，宰臣似也赞成，只是提出当年举人旧业已成，难于速改，希望来年再行。翰林学士则予以否定，认为“进士行来已久，遽废之，恐失人业”②。朝廷最终下令孝廉和明经、进士科兼行。

此次对进士科试诗制度的否定，折射出由盛转衰时期唐王朝在社会政治上的一些新特点：第一，大乱之后急于纠错。关于这一点，我们可以从贾至的奏议中略窥一二：

---

① （五代）刘昫：《旧唐书》卷一百一十九《杨绾传》，第3430—3432页。

② 同上书，第3434页。

今试学者以帖字为精通，不穷旨义，岂能知迁怒贰过之道乎？考文者以声病为是非，唯择浮艳，岂能知移风易俗化天下之事乎？是以上失其源而下袭其流，波荡不知所止，先王之道，莫能行也。夫先王之道消，则小人之道长；小人之道长，则乱臣贼子生焉。臣弑其君，子弑其父，非一朝一夕之故，其所由来者渐矣。渐者何？谓忠信之凌颓，耻尚之失所，末学之驰骋，儒道之不举，四者皆取士之失也。……四人之业，士最关于风化。近代趋仕，靡然向风，致使禄山一呼而四海震荡，思明再乱而十年不复。向使礼让之道弘，仁义之道著，则忠臣孝子比屋可封，逆节不得而萌也，人心不得而摇也。……安有舍皇王举士之道，踪乱代取人之术？此公卿大夫之辱也。①

贾至认为由于朝廷选人方法不当，导致举子不知儒学之义理，不晓文学之教化，败坏了士风，动摇了社会伦理道德的基础。经由这种不当方式选拔出来的人多不具备礼让仁义的素质，自然也无法成为社会上忠臣孝子的榜样。浸淫日久，人心动摇，易萌生乱臣贼子的谋逆之心。取士有失，则道德动摇，乱臣贼子生，从贾至的分析思路中我们不难看到，这一次对进士科以诗取士制度的否定，与反思安史之乱的爆发原因紧密相连。

安史之乱结束于唐代宗宝应二年春，杨绾等人的奏议写于当年秋。刚刚从梦魇中惊醒过来的人们，怀着沉痛的心情反思这场旷日持久、波及甚广的叛乱。他们看到动荡背后隐藏着的是儒道的沦丧、纲常的颠覆、封建秩序的破坏，有待振作的唐王朝亟须重新树立谨严的社会规范，普及正确的伦理道德观念，而矜夸虚浮的科场风气以及由此产生的不良士风便是首先需要整顿的地方。尤其安史之乱中，许多进士及第的文人，诸如王维、储光羲、李华等，都未能坚持士节，接受伪职，这更让杨绾等人认为进士科浮薄。废除进士科是一项因噎废食的改革建议，但如果考虑到他们在不久前亲身经历了八年的战乱流离、亲眼目睹了王朝的盛衰巨变，那么这条矫枉过正的意见的提出也是可以理解的，这份矫枉过正恰恰反映出这些亲历者们内心的焦虑。

第二，士庶之争势均力敌。杨绾罢试进士科的背后还隐伏着士庶之间权力斗争的因素。从高宗麟德元年（664）十二月，武则天垂帘听政开

① （五代）刘昫：《旧唐书》卷一百一十九《杨绾传》，第3432—3433页。

始，至神龙元年（705）正月中宗复位，这40年是唐王朝以文取士原则得以确立并推广的重要时期，也是庶族借此逐渐兴起的时期；至玄宗朝，进士科获得进一步发展，出现了“缙绅闻达之路惟文章”①，“仕进者以文讲业，无他蹊径”② 的局面。以诗取士只须举子凭借自身才华吟咏情性即可，不似帖经问义多涉经史典籍；怀牒自荐的方式又让入场的门槛等同于无，不似乡贡里选多须倚仗权势背景；再加上国子监馆学的衰落、私学的兴起，在科举考试的同场竞技中，尤其在最具仕进前途的进士科的较量中，庶族表现出越来越强的竞争力。在开元年间，玄宗坚持任用庶族大臣，比如从他即位至开元二十四年的七位执政宰相中，姚崇、宋璟、张嘉贞、张说、张九龄五人俱为庶族得功名者。与之相应的是士族在进士科的角逐中越来越不占优势，且“诸达官身亡以后，子孙既失覆荫，多至贫寒”③。士族既不屑于与庶族同列，又不安于自身政治权力空间被压缩，于是抓住进士科的漏洞进行猛烈攻击，更有甚者借机建议停废科举取士。比如，武则天统治期间，出身士族的薛登曾上书要求停试科举，恢复察举。他提出停试的理由有二：其一，科举使文人士子“策第喧竞于州府，祈恩不胜于拜伏。……驱驰府寺之门，出入王公之第。上启陈诗，唯希咳唾之泽；摩顶至足，冀荷提携之恩”，于是“徇己之心切”、“至公之理乖”、“贪仕之性彰”、“廉洁之风薄”。其二，进士试诗“不以指实为本，而以浮虚为贵”④。其看法、设想与杨绾何其相似。

杨绾亦出身士族，且成长于一个世习儒术的家庭。其祖在则天朝任户部侍郎、国子祭酒；其父在开元中任醴泉令，皆以儒行称。杨绾博通经史，“清识过人，至如往哲微言，五经奥义，先儒未悟者，绾一览究其精理”⑤。他虽然以进士登第，并在词藻宏丽科的制举考试中居第一，然而对进士科试诗，尤其是怀牒自荐的方式却持强烈的否定态度。究其原因，可能与他亲历科举，深知其中之弊病，以及士族在此种选人方式中不占优

① （唐）独孤及：《唐故朝散大夫中书舍人秘书少监顿丘李公墓志》，《毗陵集》卷十一，四部丛刊初编本，第119页。

② （唐）权德舆：《故尚书工部员外郎赠礼部尚书王公神道碑铭（并序）》，（清）董诰《全唐文》卷五百，第5096页。

③ （五代）刘昫：《旧唐书》卷九十六《姚崇传》，第3026页。

④ 同上书，卷一百〇一《薛登传》，第3138页。

⑤ 同上书，卷一百一十九《杨绾传》，第3437页。

势有关。为了纠正科举弊端，改变此种竞争态势，并进而影响政治权力的分配，杨绾提出废除科举、停试诗赋的建议，这与他的出身立场是密不可分的。同意他建议的贾至、严武、李栖筠也皆为士族子弟。贾至出自河南望族，其父历任中书舍人、知制诰、礼部侍郎等职，严武之父严挺之曾为尚书左丞，李栖筠祖李怀远曾任则天朝宰相。他们以进士科败坏士风、导致儒道不振为由，反对试诗制度。不可否认，以杨绾为首的士族大臣确实摸到了进士科发展过程中衍生流弊的脉搏，只不过基于其出身立场，他们选择了废除科举、恢复察举这样有利于士族的药方。杨绾的建议还影响了后来的李德裕（李栖筠之孙）。李德裕于大和七年（833）二月任相，七月便提出了“请依杨绾议，进士试论议，不试诗赋”[①] 的主张，可见与杨绾有着类似的立场。

至于宰相与翰林学士的反对亦与其家世背景有关。时任宰相的元载“家本寒微”，“家贫”。[②] 初，李揆秉政时，侍中苗晋卿曾多次推荐元载担任要职。出身士族的李揆“自恃门望，以载地寒，意甚轻易，不纳，而谓晋卿曰：‘龙章凤姿之士不见用，獐头鼠目之子乃求官’。载衔恨颇深。及载登相位，因揆当徙职，遂奏为试秘书监，江淮养疾”[③]，后又徙揆于十余州，可见其因出身背景问题与士族代表李揆之间宿怨已深。翰林学士大多为依靠自身才华，通过科举途径而兴起的寒门庶族子弟，与士族大臣亦营垒分明。代宗一朝共有翰林学士六人，此时为常衮、柳伉任职期间。据傅璇琮考证，代宗以此事咨询常衮的可能性更大[④]。而据《旧唐书》卷一百一十九《常衮传》载，常衮出身寒庶，其父仅担任过三原县丞，他自己于天宝末进士及第入仕。与杨绾“志尚素异”，在掌握用人权时，“尤排摈非文辞登科第者”。[⑤] 当时，元载、常衮以及同样起自寒门的王缙、杨炎结营为党，对抗李揆、崔祐甫、刘晏、卢杞等人，正是代宗、德宗朝庶族与士族之间发生的政治斗争，已开中晚唐朋党之争的滥觞。宝应二年的这次科举之争亦是双方势力的一次小小较量。只不过，由于元载初

---

① （宋）司马光：《资治通鉴》卷二百四十四《唐纪·文宗太和七年》，第7886页。

② （五代）刘昫：《旧唐书》卷一百一十八《元载传》，第3409页。

③ 同上书，卷一百二十六《李揆传》，第3561页。

④ 详见傅璇琮《唐代宗朝翰林学士考论》，李国章主编《中华文史论丛》总第六十七辑，上海古籍出版社2001年版，第176页。

⑤ （五代）刘昫：《旧唐书》卷一百一十九《常衮传》，第3445、3446页。

登相位，立跟未稳，且性格圆滑，杨绾等人的理由又多出于国家大义，故虽有反对之意，却也只能以来年再予以施行而进行拖延。相比较而言，常衮则性格偏狭，“轻重任情，不通时政”①，因此较明确地对杨绾的建议以“恐失人业”为由予以反对。

总的来说，这一次对试诗制度的否定产生于乱后反思和士庶之争的大背景中，但同时它也和进士科存在日久、渐生弊端有着必然的联系。客观地看，任何一项制度施行日久，必定会产生与时不符的问题，衍生出有违初衷的诸多枝节，赵匡上书《举选议》，力陈科举十一大罪状便是证明。赵匡在谈到进士科时指出：

> 进士者时共贵之，主司褒贬，实在诗赋。务求巧丽，以此为贤。不惟无益于用，实亦妨其正习；不惟挠其淳和，实又长其佻薄。自非识度超然，时或孤秀其余。溺于所习，悉昧本源。欲以启导性灵，奖成后进，斯亦难矣。故士林鲜体国之论，其弊一也。②

进士科试诗在考校举子真实水平方面较之于试策确有胜出之处，然一味追求巧丽，偏执于一技，则易助长浮薄的学风，忽视性灵的陶冶，以此求贤，犹如缘木求鱼，不可得也。这也是除去士庶斗争的背景，为什么杨绾的建议能获得众多大臣认同的原因所在。除赵匡外，与杨绾差不多同时代的卢贾、刘峣等也提出过类似的看法。比如卢贾在《请仿古举士奏》中认为，取士当“以敦朴为先最，以雕文为后科”③；刘峣在《取士先德行而后才艺疏》中以为，“考文章于甲乙”只会导致天下举子“驱驰于才艺，不务于德行”，“日诵万言，何关理体，文成七步，未足化人。……（仲尼）又曰：‘行有余力，则以学文。’今舍其本而循其末……劳心于草木之间，极笔于烟云之际，以此成俗，斯大谬也”。④ 然而也正因为施行日久，所以杨绾两次上疏，一再建议，希望皇帝可以下定决心。代宗也先后三次征询大臣意见，在当廷之臣纷纷表示同意，中书门下表奏来年施行

---

① （五代）刘昫：《旧唐书》卷一百一十九《常衮传》，第3445页。

② （唐）赵匡：《举选议》，（清）董诰《全唐文》卷三百五十五，第3602页。

③ （唐）卢贾：《请仿古举士奏》，（清）董诰《全唐文》卷四百三十三，第4418页。

④ （唐）刘峣：《取士先德行而后才艺疏》，（清）董诰《全唐文》卷四百三十三，第4424页。

的情况下，他又再次询问翰林学士，最后还是以“置来日久，今顿令改业，恐难其人”① 的理由，下令与旧法兼行。这种折中的作法表现出代宗在士庶双方各持一端，进士科发展利弊同现，王朝稳定既须倚仗士族权势，又有赖于新兴阶层兴起的情况下的一种调和态度。事实上，科举不仅仅解决了选人择才的问题，更主要的是对天下文人士子施行一种最大范围的精神奴化。这种奴化不出之于强制的法律规定，而诱之以“千钟粟”、“黄金屋”、“颜如玉”的利益驱动，其浸润式的教化过程、最大范围的自荐报名都非察举制可以代替。更何况一个王朝的运行需要多方面的人才，绝非孝廉一科可以涵盖。此时的唐王朝正处于乱后重建、亟待复兴的特殊时期，更需要尽快稳定社会秩序，巩固并扩大统治基础。所以此时的进士科试诗制度不能革除，只能改良。杨绾违背历史发展的想法最终没有变为现实，自有其一定的必然性。

三、建中二年赵赞之奏

第三次否定进士科试诗制度是在唐德宗建中二年（781）。十月，时任中书舍人的赵赞权知贡举，向朝廷进献奏议：“进士先时试诗赋各一篇，时务策五道，明经策三道。今请以箴、论、表、赞代诗赋，仍试策二道。”② 前文已及，建中三年的杂文题为《学官箴》，进士别头试试题为《欹器铭》，可见赵赞的建议被朝廷采纳，并立刻予以实行。

赵赞在两唐书中无传，我们现在已无法获知他的具体情况，然从中唐不断涌现出来对试诗制度、用人原则的各种讨论来看，赵赞的观点与当时朝廷上下比较普遍的对进士科试诗所持的否定态度相一致。在他之前，已有卢贾、刘峣、赵匡等人与杨绾、贾至同声相和，在他之后又有陆贽、权德舆、柳宗元、元稹等人对以诗取士的原则或者否定，主张停试；或者批评，表示忧虑；或者提出补充，建议结合其他内容一并考查：

> 进士习业，请令习《礼记》、《尚书》、《论语》、《孝经》并一史。其杂文请试两首，共五百字以上、六百字以下，试笺、表、议论、铭、颂、箴、檄等有资于用者，不试诗赋。其理通、其词雅为

① （宋）王溥：《唐会要》卷七十六《贡举中·孝廉举》，第1653页。

② 同上书，卷七十六《贡举中·进士》，第1634页。

上，理通词平为次，余为否。其所试策，于所习经史内问；经问圣人旨趣，史问成败得失。并时务共十节，贵观理识，不用求隐僻，诘名数，为无益之能。言词不至鄙陋，即为第。①

——赵匡《举人条例》

国庠乡校，唯尚浮华，选部礼闱，不稽实行，学非为己，官必徇人，法且非精，弊将安救？②

——陆贽《冬至大礼大赦制》

近者祖习绮靡，过于雕虫，俗谓之甲赋律诗，俪偶对属。况十数年间，至大官右职，教化所系，其若是乎？……参考对策，不访名物，不征隐奥，求通理而已，求辨惑而已。③

——权德舆《答柳福州书》

世有病进士科者，思易以孝悌经术兵农，曰："庶几厚于俗，而国得以为理乎？"柳子曰："否。以今世尚进士，故凡天下家推其良，公卿大夫之名子弟、国之秀民举归之。且而更其科，以为得异人乎？无也。……"曰："然则宜如之何？"曰："即其辞，观其行，考其智，以为可化人及物者，隆之。文胜质，行无观，智无考者，下之。"④

——柳宗元《送崔子符罢举诗序》

至于工文自试者，又不过于雕词镂句之才，搜摘绝离之学，苟或出于此者，则公卿可坐至，郎署可俯求，崇树风声，不由殿最。……臣窃观今之备朝选而不由文字者，百无一二焉。……陛下诚能使礼部以两科求士，凡自《唐礼》、《六典》、《律令》凡国之制度之书者用。至于九经、历代史，能专其一者，悉得谓之学士：以环贯大义与道合符者为上第，口习文理者次之。其诗、赋、判、论，以文自试者，皆得谓之文士：以经纬今古、理中是非者为上第，藻缋雅丽者次

---

① （唐）赵匡：《举人条例》，（清）董诰《全唐文》卷三百五十五，第3604页。

② （唐）陆贽：《冬至大礼大赦制》（贞元元年十一月），（清）董诰《全唐文》卷四百六十一，第4708页。

③ （唐）权德舆：《答柳福州书》，（清）董诰《全唐文》卷四百八十九，第4994页。

④ （唐）柳宗元：《送崔子符罢举诗序》，（清）董诰《全唐文》卷五百七十八，第5841页。

之。……若此，则儒术之道兴，而经纬之文盛矣。[①]

——元稹《才识兼茂明于体用策一道》

时人皆以诗赋浮华少实为病，于是纷纷提出设想建议。赵赞的观点事实上代表了中唐改革进士科浮华之风的总体趋势。

之所以在科举领域出现如此集中的改革浮华之风的讨论，实与中唐儒学复兴、文学复古的潮流相一致。历经八年安史之乱，繁盛景象已成昨日之梦，藩镇割据、宦官专权、朋党之争、佛老蕃滋、吏治日坏、士风浮薄，一系列问题摆在中唐士人面前。怎样才能重现昔日荣光，再创帝国辉煌，成为众多有责任心的文人士大夫共同思考的命题。陆贽、权德舆、柳宗元、元稹等人皆是在贞元、元和之际自觉承担起复兴王朝使命的一群优秀文人。在思想上，他们坚持重振儒学，通经致用，比如权德舆重大义而轻章句，柳宗元认为"得位而以《诗》《礼》《春秋》之道施于事，及于物，思不负孔子之笔舌"[②]。在现实中，他们整顿朝纲，改革弊政。比如陆贽安富恤贫，整顿吏治，削弱藩镇；赵赞改革财政，增加税项，缓解中央经济压力；柳宗元积极参与王叔文集团的政治革新，改革除弊的精神深远地影响了后来的元和政治。在文学上，他们主张以文载道，强调文学为现实服务，改革文体文风。比如柳宗元主张"文者以明道"[③]，"道假辞而明，辞假书而传"[④]；元稹全力推崇杜甫，所写乐府多为写实讽时之作；元结、李华、萧颖士是倡导宗经、主张复古的代表者，而贾至、赵匡、权德舆等皆与之游从。在这样一股来势汹汹的时代潮流裹挟下，科举领域内出现了要求重视经史学习，关注现实政治，废诗赋、重义旨、试策论的改革呼声。

至于试诗何时恢复，目前已无法确切考知。但从《文苑英华》载有德宗贞元四年（788）应试诗《南至日隔霜仗望含元殿炉香》来看，大约

① （唐）元稹：《才识兼茂明于体用策一道》，《元稹集》卷二十八《策》，中华书局1982年版，第336、337页。

② （唐）柳宗元：《送徐从事北游序》，（清）董诰《全唐文》卷五百七十九，第5849页。

③ （唐）柳宗元：《答韦中立论师道书》，（清）董诰《全唐文》卷五百七十五，第5814页。

④ （唐）柳宗元：《报崔黯秀才论为文书》，（清）董诰《全唐文》卷五百七十五，第5817页。

贞元以后，即恢复旧制，其停试的时间最多不超过六年。不过，试诗的恢复并不意味着中唐士人重儒抑华的改革方向发生了改变，录取进士时注重对举子学识修养的考查甚于对文采辞藻的品鉴的风气仍然延续了下来。比如，贞元八年（792），兵部侍郎陆贽知贡举，梁肃、崔元翰向他“推荐艺实之士，升第之日，虽众望不惬，然一岁选士，才十四五，数年之内，居台省清近者十余人”①。贞元十五年至十七年（799—801），中书舍人高郢知贡举时，“拒绝请托”，“志在经艺，专考程试。凡掌贡部三岁，进幽独，抑浮华，朋滥之风，翕然一变”。② 元和三年（808），中书舍人卫次公知贡举时，“斥浮华，进贞实，不为时力所摇”③。元和八年（813）、九年（814），中书舍人韦贯之知贡举时，“凡二年，所选士大抵抑浮华，先行实，由是趋竞者稍息”④。贞元、元和之际的这些知贡举们都注意到，以诗取士须结合抑浮华、重贞实的要求，可见，之前在科举领域内展开的针对平息浮竞考风、抑制巧丽诗文而进行的诸多讨论终于转化为了影响现实的力量。但从上述记载来看，不论是“众望不惬”，“翕然一变”，还是“不为时力所摇”，“由是趋竞者稍息”，都无不暗示了科场风气还是不可扼抑地向着浮华少实的方向愈演愈烈，这让知贡举们的勉力而为多少带上了些蚍蜉撼大树的味道。

由此看来，这一次对试诗制度的调整实际上是对前一阶段杨绾等人建议的一种务实的修正。杨绾、贾至等人将安史之乱的爆发归因于“先王之道消”，“小人之道长”，且认为此消彼长与科举未能发挥教化作用有关。由于大乱初定，心有余悸的他们既后怕于封建道德沦丧所带来的严重后果，又急于重建社会秩序，消除各种不安定因素，因而矫枉过正地提出停止科举取士的建议。这显然是焦灼心态萌发的过度策略，在当时就因为不合时宜而未能执行。相对而言，赵赞等人的建议则是痛定思痛后的沉稳应对。最初的慌乱与迷惘已经过去，社会呈现出好转的迹象，中兴的愿望比较普遍地萌生于士大夫心中。此时的他们能够更冷静客观地分析以诗取士的利弊，并设计出相对稳健可行的改良方案。尽管这种改良未能战胜习惯

① （五代）刘昫：《旧唐书》卷一百三十九《陆贽传》，第3800页。

② 同上书，卷一百四十七《高郢传》，第3976页。

③ 同上书，卷一百五十九《卫次公传》，第4180页。

④ 同上书，卷一百五十八《韦贯之传》，第4174页。

的力量，但抑华崇实的想法在一定范围内还是得到了实现并产生了效果。

四、大和七年李德裕之论

第四次对进士科试诗的否定发生在唐文宗大和七年（833）。是年八月，朝廷下达《册皇太子德音》，其中有言：

> 其进士学，宜先试帖经，并略问大义，取经义精通者；次试议论各一首，文理高者，便与及第。其所试诗赋并停。其试，帖经官便以国子监学官充，礼部不得别更奏请。①

这封停试诗赋的诏书实源于李德裕大和七年七月与唐文宗的一次谈话。据《资治通鉴》卷二百四十四《文宗太和七年》载：

> （七月）上患近世文士不通经术，李德裕请依杨绾议，进士试论议，不试诗赋。德裕又言："……陛下诚因册太子……"八月，庚寅，册命太子，因下制：……进士停试诗赋。②

唐文宗赞同了李德裕的意见，于八月下旨当年进士试先帖经，后问义，停试诗赋，改试议论，以解决"文士不通经术"的问题。遵循着这一原则，礼部接着便上呈了进士科改革的具体操作方法：

> 大和七年八月，礼部奏："进士举人先试帖经，并略问大义，取经义精通者，次试议论各一首，文理高者，便与及第，其所试诗赋并停者。伏请帖大小经各十帖，通五通六为及格。所问大义，便与习大经内，准格明经例问十条，仍对众口义。伏准新制，进士略问大义，缘初厘革，今且以通三通四为及格。明年以后，并依明经例。其所试议论，请限五百字以上为式。"敕旨依奏。③

---

① （宋）宋敏求：《唐大诏令集》卷二十九《皇太子·册太子敕》，第106页。

② （宋）司马光：《资治通鉴》卷二百四十四《唐纪·文宗太和七年》，第7886页。

③ （宋）王溥：《唐会要》卷七十六《贡举中·进士》，第1635页。

这次改革的主要内容有以下四点：

第一，中唐以后，进士科三场试为：试诗赋，帖经，问策。改革后为：帖经，问义，试议论，将通经与否放在首要考核位置。

第二，原来进士科帖经只帖十则大经，通四以上及第；这一次要求帖大经、小经各十，且大经通五、小经通六才及格。这也就意味着进士科举人不仅要掌握《礼记》、《左传》，还要掌握《易》、《尚书》、《春秋传》、《穀梁传》。而《易》学旨意深微，《尚书》聱牙佶屈，《春秋传》、《穀梁传》更被举子视如畏途，早在开元初就出现了“独学无友，四经殆绝”①的情况。现在不仅扩大了帖经的范围，增加了内容的难度，还提高了及格的标准，这对进士科举子而言，是一个不小的挑战。

第三，取消试时务策，参照明经科的标准，改为对众口问大义十条，增加了对经籍内涵理解水平的考核。

第四，停试追求辞藻、颇具抒情意味的诗、赋，改试展现政治观点和思想见解的议论，以代替原来时务策的考核内容，消解了进士科的文学色彩。

对照当时明经科的考试要求：帖经十条，通五以上；口问大义十条，通六以上；试时务策三道，我们发现本来以文学色彩著称的进士科在经学上的要求已等同于明经，在文学上的要求也已转向经世致用。改革在当年便予以实施，鉴于考生可能备考不足，故将口问大义的及格要求暂时降为通三通四，而非通六以上。这一消息对那些只习诗赋、不专儒术，以及钻营于请托、并无实才的举子而言，实在是一个不小的打击。

前已述及，贞元、元和之际，有一些知贡举在录取进士科人才时，有意识地着重考查举子是否具备贞实学识与深厚修养，选拔出了诸如韩愈、李观、李绛、崔群、王涯等一批“艺实之士”，试图改变科场浮竞虚华之风盛行的状况。然而这种努力显然只在有限的阶段、一定的范围内起到了考辨实才、抑制浮华的作用，从社会总体发展趋势来看，知贡举们对现实的影响力实在有限。穆宗长庆以后，轻艺实、尚浮华的风气依然盛行。《新唐书》卷四十四《选举志上》曾明确指出：“进士科当唐之晚节，尤为浮薄，世所共患也。”② 统治上层也都看到了进士科浮薄的问题。舒元

① （宋）王溥：《唐会要》卷七十五《贡举上·帖经条例》，第1630页。

② （宋）欧阳修、宋祁：《新唐书》卷四十四《选举志上》，第1169页。

舆认为“今之甲赋律诗，皆是偷折经诰，侮圣人之言者”，“试甲赋律诗，是待之以雕虫微艺，非所以观人文化成之道也”①。李德裕批评进士科“祖尚浮华，不根艺实”②。唐文宗认为：“汉代用人，皆由儒术，故能风俗深厚，教化兴行。近日苟尚浮华，莫修经艺，先圣之道，堙郁不传。况进士之科，尤要厘革。虽乡举里选，不可复行，然务实抑华，必有良术。既当甚弊，思有改张。”③ 由于不习经艺，专求巧丽，导致儒术不传，教化不行，世风日薄。进士科其弊已甚，迫切需要厘革。既然杨绾的恢复乡举里选之法的建议已不现实，那么停试诗赋便是相对更具可行性的救治浮薄的良方。唐文宗、李德裕虽然深受杨绾观点的影响，但他们也都意识到了，当初杨绾的设想未能变成现实的主要原因，在于恢复乡举里选已不合时宜，因而改行帖经、口义、试议论的三场试形式，以促进进士科举子研读经史书籍。为此，朝廷还在当年十二月，下令于国子监讲堂两廊创立石壁九经，并《孝经》、《论语》、《尔雅》，共一百五十九卷，《字样》四十卷，以倡导学经之风。另外，考试减少主观题的内容，增加客观题的比例，也有利于在一定程度上扼制竞逐请托之风，显示出统治者重视儒术、强调教化、抑制浮薄、追求务实的态度。

除了上述原因，大和七年的这次进士科改革还与朋党之争紧密相关。此时的唐王朝政治动荡，吏治败坏，宦官专权，不同利益集团在科场上展开了激烈的角逐，乃至催生了愈演愈烈的党争之祸。大和七年正是朝廷执政权力由牛党转入李党的时间。此前，从穆宗长庆元年（821）至文宗大和六年（832）的十多年时间里，以牛僧孺、李宗闵为首的牛党一直占据着政治优势。直至大和七年，牛、李二人先后罢相，李德裕秉政，李党才开始掌控政治主动权。李德裕出身权贵之家，其祖李栖筠曾任御史大夫，其父李吉甫又为元和宰相。他自幼苦心力读，精通经史，“耻与诸生从乡赋，不喜科试”④。由于其父与李逢吉、牛僧孺、李宗闵之前的矛盾，李德裕曾一度被三人“以私怨恒排摈之”，“久之不调”。⑤ 朝中“凡德裕之

---

① （唐）舒元舆：《上论贡士书》，（清）董诰《全唐文》卷七百二十七，第7487、7488页。

② （五代）刘昫：《旧唐书》卷十八上《武宗本纪》，第603页。

③ （宋）宋敏求：《唐大诏令集》卷二十九《皇太子·册皇太子敕》，第106页。

④ （五代）刘昫：《旧唐书》卷一百七十四《李德裕传》，第4509页。

⑤ 同上书，第4510页。

善者，皆斥之于外”①。大和六年冬，牛僧孺罢相，出为淮南节度使，李德裕入朝任兵部尚书。七年二月，再以本官平章事。同年六月，李宗闵亦罢相，李德裕代为中书侍郎、集贤殿大学士。七月，他便奏请文宗，要求停试诗赋。显然，除了纠正时弊的目的以外，李德裕在此时提出停试诗赋，自然还有借改革科举之机趁热打铁，进一步打击牛党的意思。当时有“未入举场，先问苏张；苏张犹可，三杨杀我”的俗语。其中提到的“苏张”、“三杨”，即苏景胤、张元夫、杨虞卿、杨汝士和杨汉公。他们或为李宗闵、牛僧孺的亲信，或得他们提携。若想及第，须先经过他们，可见牛党之人在科场上的影响和地位。此外，士族有赖于家学渊源、官学权威，可以在经学选拔中占据优势；而寒门子弟或者自学成才，或者寄学村落，让他们与官宦子弟对垒，比试对经史知识的理解和对历代典章制度的掌握自然容易处于下风。因此，取消试诗、试赋，改行需要引经据典、解决实务的议论，再加以帖经、口问大义，对于庶族子弟而言实在不是什么好消息。不过，此举对减少进士科录取过程中的主观因素，进而扼制结党营私的风气却有一定作用。李德裕说“请依杨绾议”，自然也是看到了当年杨绾的用意。

事实上，除了这一次改革以外，李德裕在科举领域内还采取过其他针对庶族、打击牛党的行动。比如长庆元年（821）的重试案，他“与同职李绅、元稹连衡言于上前”②，攻击李宗闵等有请托之嫌；大和年间，李德裕在明知白居易文章精绝、有学士之才的情况下，坚持排抑之，只因白居易与杨虞卿、牛僧孺交好，“其不引翼，义在于斯。非抑文章也，虑其朋比而掣肘也”③；大和九年（835）、会昌二年（842），两次下令“进士初合格，并令授诸州府参军及紧县簿、尉，未经两考，不许奏职”④，试图给进士出身者的仕途发展设置障碍；会昌三年（843），他又下令“进士及第任一度参见有司，向后不得聚集参谒，及于有司宅置宴。其曲江大会朝官及题名、局席，并望勒停”⑤，以防止庶族趁机结党；会昌四年

① （五代）刘昫：《旧唐书》卷一百七十四《李德裕传》，第4518页。

② （五代）刘昫：《旧唐书》卷一百七十六《李宗闵传》，第4552页。

③ （五代）孙光宪：《北梦琐言》卷一《李太尉抑白少傅》，《唐五代笔记小说大观》，第1807页。

④ （唐）唐武宗：《加尊号赦文》，（清）董诰《全唐文》卷七十八，第814—815页。

⑤ （五代）王定保：《唐摭言》卷三《慈恩寺题名游赏赋咏杂纪》，第29页。

（844）他向武宗直接提议，“朝廷显官，须是公卿子弟”，因为公卿子弟“自小便习举业，自熟朝廷间事，台阁仪范，班行准则，不教而自成。寒士纵有出人之才，登第之后，始得一班一级，固不能熟习也”。[①] 可见其对士族子弟的提拔之意。

至于李德裕是否仇视进士科一事，学界较有争议。反对者多以会昌三年（843）李德裕执政期间，下令进士及第“但据才堪者即与，不要限人数”[②] 为由，说明他并未故意限制进士科的发展。事实上，人的行为动机组成往往复杂多元，从动机到行为的实现过程也并非如直线般简单。从目前的文献记载来看，我们的确并未发现可以直接表明李德裕仇视进士科的材料，而且他提出的诸多改革措施也确实有很大一部分是出于纠正时弊的考虑。但在以进士科为尚的年代里，李德裕是否介意自己门荫入仕的身份，进而特别嫉妒进士及第者，我们从以下两则材料中或可看出端倪：

> 帝曰：“我比闻杨虞卿兄弟朋比贵势，妨平人道路。昨杨知至、郑朴之徒，并令落下，抑其太甚耳。”德裕曰：“臣无名第，不合言进士之非。然臣祖天宝末以仕进无他伎，勉强随计，一举登第。……”[③]
>
> ——《旧唐书·武宗本纪》

唐武宗向李德裕抱怨会昌四年进士考覆故意不放子弟之事，李德裕在表明自己观点之前，先特别说明自己并非科第出身，故本无资格评说进士之事。这种此地无银三百两式的强调，反而恰恰显示出他对名第的重视，对自己出身门荫的耿耿于怀。如果这只是一个侧面例子的话，那么《资治通鉴》的记载则更为生动地向我们展现了李德裕的这种心理：

> 初，李宗闵与德裕有隙，及德裕还自西川，上注意甚厚，朝夕且为相，宗闵百方沮之不能。京兆尹杜悰，宗闵党也，尝诣宗闵，见其有忧色，曰：“得非以大戎乎？”宗闵曰：“然。何以相救？”悰曰：

---

① （五代）刘昫：《旧唐书》卷十八上《武宗本纪》，第603页。

② （宋）王钦若：《册府元龟》卷六百四十一《贡举部·条制三》，第7404页。

③ （五代）刘昫：《旧唐书》卷十八上《武宗本纪》，第602—603页。

> “悰有一策，可平宿憾，恐公不能用。”宗闵曰：“何如？”悰曰：“德裕有文学而不由科第，常用此为慊慊，若使之知举，必喜矣。”宗闵默然有间，曰：“更思其次。”悰曰：“不则用为御史大夫。”宗闵曰：“此则可矣。”悰再三与约，乃诣德裕。德裕迎揖曰：“公何为访此寂寥？”悰曰：“靖安相公令悰达意。”即以大夫之命告之。德裕惊喜泣下，曰：“此大门官，小子何足以当之！”寄谢重沓。宗闵复与给事中杨虞卿谋之，事遂中止。虞卿，汝士之从弟也。①
>
> ——《资治通鉴·唐纪·文宗太和七年》

李德裕曾经“耻与诸生从乡赋，不喜科试”②，然而当他与诸多清要之官同朝参政时，才发现无科第之名的低人一等，内心的失意可想而知。其政敌杜悰发现他为此而“慊慊”然，可见他将此种失意表现得有多明显。当杜悰登门，告之李德裕将被授予进士人才的清要官位——御史大夫之职时，李德裕竟然“惊喜泣下”，“寄谢重沓”，这实在有失文人的端庄行止。从他失态的表现中，我们能够感受到缺憾弥补以后的激动。然而惊喜并未持续很久，李宗闵与杨虞卿商量过后，中止了这一任命。看到希望后的再度失落更严重地伤害了李德裕的自尊心，也更容易激发其敌对的心理。因此，李德裕或许并不敌视进士科，甚至反而还向往进士科，但他借改革科举对牛党实施打击也是不争的事实，而这其中有多少出自公心，多少源自个人宿怨或意气之争就很难说了。

作为党争的另一方，牛党之人大多出身寒门，凭借进士科名得以入仕，并逐渐获得高位。对他们而言，科举考场既是立身扬名之地，又是利益维护之所，坚守个中优势，也就是坚守庶族的政治权力阵地。在诸多常科中，唯有进士一科有行卷的风气，因而干谒请托的行为也特别集中。进士科举子在科考前奔驰于权贵之门，以求推荐延誉；得第后，又通过拜谢主司，形成同门座主之谊；而一旦获得高位，又反过来成为被干谒之人，积极提拔寒门子弟。如此反复，进士出身的庶族大臣们便通过科举途径结成了密切相连的利益集团，同时又与不断跻身上层的新进进士朋比为党，在朝堂上形成一股越来越大的权势力量，共同对抗士族公卿的传统地位。

① （宋）司马光：《资治通鉴》卷二百四十四《唐纪·文宗太和七年》，第7881—7882页。

② （五代）刘昫：《旧唐书》卷一百七十四《李德裕传》，第4509页。

故陈寅恪说："迨其拔起寒微之后，用科举座主门生及同门等关系，勾结朋党，互相援助。"① 这正是杨绾、李德裕等士族改革进士科的主要原因。唐文宗开成元年（836），出身士族、荫补入仕、以经术位致宰相的郑覃奏礼部贡院停罢进士科，更是对庶族的主要进身之途予以了彻底否定。郑覃批评进士科"率多轻薄"，劝说宣宗"南北朝多用文华，所以不治。士以才堪即用，何必文辞"。将文华与王朝的衰亡联系在一起，甚至认为文辞无用于时，这种观点比中唐古文家以文载道的文学工具论还要保守。然而唐文宗一句"轻薄敦厚，色色有之，未必独在进士。此科置已二百年，亦不可遽改"②，便把郑覃的建议给挡了回去。

当然，在牛李党人互有轩轾的背后，还纠葛着宦官势力集团扶植亲己官员，相互勾结，把持朝政，对抗君权的问题，这是导致晚唐牛李党争愈演愈烈的一个重要因素。比如牛党代表李宗闵、牛僧孺、杨虞卿等人皆曾受宦官提携。由于李德裕站在亲君立场，坚持君国利益，因而被宦官势力集团打压。文宗曾欲将其召回朝廷，授予宰相之职，但由于遭遇宦官反对，最终只得改任李宗闵为相。从这个角度来看，李德裕的这次改革，不仅有扼制牛党的一面，还有打击扶持牛党的宦官势力集团的一面。

就在李德裕欲通过改革科举，实现抑制寒族入仕、打压牛党发展的目的之际，文宗皇帝则希望通过制衡的手段来控制愈演愈烈的朋党之祸，间接地也能遏制宦官势力的进一步发展。在李德裕初登相位时，唐文宗便与其论及朋党之事：

> 丙戌，以兵部尚书李德裕同平章事。德裕入谢，上与之论朋党事，对曰："方今朝士三分之一为朋党。"时给事中杨虞卿与从兄中书舍人汝士、弟户部郎中汉公、中书舍人张元夫、给事中萧浣等善交结，依附权要，上干执政，下挠有司，为士人求官及科第，无不如志，上闻而恶之，故与德裕言首及之；德裕因得以排其所不悦者。③
>
> ——《资治通鉴·唐纪·文宗太和七年》

① 陈寅恪：《唐代政治史述论稿》，第78页。

② （五代）刘昫：《旧唐书》卷一百七十三《郑覃传》，第4491页。

③ （宋）司马光：《资治通鉴》卷二百四十四《唐纪·文宗太和七年》，第7883—7884页。

李德裕与牛党本就有隙，任西川节度使时，更因维州之事与宰相牛僧孺加深了宿怨[①]。后牛僧孺因维州失策而于大和六年（832）十二月出为淮南节度使，当月李德裕便被召回朝廷任职兵部尚书，深得文宗重视，又于次年二月担任宰相。牛党在朝日久，依附宦官，结党营私，文宗深以为患，提拔与之有隙的李德裕，自然有制衡牛党、打击阉党的目的。甫登相位，文宗便与其商讨朋党之事，用意明显。于是李德裕借言朋党之机，去除了自己的政敌。后来文宗又与李宗闵、李德裕共同言及朋党之事：

> 他日，上复言及朋党，李宗闵曰："臣素知之，故虞卿辈臣皆不与美官。"李德裕曰："给、舍非美官而何！"宗闵失色。[②]
>
> ——《资治通鉴·唐纪·文宗太和七年》

二李在朝堂之上针锋相对，短兵相接的结果又是牛党失利。这两则材料都显示出文宗试图借用李德裕来削弱牛党的势力，向不能忠心辅国的牛党代表人物以及阉党势力发起进攻。如果说这两次还是文宗在处理宦官和党争问题上的侧面出击，那么大和九年（835）的甘露之变便是文宗欲对宦官阉党进行直接正面打击的例证。而在任用郑覃一事上，文宗也明显地表现出对牛党的疏离：

> 以工部尚书郑覃为御史大夫。初，李宗闵恶覃在禁中数言事，奏罢其侍讲。上从容谓宰相曰："殷侑经术颇似郑覃。"宗闵对曰："覃、侑经术诚可尚，然论议不足听。"李德裕曰："覃、侑议论，他人不欲闻，惟陛下欲闻之。"后旬日，宣出，除覃御史大夫。宗闵谓枢密使崔潭峻曰："事一切宣出，安用中书！"潭峻曰："八年天子，听其自行事亦可矣！"宗闵愀然而止。[③]

李宗闵本想罢免与李德裕交好的翰林侍讲郑覃，却不料文宗绕开李宗闵，直接升任郑覃为御史大夫，这一事件更清晰地显示出文宗对牛党权力

---

① 此事详见（宋）司马光《资治通鉴》卷二百四十四《唐纪·文宗太和六年》，第7878页。

② 同上书，卷二百四十四《唐纪·文宗太和七年》，第7884页。

③ 同上书，第7885页。

的有意遏制。事后不久，李宗闵即被出为山南西道节度使。李德裕以为他的时机到了，于是在当年七月提出停试诗、赋的奏请，借口改革进士科弊端，进一步打击朝中牛党势力。文宗同意了这一奏请，并在八月的诏书中予以下达。然而或许是李德裕表现出了太过明显的用意，抑或许是其在得势后急于树立自己的权威（比如在李仲言的任命问题上，他一再否定文宗的意思[①]），引起文宗不满；当然也有可能是文宗对进士科自有其认识，停试诗赋只是权宜之计，或者他对阉党在朝中的势力仍有所顾忌，总之，大和八年（834）十月李宗闵回朝，李德裕代替其出任山南西道节度使，进士科又重新开始试诗赋。由此看来，在一定程度上，文宗视科举为制衡朋党、抑制宦官势力发展、重建天子君权威严的筹码，无论是重用李党实施改革，还是重用牛党予以守常，都旨在防止他们中的任何一方在科场内占得优势，在政治上独揽大权。然而积重难返，文宗的努力最终归于失败，他也只能发出"去河北贼易，去朝廷朋党难"[②] 的感慨和"赧、献受制于强诸侯，今朕受制于家奴"[③] 的悲愤之言。

大和七年的停试诗赋事实上是宝应二年杨绾之请在若干年后的实现。它的发生也是一方面缘于科举流弊屡禁不止，崇实抑华被重新提了出来；另一方面由于长期以来宦官与君权相抗衡，以及党争不断使然。李党希图通过停试诗赋，进一步阻遏牛党势力的扩张；文宗则希望通过改革科举，在一定程度上纠正时弊，加强君权统治。这一次对试诗制度的改革以及以诗取士原则的取消，是在唐代社会诸多矛盾日益尖锐，社会风气日益败坏的新的背景下产生的。一旦李德裕罢相，牛党再度得势，改革新措也就差不多取消殆尽了。据《唐会要·贡举中·进士》载：

> （大和八年）十月，礼部奏："进士举人，自国初以来，试诗赋、帖经、时务策五道，中间或暂改更，旋即仍旧。盖以成格可守，所取得人故也。去年八月敕节文，先试帖经、口义、议论等。以臣商量，取其折衷。伏请先试帖经，通数依新格处分。"敕旨依奏。[④]

---

① 此事详见（宋）司马光《资治通鉴》卷二百四十五《唐纪·文宗太和八年》，第7897页。

② 同上书，第7899页。

③ 同上书，卷二百四十六《唐纪·文宗开成四年》，第7941—7942页。

④ （宋）王溥：《唐会要》卷七十六《贡举中·进士》，第1636页。

可见，大和八年旋即恢复了试诗、赋和时务策的传统，只保留了先试帖经的要求。虽然大和七年的这次改革没能持续太长时间，但是它融合了中唐以来诸多臣子的政治设想，集中展示了在新的历史背景下，唐代统治阶层对进士科取士原则的重新定位和对取士方法的重新思考，具有一定的社会价值。

综上所述，对进士科试诗制度的争议，在盛唐、中唐、晚唐皆有出现，每一次都结合着各个时期社会政治的不同特点，纠缠着诸如文士与吏才、进士与明经、庶族与士族以及官僚内部不同集团的利益之争。从总体来看，进士科试诗制度在执行过程中出现的最大问题是流于浮薄，具体主要表现为习业有所偏颇、舍本逐末；文风虚华浮夸、质实不足；干谒请托盛行、士风浮躁。当王朝繁盛之时，人们将浮薄与才识相对，因而建议加试帖经，以增强学识修养，考辨真才实学；当王朝历经乱离之后，人们将浮薄与儒道沦丧相连，因而提议停罢科举，恢复乡贡里选，以重建儒家正统；当王朝步入中兴之时，人们视浮薄与务实相对，因而停试诗赋、改写文章，追求文以载道、经世致用；当王朝渐趋衰亡之际，人们又将浮薄与儒道不振相连，因而停试诗歌、增加口义，以期阻止封建正统意识的消散。总之，每当社会政治环境需要解决实际事务的官员吏才时，以诗取士的选拔方式就会倍受非议，而每一次的改革建议也皆从进士科试诗制度的外部入手，或增加试项，或停试诗赋，并由此影响不同利益集团在政治上的权力分配、地位上的升降浮沉。进士科试诗制度本是选拔进士科人才的一种重要方式，它以其鲜明的文学特征，与其他诸科区别开来，代表着统治者对文辞之士的政治需求。然而每一次纠正浮薄的改革，往往将旨在完善进士科的初衷演变成了削弱进士科文学色彩的结果。这不仅妨碍了朝廷对文辞之士的选拔，不利于进士科自身特征的保持，也使改革在某种程度上成为可资利用的政治斗争工具。这种结果的出现源于改革思维模式的单一，即将试诗与浮薄简单地画上等号，并始终在试诗制度外部找寻弥补的方法；也源于思想上的保守，“守旧的人，总往往把现实问题抽象化，把社会问题说成是一种单纯的伦理道德问题”①。事实上，试诗的存在自有其合理的因素，贸然中止并非良策。而浮薄风气的产生也自有其生成的内部机制，如果可以从试诗制度本身入手，通过建立严格的考试规则、规范

---

① 傅璇琮：《唐代科举与文学》第十三章《唐人论进士科试的弊病及改革》，第385页。

的考评方法、恰当的考试形式来加以改革，或许能够从根源上遏制浮薄的产生，并继续保持进士科的自身特质。只可惜唐代仍处于科举的发展期，各项考试制度远未成熟，唐人的制度改革理念也远未至此，且每次改革总隐伏着某一势力集团对自身利益的维护与扩张，所以试诗作为进士科标志性的考试项目之一就在这种争议声中时废时行，而试诗制度本身则并没有在细节上走向完善。

第四章

唐代其他试诗

文才标准并非在进士科试诗制度确立以后才形成。如前文所述，文才即人才这种意识早在先秦两汉时期就已萌芽、确立，至隋唐这种意识才转变为制度，被切实地写入国家举士选官的条文规定中。在进士科试诗制度确立以前，吏部选官中就早已存在着以诗取士的现象。除此以外，试诗还存在于制举、入翰林学士院等考试中。通过对它们的了解，有利于我们更全面地认识唐代试诗制度的组成、内容及其在唐代政治生活中的地位、作用。

第一节　吏部铨选试诗

根据选人的不同身份、官阶、官位等，唐代吏部有不同的选官方法。本文仅从试诗角度出发，选择其中与试诗制度相关的内容予以讨论。从总体来看，吏部选官考试与试诗相关的主要有两项：一是铨试，它属于常调平选中的考试，选人必须在规定的守选期限满了以后方能参加；二是科目选中的博学宏词科试，它属于非常选，选人不必拘泥于守选期限，只要通过科目考试，即可授予官职。

一、铨试

唐代并非所有官员皆需参加铨试，按规定，参加吏部冬集铨选的为有出身人和六品以下旨授的前资官，至于三品以上册授官、五品以上制授官和六品以下的敕授官（即常参官、供奉官，比如各司员外郎、拾遗、补阙、御史及翰林院、集贤院学士等）则不属此范围。[1] 铨选一般在每年十

---

① 详见王勋成《唐代铨选与文学·绪论》，第3页。

月至次年三月进行，主要由吏部负责，整个过程可以概括为："其铨综也，南曹综核之，废置与夺之，铨曹注拟之，尚书仆射兼书之，门下详覆之，覆成而后过官。"[①] 其中所谓"铨曹注拟之"，即指吏部尚书、吏部侍郎对这些选人进行铨试、注拟，一般在十二月末至来年正月初进行。

相比于礼部省试，吏部铨试有几点相同和不同之处：

其一，均在尚书都堂进行，一般由侍郎主试，有时也请其他清要官员共同参与考评。比如铨试常常请礼部郎中、起居舍人、谏议大夫、监察御史、拾遗、补阙等参与。

其二，皆有锁院的规定。铨试同样须封锁考场，核对选人身份，检查搜身，"搜索防援，棘篱讥察，如礼部举人之法也"[②]。此外，吏部选人"每试判之日，皆平明集于试场，识官亲送"[③]，即由认识选人的官员送其入考场，以防枪手。对考官来说，铨试期间亦不得外出，须待三注三唱结束开铨后方可与外界接触：

> 自今以后，吏部、兵部尚书、侍郎，除试人铨注唱官，并礼部侍郎、兵部南曹官试人，及入宿日，其余朝参等官，并准式。[④]
>
> ——《唐会要·朔望朝参》
>
> 吏部南曹郎中，请以锁院前五日免朝。[⑤]
>
> ——《册府元龟·宪官部·振举》

其三，试题皆主要由主试官员提供。吏部铨试一般以"身、言、书、判"为考察内容：

> 其择人有四事：一曰身，取其体貌丰伟。二曰言，取其词论辩正。三曰书，取其楷法遒美。四曰判，取其文理优长。……凡选，始集而试，观其书判；已试而铨，察其身、言；已铨而注，询其便利，

① （宋）王溥：《唐会要》卷七十四《选部上·论选事》，第1579页。

② （宋）王钦若：《册府元龟》卷六百二十九《铨选部·条制》，第7269页。

③ （唐）李林甫：《唐六典》卷二《尚书吏部》，第27页。

④ （宋）王溥：《唐会要》卷二十四《朔望朝参》，第544页。

⑤ （宋）王钦若：《册府元龟》卷五百一十七《宪官部·振举》，第5867页。

而拟其官。[①]

其中身、言、书均是比较灵活、软性的要求，重点在于试判。笔试分三场进行，一场试书，两场试判。判文要求“文理优长”，旨在考察官员的吏治才干、断案能力和表达能力。起初判题大多能依循这样的宗旨，一般以州县典型疑难案例为题，后来因选人多而员阙少，不得不增加难度，尽从经籍古义甚至僻书曲学中寻找难题、怪题：

> 初，吏部选才，将亲其人，覆其吏事，始取州县案牍疑议，试其断割，而观其能否，此所以为判也。后日月寖久，选人猥多，案牍浅近，不足为难，乃采经籍古义，假设甲乙，令其判断。既而来者益众，而通经正籍又不足以为问，乃征僻书、曲学、隐伏之义问之，惟惧人之能知也。佳者登于科第，谓之“入等”；其甚拙者谓之“蓝缕”，各有升降。[②]

如此做法，录取人数的确限制住了，但也背离了试判的初衷。判文评定等第始于开元年间，从第一到第五不等，第一等乃虚设，不入等者也可注官，但皆为偏远地方官职。如果更差的，则被称为“蓝缕”，“吏部选人书判蓝缕……不限选数，并放”[③]，将被驳放。书、判结束后，再察身、言，最后根据其综合表现，注拟官职。但有时，吏部铨试也会出杂文题，《唐六典》卷二《尚书吏部》载：“或有试杂文，以收其俊乂。”[④] 如第一章第二节所举，开元初，铨试曾出现试诗的情况；开元八年（720）吏部侍郎王丘任考官时曾出题试《竹帘赋》[⑤]。

其四，皆有考覆的规定。一般认为，唐代考覆制度始于开元二十五年（737）。该年颁布《条制考试明经进士诏》，其中有“其应试进士等，唱

---

① （唐）杜佑：《通典》卷十五《选举三·历代制下》，第360页。

② 同上书，第361、362页。

③ （宋）王钦若：《册府元龟》卷六百三十《铨选部·条制二》，第7280页。

④ （唐）李林甫：《唐六典》卷二《尚书吏部》，第27页。

⑤ （唐）颜真卿《尚书刑部侍郎尚书右仆射孙逖文公集序》：“吏部侍郎王邱试《竹帘赋》”，（清）董诰《全唐文》卷三百三十七，第3415页。

第讫，具所试杂文及策，送中书门下详覆”[①] 的规定。事实上，考覆制度的设立始于吏部铨选，进而才影响到常科与制举。

在整个铨选过程中，涉及考覆的是“铨曹注拟之”。在铨试“身、言、书、判”四事中，试判是关键，起决定作用，故铨试官又称试判官。试判官初由吏部侍郎担任，后“选人既多，每年兼命他官有识者同考定书判，务求其实”[②]。确定等第后，中书门下派人复核答卷，主要也是针对判，故称覆考判官。“初，吏部岁考书言，以它官第上下，中书、门下遣官覆实，以为常。”[③] 而吏部流内铨试判始于贞观初[④]，可知吏部实行考覆早于进士科。不过，铨试的考覆只持续至贞元十六年（800），因齐抗奏考覆之事“非任人勿疑之道”[⑤]，于次年罢停：

> （贞元）十六年十二月，罢吏部覆考判官。先是，每岁吏部选人试判官，别奏官考覆，第其上下，考讫，中书门下覆奏择官覆定，侵以为例。至是，中书侍郎平章事齐抗奏言：“吏部尚书侍郎已朝廷精选，不宜别考重覆。”其年，他官考判讫，俾吏部侍郎自覆问。后一岁，遂除覆考判官。盖因抗所建白也。[⑥]
>
> ——《册府元龟·铨选部·条制》

一项合理的制度竟因“任人勿疑”观念的影响而被废止，可见在考试制度发展期人们意识上的不成熟。铨试过后，根据选人的德行、铨试等第、考课等第，由吏部尚书和侍郎分铨注拟官职。注拟名册最后须经尚书左右仆射复核、门下侍郎审察，侍中审定，方才过官、旨授。但这些环节均不涉及对选人答卷的复核，故不属我们此处所讲之“考覆”范围。

其五，皆有纳公卷的行为。类似于礼部的纳省卷，在注拟日前，吏部侍郎会向选人索要平时所写诗文，作为考判的补充、注拟的依据。骆宾王

---

① （唐）唐玄宗：《条制考试明经进士诏》，（清）董诰《全唐文》卷三十一，第 345 页。

② （五代）刘昫：《旧唐书》卷一百一十三《苗晋卿传》，第 3350 页。

③ （宋）欧阳修，宋祁：《新唐书》卷一百二十八《齐浣传》，第 4471 页。

④ 王勋成：《唐代铨选与文学》，第 169 页。

⑤ （宋）欧阳修，宋祁：《新唐书》卷一百二十八《齐浣传》，第 4472 页。

⑥ （宋）王钦若：《册府元龟》卷六百三十《铨选部·条制第二》，第 7285—7286 页。

《上吏部侍郎帝京篇启》言："昨引注日，垂索鄙文。"① 王勃《上皇甫常伯启》言："昨奉命，令写新对台策及前后旧文。"②

其六，亦见覆试记录。吏部铨试也有覆试的情况。《旧唐书》卷一百一十三《苗晋卿传》载：

> 李林甫为尚书，专任庙堂，铨事唯委晋卿及同列侍郎宋遥主之。……天宝二年春，御史中丞张倚男奭参选，晋卿与遥以倚初承恩，欲悦附之，考选人判等凡六十四人，分甲乙丙科，奭在其首。众知奭不读书，论议纷然。……玄宗大集登科人，御花萼楼亲试，登第者十无一二；而奭手持试纸，竟日不下一字，时谓之"曳白"。③

《唐会要》卷七十四《掌选善恶》对此事亦有记录：

> 天宝元年冬选，六十四人判入等。时御史中丞张倚男奭判入高等，有下第者尝为蓟令，以其事白于安禄山，禄山遂奏之。至来年正月二十一日，遂于勤政楼下，上亲自重试。惟二十人比类稍优，余并下第。张奭不措一词，时人谓之"曳白"。④

张奭不学无术，在书判考试中却被列为第一等，引来众人非议。经安禄山上奏，玄宗决定对当年书判入等的64人予以重试，结果只有20人登第，张奭还交了白卷。可见和礼部举士一样，吏部选官也同样受人瞩目，若录用结果存有较大争议，可组织重试。这一规定有时亦会被别有用心的人借机利用，成为政治斗争的工具。

其七，不同于礼部举士的不糊名，吏部铨试曾试行糊名考判。比如武则天时期，鉴于"吏部选人多不实，乃令试日自糊其名，暗考以定等

---

① （唐）骆宾王：《上吏部侍郎帝京篇启》，《骆宾王集》卷六。

② （唐）王勃：《上皇甫常伯启》，（清）董诰《全唐文》卷一百八十，第1829页。

③ （五代）刘昫：《旧唐书》卷一百一十三《苗晋卿传》，第3350页。

④ （宋）王溥：《唐会要》卷七十四《选部上·掌选善恶》，第1594—1595页。

第”[1]，后于天册万岁元年（695）十月下诏废止[2]；唐玄宗开元十五年（727）亦曾糊名考判[3]。

需要特别指出的是，虽然铨试只是偶试杂文，但其以诗文取士的指向性非常明显。这主要体现在以下两个方面：

其一，唐代判文文学化特征明显。判文要求写成骈俪形式，“多数作品文辞华丽，讲究对仗，音韵和谐，句式整齐，撇开其特定的内容不讲，仅从文本形态上看，其表现技法与手段都是文学性的，和当时的诗赋杂文没有多大差别”[4]。

洪迈《容斋随笔》言：“判语必骈俪，今所传《龙筋凤髓判》及《白乐天集甲乙判》是也。自朝廷至县邑，莫不皆然，非读书善文不可也。”[5]《龙筋凤髓判》为张鷟所撰。据《旧唐书》卷一百四十九《张荐传》载，其“凡四参选，判策为铨府之最。员外郎员半千谓人曰：‘张子之文如青钱，万简万中，未闻退时。’时流重之，目为‘青钱学士’”[6]。张鷟因判文出色而被时人誉为“青钱学士”，通过阅读其拟判，我们可以看到时人评判标准之所在：

> 通事舍人崔暹奏事口误，御史弹付法，大理断笞三十，征铜四斤。暹款奏事虽误，不失事意，不伏征铜。
>
> 崔暹风神爽俊，词彩抑扬，雅调疏通，清音朗彻。裴楷之英姿肃肃，朝野羽仪，魏舒之容止堂堂，群寮领袖。自可曳居紫禁，伏奏青规，助朝廷之光辉，赞明时之喉舌。芝泥发彩，宣凤藻而腾文，兰检浮香，润龙缣而动色。岂容金马之对，未被誉称，神羊之威，俄闻奏劾。罚金既罹于疏网，辨璧无舍于明珠。过误被弹，止当笞罪，不失

① （唐）杜佑：《通典》卷十五《选举三·历代制下》，第364页。

② （宋）王溥《唐会要》卷七十五《选部下·杂处置》：“天册元年十月二十二日敕：‘……糊名考判，立格注官，既乖委任之方，颇异铨衡之术。……其糊名入试，及令学士考判，宜停。’”第1609—1610页。

③ （宋）王溥《唐会要》卷七十五《选部下·杂处置》：“（开元）十五年九月敕：‘今年吏部选人，宜依例糊名试判。’”第1612页。

④ 苗怀明：《中国古代判词的文学化进程及其文学品格》，《江海学刊》2000年第5期。

⑤ （宋）洪迈：《容斋随笔》卷十《唐书判》，第127页。

⑥ （五代）刘昫：《旧唐书》卷一百四十九《张荐传》，第4023页。

事意，自合无辜。虽触凝霜，理宜清雪。①

本应切合实务、明辨是非、用以解决实际问题的判文却被要求出之以骈四俪六的形式，因此往往写得典故堆垛，雕绘满眼，议论却不见深切，说理亦不见有力。骈句俪对还要求必须以经对经，以史对史。《唐摭言》卷十三《无名子谤议》曾收录一位自号“山东野客”的人写给吏部尚书刘晏的信，其中谈道：“昨者考判，以经语对经，以史对史，皆未点对，考为下等。”② 考张鷟之判文，确实在对偶时十分注意典故出处的对应性。白居易留存判文百篇，亦有类似这些特点：

> 二姓好合，义有时绝；三年生育，恩不可遗。凤虽阻于和鸣，乌岂忘于返哺？旋观怨偶，遽抵明刑。王吉去妻，断弦未续；孔氏出母，疏网将加。诚鞠育之可思，何患难之不救？况不安尔室，尽孝犹慰母心；薄送我畿，赎罪宁辞子荫？纵下山之有怒，曷陟屺之无情？想《芣苢》之歌，且闻乐有其子；念《葛藟》之义，岂不忍庇于根？难抑其辞，请敦不匮。③
>
> ——《得甲去妻后，妻犯罪，请用子荫赎罪，甲怒不许》

洪迈在《容斋续笔》卷十二中指出：“百判纯是当时文格，全类俳体，但知堆垛故事。”④ 白居易的判文虽然语言不似张鷟般繁缛绵丽，但亦多取故实，经史各对。这说明判文的写作不仅要求遵法循礼，还须熟练掌握排偶对仗、隶事用典、遣文运字的技巧。沈既济在《选举论》中就曾批评铨选“皆在判书簿历”，“丽藻芳翰”。⑤ 大历时洋州刺史赵匡针对试判重文轻质的情况，曾上书奏请将判文合格者划分为四等：

> 其有既依律文，又约经义，文理宏雅，超然出群，为第一等；其

① （唐）张鷟撰，田涛、郭成伟校注：《龙筋凤髓判校注》卷一《中书省》，中国政法大学出版社1996年版，第3页。

② （五代）王定保：《唐摭言》卷十三《无名子谤议》，第151页。

③ （唐）白居易：《白居易集》卷六十六《判》，第1378页。

④ （宋）洪迈：《容斋续笔》卷十二《龙筋凤髓判》，第358页。

⑤ （唐）沈既济：《选举论》，（清）董诰《全唐文》卷四百七十六，第4869页。

断以法理，参以经史，无所亏失，粲然可观，为第二等；判断依法，颇有文彩，为第三等；颇约法式，直书可否，言虽不文，其理无失，为第四等。此外不收。①

他强调试判须以考察选人临政治民的吏治才干为首要前提。评判时，尽管也要参考判文的辞旨表达，但主要的还是察看选人是否熟悉法律条文，是否具备深厚的经史底蕴。即使言不文，只要理无失，亦可入等；反之，则不可。马端临在《文献通考》卷三十七《选举考十·举官》中曾这样评价唐代的科判：

吏部所试四者之中，则判为尤切，盖临政治民，此为第一义，必通晓事情，谙练法律，明辨是非，发摘隐伏，皆可以此觇之。今主司之命题则取诸僻书曲学，故以所不知而出其所不备。选人之试判则务为骈四俪六，引援必故事，而组织皆浮词，然则所得者不过学问精通、文章美丽之士耳。盖虽名之曰判，而与礼部所试诗赋杂文无以异，殊不切于从政，而吏部所试为赘疣矣。②

骈四俪六的形式，精严讲究的对仗，经史典故的引用，虚浮华美的文辞，再加上和谐整齐的句式、音韵，虽然称之为判，但实际上与诗赋没有多少不同，马端临的评价可谓点出了试判的实质。

另外，铨试所写判文多为拟判，即根据特定的题目和虚构的案例进行分析，比如上述张鷟和白居易的判文或在科场所写，或为应试而草拟，皆取备程式之用。与其说选人是在写作判文，还不如说他们是在创作判文来得更加准确。拟判的这种虚构性一方面是其文学性特征的体现，另一方面也易导致判文的写作流于形式，较难深切于蔽罪议法，从而使评价标准中“文理优长”的要求常常向“文”一侧倾斜。

铨试科判之所以会出现上述文学性特征，与唐代社会对官员写作能力的要求有着密切的关系。在唐代文教政策的影响下，以文学相尚、以能文

① （唐）赵匡：《选人条例》，（清）董诰：《全唐文》卷三百五十五《举人条例》，第3605页。

② （元）马端临：《文献通考》卷三十七《选举考十·举官》，第354页。

自矜蔚为成风。中央、地方各级行政事务机构大多配有具备较高写作水平的文学之士，以从事专门的文书写作与文学创作活动。此外，作为一名合格官员，既要具备解决实际事务的能力，也须达到一定的文学写作水平。《唐摭言》卷六《公荐》收录了崔颢为举荐前进士齐考叔入节度使幕府而写的书信，其中谈道：

> 令公举一人，可管记之任者。愚以为军中之书记，节度使之喉舌。指事立言而上达，思中天心；发号出令以下行，期悦人意。谅非容易，而可专据。窃见前进士高阳齐孝若考叔，年二十四，学必专授，文皆雅正，词赋甚精，章表殊健；疏眉目，美风姿，外若坦荡，中甚畏慎。执事傥引在幕下，列于宾佐，使其驰一檄飞书，必能应马上之急求，言腹中之所欲。"①

尽管齐考叔没有参加铨选而走上了入幕之路，但从崔颢的表述中，我们依然可以看到文学之士在政治机构中所发挥的重要作用。即便在节度使府这样的以军事为主的机构中，书记官也担负着"节度使之喉舌"的重要职责，需要具备"应马上之急求，言腹中之所欲"的能力。另据《太平广记》卷一百七十四《俊辩二》载：

> 裴琰之作同州司户，年才弱冠，但以行乐为事，略不为案牍。刺史谯国公李崇文怪之而问户佐。佐曰："司户达官儿郎，恐不闲书判。"……崇义召之，厉色形言，将奏免之。琰之出，谓其佐曰："文案几何？"对曰："遽者二百余。"琰之曰："有何多，如此逼人。"命每案后连纸十张，仍命五六人以供研墨点笔。左右勉唯而已。琰之不之听，语主案者略言事意，倚柱而断之，词理纵横，文华灿烂，手不停缀，落纸如飞。倾州官僚，观者如堵墙，惊叹之声不已也。案达于崇义，崇义初曰："司户解判邪？"户佐曰："司户太高手笔，仍未之奇也，比四五十案，词彩弥精。"崇义悚怍，召琰之，降阶谢曰："公之词翰若此，何忍藏锋，成鄙夫之过。"是日名动一州。数日，

① （五代）王定保：《唐摭言》卷六《公荐》，第69页。

闻于京邑。寻擢授雄州司户。[①]

暂且不论裴琰之判文断案之神速，且看时人对其判文的评价：“文华灿烂”、“词彩弥精”、“词翰若此”，皆从文采角度入手。而最后裴琰之也因为擅长写书判而名动一州，数日内得以拔擢，社会之崇尚文学之士、好尚灿然文采于此可见一斑。再加上，唐代其他行政公文亦骈俪化倾向严重，“宰臣每启拟一事，亦必偶数十语”[②]；官场之上盛行华美文风，“赦令节文，周备纤悉，空文虚声，溢于视听”[③]；宫廷宴乐交际又时常需要文学点缀，这些都对官员的文学写作水平提出了一定的要求。“铨者，必以崇文冠首”[④]，科判呈现文学化特征，实与唐代统治者施行仁教文治政策，社会崇尚文学、重视文才的风气相吻合，与唐人对官员文学素质的要求相一致。由于吏部铨试对选人文学才能的重视，有时候两篇判文的写作，甚至被直接改成试一诗一判：

> 今则每岁选者，动以万计，京师米物，为之空虚，岂多士若斯？盖渝滥至此。而欲仍旧致理，难于改制，只益文法烦碎，贤愚浑杂，就中以一诗一判，定其是非，适使贤人君子，从此遗逸，斯亦明代之缺政，有识者之所叹息也。[⑤]
>
> ——张九龄《上封事书》

如果说骈四俪六、雕绘藻饰的科判的重文倾向，尚有判案断狱、说理解难的内容予以稀释的话，那么试诗则直接将官员与诗人联系在了一起，崇文倾向显露无遗。可见，培养与挑选文儒型官员正是唐代统治者一直希望的。

其二，交纳平时所作诗文。在吏部铨选中，文学创作水平的高低作为官员选拔的一种潜在标准一直存在着。从骆宾王《上吏部侍郎帝京篇

① （宋）李昉：《太平广记》卷一百七十四《俊辩二·裴琰之》，第1287—1288页。

② （宋）洪迈：《容斋随笔》卷十《唐书判》，第127页。

③ （唐）皇甫湜：《对贤良方正直言极谏策》，（清）董诰《全唐文》卷六百八十五，第7018页。

④ （宋）王溥：《唐会要》卷七十四《选部上·论选事》，第1587页。

⑤ （唐）张九龄：《上封事书》，（清）董诰《全唐文》卷二百八十八，第2926页。

启》、王勃《上皇甫常伯启》等文章中便可看出，唐高宗时就已经出现了吏部侍郎索要前进士、前资官平时所写诗文，以供评判参考的现象。王勃《上吏部裴侍郎启》“铨擢之次，每以诗赋为先”① 的表述更说明了这种现象在当时已相当普遍。显然，这一做法要早于天宝元年（742）开始的进士科举子纳省卷。

另外，吏部选人行卷亦以诗文并行，要早于开元中后期出现的进士科举子的以诗文行卷。据《唐摭言》卷二《恚恨》载：

> 王泠然与御史高昌宇书曰：“……去年冬十月得送，今年春三月及第。往者虽蒙公不送，今日亦自致青云。……值天凉，今冬又属停选。……望御史今年为仆索一妇，明年为留心一官。……并诗若干首，别来三日，莫作旧眼相看。②

《登科记考补正》卷五定王泠然及第时间为开元五年（717）③，则此信写于该年秋。时高昌宇任御史大夫，王泠然在信中表达了明确的干谒之意，并随信附上诗歌若干首。后来在太子校书郎任上，王泠然又以诗文干谒张说：

> 去冬有诗赠公爱子协律，其诗有句云：“官微思倚玉，交浅怯投珠。”吕氏春秋云：“尝一脔之肉，可知一鼎之味。”请公且看此十字，则知仆曾吟五言，则亦更有旧文，愿呈作者。……拾遗、补阙，宁有种乎！仆虽不佞，亦相公一株桃李也。④

由此可见，在开元初的吏部铨选中，已经出现以诗文行卷的现象。因此，进士科试诗、行卷和纳省卷的出现，很可能皆有鉴于吏部选官以诗文取士的先例，毕竟常科皆为选拔官员预备役而设，吏部的用人标准才是根本的选拔人才的标准。

---

① （唐）王勃：《上吏部裴侍郎启》，（清）董诰《全唐文》卷一百八十，第1830页。

② （五代）王定保：《唐摭言》卷二《恚恨》，第21—23页。

③ （清）徐松撰，孟二冬补正：《登科记考补正》卷五，第218页。

④ （五代）王定保：《唐摭言》卷六《公荐》，第68页。

二、博学宏词科试

唐代铨试除创设初期、安史之乱后至贞元七年（791）间为三年一铨选外，其余时间皆为一年一考。根据开元十八年（730）实行的“循资格”的规定，六品以下旨授官四考为满，然后“卑官多选，高官少选，贤愚一贯，必合乎格者，乃得铨授”，即依各自不同的期限进行守选，期满后方能参加铨试，最后再“自下升上，限年蹑级，不得逾越”，[①] 授予官职。这样的规定虽然有效地缓解了阙少员多的问题，但选人无论贤愚，只要达到一定的年限资历就能升阶，不免有些一刀切了。为了防止茂异之才久遭埋没，吏部特意于常调平选之外，另设一种特殊的选官方式，即科目选，有出身人和前资官不管守选期满与否，皆可参加。

> 常人自有常选，停年限考，式是旧规。然犹虑拘条格，或失茂异，遂于其中设博学宏词、书判拔萃、三礼、三传、三史等科目以待之。[②]
>
> ——《唐会要·省号上·中书省》

科目选旨在破格授职于那些才华俊乂者。其中，开考于开元十九年（731）的博学宏词科是专为选拔文学之士而设的，诸科目选中唯独它有试诗的要求。

所谓“博学”，顾名思义，指应试者应具备丰富广博的知识内涵，对此李商隐曾有过这样的说明：

> 天地之灾变尽解矣，人吏之兴废尽究矣，皇王之道尽识矣，圣贤之文尽知矣，而又下及虫豸草木、鬼神精魅，一物已上，莫不开会。此其可以当博学宏辞者邪？恐犹未也。设他日或朝廷、或持权衡大臣宰相问一事、诘一物，小若毛甲，而时脱有尽不能知者，则号博学宏辞者，当有罪矣。[③]
>
> ——李商隐《与陶进士书》

---

① （唐）杜佑：《通典》卷十五《选举三·历代制下》，第361页。

② （宋）王溥：《唐会要》卷五十四《省号上·中书省》，第1090页。

③ （唐）李商隐：《与陶进士书》，（清）董诰《全唐文》卷七百七十六，第8093页。

语虽夸张，不过亦可见此科对选人学识内涵之要求。“宏词”指言辞宏丽，文华灿然。《唐摭言》卷十三《无名子谤议》曾这样评价：“宏辞大国光华。”① 博学宏词科与其他科目选一样，每年举行一次，考试周期为当年十月至来年三月。考试内容共有三项，据《通典》卷十五《选举三》载：“选人有格限未至，而能试文三篇，谓之‘宏词’。……词美者，得不拘限而授职。”②“试文三篇”，指试诗、赋、论各一篇。韩愈贞元十一年（795）参加此科时，即试《冬日可爱诗》、《朱丝弦赋》及《罢斋郎以学生享议》（“议”与“论”性质相近）③。《云溪友议》载：“唐宣宗十二年，前进士陈玩等三人，应博学宏词选。所司考定名第，及进诗、赋、论进呈讫。”④ 故此科有时直接用“三篇”来指代，比如“欲应三篇”⑤、“捷三篇”⑥、“举三篇”⑦ 等。考试一般由吏部尚书、侍郎主持，另有两名其他部门官员任考试官，多为员外郎，也有侍郎、郎中、大理少卿等⑧。先由主试官负责出题，然后由考试官评阅试卷、评定等第，经吏部尚书和侍郎录取定夺后，将结果报送中书门下考覆，倘若无误，再将相应的选人名单和所写答卷交给皇帝亲查，最后各依其等第授官。由于科目选属破格性质，故甄选程序复杂，且将命题、评阅、考覆、录用分属各部门进行，相互牵制，显示出考试的权威性。据《旧唐书》卷一百三十七《于邵传》载：“独孤授举博学宏词，吏部考为乙第，在中书覆升甲科，人称其当。”⑨ 韩愈、李商隐等都有过被吏部录取后，又为中书省驳下的经历。另据苏鄂《杜阳杂编》卷上载：

---

① （五代）王定保：《唐摭言》卷十三《无名子谤议》，第152页。

② （唐）杜佑：《通典》卷十五《选举三·历代制下》，第362页。

③ 吕大防：《韩愈年谱》，中华书局1991年版，第27页。

④ （唐）范摅：《云溪友议》卷中《贤君鉴》，《唐五代笔记小说大观》，第1293—1294页。

⑤ ［新罗］崔致远《初投献太尉启》：“今者乍离一尉，欲应三篇。”党银平校注《桂苑笔耕集校注》卷十七，中华书局2007年版，第573页。

⑥ （五代）王定保《唐摭言》卷三《今年及第明年登科》：“何扶，太和九年及第，明年，捷三篇。”第28页。

⑦ （五代）王定保《唐摭言》卷四《气义》：“杨虞卿及第后，举三篇，为校书郎。”第53页。

⑧ 详见傅璇琮《唐代科举与文学》第十七章《吏部铨试与科举》，第498—499页。

⑨ （五代）刘昫：《旧唐书》卷一百三十七《于邵传》，第3766页。

宏词独孤绶所司试《放驯象赋》，及进其本，上自览考之，称叹者久。……上以绶为知去就，故特书第三等。[①]

又据范摅《云溪友议》卷中载：

唐宣宗十二年，前进士陈玩等三人，应博学宏词选。所司考定名第，及诗、赋、论进呈讫，上于延英殿，诏中书舍人李潘等对。……其前进宏词诗重字者，登科更待明年，考校起诗，便付吏选。[②]

可见，有时在中书门下考覆后，皇帝还要亲览，最后确定等第，而且考评标准高。皇帝的亲自考覆实已开宋代殿试之滥觞。当然，程序复杂，往往与登科之难、得官之美、名誉之高是相对应的。和吏部普通铨选一样，博学宏词科也有锁考官的规定[③]，有时亦糊名考试[④]。不过，在功名利禄的诱惑面前，营私舞弊总会屡禁不绝。大中九年（855）曾出现了一次严重的泄题事件，结果不但选人皆被黜落，考试官员也一并遭遇贬谪[⑤]；请托之风在博学宏词科试中也同样盛行，比如崔致远曾写《初投献太尉启》，表达其初离县尉之职，欲应博学宏词科之际，希望获得太尉引荐的愿望，并奉上平时所作"杂篇章五轴，兼陈情七言长句诗一百篇"[⑥]。选人一经达官贵人延誉，获得好的声名，就易于登科，反之则不易。故韩愈在《上考功崔虞部书》（或作《上考功宏词官虞部崔员外书》）中说："及执事既上名之后，三人之中，其二人者，固所传闻矣。华实兼者也，果竟得之，而又升焉。其一人者，则莫之闻矣；实与华违，行与时乖，果竟退之。"[⑦] 王泠然在干谒张说时曾言："仆窃谓今之得举者，不以亲，则

---

① （唐）苏鄂：《杜阳杂编》卷上，《唐五代笔记小说大观》，第 1379 页。

② （唐）范摅：《云溪友议》卷中《贤君鉴》，《唐五代笔记小说大观》，第 1293—1294 页。

③ （唐）裴庭裕《东观奏记》载："某两为考官，未试宏词，先锁考官。"中华书局 1994 年版，第 126 页。

④ 同上书："糊名考文书得佳者，考官乃公。"

⑤ （五代）刘昫：《旧唐书》卷十八下《宣宗本纪》，第 633 页。

⑥ ［新罗］崔致远：《初投献太尉启》，党银平校注《桂苑笔耕集校注》卷十七，第 573 页。

⑦ （唐）韩愈：《上考功崔虞部书》，马其昶校注《韩昌黎文集校注·外集》上卷，上海古籍出版社 1986 年版，第 661 页。

以势；不以贿，则以交；未必能鸣鼓四科，而裹粮三道。其不得举者，无媒无党，有行有才，处卑位之间，仄陋之下，吞声饮气，何足算哉！”① 用人唯亲，选人唯钱，结党营私的现象普遍存在于包括博学宏词在内的各类铨选中，王泠然对此甚为愤慨。

需要说明的是，博学宏词科试诗制度在唐代科举中的地位亦颇为重要，它与进士科之间有着千丝万缕的联系，我们可以从以下几方面来看：

第一，博学宏词科在吏部科目选中的地位与进士科在常科中的地位极其相似。首先，此科设立的指向非常明确，也是为了选拔博学且有文才者。其次，相比较于书判拔萃科、平判科通过试判来拔擢吏干之才，三礼、三传、三史、五经、九经、开元礼、学究一经等科通过问大义和试策来挑选经学之才，博学宏词科是吏部铨选中最具文学色彩的一科。再次，博学宏词科及第在诸科目选中难度最大，因而登此科者大多被授予校书郎、正字等清要之职，远远好于常调平选者，也好于其他科目选登科者。韩愈在谈到自己参加博学宏词科的理由时曾说：“闻吏部有以博学宏词选者，人尤谓之才，且得美仕。”② 但他三举宏词，最终还是不第。因此，博学宏词科及第对唐代选人而言也是一件非常荣耀的事情。

第二，博学宏词科始设于开元十九年（731）③，正是进士科试逐渐定型为试诗、赋、策为考试内容的时期，从宏词科所考内容和诗赋写作的规范、要求来看，其颇受进士科试项影响。现存唐人博学宏词科应试诗的体制和形式基本与进士科一致，皆为五言六韵律诗，一般题中用韵。

第三，博学宏词科考试程序与普通铨选不太一样，而和礼部试类似。韩愈在《答崔立之书》中曾这样叙述自己参加博学宏词科试的前后经过：

> 就求其术，或出所试文章，亦礼部之类。私怪其故，然犹乐其名，因又诣州府求举，凡二试于吏部，一既得之，而又黜于中书。虽不得仕，人或谓之能焉。④

---

① （五代）王定保：《唐摭言》卷六《公荐》，第67页。

② （唐）韩愈：《答崔立之书》，（清）董诰《全唐文》卷五百五十二，第5586页。

③ （宋）王谠撰，周勋初校证《唐语林校证》卷八《补遗》：“开元十九年，置宏词，始于郑昕。”第713页。

④ （唐）韩愈：《答崔立之书》，（清）董诰《全唐文》卷五百五十二，第5586—5587页。

尽管科目选向所有的有出身人和前资官开放，但也不是谁最后都可以参加吏部试，在此之前，和礼部举士一样，还必须经历一个由州府向中央的选拔过程。选人先到本籍或原任职地所在州府报名，韩愈所说的“诣州府求举”就是这个意思，然后参加解试，取得宏词解后，才能至吏部参加博学宏词科试。虽然关于博学宏词科州府试的制度详情已不可查，但从王昌龄的诗《送刘昚虚归取宏词解》① 和欧阳詹《怀州应宏词试片言折狱论》② 来看，取解时的州府选拔的确存在，并且可能在内容、形式上与吏部宏词试一致。而在一般的铨选中，有出身人和前资官待守选期满后，至本郡或原任所提出参选申请并说明自己应选的理由，经州府长官核实同意后即发选解，不需要另行考试。《通典》卷十五《选举三·历代制下》载：“初，皆投状于本郡或故任所，述罢免之由，而上尚书省。”③ 因此，就取解的过程来看，博学宏词科比吏部平调常选多了一个州府选拔的环节，要求更高了。这种差别可能与报名参选人数的多寡有关。博学宏词科对参选人员没有资历限制，且社会名誉好，可得美仕，故至州府取解的人数多；而普通铨选自开元十八年（730）后实行“循资格”，朝廷每年根据官位员阙数和守选期满人数的比例来制定选格，阙少员多则选格条件严格，阙多员少则宽松，这样每年根据选格条件来报名参选的人数一定。另外，不像普通铨选，选人须经南曹磨勘、废置详断、铨司引验等复杂的身份检查手续，博学宏词科由于是“缘取学艺”，所以至省后，将选解和其他相关证明资历的材料一并交予南曹，经南曹磨勘后，便可参加考试，而且检查时也不似普通铨选那样严格，例如“文状错缪，则不在驳放限”。④

第四，博学宏词科是进士科的延伸与提高。前文提及韩愈对博学宏词科所试内容与礼部进士科如此相似，颇感奇怪，就是他没有意识到二者之间的这种延续性关系。进士科是文学优秀的白身人进入官员预备役的途径，而博学宏词科则试图从这些前进士（有出身人和前资官中的进士出身者）中进一步选拔出更优秀者。由于是针对茂异之才的再次选拔，且属破

---

① （唐）王昌龄：《送刘昚虚归取宏词解》，（清）彭定求《全唐诗》卷一百四十，第1428页。

② （唐）欧阳詹：《怀州应宏词试片言折狱论》，（清）董诰《全唐文》卷五百九十八，第6041页。

③ （唐）杜佑：《通典》卷十五《选举三·历代制下》，第360页。

④ （宋）王溥：《唐会要》卷七十七《贡举下·科目杂录》，第1657页。

格，所以它的试诗要求也比进士科更严格：

> 唐宣宗十二年，前进士陈玩等三人，应博学宏词选。所司考定名第，及诗、赋、论进呈讫，上于延英殿，诏中书舍人李潘等对。上曰："凡考试之中，重用字如何？"中书对曰："赋即偏枯丛杂，论即褒贬是非，诗即缘题落韵（只如《白云起封中》诗云："封中白云起"是也），其间重用文字，乃是庶几，亦非常有例也。"又曰："孰诗重用字？"对曰："钱起《湘灵鼓瑟诗》有二不字。诗曰：……"上鉴钱公此年宏词诗，曰："且一种重用文字，此诗似不及起。起则今之协律之字也。合于匏革官商，即变郑卫文奏。……其前进宏词诗重字者，登科更待明年，考校起诗，便付吏选。"①

钱起《湘灵鼓瑟》重用"不"字，仍得及第；而前进士宏词诗重用字者，便不得登科，显然对前进士的应试诗提出了更高的要求，这说明博学宏词科衡量人才的标准是在进士科基础上的进一步提高。另外，因为博学宏词科的主要应选人是前进士，甚至在某些年份，比如大中九年（855）参选者都是前进士，因此朝廷才特别针对这一群体的应试诗提出了更高的要求。事实上，吏部一直比较关注文学俊乂之士，尤其是前进士中优秀人才的任用问题，比如前面谈及的，铨试有时候为了"收其俊乂"，特别改试判为试杂文，开元八年（720）就曾试赋。这也是科目选中特别设立博学宏词科的主要原因。

由此看来，唐代统治者为了构建文德政治，塑造文质彬彬的士人群体，通过文学手段进行社会教化，不仅在举士领域设置了进士科，而且还在选官制度中确立了博学宏词科的较高地位。博学宏词科的设立一方面有利于文学俊乂者迅速登上政坛，缩短其进阶的时间，防止其被埋没，是对"进士科——铨选"的常规选拔的一种有效补充；另一方面，也有利于文学之士政治地位的提升，使"白衣卿相"可以真正有机会在政治生活中发挥较大的作用。此外，博学宏词科的存在反过来促进了社会上崇文意识的进一步确立和重视文才风气的进一步发展，从而使更多的有思想、有才华、有抱负的读书人走上"进士科——博学宏词科"的"文学"仕进之

① （唐）范摅：《云溪友议》卷中《贤君鉴》，《唐五代笔记小说大观》，第1293—1294页。

路。朝堂之上、草野民间就这样共同形成了一个孕育培养、择优选精、拔擢提升文才的机制，建立起一座结构稳定的文才生产——消费金字塔，这对构建唐代文德政治无疑是一股不小的力量。当然，随着唐代后期藩镇割据势力的日益壮大，中央集权政治的逐渐削弱，文才培养任用机制沦落成为权势豪门争权夺利、结党营私的工具，而铨选试诗制度在选拔官员过程中的作用和影响力也大为减弱。这时藩镇辟署奏官开始盛行，成为铨选制度的变通和补充，也成为吸引文学贫庶之士入仕的主要途径。

第二节　制举试诗

将举士与选官合二为一的，便是制举。与常科不同，它是朝廷根据某一时期特殊需要而开设的人才选拔考试，“天子自诏”，“待非常之才焉”。[①] 因此，不同于常科及第者必须先经过关试，待守选期满后，参加吏部铨选方能谋得官职，制举及第者则一经登第，便可直接授予官职。与科目选参加者必须是有出身人和前资官不同，它允许白身人和现任官员参加。如果说科目选为选人提供的是一条入仕快速路的话，那么制举就是为读书人开创了一条入仕高速路，不仅及第后立刻授予官职，而且得官后升迁速度也很快。比如张九龄神龙三年（707）材堪经邦科制举及第，授秘书省校书郎；延和元年（712）道侔伊吕科及第，迁左拾遗；至开元十一年（723）便任中书舍人，成为正五品上的官员。[②] 从长安二年（702）进士及第至官居五品仅用了二十年的时间。而像张九龄这样出自势孤家贫的进士及第者，如果按照规定参加常调平选的话，则从关试释褐到允许参加铨选有时需要等上两三年的时间，铨选合格也仅授予从九品的官位；然后一年一考，三年或四年考满后，再开始守选重新等待授职；“卑官多选”，“限年蹑级，不得逾越”，[③] 守选期限最多的长达十二年，四考皆为中中则进一阶，中上则进二阶，因此很有可能花上二十年的时间才进得二阶三阶。这也还算是顺利的，如果像韩愈那样进士及第后三试于吏部不成，十年还是布衣，则继续走常调平选之路，很有可能终其一生也无法达到正五

① （宋）欧阳修、宋祁：《新唐书》卷四十四《选举志上》，第1159页。

② 参见顾建国《张九龄年谱》，中国社会科学出版社2005年版，第38、50、108页。

③ （唐）杜佑：《通典》卷十五《选举三·历代制下》，第361页。

品上的官位。因此制举这种将读书与做官直接相连的快速高效方式，对怀有入仕梦想的人而言，是一种更强烈的刺激。尽管制举考试难度大，录取率低，“所收百才有一”[①]，但是每次应举报考人数仍然众多，比如高宗显庆四年，应举者九百人[②]；玄宗统治时期，每年始终在一千至二千人左右[③]。

《通典》卷十五《选举三·历代制下》载：“其制诏举人，不有常科，皆标其目而搜扬之。试之日，或在殿廷，天子亲临观之。试已，糊其名于中考之，文策高者特授以美官，其次与出身。”[④] 在需要开科取士时，天子会颁布制举诏书，说明科目名称和要求，命天下举人以荐举或自荐的方式报名参加。唐代制举科目并不固定，每次皆为“人主临时所欲”[⑤]，但这种“所欲”不是指个人好恶，而指当时国家政治的需要，从这个角度来看，制举科目的设立比常科更具现实针对性和当下性。州府检核举人相关材料后，表章奏闻，具名送省，此表类似于解表，不过不存在解试性质的州府考试。一般天子亲试，往往在勤政楼、花萼楼、含元殿、宣政殿、武成殿、洛成殿等朝廷举行典礼或朝见之处设考场。同时另设考试官三至五人，一般由侍郎、郎中、员外郎、中书舍人等担当，负责具体的试卷命题、评判工作。考前“有司置食”，“食讫就试”[⑥]，考后如果时间太晚，还安排住宿，并派专人护送[⑦]。相比较于进士举子的“为吏胥纵慢声大呼其名氏”，“分坐庑下，寒馀雪飞，单席在地”，“比仆隶已下”的待遇要好很多。[⑧] 考试持续的时间比较灵活，有时候至傍晚，比如天宝十三载，“试博通坟典……等举人，命有司供食，既暮而罢”[⑨]；有时候则持续至深夜，没有“三条烛尽”[⑩] 的限制，比如《唐会要》卷七十六《贡举中·制

① （唐）杜佑：《通典》卷十五《选举三·历代制下》，第357页。

② （五代）刘昫：《旧唐书》卷四《高宗本纪上》，第79页。

③ （唐）杜佑：《通典》卷十五《选举三·历代制下》，第357页。

④ 同上书。

⑤ （宋）欧阳修、宋祁：《新唐书》卷四十四《选举志上》，第1169页。

⑥ （宋）王钦若：《册府元龟》卷六百四十三《贡举部·考试》，第7427页。

⑦ （宋）王溥《唐会要》卷七十六《贡举中·制科举》：“制举人试讫，有逼夜纳策，计不得归者，并于光宅寺止宿。……仍各仰金吾卫使差人监引，送至宿所。”第1649页。

⑧ （唐）舒元舆：《上论贡士书》，（清）董诰《全唐文》卷七百二十七，第7487页。

⑨ （五代）刘昫：《旧唐书》卷一百一十九《杨绾传》，第3429页。

⑩ 详见（宋）洪迈《容斋三笔》卷十《唐夜试进士》，第528页。

科举》引元和三年（808）敕："制举人试讫，有逼夜纳策，计不得归者，并于光宅寺止宿。"[①] 可见允许没有完成答卷的举人继续考试至深夜。考试结束后糊名考判，《通典》卷十五《选举三·历代制下》载："试已，糊其名于中考之。"[②] 受吏部考覆影响，制举亦有考覆制度。制举一般同时设考策官与考覆官。考策官负责命题与评判，考覆官则对及第者策文进行复核。比如《事物纪原》卷三《学校贡举部·封弥》言："武后策贤良，诏李景谌糊名考覆。"[③] 《旧唐书》卷一百四十八《裴垍传》载："（元和）三年，诏举贤良……考官杨于陵、韦贯之升三子之策皆上第，垍居中覆视，无所同异。"[④] 白居易《论制科人状》曰："臣昨在院与裴垍、王涯等覆策之时，日奉宣令，臣等精意考覆。"[⑤] 由于制举是天子自诏的考试，名望在常科之上，故考覆一般由翰林学士负责。覆策后，才确定最终等第，再根据成绩分别予以授官或出身。制举也有避嫌的要求，倘若亲戚故旧参试，考试官应当事先说明。元和三年（808）贤良方正、能直言极谏科考试，考覆官王涯就被权幸指责不避亲故，因为"其甥皇甫湜中选，考核之际，不先上言，故同坐焉"[⑥]。为此白居易《论制科人状》曰："虽有仇怨不敢弃之，虽有亲故不敢避之，唯求直言以副圣意。故皇甫湜虽是王涯外甥，以其言直合取，涯亦不敢以私嫌自避。当时有状，具以陈奏。不意群心嗷嗷，构成祸端。"从白居易的奏状来看，王涯当时已经将情况"具以陈奏"了，因此权幸之责实为诋毁之言。

据傅璇琮统计，唐代制举科目共有六十三个[⑦]，大多以试策二道为考试内容，制举试诗的，从目前文献记载来看第一次在天宝六载（747）：

> 上欲广求天下之士，命通一艺以上皆诣京师。李林甫恐草野之士对策斥言其奸恶，建言："举人多卑贱愚聩，恐有俚言污浊圣听。"乃令郡县长官精加试练，灼然超绝者，具名送省，委尚书覆试，御史

---

① （宋）王溥：《唐会要》卷七十六《贡举中·制科举》，第1649页。

② （唐）杜佑：《通典》卷十五《选举三·历代制下》，第357页。

③ （宋）高承：《事物纪原》卷三《学校贡举部·封弥》，中华书局1989年版，第167页。

④ （五代）刘昫：《旧唐书》卷一百四十八《裴垍传》，第3990页。

⑤ （唐）白居易：《论制科人状》，（清）董诰《全唐文》卷六百六十七，第6779页。

⑥ （宋）王溥：《唐会要》卷七十六《贡举中·制科举》，第1649页。

⑦ 傅璇琮：《唐代科举与文学》第六章《制举》，第138页。

中丞监之，取名实相副者闻奏。既而至者皆试以诗、赋、论，遂无一人及第者。林甫乃上表贺野无遗贤。①

——《资治通鉴·唐纪·玄宗天宝六载》

由于策题往往针对现实问题而设，要求考生提出解决办法，李林甫唯恐天子亲试对策时，举子“斥言其奸恶”，于是不仅在考试内容上作了调整，改策为诗、赋、论，与吏部博学宏词科试项一致，还改动了考试程序，弃天子亲试而为须先经郡县初试，再由六部尚书覆试。所以这一次试诗完全是特殊情况，因而《唐会要》、《册府元龟》② 等均将制举试诗的开始定为天宝十三载（754）的辞藻宏丽科，这也是唐代制举的第二次试诗。据《唐会要》卷七十六《贡举中·制科举》载：

天宝十三载十月一日，御勤政楼，试四科举人。其辞藻宏丽，问策外更试诗赋各一道。制举试诗赋，从此始。③

从科目名称就能看出，辞藻宏丽以试文艺辞藻为内容，以拔擢优异的文学之士为目的。试三场，诗、赋、策各一。另据王定保《唐摭言》卷十一《荐举不捷》载：

长沙日试万言王璘，辞学富赡，非积学所致。崔詹事廉问，特表荐之于朝。先是试之于使院，璘请书吏十人，皆给砚，璘衫绨扪腹，往来口授，十吏笔不停缀。首题《黄河赋》三千字，数刻而成；复为《鸟散余花落》诗三十首，援毫而就。……至京师时，路庶人方当钧轴，遣一介召之。璘意在沽激，曰：“请俟见帝。”岩闻之大怒，亟命奏废万言科。④

① （宋）司马光：《资治通鉴》卷二百一十五《唐纪·玄宗天宝六载》，第6876页。

② （宋）王钦若《册府元龟》卷六百四十三《贡举部·考试》载天宝“十三载十月，御含元殿亲试博通坟典……其词藻宏丽科，问策外更试律赋各一首。制举试诗赋，自此始也”。第7428页。

③ （宋）王溥：《唐会要》卷七十六《贡举中·制科举》，第1649页。

④ （五代）王定保：《唐摭言》卷十一《荐举不捷》，第122—123页。

还有白居易《日试诗百首田夷吾曹璠等授魏州兖州县尉制》云：

> 敕：乃者魏、兖二帅，以田夷吾、曹璠善属文，贡置阙下。有司奏报，明试以诗，五言百篇，终日而毕。藻思甚敏，文理多通。贤侯荐延，宜有升奖。因其所贡郡县，各命以官。而倚马爰来，衣锦归去；以文得禄，亦足为荣。可依前件。①

长庆二年（822）的日试百篇科和长庆三年（823）的日试万言科均以试诗为主要内容，两科都旨在选拔才思敏捷之士，因而要求在极有限的时间里完成相当数量的诗歌作品。

皇甫煃在《唐代以诗赋取士与唐诗繁荣的关系》一文中曾指出："进士科得风气之先，试诗、赋在制举之前。"② 制举试诗受了进士科试诗的影响，虽然相关的应试诗现已无法考证，但从唐代科举试诗制度体系、制举设立的目的和及第的难度来看，其应试诗的体制、形式当亦与进士科试诗相仿，但考试标准更为严格。从制举的总体情况来看，诗歌是一个次要的考察内容。那么，为什么会出现这样的现象？这是否意味着唐人的特殊人才需求中文学之士并不重要呢？

事实上，制举的设立旨在根据当下政治统治的需要，选拔能够切实解决实际事务的人才。这种初衷已经体现在了选拔的形式和过程的设计中：第一，天子自诏，科目为应需而设，故称为"待非常之才"③，"元以罗非常之才"④；第二，针对实际，题目为应时而设，宋人吴育曾这样评价唐代制举策题："观当时策目所访者，皇王之要道，邦国之大务"⑤；第三，针砭时弊，对策多直言其事，这也是李林甫拒绝试策，皇甫湜、刘蕡不得登科的主要原因；第四，一经登科，立即授予官职，面对处理实际事务的挑战。一般常科及第的举子通过关试后，往往有一定的守选时间（中晚唐

① （唐）白居易：《日试诗百首田夷吾曹璠等授魏州兖州县尉制》，《白居易集》卷五十二《中书制诰五》，第1099页。

② 皇甫煃：《唐代以诗赋取士与唐诗繁荣的关系》，《南京师院学报》1979年第1期。

③ （宋）欧阳修、宋祁：《新唐书》卷四十四《选举志上》，第1159页。

④ （明）胡震亨：《唐音癸签》卷十八《诂笺三·进士科故实》，第161页。

⑤ （宋）李焘：《续资治通鉴长编》卷一百五十八《仁宗·庆历六年》，中华书局1985年版，第3834—3835页。

时固定为三年），这既可以解决阙少员多的问题，也可以让举子利用这段时间，进一步进修习业，增长社会知识，提高自身能力，尤其是解决实际事务、断案办文的能力，为从政当官做好准备。唐玄宗开元三年（715）六月就下诏要求有出身人“行业修谨，书判可观”[①]；大和九年（835）十二月中书门下奏请也要求他们“必使练达，固在经历”[②]。白居易、元稹曾在守选期间苦练判词写作，留存的百道判词即为从政前的模拟实习。而对白身人、有出身人来说，制举一经登科即授官职，而且官阶也比一般通过铨选进入仕途的有出身人起步要高，从平民立刻变身为官员，缺乏经验的他们将面对如何恰当处理实际事务的考验，因此制举考量人才的重点也是这方面的素质与能力。当然，上述五点皆就制举设立的初衷而言，在实际的实施过程中当然也会出现与之相背离的情况，比如举子献媚而不愿直言，考官对直言举子不敢收录，举子在守选期间不好好进修，忙于干谒请托等。进士科重在考察举人最基本的从政素质，博学宏词科重在提拔文学从政人员，因此两科皆以诗歌等文学体裁作为主要考试项目；而制举则重在考察举人的从政能力，因而不以诗歌作为考试的主要内容，而主要关注于选拔具有当下现实意义的政治人才。

制举的少试诗歌，并不意味着唐代不需要特殊人才具有文学素养，或不需要文学人才。事实上，对文才的重视、对文采的追求，在唐代，尤其是唐前期始终是一个热点，而制举也不可能不受其影响。虽然有唐一代，目前文献可考的只有辞藻宏丽、日试百篇、日试万言三科试诗，但就选拔文学之士而言，除了此三科以外，还有辞标文苑、文藻宏丽、蓄文藻之思、文艺优长、藻思清华、文辞雅丽、文辞秀逸、文辞清丽等多科，尤其在玄宗开元五年至十五年（717—727）期间，文学之科更为集中，表现出当时以文学取士的潮流。检索《旧唐书》、《新唐书》、《全唐文》和《全唐诗》中人物传记，共有制举及第的有出身人 149 人，其中前进士有 130 人，占了有出身人制举及第的绝大多数，这显然与前进士们的文采华章有关，也在一定程度上反映出制举考试的评判标准。薛登在指陈科举之弊的上疏中，曾这样批评制举考试的评卷标准：“若其文擅清奇，便充甲第，藻思微减，便即告归”，要求天子“降明制，颁峻科。……断浮虚之

① （宋）王钦若：《册府元龟》卷六百三十五《铨选部·考课》，第 7344 页。

② 同上书，卷六百四十一《贡举部·条制第三》，第 7403 页。

饰词，收实用之良策，不取无稽之说，必求忠告之言”。[①] 由此可见，在进士科与吏部铨选偏向于文辞之士的选拔风气中，制举也不可能不受其影响，但它少试诗、赋的做法，使之相比较于进士科、博学宏词科，更具现实针对性和政治务实性。从这个意义上来说，制举中的文学科目对进士科与铨选的“以诗取士”也是一种有益的补充。

第三节 翰林学士院试诗

翰林院始设于开元初。《资治通鉴》卷二百一十七《唐纪·玄宗天宝十三载》载：

> 唐初，诏敕皆中书、门下官有文者为之。乾封以后，始召文士元万顷、范履冰等草诸文辞，常于北门候进止，时人谓之“北门学士”。……上即位，始置翰林院，密迩禁廷，延文章之士，下至僧、道，书、画、琴、棋、数术之工皆处之，谓之“待诏”。[②]

将翰林院的源头追溯至武德、贞观以来，朝官及学士待诏禁中的制度，就唐开元中期以后而言，有一定的道理。那时的翰林学士的确已经具有了应制写诏、参政议政的作用，甚至被人们视为“公辅之先路”[③]，成为宰相后备役。然而在翰林院设置之初，情况却并非如此。《新唐书》卷四十六《百官志一》载：

> 唐制，乘舆所在，必有文词、经学之士……皆直于别院，以备宴见；而文书诏令，则中书舍人掌之。……玄宗初，置“翰林待诏”，以张说、陆坚、张九龄等为之，掌四方表疏批答、应和文章；既而又以中书务剧，文书多壅滞，乃选文学之士，号“翰林供奉”，与集贤院学士分掌制诏书敕。开元二十六年，又改翰林供奉为学士，别置学士院，专掌内命。……其后，选用益重，而礼遇益亲，至号为“内

① （五代）刘昫：《旧唐书》卷一百〇一《薛登传》，第3139、3140页

② （宋）司马光：《资治通鉴》卷二百一十七《唐纪·玄宗天宝十三载》，第6923页。

③ （清）赵翼：《陔馀丛考》卷二十六《学士》，第523页。

相”，又以为天子私人。[1]

唐初，只设置了一些翰林待诏，住在天子居处附近的别院里，和其他僧、道、书、画、琴、棋等待诏一起，随时准备应诏，入侍内宴，出游陪赏。虽然他们中的少数优秀者也被玄宗用来写一些表疏批答，但其主要的任务还是“应和诗赋文章而已”[2]。因此在诸类待诏中，虽然翰林待诏以其文词才华颇受帝王青睐，但其始终处于文学扈从之臣的地位，这也正是李白待诏翰林时倍感失望的地方。开元十年（722）左右[3]，唐玄宗另设翰林供奉一职：

> 玄宗以四隩大同，万枢委积，诏敕文诰，悉由中书，或虑当剧而不周，务速而时滞，宜有偏掌，列于宫中，承导迩言，以通密命。由是始选朝官有词艺学识者，入居翰林，供奉别旨。[4]
>
> ——韦执谊《翰林院故事》

翰林供奉并非专自待诏中选出，而是从所有朝官中选拔有词艺、有学识者，入住翰林院任职供奉，与集贤院学士一起，负责应制写诏的工作。开元二十六年（738），玄宗又“在翰林之南，别户东向”[5] 另建学士院，设置翰林学士之职，专掌内制。此后，为了巩固并加强皇权，翰林学士逐渐参与到朝政事务中来，辅佐决策，纠偏补弊，政治地位日益提高，其中的优秀者甚至被提拔为宰相。“贞元中，由此而居辅弼者，十有二焉；元和中，由此而膺大用者，十有六焉”[6]，成为“天子私人”[7]。据统计，在德宗至懿宗年间，任职翰林学士的共有154人，其中53人，即32%后来

---

① （宋）欧阳修、宋祁：《新唐书》卷四十六《百官志一》，第1183—1184页。

② （宋）王溥：《唐会要》卷五十七《翰林院》，第1147页。

③ 详见傅璇琮《李白任翰林学士辨》，《文学评论》2000年第5期。

④ （唐）韦执谊：《翰林院故事》，（宋）洪遵编《翰苑群书》卷四，傅璇琮编《翰学三书》，辽宁教育出版社2003年版，第15页。

⑤ （宋）王溥：《唐会要》卷五十七《翰林院》，第1145页。

⑥ （唐）韦处厚：《翰林学士记》，（宋）洪遵《翰苑群书》卷三，第12页。

⑦ （唐）李肇：《翰林志》，（宋）洪遵《翰苑群书》卷一，第3页。

位至宰相；宰相共有 159 人，其中 67 人，即 42% 的宰相曾充任翰林学士，① 所以时人谓“时辈何偏羡，儒流此最荣”②。

入职翰林并没有具体的官阶限制，史称“皆以他官充，下自校书郎，上及诸曹尚书，皆为之”③。从现有文献记载来看，自玄宗到懿宗年间，共有 169 名初任翰林学士者，其中 12 人的前官职为从四品以上，其余皆为员外郎、中书舍人、拾遗、补阙、郎中等中下级官员。④ 一般只要皇帝赏识，认为具备资格即可召入翰林。不过在进入之前，也有一定的考试程序：

> 元和二年，十一月四日，自集贤院召赴银台候进旨。五日，召入翰林。奉敕试制诏等五首。翰林院使梁守谦奉宣：宜授翰林学士。数月，除左拾遗。……《奉敕试边镇节度使加仆射制》……《与金陵立功将士等敕书》……《与崇文诏》……《批河中进嘉禾图表》……《太社观献捷诗》。⑤
>
> ——白居易《奉敕试制书诏批答诗等五首》
>
> 凡初迁者，中书、门下召令右银台门候旨。其日入院，试制书答共三首，诗一首，自张仲素后加赋一首。试毕封进，可者翌日受宣，乃定，事下中书、门下。⑥
>
> ——李肇《翰林志》
>
> 本院旧例，学士入院，除中书舍人即不试，余官皆先试麻制、答蕃、批答各一道，诗、赋各一道，号曰五题。所试并于当日内了，便具呈纳。从前虽有召试之名，而无考校之实，每遇召试新学士日，或有援者，皆预出五题，潜令宿构，无援者即日起草，罕能成功。去留皆系于梯媒，得失尽归于偏党。今后凡本院召试新学士，欲请权停试

---

① 岑仲勉：《郎官石柱题名新考订》，上海古籍出版社 1984 年版，第 385 页。

② （唐）刘得仁：《上翰林丁学士》，（清）彭定求《全唐诗》卷五百四十五，第 6301 页。

③ （唐）李肇：《翰林志》，（宋）洪遵《翰苑群书》卷一，第 4 页。

④ 毛蕾：《唐代翰林学士》，社会科学文献出版社 2000 年版，第 46 页。

⑤ （唐）白居易：《奉敕试制书诏批答诗等五首》，《白居易集》卷四十七，第 1002—1005 页。

⑥ （唐）李肇：《翰林志》，（宋）洪遵《翰苑群书》卷一，第 4 页。

诗、赋，只试麻制答，共三道，仍请内赐题目，兼定字数，付本院召试。①

——《五代会要·翰林院》

除了中书舍人，其余官职的初任翰林学士的人员皆须在入院前参加一次资格考试。参试者先至银台候旨，待入召旨意下达后，进入内廷。考试由皇帝主持，可能也有其他官员一起参与出题、评判等工作。考试主要有五项内容，包括诏书和诗赋写作，有一定的字数限制，当天完成。元和二年（807），白居易因创作了近十篇颇具谏讽意义的乐府诗而受到宪宗青睐，因此召入宫中参加翰林院试，写了诏书、批答四篇，诗歌一首。从这首《太社观献捷》诗来看，五言四韵，没有题中用字或用韵，此外还有结构安排等方面亦与进士科和博学宏词科的试诗有所不同，看来翰林学士院试诗另有自己的标准。或许由于天子命题，而且考的又是极个别的非常之才，时间不定，故在机制上比较灵活机动。元和十一年（816）八月，张仲素入翰林院②，其所试较之白居易，减少了一则书答，代之以一篇赋。与其他考试不同的是，翰林学士试诗并不存在选拔性和淘汰性，而是一种资格试，即并不存在择优汰劣的问题，而是审核入试者是否达到翰林学士授职资格。若达到，则立即授予官职。但即便如此，也仍然有作弊现象发生，主要是通过内廷获得试题，事先写好。可见，考试制度的存在与作弊现象的发生是一对共存的矛盾体。

翰林学士院的官员们天然地与文辞之士有着联系，这主要表现在以下几个方面：

第一，以试诗、赋、制诏的形式入院。入翰林要试诗赋，以文学取士的原则在选拔“内相”的过程中同样有效。这应该是受社会上崇尚诗人，科举考试崇重诗歌风气的影响，也是由翰林学士的职责内容所决定的。杜元颖《翰林院使壁记》言：

圣明以文明敷于四海，详择文学之士，置于禁署，实掌诏命，且

① （宋）王溥：《五代会要》卷十三《翰林院》载长兴元年二月翰林学士刘昫奏，上海古籍出版社 1978 年版，第 227 页。

② （元）辛文房著，傅璇琮主编：《唐才子传校笺》（二）卷五《张仲素》，第 532 页。

备顾问。……凡兵事之所会，符檄之所至，筹略之所授，告谕之所加，决于一言，缴以万里，得失以之而定，安危以之而分。降自九天之上，行乎四海之外，无不面奉宸断。[①]

在封建社会中，制诏的好坏是一件大事，好的诏书有时候甚至可以起到一定的改变局势的作用。比如兴元元年（784）奉天之难中，陆贽替德宗皇帝起草《罪己诏》，写得晓理动情，“虽武夫悍卒，无不挥涕感激”。“敕书至山东，士卒无不感泣思奋”，“议者咸以为德宗之克平寇难，不惟神武成功，爪牙尽力，盖亦文德广被，腹心有助焉”，[②] 可见诏书的影响力之大。帝王对诏书的写作工作也非常重视。元和十三年（818），张仲素因撰写讨叛诏书有功，被赐著紫，段文昌、沈传师、杜元颖赐著绯。[③] 翰林学士承担着撰制诏敕的主要任务：

元和初，置书诏印，学士院主之，凡赦书，德音、立后、建储、大诛讨、免三公宰相、命将，曰制，并用白麻纸，不用印。……凡赐与徵召，宣索处分，曰诏，用白藤纸；凡慰军旅，用黄麻纸，并用印。凡批答表疏，不用印。凡太清宫、道观荐告词文，用青藤纸、朱字，谓之青词。凡诸陵荐告上表、内道观叹道文，并用白麻纸。杂词、祭文、禁军号，并进本。[④]

——李肇《翰林志》

他们执掌多种制敕，尤其有关军国大事的诏书，因此需要能熟练自如地运用庄重典雅、遒丽恢宏的语言。韦执谊《翰林院故事》言，翰林学士撰写制诰时，“发挥大猷，藻绘上命，只简片削，可以动乎人神，风行四方，万里始觐”[⑤]。崔嘏在《授萧邺翰林学士制》中亦指出：“至于参我密命，立于内庭，即必取其器识宏深，文翰遒丽。”[⑥] 通过试诗、赋可以

① （唐）杜元颖：《翰林院使壁记》，（宋）洪遵《翰苑群书》卷二，第10—11页。

② （宋）王溥：《唐会要》卷五十七《翰林院》，第1147页。

③ 同上书，第1149页。

④ （唐）李肇：《翰林志》，（宋）洪遵《翰苑群书》卷一，第2—3页。

⑤ （唐）韦执谊：《翰林院故事》，（宋）洪遵《翰苑群书》卷四，第16页。

⑥ （唐）崔嘏《授萧邺翰林学士制》，（清）董诰《全唐文》卷七百二十六，第7476页。

考查参试者是否具备优秀的语言表达能力和文字运用能力，这是任职翰林的最基本条件。

第二，“翰林逼华盖”[①]。他们大多具备卓越的文学才华，往往因文词出色而受帝王赏识，才被招入翰林。不管初期的翰林待诏，还是后来的翰林供奉、翰林学士，都是词艺杰出之士，刀笔应用之高手，最有名的比如李白、元稹、白居易等文学大家。李白之召入翰林，皆因其诗名卓著；白居易之入翰林，乃因乐府歌诗“流闻禁中”[②] 得到皇帝喜爱；元稹之入翰林，乃因“《连昌宫辞》等百余篇奏御，穆宗大悦”，后“尝为《长庆宫辞》数十百篇，京师竞相传唱”。[③] 此外还有吴筠、李翰、李绅、张涉、梁肃、李绛、蒋防等一批诗客作家。《旧唐书》卷一百九十二《隐逸传》载：“（吴）筠尤善著述，在剡与越中文士为诗酒之会，所著歌篇，传于京师。玄宗闻其名，遣使征之。既至，与语甚悦，令待诏翰林。”[④]《旧唐书》卷一百七十三《李绅传》载：“能为歌诗。乡赋之年，讽诵多在人口……朝廷嘉之，召拜右拾遗。岁余，穆宗召为翰林学士，与李德裕、元稹同在禁署，时称‘三俊’。”[⑤]

岑仲勉在《隋唐史》中言：“唐承六朝骈俪，高宗后风始渐革……唯是除授制敕，依然保存旧习。诏敕起草者初为中书舍人，玄宗时始渐移其重要部分于翰林学士，机密之件，有时直须宰相执笔。骈文与诗、赋性质相近，若粗有文理之明经，安能胜此？……亦进士能适应上级工作有以致之也。”[⑥] 从翰林学士的出身来看，进士及第者占了一大半。据毛蕾统计，玄宗至懿宗朝的翰林学士中，有科举出身的占 71% 左右，其中绝大部分为进士及第者。[⑦]“官自文华重，恩因顾问生”[⑧]，因文辞而得帝王赏识的翰林们，自然有着超拔的文学水平。

第三，参与人才选拔，招纳文学后进。由于翰林学士多为文辞优异之

---

① （唐）杜甫：《赠翰林张四学士》，（清）彭定求《全唐诗》卷二百二十四，第 2400 页。

② （五代）刘昫：《旧唐书》卷一百六十六《白居易传》，第 4340 页。

③ 同上书，卷一百六十六《元稹传》，第 4333 页。

④ 同上书，卷一百九十二《隐逸传》，第 5129 页。

⑤ 同上书，卷一百七十三《李绅传》，第 4497 页。

⑥ 岑仲勉：《隋唐史》，第 191—192 页。

⑦ 毛蕾：《唐代翰林学士》，第 47 页。

⑧ 刘得仁：《上翰林丁学士》，（清）彭定求《全唐诗》卷五百四十五，第 6301 页。

士，是天子值得信赖的贴身秘书，因而在任职期间有时还承担了重要的考试或者复试职责。“凡徵天下草泽之士，临轩策试，则议科设问，覆定与夺。”[①] 比如元和三年（808）的制举考试，由翰林学士王涯主试、裴垍考覆；再比如会昌四年（844）的进士科考覆，亦由翰林学士负责。有的翰林学士出院后还曾掌握贡举之职，比如陆贽于贞元八年（792）知贡举；顾少连任贞元九年、十年知贡举；卫次公在元和三年（808）；崔群为元和十年（815）等。从他们手下选拔出了诸如牛僧孺、皇甫湜、李宗闵、王起、贾餗、赵嘏、马戴、柳宗元、刘禹锡、范传正、李逢吉、王播、元稹、沈亚之、裴夷直等一批唐代著名人物，尤其陆贽主试的那年榜单，号称“龙虎榜”，一榜多天下孤隽伟杰之士，其中包括了欧阳詹、李观、王涯、张季友、韩愈、李绛、庚承宣、崔群等一批日后在政坛、文坛上大放光彩的人士。由于翰林学士在政治、文学上的影响力，唐人干谒也常以他们为对象。比如窦牟有《元日喜闻大礼寄上翰林四学士中书六舍人二十韵》，贾岛写《赠翰林》，朱庆馀有《上翰林蒋防舍人》、《上翰林李舍人》，温庭筠写《投翰林萧舍人》，张蠙《投翰林张侍郎》，李山甫《谒翰林刘学士不遇》等；[②] 而庞严和蒋防的入翰林，也皆因时任翰林学士的元稹、李绅的推荐。[③] 翰林学士“是以文采名世的政治型知识分子”[④]。他们大多出身庶族，以文学进身达到权力的高峰，反过来又以自己的权力提拔后进文士。他们近侍于帝王身边，接近于权力中心，对国事朝政、社会问题了解得比一般文人清楚；又深得帝王恩宠与信任，“内分金带赤，恩与荔枝青”[⑤]，“朝晡颁饼饵，寒暑赐衣裳”[⑥]，因而对帝王的忠诚度更高，改革时弊的愿望也更强烈，元稹在《酬翰林白学士代书一百韵》中就提到

---

① （唐）李肇：《翰林志》，（宋）洪遵《翰苑群书》卷一，第3页。

② 分别见（清）彭定求《全唐诗》卷二百七十一，第3037—3038页；卷五百七十四，第6686页；卷五百一十四，第5874—5875页；卷五百七十八，第6720页；卷七百〇二，第8079页；卷六百四十三，第7366页。

③ （五代）刘昫《旧唐书》卷一百六十六《元稹传》：“后进之士，最重庞严，言其文体类己，保荐之。……严与右拾遗蒋防俱为稹、绅保荐。”第4339页。

④ 傅璇琮：《唐永贞年间翰林学士考论》，《中国文化研究》2001年第3期。

⑤ （唐）杜甫：《赠翰林张四学士》，（清）彭定求《全唐诗》卷二百二十四，第2400页。

⑥ （唐）白居易：《渭村退居寄礼部崔侍郎翰林钱舍人诗一百韵》，（清）彭定求《全唐诗》卷四百三十八，第4859页。

"誓欲通愚謇，生憎效喔咿。佞存真妾妇，谏死是男儿"，"敢嗟身暂黜，所恨政无毗"[①]。他们常常将文学创作视为政教工具，积极热情地投身于文学改革。比如，元稹、白居易、李绅倡导新乐府运动；梁肃主张以气行文，支持古文运动；吴融、杜荀鹤力图恢复诗教观念，等等。这些文学改革与文学理论的提出在很大程度上乃基于其翰林学士的谏诤职责和纠正时弊的意识，对当时的文学发展产生了不小的影响。

第四，参与宫廷诗歌创作，推进崇尚诗歌之风。翰林待诏本就是词学待诏，《旧唐书》卷四十三《职官志二》载："其待诏者，有词学、经术、合炼、僧道、卜祝、术艺、书奕，各别院以廪之，日晚而退。其所重者词学。"[②] 随侍帝王，应景创作是其本职工作，李白名篇《清平调三首》就创作于随侍宴会之上，皆因玄宗以为"对此良辰美景，岂可独以声伎为娱，倘时得逸才词人吟咏之，可以夸耀于后"[③]。如果遇到爱好文学的帝王那就更是如此。李肇《翰林志》载："德宗雅尚文学……又尝召对于浴堂，移院于金銮殿，对御起草，诗赋唱和，或旬日不出。"[④] "贽初入翰林，特承德宗异顾，歌诗戏狎，朝夕陪游。"[⑤]"（韦执谊）召入翰林为学士，年才二十余。德宗尤宠异，相与唱和歌诗。"[⑥] 很多诗人都曾提到翰林学士（待诏）陪侍游宴、作诗写赋的生活：

> 见说往年在翰林，胸中矛戟何森森。
> 新诗传在宫人口，佳句不离明主心。[⑦]
>
> ——任华《寄李白》
>
> 赋诗拾翠殿，佐酒望云亭。[⑧]
>
> ——杜甫《赠翰林张四学士》

---

① （唐）元稹：《酬翰林白学士代书一百韵》，（清）彭定求《全唐诗》卷四百〇五，第4520页。

② （五代）刘昫：《旧唐书》卷四十三《职官志二》，第1853页。

③ （唐）孟棨：《本事诗·高逸第三》，丁福保《历代诗话续编》，中华书局1983年版，第14页。

④ （唐）李肇：《翰林志》，（宋）洪遵《翰苑群书》卷一，第3页。

⑤ （五代）刘昫：《旧唐书》卷一百三十九《陆贽传》，第3817页。

⑥ 同上书，卷一百三十五《韦执谊传》，第3732页。

⑦ （唐）任华：《寄李白》，（清）彭定求《全唐诗》卷二百六十一，第2902页。

⑧ （唐）杜甫：《赠翰林张四学士》，（清）彭定求《全唐诗》卷二百二十四，第2400页。

共词加宠命，合表谢恩光。

……

晓从朝兴庆，春陪宴柏梁。[①]

——白居易《渭村退居礼部崔侍郎翰林钱舍人诗一百韵》

宴移明处清兰路，歌待新词促翰林。[②]

——元稹《酬乐天八月十五夜禁中独直玩月见寄》

唱和有类吹埙篪。妍辞丽句不可继。[③]

——韩愈《和虞部卢四酬翰林钱七赤藤杖歌》

看花在处多随驾，召宴无时不及身。[④]

——贾岛《赠翰林》

此外，翰林学士还承担着为朝廷创作郊庙、庆典所用乐章歌辞的职责。比如《乐府诗集》卷十一《郊庙歌辞·唐享太庙乐章》收录了翰林学士郑馀庆、段文昌等人所作的乐章歌辞。[⑤] 他们有时还要收集编录诗歌集，以供君王欣赏。比如陈振孙《直斋书录解题》卷十五《唐御览诗》曰："唐翰林学士令狐楚纂刘方平而下，迄于梁锽，凡三十人诗二百八十九首。一名《唐新诗》，又名《选进集》，又名《元和御览》。"[⑥]

翰林学士院的官员们凭借自身文华听闻于天子，又通过试诗等考试形式，得以跻身权力中心。当无数文人尚在日习书业，夜课诗赋，盼望着可以释褐进官之时，他们早已随侍于天子身边，"九霄排直上，万里整前期"[⑦] 了。他们既是政治侍臣，又是文学髦俊，与中书舍人一起代表着文

① （唐）白居易：《渭村退居寄礼部崔侍郎翰林钱舍人诗一百韵》，（清）彭定求《全唐诗》卷四百三十八，第4859—4860页。

② （唐）元稹：《酬乐天八月十五夜禁中独直玩月见寄》，（清）彭定求《全唐诗》卷四百十二，第4572页。

③ （唐）韩愈：《和虞部卢四酬翰林钱七赤藤杖歌》，（清）彭定求《全唐诗》卷三百三十九，第3802页。

④ （唐）贾岛：《赠翰林》，（清）彭定求《全唐诗》卷五百七十四，第6686页。

⑤ 详见（宋）郭茂倩《乐府诗集》，中华书局1979年版，第155页。

⑥ （宋）陈振孙：《直斋书录解题》卷十五《唐御览诗》，上海古籍出版社1987年版，第440页。

⑦ （唐）元稹：《酬翰林白学士代书一百韵》，（清）彭定求《全唐诗》卷四百〇五，第4519页。

学之士可以登及的权力高峰。但与中书舍人不同的是，他们不党不偏，更代表着皇权的至上、天子的威严，与帝王站在一起对抗强硬的藩镇、嚣张的宦官和悖逆的权臣。因此一方面他们常常成为政治斗争的牺牲品，而另一方面他们也因此成为诗客词人最为崇敬的清要之流。试诗制度的选人理想在翰林学士这个阶段获得最具荣耀感的实现。

至此，唐代试诗制度的总体面貌得以基本呈现。基于儒家文化的历史传统，唐代统治者的现实政治需要，社会崇尚文才、爱好诗歌的浓厚风气，诗歌作为各级举士选官的考试内容进入科举范围。通过长期实践与多次调整、改革，唐王朝最终构建起一个立体全方位的文才培养、选拔、任用机制。图示如下：

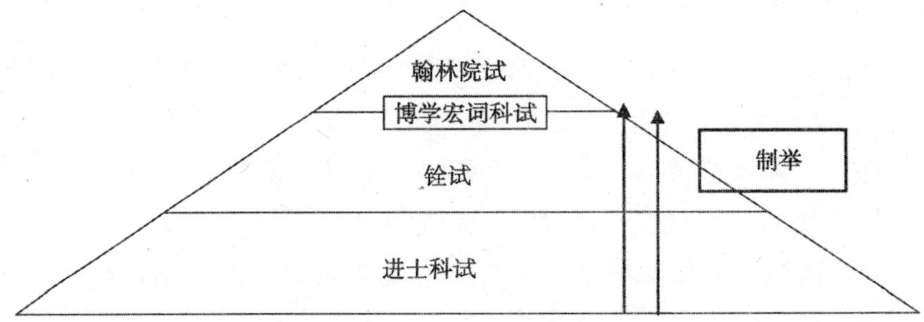

为了构建文德政治，塑造文质彬彬的官吏士人群体，通过文学手段进行社会教化，唐代统治者不仅在选官领域确立了“以崇文冠首”① 的原则，而且在举士领域设置了进士科试诗，形成基本的文才选拔两层结构，为文学官员的培养、选拔、任用提供了一个稳定而长久的机制；作为这两层结构的补充，博学宏词科和制举在选官制度中具有较高的地位，有利于文学俊乂者迅速登上政坛，缩短其进阶的时间。由于打破了用人体制中层次与层次之间的界限，增强了人才的纵向流动性，因而突破了试诗体系的保守，体现出不拘一格降人才的开明思想；最后以翰林院试诗为终点，挑选出君王称心的贴身侍从，直接为其所用，展现文学之士的荣耀前程。这个试诗体系包括了地方—中央，解试—省试—殿试等不同级别的考试，初试—考覆—覆试等从考试制度公平性出发设置的不同试诗环节，常规试、别头试、弘文崇文生试、宗正寺试等针对不同参试群体设置的不同试诗类

① （宋）王溥：《唐会要》卷七十四《选部上·论选事》，第1587页。

别，表现出系统化的特点。各种不同层次文才的培养、选拔、任用就在这个体系中得以实现。这个试诗体系向普通文士展现了一幅释褐进官的前程蓝图，使之奋不顾身地投入，并且持之以恒地付出。统治者则利用这个试诗体系，不但可以选拔并任用自己需要的政治人才、文学侍从，以实现各种具体的政治目标；而且还可以组织各种以诗歌为内容的政治、教育、文化活动，创造一种文质彬彬的社会气象。对于唐代社会而言，试诗制度的设立既受到了全社会崇尚诗歌、热爱诗歌创作的风气的影响，反过来这一制度的实施又有助于这一风气的进一步发展和长期保持。换言之，文学创作活动有了政治机制的支持，才得以以更迅猛的势头蓬勃发展。因此试诗制度既是“诗唐”的产物，又是“诗唐”发展的助推器。正是试诗制度使唐代的文学与政治以如此紧密而又直接的方式联系在了一起，使艺术与功利融二为一。当然，由于政治的强势作用和主导地位，这种联系与融合，最终都导向了政治的、功利的一面，使文学带上了非文学的气息，使艺术沾染上了非艺术的习气。但也正是由于攀上了政治的高枝，才使文学变得更主流，艺术变得更被需要。因此就诗歌本身来说，为了获得进一步的发展，它不得不迎合政治，从而削弱它的文学本质。另外，政治虽然处于主导地位，但它在影响诗歌的同时，又必然地会受到诗歌的影响。这种影响既表现为显性的，比如诗人群体跻身官场，诗歌成为政治的一个独立组成部分；又表现为隐性的，比如艺术思维、浪漫情怀渗透于政治生活，形成以文学进身的价值观等。总之，试诗制度的确立与实施，对唐代的社会、政治、文学产生了深远的影响，从而使唐代永远地与诗歌画上了等号，唐人也永远地成为我们后人记忆中丰润多彩的形象。

第五章

唐代应试诗的命题用意

唐诗之盛毋庸赘言，对此，每个人心中都有一幅布满了璀璨星辰的夜空图。多少人曾经由衷地感叹过它的光彩夺目，神往地描绘过它的绚丽多姿，又有多少人曾经潜心研究构建这幅图景的熠熠明星，探寻形成它的机制和原因。然而，当人们仰望这片星空时，目光常常会不由自主地被那些有着更耀眼光泽的恒星所吸引，忽略了在夜空深处被巨大光芒所遮掩了的大多数。事实上，正是无数闪烁的小星星才构成了这璀璨夜空最广阔的背景。唐代的应试诗就是其中被人们冷落了的星空一角。

以往很少有研究者专门将唐代应试诗作为一种独立的诗歌现象来进行研究，大多数对它的描述都是在分析唐诗兴盛的原因、论述科举与文学的关系时，才略有涉及，而且总体评价皆不高，大多认为缺乏佳作，没有什么文学性和研究价值可言。若从文学鉴赏的角度来说，这样的结论的确不错，但我们对应试诗的研究似乎不应该这样进行，就像我们不能要求萝卜如西瓜般甘甜，青草如大树般茁壮一样。应试诗是一种在举士选官背景下产生的特定的诗歌体裁，它的存在与发展无不受到试诗制度的限制与规定，与其说它是一种文学现象，还不如说它隶属于制度层面来得更为恰当。倘若将它与试诗制度剥离开来，单纯地评价其文学价值，这样的思路本身就存在问题，而由此得出的结论自然也与研究对象的本质有较大的偏差。要了解这一制度下的文学体裁，我们不妨先从其命题立意说起，因为应试诗题不仅代表着官方意志，也规范着写作内容，引导着创作思维，对应试诗而言极为重要。

第一节　诗名辨析

前人在指称科举考场上的诗歌时，曾用过若干不同的称谓，比如省试诗、省题诗、试律诗、试帖诗、赋得体诗等。我们认为，对某一事物的命名，应追求在内涵与外延上的准确清晰，倘若能保证常例与特例的统一则更佳。以此为前提来看，前人的这些称谓似乎都不太合适。

其一，“省试诗”之名出自唐人，然唐人仅以此专指尚书省的试诗。用它来泛指所有科举应试之诗始自宋代，比如《文苑英华》收录“省试诗”十卷，其中除了省试诗外，还包括了博学宏词科试诗、翰林学士院试诗，并附有州府试诗。此外，宋人也称其为“省题诗”，比如北宋刘攽《中山诗话》云：“自唐以来，试进士诗，号省题。”① 然正如前文所叙，试诗现象不仅出现在尚书省的进士科考试中，而且还普遍地存在于进士科州府试、县试、国子监试、科目选试、制举试、翰林学士选拔试中，绝非“省试”或“省题”一语可以囊括。

其二，“试律诗”之名出自清人。第一个定义“试律”的是李因培。其《唐诗观澜集·凡例》言：“唐以诗赋取士，自州试、监试、省试，皆官为限韵，常以五言六韵为率，谓之试律。”同书卷十五亦言：“唐承隋制取士，永徽而后专用诗赋。其诗自进士大科，及府州小试，命题限字，率以六韵，号曰试律。”② 的确，科举试诗一般皆为五律，但我们亦发现了一些例外。比如开元十二年（724），祖咏《终南望余雪》③：

> 终南阴岭秀，积雪浮云端。
> 林表明霁色，城中增暮寒。

从句数上看，它只有四句，不符合六韵的要求；从平仄上看，第二句出现了“三平调”，不符合近体诗格律的要求。如果说这是因为进士科试诗实行不久，各项规范尚未成熟定型的话，那么开成二年（837）的这个例外就是有意而为之的了。开成二年，唐文宗钦定省试命题《霓裳羽衣曲》，并下诏要求“依齐梁体格”④。该年状元李肱作的《霓裳羽

① （宋）刘攽：《中山诗话》，（清）何文焕《历代诗话》，第 297 页。

② 转引自彭国忠《唐代试律诗的称名、类型及性质》，《学术研究》2007 年第 1 期。

③ （清）彭定求：《全唐诗》卷一百三十一，第 1337 页。

④ （唐）唐文宗：《敕礼部侍郎高锴试宗正寺解送人诏》，（清）董诰《全唐文》卷七十一，第 754 页。

衣曲诗》[①] 如下：

> 开元太平时，万国贺丰岁。梨园献旧曲，玉座流新制。
> 凤管递参差，霞衣竞摇曳。宴罢水殿空，辇余春草细。
> 蓬壶事已久，仙乐功无替。讵肯听遗音，圣明知善继。

全诗通押仄声，首联平仄不对，“霞衣”句和“燕罢”句不粘，并非律诗。以“试律诗”称之，虽然可以涵盖大多数，却无法容纳少数这些特例。

其三，“试帖诗”概念的广泛使用始自清代毛奇龄，他在著作中用“试帖”之名来指代科考场上的应试诗，并编有《唐人试帖》一书。然而这一指称，在当时就遭到了一些人的否定。梁章钜《试律丛话》卷一言：

> 古人明经一科，裁纸为帖，掩其两端，中间惟开一行，以试其通否，故曰试帖。进士亦有赎帖诗，帖经被落，许以诗赎，谓之赎帖，非以诗为帖也。毛西河检讨奇龄有《唐人试帖》之选，盖亦沿此误称。[②]

以为“试帖”为“赎帖”之误。今查唐人文献，“试帖”之称最早出现在孟棨《本事诗·征咎》中：

> 崔曙进士作《明堂火珠》诗试帖，曰：“夜来双月满，曙后一星孤。”当时以为警句。及来年，曙卒，唯一女名星星，人始悟其自谶也。[③]

在唐代，试帖仅指考试帖经，孟棨此语不知所本。《封氏闻见记》、《明皇杂录》、《唐诗纪事》[④] 等书中亦载此事，但均无“试帖”字，因此

---

① （宋）李昉：《文苑英华》卷一百八十四《省试五》，中华书局1966年版影印本，第902页。

② （清）梁章钜：《制艺丛话·试律丛话》，第511页。

③ （唐）孟棨《本事诗·征咎》，《唐五代笔记小说大观》，第1251页。

④ 详见（唐）封演《封氏闻见记》卷四《明堂》，第84页；（唐）郑处诲《明皇杂录·逸文》，中华书局1994年版，第53页；（宋）计有功撰，王仲镛校笺《唐诗纪事校笺》卷二十《崔曙》，第675页。

《本事诗》此语很可能是衍文。前文已叙，以诗赎帖的现象始于天宝初。据《封氏闻见记》卷三《贡举》载："天宝初，达奚珣、李岩相次知贡举，进士文名高而帖落者，时或试诗放过，谓之赎帖。"①《太平广记》卷一百七十九《阎济美》条也有相关赎帖的记载。据徐松《登科记考》，阎济美进士及第在大历九年（774）。可见至大历年间，以诗赎帖的现象仍然存在。但从材料所录具体对话来看，阎济美在此之前并不清楚还有帖经不过以诗相赎的规定，而主司亦言这是"故事"，看来并非常规。以特定条件下非常规的赎帖现象来指称全部，亦不妥当。

其四，唐以前，凡摘取古人成句为诗题，题首多冠以"赋得"二字，比如南朝梁元帝有《赋得兰泽多芳草》一诗，"兰泽多芳草"便出自《古诗十九首》之"涉江采芙蓉"。唐代因试题多取自古人成句，因而题前亦常常加"赋得"二字。此外，凡是指定、限定的诗题，多以"赋得"为题，比如应制之作、诗人集会分题、应试拟作等。后遂将"赋得"视为一种诗体，即景赋诗者也往往以"赋得"为题。所以"赋得体诗"的涵盖面要远远大于科考场上的应试诗，以此为名，亦不准确。

由此看来，若要准确地表达这类诗歌的内涵与外延，并将之与其他诗歌体裁相区别，用"应试诗"这个称谓可能是比较好的。

第二节 命题用意

宋人叶梦得言："唐礼部试诗赋，题不皆有所出，或自以意为之。"②这种现象不仅存在于礼部试诗中，也存在于唐代其他试诗中。从现存题目来看，唐代应试诗的命题或出自经史子集中的故事成句，即所谓"有所出"者；或源于社会时事，或纯以景物为内容，即所谓主考官"自以意为之"者。傅璇琮在《唐代科举与文学》一书中说："唐进士试的诗赋题目，有出于经史书籍的……这只是极少数。"③今查留存的唐人应试诗题约306个，其中出自唐以前经史书籍的有82题，约占全部诗题的27%，这虽然不算多，但也非"极少数"可以概括。其他的典出子部的诗题有

① （唐）封演：《封氏闻见记》卷三《贡举》，第33页。

② （宋）叶梦得：《石林燕语》卷八，第113页。

③ 傅璇琮：《唐代科举与文学》第七章《进士考试与及第》，第178页。

33 题，约占 11%；典出集部诗文名篇的有 68 题，占 22%；出自唐代各项制度与时事的有 47 题，约占 15%；其他没有出典，或出典不可考的有 76 题，占全部诗题的 25%。出题的灵活，涉及内容的广泛应该说是唐代应试诗不同于后代应试诗的主要特点之一。对于那些掌控着考生仕途前程的主试官们来说，选择怎样的题目必定有其审慎考虑的理由。首先，在一定的时间范围内，不能重复。比如：

> 先是出试，杨员外于陵省宿归第，遇程于省司，询之所试，程探鞹中得赋稿示之，其破题曰："德动天鉴，祥开日华。"于陵览之，谓程曰："公今年须作状元。"翌日杂文无名，于陵深不平；乃于故策子末缮写，而斥其名氏，携之以诣主文，从容绐之曰："侍郎今者所试赋，奈何用旧题？"主文辞以非也。于陵曰："不止题目，向有人赋次韵脚亦同。"主文大惊。①
>
> ——《唐摭言》卷八《已落重收》

材料所指虽为赋题，但想来为了考察举子的真实水平，应试诗的命题也当有类似要求。除此以外，如果加以揣度，我们大致还可以把唐代应试诗的命题用意概括为以下五个主要方面。

一、具有选拔特征

唐代试诗制度作为科举制度的一个重要组成部分，其功能之一就在于分清良莠，择优汰劣，因而试题具有选拔性是基础。所谓选拔性，其含义有二：

第一，对于大部分考生而言，应该可以掌握题目的宗旨，不出冷题、偏题，这可以保证选拔的空间。从现存唐人的应试诗题来看，内容的涵盖面比较广泛，根据描写对象，我们粗略地可以将之划分为以下三大类：写景咏物类，比如《秋月悬清辉》、《晨光动翠华》、《老人星》、《美玉》等；礼仪人事类，比如《中和节诏赐公卿尺》、《观北藩谒庙》、《御制段太尉碑》、《求自试》等；咏史怀古类，比如《李太尉重阳日得苏属国书信》、《亚父碎玉斗》、《金谷园花发怀古》等。这其中大部分诗题皆可从

① （五代）王定保：《唐摭言》卷八《已落重收》，第 90 页。

景物或场景描写入手，有利于考生描绘形象，营造意境，难度不高；且皆“不于异常之中，固求深僻题目”，因为试诗重点考察的是写作者的文思才情、辞采华章，“贵令所试成就，以观学艺浅深”。[①]

再比如，唐代应试诗中出自儒家经籍的有52题，其中出自《礼记》的就有21题，居各部儒家经典之首。然而同为大经，典出《左传》的诗题只有3个，仅是《礼记》的七分之一。同为中经，典出《诗经》的有10题，《周礼》和《仪礼》却为零。诗题数量上的巨大悬殊，源于当时各经学习人数的多寡和普及程度的不同。唐习明经，有通二经者，通三经者，通五经者。“通二经者，大经、小经各一，若中经二。通三经者，大经，中经，小经各一。通五经者，大经皆通，余经各一。”[②] 这也就意味着，习经者可以在规定范围内自由选择研读的具体经籍。开元八年（720）七月，国子司业李元瓘上书言：“今明经所习，务在出身，咸以《礼记》文少，人皆竞读。”[③] 由于《礼记》文字少，易于记诵，而“《左传》卷轴文字，比《礼记》多校一倍”[④]，因而举子多习《礼记》，以至“习《左氏》者十无一二”，“恐《左氏》之学废”[⑤]。唐旧制，“明经若大经，中经能习一传，即放冬集”[⑥]。“即放冬集”指不须经过关试，可直接参加吏部冬集铨选，也就是获得了关试的免试权。然至贞元元年（785）朝廷下敕，规定“明经习《礼记》及第者，许冬集”[⑦]。贞元九年（793）五月再一次下诏重申：“自今已后，明经习《礼记》及第者，亦宜冬集。”[⑧] 于是，习《礼记》者更甚，以至长庆年间，“三传无复学者”[⑨]。三部中经的学习情况也大体如此。由于《诗经》文学色彩浓厚，四言成

---

① （五代）刘昫：《旧唐书》卷十六《穆宗本纪》，第488页。

② （宋）欧阳修、宋祁：《新唐书》卷四十四《选举志上》，第1160页。

③ （宋）王溥：《唐会要》卷七十五《贡举上·帖经条例》，第1630页。

④ （宋）王钦若：《册府元龟》卷六百四十《贡举部·条制第二》，穆宗长庆二年二月谏议大夫殷侑奏，第7399页。

⑤ （宋）王溥：《唐会要》卷七十五《贡举上·明经》，第1627页。

⑥ （宋）王钦若：《册府元龟》卷六百四十《贡举部·条制第二》，穆宗长庆二年二月谏议大夫殷侑奏，第7399页。

⑦ （宋）王溥：《唐会要》卷七十五《贡举上·明经》，第1627页。

⑧ （宋）王钦若：《册府元龟》卷六百四十《贡举部·条制第二》，贞元九年五月诏，第7398页。

⑨ 同上书，穆宗长庆二年二月谏议大夫殷侑奏，第7399页。

篇，有韵有律，意思显豁，便于记诵。而“《周礼》经邦之轨则，《仪礼》庄敬之楷模”[①]，不仅内容庞杂，而且所涉细节较多，步序烦琐，文字难记，且举子大多已学习了《礼记》，因此同为礼学著作的《周礼》、《仪礼》，学习之人甚少，“两监及州县，以独学无友，四经[②]殆绝”[③]。这虽然说的是习明经者，然而趋少就易是人之常情，在以登第为习业之最主要目的的年代里，其他科目举子的习经情况应该也相差无几。统治者的提倡以及经书的文少易诵，使《礼记》成为诸经中普及程度较高的典籍，也成了出诗题率最高的儒家经典。反过来，诗题设计出自普及程度较高的典籍，有利于试诗考生从经典的理解出发，了解题目内蕴，熟悉诗题背景，可以将主要的精力放在诗歌创作的谋思构篇、字锤句炼上，因为毕竟试诗考查的不是应试者的经典记诵之功。

但另外一个方面，试诗毕竟以选拔为目的，题目设计得过于简单，则不易区分良莠，因此所谓选拔性的第二层含义是对于大部分考生而言，以此为题，若想写出佳作，具有一定的难度。由于应试诗有比较固定的写作模式，多须敷陈题目，点明题旨，因此题目设计得越实，则对写作者来说可发挥的空间越小，难度越大，但对考评官来说则评判起来越容易，因而大部分应试诗题皆有详细的内容限定。比如《秋月悬清辉》要点有四：一为咏月，二为咏秋月，三须写月光，四须写月光之清丽。如此一来，给考生在立意造境上留下的空间就所剩无几了。再比如《金谷园花发怀古》要点亦有四：一为怀古，二为见花而怀古，三须写明金谷园的花，四须将金谷园作为衰世豪族生活奢靡的象征意味写足。考生为了写好符合题旨的诗篇，就不得不在既定的框架内腾挪，空间有限，自然令人惊喜的部分也就有限。而与之相对的，被称为“亿不得一”和“万不得一”[④] 之作的钱起《湘灵鼓瑟》和李肱《霓裳羽衣曲》，之所以成为佳篇，有一部分原因就是二者的诗题均限制较少，且一为虚无缥缈的神话传说，一为浪漫无形的人间佳音，皆有水中之月、镜中之花的不可坐实性，对写出空灵蕴藉的作品自然大有裨益。有的时候为了确保区分度，应试诗题还会设计得难度

① （宋）王溥：《唐会要》卷七十五《贡举上·帖经条例》，第1630页。

② 另两经为《公羊》、《穀梁》。

③ （宋）王溥：《唐会要》卷七十五《贡举上·帖经条例》，第1630页。

④ （明）王世贞：《艺苑卮言》卷四，丁福保《历代诗话续编》，第1015页。

过高，以至于考生无从着手，比如《诏放云南子弟还国》。据《广州人物传·郑愚传》载，郑愚于咸通八年（867）任知贡举，“旧制试赋多出古句为题，士习蹈成篇。时诏放云南弟子还国，愚以次试之，士多阁笔。”[①]郑愚是广东人，曾于咸通初任桂管观察使，咸通三年（862）任岭南西道节度使[②]，对南方边地较为了解。参加省试的举子罕有南方边地之人，亦少有至南方边地游览的经历，且历代诗文中描绘南方边地的文学积累又少，诗题超出了一般举子的经验范围，因此出现了“多阁笔”的场面。

二、适合科考场合

应试诗题须符合科考文体所受到的时间、地点、形式、内容等方面的规定。由于试诗的目的旨在向全社会昭示一种文华璀璨的社会气象，旨在培养、选拔符合儒家道德规范的文才，使其成为建设文德政治的生力军，因此应试诗题的设计必然地要符合这样的宗旨。应试诗题多颂扬主题，尤其是对帝王的颂扬，无讽谏内容。比如《元日望含元殿御扇开合》取材于正月初一在含元殿举行的朝贺仪式。据《唐会要》卷二十四《受朝贺》载：

> 元日大陈设。皇太子献寿，次上公献寿，次中书令奏诸州表，黄门侍郎奏祥瑞，户部尚书奏诸州贡献，礼部尚书奏诸蕃贡献，太史奏云物，侍中奏礼毕。然后中书令又与供奉官献寿，时殿上皆呼“万岁”。[③]

元日当天，文武百官、四方夷长、地方使臣、进京举子都将列于阶前拜贺天子，齐祝新年。规模之宏大，场面之隆重，为诸节之首。唐太宗《元日》、《正日临朝》诗中“恭己临四极，垂衣驭八荒。霜戟列丹陛，丝竹韵长廊”[④]和“百蛮奉遐赆，万国朝未央”[⑤]句皆描绘了元日朝贺的情景。这样的节日活动颇能显现万国来朝、君臣融洽、天下昌隆太平的泱泱

---

① 转引自（清）徐松撰，孟二冬补正《登科记考补正》卷二十三，第954页。

② （宋）欧阳修、宋祁：《新唐书》卷二百二十二中《南蛮传中》，第6283页。

③ （宋）王溥：《唐会要》卷二十四《受朝贺》，第531页。

④ （唐）唐太宗：《元日》，（清）彭定求《全唐诗》卷一，第8页。

⑤ （唐）唐太宗：《正日临朝》，（清）彭定求《全唐诗》卷一，第3页。

大国风范，有利于营造盛世景象，因而颇受统治者重视。应试诗出现此题自然也有同样的用意。另外一题《元日和布泽》则以称颂天子泽被四方为内容，同样展示了盛世景象。

作为盛极一时的帝国，其强大的表征不仅在于国内的稳定繁荣，还在于对外的自信与强势，因此与周边民族的关系也为知贡举者所关注，比如《太常观阅骠国新乐》、《送薛大夫和蕃》、《诏放云南子弟还国》等题皆与此有关。据《旧唐书·西南蛮传》载：

（骠国）古未尝通中国。贞元中，其王闻南诏异牟寻归附，心慕之。十八年，乃遣其弟悉利移因南诏重译来朝，又献其国乐凡十曲，与乐工三十五人俱。乐曲皆演释氏经论之词意。寻以悉利移为试太仆卿。①

《唐会要》卷三十三《南蛮诸国乐》亦载：

贞元十八年正月，骠国王来献，凡有十二曲，以乐工三十五人来朝。乐曲皆演释氏经论之词。骠国在云南西，与天竺国相近，故乐多演释氏之词。每为曲皆齐声唱，各以两手十指，齐开齐敛，为赴节之状，一低一昂，未尝不相对，有类中国柘枝舞。②

南诏在贞元十年（794）摆脱吐蕃的牵制，归顺唐王朝。骠国国王心向往之，亦于贞元十八年（802）遣其弟来朝，并献乐。白居易《骠国乐》诗曾这样描绘当时的情景：

雍羌之子舒难陀，来献南音奉正朔。
德宗立仗御紫庭，黈纩不塞为尔听。
玉螺一吹椎髻耸，铜鼓千击文身踊；
珠缨炫转星宿摇，花鬘斗薮龙蛇动。
曲终王子启圣人：臣父愿为唐外臣。

① （五代）刘昫：《旧唐书》卷一百九十七《西南蛮传》，第5286页。

② （宋）王溥：《唐会要》卷三十三《南蛮诸国乐》，第723—724页。

左右欢呼何翕习，皆尊德广之所及。
须臾百辟诣合门，俯伏拜表贺至尊：
伏见骠人献新乐，请书国史传子孙。[①]

此事说明德宗皇帝王风所化，泽被四方，使蛮夷心服归顺，正所谓“但患己之不德，不患人之不来”[②] 也。

有的试题从天人相感的角度借由当时祥瑞征兆的出现，来称颂帝王的功绩，盛赞天下太平。比如应试诗中有 19 题关于祥瑞，具体如下：《龟负图》、《洛出书》、《仪凤》、《黄鹄下太液池》、《内出白鹿宣示百官》、《越裳献白鹿》、《寿星见》、《老人星》、《府试观老人星》、《虹藏不见》、《华山庆云见》、《上党奏庆元见》、《梢云》、《海水不扬波》、《数蓂》、《方士进恒春草》、《嘉禾合颖》、《麦穗两岐》、《余瑞麦》。唐人十分重视祥瑞，相信祥瑞的出现与天子圣明、天下大治有着对应的关系。他们将各种祥瑞细分为大瑞、上瑞、中瑞、下瑞不等，并对祥瑞的上报以及处理有细致的规定。据《唐六典》卷四《尚书礼部》载：

凡祥瑞应见，皆辨其物名。若大瑞（大瑞谓景星、庆云……凤……神龟……蓂荚、海水不扬波之类，皆为大瑞），上瑞（谓……白鹿……之类，皆为上瑞），中瑞（谓……黄鹄……草木长生，如此之类，并为中瑞），下瑞（谓……嘉禾……之类为下瑞），皆有等差。若大瑞，随即表奏，文武百僚诣阙奉贺。其他并年终员外郎具表以闻，有司告庙，百僚诣阙奉贺。其鸟兽之类有生获者，各随其性而放之原野。其有不可获者，若木连理之类，所在案验非虚，具图画上。[③]

上述诗题中涉及的祥瑞，有的是自然界的正常变化和物的变态，有的出于神话传说，有的则纯粹虚构，乃急功近利之徒想晋升官爵而有意捏造，或者统治者想粉饰太平、标榜有德而随意假托。在科举考场上多次

① （唐）白居易：《白居易集》卷三《讽谕三》，第 71 页。
② （五代）刘昫：《旧唐书》卷一百九十七《西南蛮传》，第 5286 页。
③ （唐）李林甫：《唐六典》卷四《尚书礼部》，第 114—115 页。

出现这样的题目，既出于主考官对皇帝的奉承之意，也与唐人的尚奇心理有些关联，但更多的则是由于唐代统治者认可人对自然的顺应，以及自然对人的感应，希望通过祥瑞政治来达到和谐天人的目的，营造太平盛世的氛围。借由科举的途径来强化祥瑞政治的建设，推动“文质彬彬”社会局面的形成，实不失为一种行之有效的方法。通过试诗制度，政治的需要和个人的利益结合在了一起，从而使个体可以自觉地从属于这样的需要，实现双赢。唐人构建祥瑞政治的努力，除了表现在应试诗中时常出现相关祥瑞的题目以外，还表现在各级政府频繁向皇帝奏报瑞象，进献瑞物，而且与之相并行的，还出现了许多称颂祥瑞、润色鸿业的赋表类作品。应试诗题多出此类题目，与文坛的称颂之风多少有些同声相和的味道。另外，《府试观开元皇帝东封图》则与元和年间裴度上献《开元东封图》一事有关。开元十三年（725），唐玄宗曾封禅泰山，天人相感，祭天拜地，既是诏告伟绩，也是祈祝太平。封禅盛典在当时极其隆重，画工多有描绘，比如吴道子等人绘有《金桥图》[①]、程伯仪有《东封图》[②]、吴道子还在东都绘有壁画《东封图》[③]。元和年间，裴度命集贤殿御书院绘《开元东封图》，进献天子。刘禹锡《为裴相公进东封图状》言：“臣谨案开元十三年，玄宗皇帝以天下太平，登封东岳，声名文物，振耀古今。伏惟陛下丕承耿光，再阐鸿业。祖宗盛事，绍复有期。……所冀睿情一览，遐想玄踪。”[④] 往昔盛典，今日重览，让人遥想前踪，既有对前代帝王的称颂，又能激发当世之人重振伟业的雄心。

从称颂帝王功绩角度来设题的还有不少，比如《观剑南献捷》、《河中献捷》皆以平定叛乱之事为题，颂扬天子的权威。有人认为《观剑南献捷》可能与唐宪宗元和元年（806）高崇文平定西川节度使刘辟叛乱之

---

① （唐）郑綮《开元传信记》载：“上封太山回……及车驾过金桥，御路萦转，上见数十里间，旌纛鲜洁，羽卫整素。……遂诏吴道玄、韦无忝、陈闳，令同制金桥图。……图成，时谓三绝焉。”《唐五代笔记小说大观》，第1225页。

② （唐）朱景玄《唐朝名画录·能品中二十八人》载：“程伯仪曾画《东封图》，为时之所宝。”四川美术出版社1985年版，第31页。

③ （唐）张彦远《历代名画记》卷三《记两京外州寺观画壁·东都寺观画壁》载：“弘道观《东封图》是吴画。”江苏美术出版社2007年版，第90页。

④ （唐）刘禹锡：《为裴相公进东封图状》，（清）董诰《全唐文》卷六百〇三，第6090页。

事有关[①]。然据现在仅存的一首失名的诗歌来看，其中有“遐圻新破虏”，“戎饑西南至，毡裘长幼观”句，可知“献捷”事当与李唐王朝在和西南少数民族的战争中获胜有关，而非刘辟之事。又此诗中有“名将旧登坛”句，当指此战主将以前就曾破虏获胜，则此题很有可能与贞元年间剑南西川节度使韦皋对吐蕃之战的屡次获胜有关。据《旧唐书·韦皋传》载：

> （贞元）五年，皋……大破吐蕃青海、腊城二节度，斩首二千级，生擒笼官四十五人，其投崖谷而死者不可胜计。……（九年）破峨和城、通鹤军。吐蕃南道元帅论莽热率众来援，又破之，杀伤数千人，焚定廉城。……十六年，皋命将出军，累破吐蕃于黎、巂二州。[②]

韦皋对吐蕃最大的胜利要数贞元十七年（801）：

> 德宗遣使至成都府，令皋出兵深入蕃界。……自八月出军齐入，至十月破蕃兵十六万，拔城七、军镇五、户三千，擒生六千，斩首万余级，遂进攻维州。救军再至，转战千里，蕃军连败。于是寇灵、朔之众引而南下，赞普遣论莽热……率杂虏十万而来解维州之围。蜀师……发伏掩击，鼓噪雷骇，蕃兵自溃，生擒论莽热，虏众十万，歼夷者半。是岁十月，遣使献论莽热于朝。[③]

贞元十七年（801）之战，乃德宗令韦皋出兵深入吐蕃境内，符合诗歌“遐圻”之说，而吐蕃又符合“戎饑西南至”、“毡裘”之语，因此《观剑南献捷》很有可能与贞元十七年的这一次战役有关。《册府元龟·将帅部·献捷》亦载韦皋贞元十七年献捷之事。[④] 据孟二冬《登科记考补正》，贞元十七、十八、十九年的进士科应试诗题和十九年的博学宏词科诗题均已考订，则此诗题或许为贞元十七、十八年的博学宏词科试题亦未可知。满朝上下喜悦之情尚未退去之时出此题，既显示了天子英明，又展

---

① 详见彭国忠《唐代试律诗》，第344页；亦见罗积勇、张鹏飞《唐代试律试策校注》，武汉大学出版社2009年版，第263页。

② （五代）刘昫：《旧唐书》卷一百四十《韦皋传》，第3823页。

③ 同上书，第3824页。

④ （宋）王钦若：《册府元龟》卷四百三十四《将帅部·献捷》，第4910页。

示了大唐雄风，给处于衰退阶段的唐王朝以重新振起的信心，是一则好题。

《河中献捷》一题有人认为可能与僖宗年间的河中节度使王重荣作乱有关[①]。此题现存诗一首，乃张随所写，首联为"叛将忘恩久，王师不战通"。然王重荣的作乱其实是与宦官田令孜之间的权力之争。由于二人之间的矛盾，光启元年（885）六月，田令孜遣邠宁节度使朱玫讨河中，十二月王重荣与河东节度使李克用联合打败朱玫，李克用进逼长安，田令孜挟携僖宗出奔。光启二年（886）五月，朱玫拥立唐肃宗玄孙襄王李煴为帝，"诸藩节将多授其伪署，惟定州、太原、宣武、河中拒而不受"。"杨复恭兄弟于河中、太原有破贼连衡之旧，乃奏遣谏议大夫刘崇望赍诏宣谕，达复恭之旨。王重荣、李克用欣然听命……愿杀朱玫自赎。"[②] 后王重荣杀李煴，拥立僖宗回长安。因此《河中献捷》一题似与之无关，更有可能指的是贞元元年（785）平定李怀光河中之乱的事情。据《旧唐书·德宗本纪》载：

> （兴元元年）二月戊寅……晟以怀光反状已明，请上幸蜀。……甲子，加李怀光太尉，仍赐铁券，赦三死罪。怀光怒曰："凡人臣反逆，乃赐铁券，今赐怀光，是反必矣！"……（兴元元年）三月甲申，……怀光烧营，走归河中。……（贞元元年秋七月）甲戌，朔方大将牛名俊斩李怀光，传首阙下。马燧收复河中。[③]

李怀光的叛乱是一次典型的割据一方的军事力量对抗朝廷的事件。李怀光曾任检校左仆射、兼灵州大都督、邠宁节度使等职，趁泾原兵变之际，与朝廷公然作对，后被朔方大将牛名俊斩首。《册府元龟·将帅部·献捷》亦载河中之事。[④]《河中献捷》可能与该次战役有关。通过诗歌，歌颂君臣的上下齐心，给君主的战胜强藩呐喊助威。

---

① 详见彭国忠《唐代试律诗》，第332页；亦见罗积勇、张鹏飞《唐代试律试策校注》，第263页。

② （五代）刘昫：《旧唐书》卷十九下《僖宗本纪》，第724页。亦可参《旧唐书》卷一百八十二《王重荣传》，第4696页。

③ （五代）刘昫：《旧唐书》卷十二《德宗本纪上》，第341、350页。

④ （宋）王钦若：《册府元龟》卷四百三十四《将帅部·献捷》，第4910页。

如此种种，不一而足。众多颂扬型诗题的出现，一方面乃由于试诗制度作为封建统治者选拔人才的官方制度，不可避免地具有奴性特征；另一方面也是设题以弘扬盛世精神、营造繁盛景象为出发点的缘故。因此我们也就不用去苛责应试诗写作者的不具现实主义情怀和批判精神，在试诗制度的规定下，应试诗中歌功颂德之声不绝于耳是很自然的事情。

三、吻合主流意识

诗题包含的内容须符合主流社会思想意识。唐代统治者从一开始就确定了以儒治国的方针，这是出于稳定统治的必然需要。唐太宗所说的“朕今所好者，惟在尧、舜之道，周、孔之教，以为如鸟有翼，如鱼依水，失之必死，不可暂无耳”①，正代表了唐代君王重视儒学的总体态度。因此，在唐代应试诗题中出自儒家经典和涉及儒家思想的共有86题，占全部诗题的28%。

唐人非常重视礼的学习，认为“功成设乐，治定制礼”②，“说《礼》敦《诗》，本仁祖义”③，“立身入仕，莫先于《礼》”④，“礼者盖务学之本，立身之端，居安之大猷，致治之要道”⑤。而《礼记》是儒家基本的礼学典籍，其中既有对形而上的礼学思想的探讨，又有具体细致的礼节礼仪规范，还包括了对人生的感悟，对道的体味。通过学习《礼记》，可以在体、用两方面获得儒家礼学的指导，因此唐代统治者历来重视《礼记》的学习。他们把《礼记》定为大经，规定学馆生徒必须研读三年。这也是《礼记》成为应试诗题中出典频率最高的一部儒家经籍的原因。此外，唐人的儒学思想还带有浓厚的阴阳家学说意味。他们认为，天子是天道在人间的集中体现，服从天子与顺应天道是一致的。天子法天而治，百姓依天而行，则政治清明，人事安乐，天道和谐；反之，则政治黑暗，人事混乱，灾异不断。而《礼记》中的《月令》篇以四时为序，系之以十二个月，总结了每个季节、每一月份，天文、气象、物候的不同。要求以天子

---

① （唐）吴兢：《贞观政要》卷六《慎所好》，第195页。

② （唐）李世民：《帝范》卷四《崇文》，第104页。

③ （清）董诰：《全唐文》卷三《令诸州举送明经诏》，第35页。

④ （唐）杜佑：《通典》卷十七《选举五·杂议论中》，第421页。

⑤ （宋）王钦若：《册府元龟》卷六百四十《贡举部·条制第二》，贞元九年五月诏，第7398页。

为首，众人皆依乎自然，顺应天时，有计划地安排各项活动，包括神事、农事、工事、兵事、民事、刑狱、训诫、教化、禁忌、居所、车乘、服饰、器具、饮食等皆须应时而变，不违时令。这与唐人天人相感，法天而治的思想相一致，因而他们在科举领域内也表现出了对《月令》的重视。天宝二年（743）三月，唐玄宗下诏："《礼记·月令篇》宜冠众篇之首，余旧次之。"[①] 从制度上明确了《月令》的首要地位。而应试诗题也在这种思想的指导下频频出现《礼记·月令》的内容，比如《东郊迎春》（天宝十五年（756））、《迎春东郊》（上元二年（761））、荐冰（元和四年（809））、《东风解冻》（乾宁元年（894））、《虹藏不见》、《律中应钟》、《反舌无声》、《织鸟》、《水始冰》等。除了典出《月令》的这些诗题以外，我们还发现了其他一些从天人相感、顺天而治这个角度进行设计的题目，比如《八风从律》、《山出云》、《玉烛》、《冬至日祥风应候》、《风不鸣条》、《景风扇物》、《闰月定四时》、《清明日赐百僚新火》、《中和节诏赐公卿尺》等。倘若天下大治，则天地祥和，灾害不生，前六题皆有关于此。四季轮回，天文变化，气象转换，物候更替，皆有其自身运行规律，人须观象于天，察法于地，顺时而行，合理安排各项活动，后三题即与此有关。

另外，道教经籍与道家思想也在唐代应试诗题中占有一席之地，出自道家书籍和涉及道教内容的共有 23 题，约占全部诗题的 7.5%。道教"御用宗教"的地位在唐初就已确立。唐高祖武德三年（620）奉李耳为祖，并立庙于羊角山[②]，唐高宗乾封元年（666）追号李耳为"太上玄元皇帝"[③]，道教随之备受尊崇。除了能让以唐代隋的事情更具合理性外，道教得到唐代统治者的青睐主要还有其他两个原因：一是老庄哲学无为而治的思想颇能显示盛世的太平气象；二是神仙信仰能让世人看到修炼后可以获得的今生美好前景。这两点对封建统治者来说都可资利用。由于统治者的大力提倡，道教在社会上普遍流行开来，时风所及，道教内容也开始进入科举考场。上元二年（675）唐高宗接受武则天的建议，下敕规定"明经咸试《老子》策二条，进士试帖三条"[④]。仪凤三年（678）又下

① （宋）王溥：《唐会要》卷七十五《贡举上·明经》，第 1628 页。

② 详见（宋）王溥《唐会要》卷五十《尊崇道教》，第 1013 页。

③ 详见（五代）刘昫《旧唐书》卷五《高宗本纪下》，第 90 页。

④ （宋）王溥：《唐会要》卷七十五《贡举上·明经》，第 1627 页。

敕："自今已后，《道德经》、《孝经》并为上经，贡举皆须兼通。"[①] 道教的御用性又一次鲜明地显现出来。

就科举领域而言，在唐代历朝帝王中以唐玄宗推崇道教的影响最大。开元年间，唐玄宗采取了一系列措施来提升道家经籍在科举考试中的地位，道教在科举领域获得了前所未有的重视：

(开元十七年下制曰)：自今已后，每至三元日，宜令崇玄馆学士讲道德南华等诸经，群公百辟，咸就观礼。庶使轩冕之士，尽宏南郭之风；寰海之内，咸为大庭之俗。[②]

——唐玄宗《追尊玄元皇帝父母并加谥远祖制》

(开元)二十一年春正月庚子朔制令士庶家藏《老子》一本，每年贡举人量减《尚书》、《论语》两条策，加《老子》策。[③]

——《旧唐书·玄宗本纪》

(开元)二十九年春正月丁丑，制两京、诸州各置玄元皇帝庙并崇玄学，置生徒，令习《老子》、《庄子》、《列子》、《文子》，每年准明经例考试。[④]

——《旧唐书·玄宗本纪》

(开元)二十九年八月，御兴庆门楼亲试明《道德经》及《庄》、《文》、《列子》举人。[⑤]

——《册府元龟·贡举部·考试》

天宝元年五月，中书门下奏："两京及诸郡崇玄学生等，伏准开元二十九年正月制，前件人合习《道德》、《南华》、《通玄》、《冲虚》等四经。又准天宝元年二月制，改《庚桑子》为《洞灵真经》，准请条补，崇玄学亦合习读。伏准后制，合通五经。……"从之。[⑥]

——《唐会要·崇玄生》

(天宝四年七月)乙卯，诏曰："……朕缵承圣绪，祗服玄言，

---

① (宋)王溥：《唐会要》卷七十五《贡举上·明经》，第1627页。

② (清)董诰：《全唐文》卷二十四，第281页。

③ (五代)刘昫：《旧唐书》卷八《玄宗本纪上》，第199页。

④ 同上书，卷九《玄宗本纪下》，第213页。

⑤ (宋)王钦若：《册府元龟》卷六百四十三《贡举部·考试》，第7427页。

⑥ (宋)王溥：《唐会要》卷七十七《贡举下·崇玄生》，第1660、1661页。

乙夜观书，将求于道。……其余编录经义等书，亦宜以《道德经》列诸经之首。”①

——《册府元龟·帝王部·尚黄老第二》

（天宝七载诏曰：）道教之设，风俗之源，必在弘阐，以敦风俗，须列四经之科，冠九流之首。②

——唐玄宗《天宝七载册尊号敕》

（天宝十四载冬十月）甲午，颁《御注老子》并《义疏》于天下。③

——《旧唐书·玄宗本纪》

唐玄宗自己也好读道教经书。在阅览了《道德经》、《文》、《列》、《庄子》等书后，他认为这些典籍“文约而义精，词高而旨远，可以理国，可以保身，朕敦崇其教，以左右人也。子大夫能从事于此，甚用嘉之”④。将道家思想之用提升到了保身、理国的高度，甚至认为《道德经》的五千文字“义高象系，理贯希夷，非百代之能俦，岂六经之所拟”⑤，实在是把它推崇到了无以复加的地位。统治者的推崇自然会引来下位者的跟风。据《册府元龟》卷五十四《帝王部·尚黄老第二》载：

（天宝四载二月）甲午，崇玄馆学士、门下侍郎陈希烈奏曰：“伏见太清宫道士萧从一云：‘今日五更欲于殿上焚香，行至三清门，忽有一片紫云从空下，兼有异常音乐，忽然如梦，身心惊骇，见空中有异人兼仙童玉女，谓从者曰：我是玄元皇帝，可报吾孙，汝是上界真人，令侍吾左右。吾冥使天匠就助成就讫，长卫护汝受命无疆，灾害自除，天下安乐。言讫，随云气便入殿门。’谨按：诸道士学生皆称，今日凌晨于三清门外，见道士萧从一鞠恭唱喏三四声，有紫云及音乐移时不散。伏惟陛下虔诚奉道，福祐所归，置

① （宋）王钦若：《册府元龟》卷五十四《帝王部·尚黄老第二》，第567页。

② （宋）宋敏求：《唐大诏令集》卷九《帝王·册尊号赦上》，第53页。

③ （五代）刘昫：《旧唐书》卷九《玄宗本纪下》，第230页。

④ （宋）王钦若：《册府元龟》卷六百四十三《贡举部·考试》，第7427页。

⑤ 同上书，卷五十四《帝王部·尚黄老第二》，第565页。

> 玉石真容侍圣祖左右，仙药下庆，天将助成，紫云徘徊，移时不散，空中有语，所报非常，言圣寿之延长，亿万载之无极。伏望宣付史官。”①

唐玄宗信奉道教，希慕长生，于是道士萧从一与朝中大臣为迎合他的愿望编造了玄元皇帝降迹的神话。天宝四年（745）博学宏词科的主考官依据此事，设题《玄元皇帝应见贺圣祚无疆》。在当时朝野上下崇道好道之心甚重，“所在争言符瑞，群臣表贺无虚月”② 的氛围中，知贡举以这样虚妄的内容为题也是很自然的事情。

在涉及道教题材的诗题中，年代可考的共有 7 例，其中贞元年间的就有 4 例，分别为《青云干吕》（贞元七年（791））、《立春日晓望三素云》（贞元十一年（795））、《春台晴望》（贞元十二年（796））、《浊水求珠》（贞元十四年（798）），占了一半还多，这不能不让我们把注意力转移到唐德宗身上。德宗皇帝是力图挽救唐王朝衰颓之势并获得一定成效的皇帝，他在即位之初就表现出了励精图治的精神，不信妄诞之说，“尤恶巫祝怪诞之士”③，废止专司佛道二教事务的功德使。然而此时的唐王朝已经积重难返，德宗施行的改革屡屡受挫，随着政局的变化，他逐渐改变了发愤图强的初衷，也改变了对宗教的态度。虽然有关史料对后者语焉不详，但从一些侧面的材料，我们还是可以发现这种变化。比如他重新设立了管理佛道事务的功德使，任用半生为道、喜谈鬼神的李泌为相。再比如，唐德宗贞元十年（794），唐使臣与南诏王异牟寻共同签订打击吐蕃的盟约，居然使用的也是道教仪式。据樊绰《云南志》载：

> 贞元十年，岁次甲戌，正月乙亥，朔，五日己卯，云南诏异牟寻及清平官、大军将与剑南西川节度使判官崔佐时谨诣玷苍山北，上请天、地、水三官，五岳、四渎及管川谷诸神灵同请降临，永为证据。……谨率群官虔诚盟誓，共克金契，永为誓信。其誓文一本请剑

① （宋）王钦若：《册府元龟》卷五十四《帝王部·尚黄老第二》，第 566—567 页。

② （宋）司马光：《资治通鉴》卷二百一十六《唐纪·玄宗天宝九载》，第 6900 页。

③ （五代）刘昫：《旧唐书》卷一百三十《李泌传》，第 3623 页。

南节度随表进献；一本藏于神室；一本投西洱河，一本牟寻留诏城内府库，贻诫子孙。伏惟山川神祇，同鉴诚恳！①

点苍会盟三官手书，既与南诏国信奉道教有关，也与德宗贞元年间崇道风气日盛不无关系。应试诗中频频出现与道教有关的题目，未必是德宗授意，但与上层统治阶层的道教信仰脱不了干系。

应试诗题《谢真人迁驾过旧山》与德宗贞元十年（794），女道士谢自然白日升仙之事有关。此事在贞元年间可谓轰动一时。据《太平广记》卷六十六《女仙》载：

谢自然者，其先兖州人。……自然性颖异，不食荤血。……常所言多道家事，词气高异，其家在大方山下，顶有古像老君，自然因拜礼。……（贞元十年）十一月九日，诣州与李坚别，云："中旬的去矣。"亦不更入静室。二十日辰时，于金泉道场白日升天。士女数千人，咸共瞻仰。……须臾五色云遮亘一川，天乐异香，散漫弥久。所着衣冠簪帔一十事，脱留小绳床上，结系如旧。刺史李坚表闻，诏褒美之。李坚述金泉道场碑，立本末为传云。……又自然当升天时，有堂内东壁上书记五十二字云："寄语主人，及诸眷属，但当全身，莫生悲苦，自可勤修功德，并诸善心，修立福田，清斋念道，百劫之后，冀有善缘，早会清源之乡，即得相见。"②

得道成仙，长生不老，是道教众多修炼之人梦寐以求的事情。然而梦想虽美，却从未见有人实现过，倒是服食丹药中毒早逝的例子不少，对此人们不免产生怀疑，道教从外丹转向内丹也多少与成仙之说虚妄不可信有些关联。然而谢自然白日飞升之事，就像是一剂强心针，给处于质疑中的人们以坚定的信心，于是笃定地认为只要勤修功德，定会飞升清源之乡。刺史李坚上表朝廷，于金泉道场立碑，撰《东极真人传》述其事迹。唐德宗因之下诏《敕果州刺史手书》和《敕果州女道士谢自然白日飞升书》

① （唐）樊绰著，赵吕甫校释：《云南志校释》附录一《云南志佚文》，中国社会科学出版社1985年版，第329—331页。

② （宋）李昉：《太平广记》卷六十六《女仙十一·谢自然》，第408、412、413页。

予以褒赞。具体如下：

> 敕：李坚正亮守官，公诚奉国，典兹郡邑，正洽人心。所部之中，灵仙表异，玄风益振，治道弥彰。斯盖圣祖垂光，教传不朽，归美于朕，良所兢怀，省览上陈，载深喜叹。冬寒，卿平安好。遣书指不多及。①
>
> ——《敕果州刺史手书》
>
> 敕果州僧道耆老将士人等：卿等咸蕴正纯，并资忠义，禀温良之性，钦道德之风，志尚纯和，俗登清净。女道士超然高举，抗迹烟霞。斯实圣祖光昭，垂宣至教，表兹灵异，流庆邦家。钦仰之怀，无忘鉴寐。卿等义均乡党，喜慰当深，特为宣慰，想悉朕怀。卿等各平安好，州县官吏并存问之，遣书指不多及。②
>
> ——《敕果州女道士谢自然白日飞升书》

德宗将谢自然飞升之事视为地方官员李坚政洽人心、灵仙表异的结果，也是圣祖光昭、垂宣至教的结果。韩愈、刘商等人均有诗述及此事③，无论他们所持态度如何，亦足以见出此事在当时的影响。知贡举显然也意识到了这件事的典范意义，又深知德宗对此事曾下诏褒奖，持赞成态度，因而迅速地将这一时事纳入应试诗题，再一次扩大了它的影响。

另外，需要说明的是，道教虽然是唐代的御用宗教，但人们对它并没有太强的宗教意识。有的人或许会把相关道教内容的应试诗题进行分类，指出其主要涉及了三个方面：第一，道教学理，共 10 题，比如《春台晴望》、《沉珠于渊》、《至人无梦》、《一叶落》、《浊水求珠》、《罔象得玄珠》、《立春日晓望三素云》、《襄州试白云归帝乡》、《骊龙》、《骊珠》；第二，神仙传说，共 11 题，比如《方士进恒春草》、《府试莱城晴日望三山》、《谢真人迁驾过旧山》、《金茎》、《青云干吕》、《夜闻洛滨吹笙》、《缑山月夜闻王子晋吹笙》、《缑山鹤》、《范成君击洞阴磬》、《主上元日

---

① 陈尚君：《全唐文补编·全唐文又再补》卷四《德宗皇帝李适》，中华书局 2005 年版，第 2286 页。

② 陈尚君：《全唐文补编·全唐文又再补》卷四《德宗皇帝李适》，第 2286 页。

③ （唐）韩愈：《谢自然诗》，（清）彭定求《全唐诗》卷三百三十六，第 3765 页。（唐）刘商：《谢自然却还旧居》，同上书，卷三百〇四，第 3461 页。

梦王母献白玉环》、《玄元皇帝应见贺圣祚无疆》；第三，道教生活，共2题，《上元日听太清宫步虚》、《府试中元观道流步虚》。这样的分布似乎说明统治者不仅重视老庄清静无为的哲学思想，也重视道教的神仙信仰。的确，求仙、成仙在道教创立之初，是最吸引人的地方，因为它有别于佛教来世报应的遥遥无期，它让世俗之人看到了今生的希望，于是得道成仙、服药长生成为人们孜孜不倦的追求。然而与前代之人对道教的绝对崇拜不同，唐人生活在一个三教调和的年代，所谓三教调和，其本质主要是道佛二教对儒学的吸收与调和。因此道教在发展过程中，不断地吸取了儒学传统的政治、伦理内容，“神仙思想被在很大程度上世俗化、‘人生化’了。从而它也就可以在不同的层次上（从真诚的求仙到对神仙的‘欣赏’）、出于不同的目的（从真诚地求度世间到一时的‘消遣’）而被广大的知识阶层所接受”①。换言之，虽然我们在应试诗中看到了有如此多关于神仙传说的诗题，但切不可以为唐代社会的主流群体笃信神仙信仰。事实上，在唐人这里，与其说他们崇奉神仙，不如说他们欣赏神仙。“神仙观念和神仙术……成为一种平凡人可以实践的教养方式，人们某种理想的寄托或者是用来安顿身心的手段，甚至成为单纯的玩赏对象。”② 了解了这一点，我们就不会为应试诗中出现如此众多与荒诞的神仙传说有关的题目而感到诧异了。

四、宣扬主导价值

应试诗的出题除了要吻合唐代社会的主流意识以外，还应有助于主导价值的宣扬，从而起到引导社会风气的作用。有的诗题借当时的热点事件来宣扬封建道德价值观，比如《御制段太尉碑》便是其中之一。此题与德宗年间泾原兵变中，段秀实坚守大义被杀，后受德宗追封立碑之事有关：

> （建中）四年，朱泚盗据宫阙……泚以秀实尝为泾原节度，颇得士心，后罢兵权，以为蓄愤且久，必肯同恶，乃召与谋议。……语至僭位，秀实勃然而起，执休腕夺其象笏，奋跃而前，唾泚面大

① 孙昌武：《道教与唐代文学》，人民文学出版社2001年版，第140页。

② 同上书，第140页。

> 骂曰："狂贼，吾恨不斩汝万段，我岂逐汝反耶！"遂击之。泚举臂自捍，才中其颡，流血匍匐而走。……凶党群至，遂遇害焉。……德宗在奉天闻其事，惜其委用不至，垂涕久之。……兴元元年二月，诏曰："见危致命之谓忠，临义有勇之谓烈。……可赠太尉，谥曰忠烈……并委所司访其事迹，续具条奏，当加褒异，赐其井赋。图形云阁，书功鼎彝，以彰我有服节死义之臣，传于不朽。"德宗还京，又诏曰："赠太尉秀实，授乎贞烈，激其颓风……仍于墓所官为立碑，以扬徽烈。"自贞元后累朝凡赦书节文褒奖忠烈，必以秀实为首。①

建中四年（783）爆发的泾原兵变在当时轰动朝野，让一直处于中兴梦想中的德宗皇帝颇感措手不及。又一次以下犯上的作乱，又一次皇帝出奔的难堪，这时的唐王朝前所未有地需要忠肝义胆之士，而段秀实就是应运而生的时代榜样，被认为"自古殁身以卫社稷者，无如秀实之贤"②。德宗不仅在段秀实死后"垂涕久之"，而且还连续下诏，追封其为太尉，官为立碑，并亲撰《赠太尉段秀实纪功碑》，扬其忠烈。贞元元年（785）的这一应试诗题可以说是应时而作，因势而设，进一步将这种褒奖忠烈的风气推向了全国。此后，宪宗的《命裴冕配享肃宗李晟段秀实配享德宗庙庭诏》，文宗的《太尉段秀实祔庙诏》，柳宗元的《段太尉逸事状》③也无不显示了段秀实在朝野上下的榜样力量。

除了褒扬兵难之际的忠臣烈士，唐代统治者还在前代大臣中寻找可资激扬的榜样。《恩赐魏文贞公诸孙旧第以道直臣》便与此有关：

> （元和）四年三月，上览贞观故事，嘉魏征谏诤匪躬，诏令京兆尹访其子孙及故居，则质卖更数姓，析为九家矣。上愍之，出内库钱二百万赎之，以赐其孙稠及善冯等，禁其质卖。④

---

① （五代）刘昫：《旧唐书》卷一百二十八《段秀实传》，第3586—3588页。

② 同上书，第3589页。

③ 详见（清）董诰《全唐文》卷六十，第643页；卷七十一，第745页；卷五百九十一，第5976—5977页。

④ （宋）王溥：《唐会要》卷四十五《功臣》，第948页。

宪宗是真正为唐王朝带来中兴的帝王。他即位初始就发愤图强，“读列圣实录，见贞观、开元故事，竦慕不能释卷”。他曾对丞相说：“太宗之创业如此，玄宗之致理如此，既览国史，乃知万倍不如先圣。当先圣之代，犹须宰执臣僚同心辅助，岂朕今日独能为理哉！”① 在研读实录，学习经验后，他意识到要治理天下，有贤臣相辅是多么重要的事情。于是他一方面提高宰相的权威，一方面向社会昭示其礼遇贤臣之心。元和四年（809），他下令出钱赎买魏征故宅归还其子孙，以扬其忠贞直谏的品行。这位立志图强的帝王在当时多么需要有如魏征一般的宰执之臣可以助其一臂之力，来共同缔造王朝的中兴大业。元和五年（810）应试诗出此题正迎合了宪宗的这种心理，传达了他以此“道直臣”的用意，也应和了那个时代的需要，可以说是颇具时代气息的好题。

再比如元和二年（807）翰林试应试诗题《太社观献捷》以战胜强藩为内容，声援唐宪宗的削藩努力。据《旧唐书·宪宗本纪》载：

> （元和二年）十月己酉，以浙西节度使李锜为左仆射……庚申，李锜据润州反……以淮南节度使王锷充诸道行营招讨使……取宣州路进讨。……癸酉，润州大将张子良、李奉仟等执李锜以献。②

李锜乃李唐宗室，又受朝廷恩遇，授左仆射、浙西节度使等职，却“报之以逆节”③，在当时影响甚坏。在藩镇割据愈演愈烈的年代，宪宗果敢下诏，迅速平定叛乱，安定人心，显示出帝王的决断力。李锜之乱的平定是唐宪宗元和年间为了削弱藩镇势力，加强中央封建统治力量，树立朝廷权威而进行的多次战役中的一次。当年的翰林试以此为题，不仅肯定了唐宪宗削藩的功绩，有称颂帝王的意味，也给蠢蠢欲动的强藩以暗示，诫其不要有非分之想，为朝廷的削藩战役打造声势。

---

① （五代）刘昫：《旧唐书》卷十五《宪宗本纪下》，第472页。

② 同上书，卷十四《宪宗本纪上》，第422—423页。

③ 同上书，第422页。

五、符合审美需要

现存唐代应试诗题共306个，其中出自前代作家诗文名篇的共68个，占22%。这其中，出自先秦作家的3个（屈原2个），汉代的4个，曹魏的9个（其中曹植6个），两晋的17个（其中陶渊明4个、谢灵运9个），南朝的30个（其中谢朓10个、江淹5个、何逊5个），隋代薛道衡1个，唐代的4个。具体如下：

序号	原作者	原作题目	成句	试诗题目
1	假托屈原	楚辞·远游	使湘灵鼓瑟兮，令海若舞冯夷。	湘灵鼓瑟
2	屈原	楚辞·招魂	目极千里兮伤春心，魂兮归来哀江南。	目极千里
3	宋玉	对楚王问	客有歌于郢中者……其为《阳春》、《白雪》，国中属而和者，不过数十人。	听郢客歌阳春白雪
4	邹阳	狱中上梁王书	臣闻明月之珠，夜光之璧，以暗投人于道，众莫不按剑相眄者。	暗投明珠
5	班固	西都赋	临乎昆明之池。左牵牛而右织女。	昆明池织女石
6			抗仙掌以承露，擢双立之金茎	金茎
7	王褒	圣主得贤臣颂	沛乎若巨鱼纵大壑	巨鱼纵大壑
8	曹丕	与朝歌令吴质书	方今蕤宾纪时，景风扇物	景风扇物
9	曹植	公宴	潜鱼跃清波，好鸟鸣高枝	好鸟鸣高枝
10		赠徐幹	良田无晚岁，膏泽多丰年	良田无晚岁
11				膏泽多丰年
12		又赠丁仪王粲	山岑高无极，泾渭扬浊清	泾渭扬清浊
13		七哀	明月照高楼，流光正徘徊	明月照高楼
14		求自试表		求自试
15	李康	运命论	褰裳而涉汶阳之丘，则天下之稼如云矣	秋稼如云
16	阮籍	咏怀（“天马出西北”）	清露被皋兰，凝霜沾野草	清露被皋兰
17	陆机	文赋	水怀珠而川媚	水怀珠
18	张协	咏史	昔在西京时，朝野多欢娱	朝野多欢娱

续表

序号	原作者	原作题目	成句	试诗题目
19	石崇	金谷诗序		金谷园花发怀古
20				石季伦金谷故园
21	陶渊明	拟古（其七）	日暮天无云，春风扇微和	春风扇微和
22				日暮天无云
23		饮酒（其七）	秋菊有佳色，浥露掇其英	秋菊有佳色
24		归去来兮辞	木欣欣以向荣，泉涓涓而始流	木向荣
25	谢灵运	登江中孤屿	云日相辉映，空水共澄鲜	空水共澄鲜
26		登池上楼	潜虬媚幽姿，飞鸿响远音	飞鸿响远音
27			初景革绪风，新阳改故阴	新阳改故阴
28		于南山往北山经湖中瞻眺	初篁苞绿箨，新蒲含紫茸	新蒲含紫茸
29		从游京口北固应诏诗	远岩映兰薄，白日丽江皋	白日丽江皋
30			原隰荑绿柳，墟囿散红桃	原隰荑绿柳
31		游赤石进帆海	夏首犹清和，芳草亦未歇	夏首犹清和
32		七里濑	石浅水潺湲，日落山照耀	落日山照耀
33		南楼中望所迟客	登楼为谁思，临江迟来客	临江迟来客
34	颜延之	赠王太常	玉水记方流，璇源载圆折	玉水记方流
35		赭白马赋	汉道亨而天骥呈材	天骥呈材
36	谢庄	月赋	柔祇雪凝，圆灵水镜	圆灵水镜
37	鲍照	代结客少年场行	骢马金络头，锦带佩吴钩	锦带佩吴钩
38		代白头吟	直如朱丝绳，清如玉壶冰	清如玉壶冰
39	沈约	游钟山诗应西阳王教（其三）	春光发陇首，秋风生桂枝	秋风生桂枝
40		侍宴应诏乐游苑饯吕僧珍	丹浦非乐战，负重切君临	丹浦非乐战
41	江淹	望荆山	寒郊无留影，秋日悬清光	秋日悬清光
42		休上人怨别	日暮碧云合，佳人殊未来	日暮碧云合
43		王侍中粲怀德	倚棹泛泾渭，日暮山河清	日暮山河清
44		别赋	春草碧色，春水绿波	春草碧色
45				春水绿波

续表

序号	原作者	原作题目	成句	试诗题目
46	谢朓	冬绪羁怀示萧谘议虞田曹刘江二常侍	风草不留霜，冰池共如月	风草不留霜
47		和徐都曹出新亭渚	宛洛佳遨游，春色满皇州	春色满皇州
48			日华川上动，风光草际浮	日华川上动
49				风光草际浮
50		之宣城出新林浦向板桥	天际识归舟，云中辨江树	天际识归舟
51		游东田	鱼戏新荷动，鸟散余花落	鸟散余花落
52		暂使下都夜发新林至京邑赠西府同僚	秋河曙耿耿，寒渚夜苍苍	秋河曙耿耿
53			金波丽鳷鹊，玉绳低建章	玉绳低建章
54		直中书省	风动万年枝，日华承露掌	风动万年枝
55		郡内高斋闲望答吕法曹	窗中列远岫，庭际俯乔林	窗中列远岫
56	吴均	春咏	春从何处来，拂水复惊梅	春从何处来
57	何逊	九日侍宴乐游苑	疏树翻高叶，寒流聚细文	寒流聚细文
58		临行与故游夜别	夜雨滴空阶，晓灯暗离室	夜雨滴空阶
59		与胡兴安夜别	露湿寒塘草，月映清淮流	月映清淮流
60		暮秋答朱记室	寒潭见底清，风色极天净	秋山极天净
61		日夕望江山赠鱼司马	的的帆向浦，团团月映洲	的的帆向浦
62	庾信	拟咏怀之十八（“寻思万户侯”）	残月如新月，新秋似旧秋	残月如新月
63	陈叔宝	幸玄武湖饯吴兴太守任蕙	寒云轻重色，秋水去来波	寒云轻重色
64	薛道衡	昔昔盐	暗牖悬蛛网，空梁落燕泥	空梁落燕泥
65	李百药	雨后	薄云向空尽，轻虹逐望斜	薄云向空尽
66	张九龄	望月怀远	海上生明月，天涯共此时	海上生明月
67	杨巨源	春日奉献圣寿无疆词（其六）	垆烟添柳重，宫漏出花迟	宫漏出花迟
68	唐德宗	重阳日赐宴曲江亭赋六韵诗用清字	曲池洁寒流，芳菊舒金英	曲池洁寒流

从总体来看，我们发现唐人应试诗题的设计多从时人耳熟能详的前代作家入手，自先秦至南朝的历代重要作家大多被列入了考虑的范围，且这条发展链与唐人对文学传统的认识相一致。比如魏征在《隋书·经籍志·

集部总论》中曾这样评述之前的文学发展过程：

> 宋玉、屈原，激清风于南楚，严、邹、枚、马，陈盛藻于西京，平子艳发于东都，王粲独步于漳、滏。爰逮晋氏，见称潘、陆，并黼藻相辉，宫商间起，清辞润乎金石，精义薄乎云天。……宋、齐之世，下逮梁初，灵运高致之奇，延年错综之美，谢玄晖之藻丽，沈休文之富溢，辉焕斌蔚，辞义可观。①

再比如张说《齐黄门侍郎卢思道碑》的叙述：

> 昔仲尼之后，世载文学：鲁有游夏，楚有屈宋。汉兴有贾马王扬，后汉有班张崔蔡，魏有曹王徐陈应刘，晋有潘陆张左孙郭，宋齐有颜谢江鲍，梁陈有任王何刘沈谢徐庾，而北齐有温邢卢薛，皆应世翰林之秀者也。②

魏征、张说二人都描绘了一条从屈宋到沈谢的文学发展之路，标点了这条路上优秀的作家代表。唐人应试诗题涉及的前代作家，我们大多可以从二人的表述中找到。这种吻合说明应试诗题的设计与唐人的文学审美趣尚是一致的，出题者并不以出偏题、怪题为尚。正如长庆元年（821）四月朝廷诏书中所言："国家设文学之科，本求才实……意在精核艺能，不于异书之中，固求深僻题目，贵令所试成就，以观学艺浅深。"③

我们以往认为唐诗风骨兼备特征的形成，与唐人有选择地继承"建安骨"和"江左风"紧密相关。只不过，以往的研究常常从分析唐人的文学批评理论与著名作家的代表作品入手，来探讨唐人对"建安骨"和"江左风"的继承与改革情况，而现在则可以从应试诗的角度来进行分析，这为我们的研究提供了新的证据与补充说明。

唐人对"建安风骨"的理论阐述始于陈子昂那篇有名的《与东方左

---

① （唐）魏征：《隋书》卷三十五《经籍志·集部总论》，第1090页。

② （唐）张说：《齐黄门侍郎卢思道碑》，（清）董诰《全唐文》卷二百二十七，第2290—2291页。

③ （五代）刘昫：《旧唐书》卷一百六十八《钱徽传》，第4384页。

史虬修竹篇序》。在那篇序里，陈子昂辞情慷慨地抨击了文学创作上“兴寄都绝”、“风雅不作”的现象，主张恢复汉魏风骨，使“建安作者相视而笑”。[①] 序固然写得好，但它在当时绮丽华美之风日盛的初唐诗坛却影响甚微。当然，这种甚微只是暂时的，在随之而来的盛唐阶段，他对建安诗人的重视得到了时人的同声相和，以为“建安末，气骨弥高”[②]，“汉魏有曹植、刘桢，皆气高出于天纵，不傍经史，卓然为文”[③]。应试诗题典出曹魏的有9题之多便显示了对这种审美风尚的迎合。同样的，唐人对江左文学的重视也从唐初就开始了。无论是宫廷君臣的唱和之作，还是初唐四杰的昂扬新声，都隐现着江左的身影。此后自它延伸而来的清丽风尚、流美韵致也被一直承袭了下来。因而在唐代科举领域内，我们经常能看到江左文学的痕迹。除了上述应试诗题以外，还有《赋得芙蓉出水》，典出汤惠休评颜谢诗的语言：“谢诗如芙蓉出水，颜如错彩镂金。”[④] 另外，唐代应试赋题也曾以江左文人的秀句押韵。比如开元七年（719）《北斗城赋》，以谢灵运《登池上楼》“池塘生春草”为韵；开元十八年（730）《冰壶赋》，以鲍照《代白头吟》“清如玉壶冰，何惭宿昔意”为韵。开成二年（837），唐文宗还曾下诏书明确要求省试诗“依齐梁体格”[⑤]。该年知贡举高锴在定下进士等第后，向皇帝进奏评判依据时言：“进士李肱《霓裳羽衣曲诗》一首，最为迥出，更无其比。……前场吟咏近三五十遍，虽使何逊复生，亦不能过。”[⑥] 对状元的应试诗爱不释手，以至于反复读了三五十遍，并将之与何逊相比，可见何逊在其心里的地位。上述事例无不体现出唐人在科举领域内对江左文风的偏爱。应试诗命题，既可能出于出题者的个人喜好，也可能受社会普遍文学风尚的影响。唐文宗的诏

---

① （唐）陈子昂：《与东方左史虬修竹篇序》，《陈子昂集》卷一，中华书局1960年版，第15页。

② （唐）殷璠：《丹阳集·序》，傅璇琮《唐人选唐诗新编》，陕西人民教育出版社1996年版，第81页。

③ （唐）王昌龄：《诗格》卷上《论文意》，张伯伟《全唐五代诗格汇考》，凤凰出版社2002年版，第160页。

④ （梁）钟嵘：《诗品》卷中《宋光禄大夫颜延之》，（清）何文焕《历代诗话》，第13—14页。

⑤ （唐）唐文宗：《敕礼部侍郎高锴试宗正寺解送人诏》，（清）董诰《全唐文》卷七十一，第754页。

⑥ （唐）高锴：《先进五人诗赋奏》，（清）董诰《全唐文》卷七百二十五，第7467页。

书上已述及，不再赘言。其他几位知贡举由于资料所限，我们无法确知其诗风、诗论如何。就权德舆来看，其本人颇好江左文学，诗集内容亦多为宴飨赠酬、风花雪月，“词致清深，华彩巨丽”[①]。因而在他贞元十八年（802）掌知贡举时，便以谢朓诗句《风动万年枝》为题。正如他在答柳冕的书信中所言：“礼部求才，犹似为仁由己，然亦沿于时风”[②]。时风所尚波及科举试诗环节，此即为一例。

观察上述诗题，我们还会发现唐人好选择前代作家诗文中的写景秀句作为题目，这一方面是由于这样的题目便于考生通过想象构建意境，另一方面也表现出唐人好尚秀句，尤其喜爱写景丽句的文学风气对应试诗命题的影响。

推赏秀句之风始于两晋，发展至唐更为兴盛，这种兴盛表现在宴集评诗、诗歌创作、理论批评等诸多方面。唐代诗歌发达，诗歌的实用性得以提升，适用面大大扩展。文人雅集除了歌舞酒乐以外，写诗酬唱、品鉴秀句更是不可或缺的活动，许多相关的例子大家都已耳熟能详。比如，武则天夺锦袍授予作诗最佳者[③]；上官婉儿评鉴诸臣诗作[④]；元兢与诸学士评览谢朓诗篇[⑤]；白居易府中集会，徐凝、张祜以诗作一争高下[⑥]等。在这种品鉴秀句的活动中，有的人因此声名大振，有的人因此获得帝王或权臣的赏识，带来科举仕途上的便捷，这样的例子也不胜枚举。比如，陈子昂因《感遇诗》三十首受京兆司功王适赏识而知名[⑦]；王湾因“海日生残夜，江春入旧年”句得张说喜爱而成众人焦点[⑧]；高适因诗作“佳句朝出，夕遍人口”而得张九皋的重视并予以表荐[⑨]；白居易因“野火烧不尽，春风吹又生”一联深得文坛宿老顾况赏识，一经举荐，不仅声名鹊

① （唐）张荐：《答权载之书》，（清）董诰《全唐文》卷四百五十五，第4644页。

② （唐）权德舆：《答柳福州书》，（清）董诰《全唐文》卷四百八十九，第4993页。

③ 详见（元）辛文房撰、傅璇琮主编《唐才子传校笺》（一）卷一《宋之问》，第88页。

④ 详见（宋）计有功撰、王仲镛校笺《唐诗纪事校笺》卷三《上官昭容》，第64—65页。

⑤ 详见（唐）元兢《古今诗人秀句序》，引自［日］遍照金刚撰、卢盛江校考《文镜秘府论汇校汇考》南卷《集论》，中华书局2006年版，第1555页。

⑥ 详见（五代）王定保《唐摭言》卷二《争解元》，第17—18页。

⑦ 详见（五代）刘昫《旧唐书》卷一百九十中《文苑传中·陈子昂传》，第5018页。

⑧ 详见（唐）殷璠《河岳英灵集》，傅璇琮《唐人选唐诗新编》，第193页。

⑨ 详见（宋）王钦若《册府元龟》卷六百八十八《牧守部·荐贤》，第7917页。

起，而且科举顺利①；赵嘏以“残星几点雁横塞，长笛一声人倚楼”之句，得杜佑“赵倚楼”之称②；韩翃因“春城无处不飞花”之句深得唐德宗欣赏而擢升官位③，等等。默默无闻之人一旦有秀句佳篇获人称赏，便可能从此声闻天下，功名路上平步青云，这对有着入世精神和出仕梦想的唐人来说，无疑是一种巨大的诱惑。在这种诱惑的催生下，唐人执着于创作名言佳句，由此衍生出苦吟的文学风气。冯贽《云仙散录》云：“古人如孟浩然，眉毛尽落，裴祐袖手，衣袖至穿；王维走入醋瓮，皆苦吟者也。”④ 中晚唐诗人对苦吟有着更深刻的体会和自觉的意识：

为人性僻耽佳句，语不惊人死不休。⑤

——杜甫《江上值水如海势聊短述》

夜学晓未休，苦吟神鬼愁。⑥

——孟郊《夜感自遣》

二句三年得，一吟双泪流。⑦

——贾岛《题诗后》

百锻为字，千炼成句。⑧

——皮日休《刘枣强碑》

吟安一个字，捻断数茎须。⑨

——卢延让《苦吟》

生应无辍日，死是不吟时。⑩

——杜荀鹤《苦吟》

---

① 详见（宋）王谠撰、周勋初校证《唐语林校证》卷三《赏誉》，第277页。

② 详见（五代）王定保《唐摭言》卷七《知己》，第80页。

③ 详见（唐）孟棨《本事诗》，丁福保《历代诗话续编》，第8页。

④ （五代）冯贽：《云仙杂记》（《云仙散录》），引自（唐）王维撰、（清）赵殿成笺注《王右丞集笺注·附录二》（诗评五十二则），上海古籍出版社1984年版，第511页。

⑤ （唐）杜甫：《江上值水如海势聊短述》，（清）彭定求《全唐诗》卷二百二十六，第2443页。

⑥ （唐）孟郊：《夜感自遣》，（清）彭定求《全唐诗》卷三百七十四，第4203页。

⑦ （唐）贾岛：《题诗后》，（清）彭定求《全唐诗》卷五百七十四，第6692页。

⑧ （唐）皮日休：《刘枣强碑》，（清）董诰《全唐文》卷七百九十九，第8390页。

⑨ （唐）卢延让：《苦吟》，（清）彭定求《全唐诗》卷七百一十五，第8212页。

⑩ （唐）杜荀鹤：《苦吟》，（清）彭定求《全唐诗》卷六百九十一，第7945页。

为了便于诗歌的鉴赏、学习和创作，唐代还出现了多种采摘古人诗文秀句编辑而成的选集，比如许敬宗、上官仪等编《瑶山玉彩》五百卷，褚亮与诸学士撰《古文章巧言语》一卷，元兢集《古今诗人秀句》两卷，僧元鉴和吴兢合撰《续古今诗人秀句》两卷，另外还有王起《文场秀句》一卷、黄滔《泉山秀句集》三十卷等。唐代各类诗学专论也都非常重视对名篇佳句的鉴赏，常常以摘句品诗的方式来说明诗歌观念或理论。比如托名王昌龄的《诗格》在介绍诗歌体式时，往往先解释每一式的概念，然后摘引前人诗句为例加以说明；在介绍“常用体十四”时，有的甚至不解释概念，而直接出以诗例，让读者自己感悟。汇编秀句的选集和摘句品诗的诗论对唐人的创作起着重要的示范作用。

在对秀句的好尚中，唐人尤喜写景丽句。唐代山水文化极为繁荣，文学领域有大量的山水诗、山水题画诗，还有山水诗派存在；绘画领域有山水画的南宗、北宗，还有关于山水之作的诸多画论；文人生活又多游历四方、隐居名山、参禅悟道的经历，这都构成了唐人好尚写景丽句的文化背景。具体到诗歌创作，唐诗风骨兼备总貌的体现之一，便在于主观情感与客观描写对象之间的完美结合。唐人自有其特殊的时代精神内蕴，因而对前代文学的继承，事实上主要表现在借鉴创作形式和构思上。在学习前代作家，尤其是江左作家时，研读写景的佳句名篇成为一时之尚。上述提及的宴集品诗、秀句选集和诗学理论专著便多以写景丽句为鉴赏分析对象。流风所及，应试诗也多以前代作家的写景丽句为题。从应试诗题出典集中的这几位作家来看，大多长于景物描写：曹植是建安文人中好寓情于景，善于细致刻画自然景物的主要代表；谢灵运擅长表现幽深明丽的自然之美，掀起山水文学发展的新浪潮；谢朓向来以写景清丽悠远，意境浑融为人喜爱；江淹以精丽的语言，移情的笔法，营造清丽幽怨的意境；何逊写景辞意隽美，意境清幽。当然，除此之外，以写景秀句为题，有利于应举者充分发挥想象，一展细致刻画之功，运用清词丽句来营造各种意境，也便于知贡举者考察其文学创作的综合才能。

当然，出题者也不都以时代风尚为准，有时候为了纠正时弊，会刻意出一些有悖于惯常做法的题目。比如开成二年，唐文宗亲自出题《霓裳羽衣曲》，并要求依齐梁体格就是因为“恐有浮薄，以忝科名”①，所以特意

① （唐）范摅：《云溪友议》卷上《古制兴》，《唐五代笔记小说大观》，第1271页。

以古曲为题名，以古体为准格。

除了以上五点以外，应试诗的命题也可能受到出题者个人主观好恶的影响。然而由于应试诗是科考文体，出题者既是试诗制度的具体执行者和维护者，又是这一制度的附属者和被规定者，因此其命题不会具备太多的个人色彩。另外，有的应试诗题在今天看来，已不知出题者的用意何在，比如《天门街西观荣王聘妃》。此荣王，指唐宪宗幼子李愦，咸通三年（862）十一月，封为荣王。其聘妃的隆重场面当是街头巷尾争相观看的，作为诗题自然不难写，然而出于科举考场之上，与一般的应试诗题总有些格格不入的味道。还有《驾在华州》，此题与乾宁三年（896）七月，李茂贞进逼京师，唐昭宗出奔华州有关。据《旧唐书·昭宗本纪》载：

> （乾宁三年六月）凤翔李茂贞怨国家有朱玫之讨，绝朝贡，谋将犯阙……是月，茂贞上章，请以兵师入觐。……丙寅，凤翔军犯京畿……（秋七月）癸巳，次渭北。华州韩建遣子充奉表起居，请驻跸华州……韩建来朝，泣奏曰："藩臣倔强，非止茂贞。虽太原勤王，无宜巡幸。臣之镇守，控扼关畿，兵力虽微，足以自固。陛下若轻舍近畿，远巡极塞，去园陵宗庙，宁不痛心；失魏阙金汤，又非良算。若舆驾渡河，必难再复，谋苟不臧，悔之宁及。愿陛下且驻三峰，以图恢复。"上亦泣下曰："朕难奈茂贞，忿不思难。卿言是也。"……丙申，驻跸华州，以衙城为行官。①

臣子谋逆，天子出奔，此等难堪之事在晚唐却屡屡发生。昭宗为李茂贞所逼，移至华州行宫，这并非光彩之事，不知道乾宁四年（897）的知贡举为何偏偏以此为题。若是以李茂贞等的离经叛道之行来反衬韩建等人险难之际的忠义，倒似也说得过去，但在科举场上，以天子的难堪来鼓励宣扬臣子的忠义，终是一件令人费解的事情。不过，不知其用意所在，反过来看，倒也说明了唐人出题的确不太拘泥。

综上所述，唐人应试诗题的范围不可谓不广，内容不可谓不杂，显现了唐人开放的胸襟、开阔的视野和开明的政策。封演在《封氏闻见记》卷三《贡举》中说："旧例：试杂文者一诗一赋，或兼试颂论，而题目多

① （五代）刘昫：《旧唐书》卷二十《昭宗本纪》，第758—759页。

为隐僻。"① 然今观诗题，或多取材于唐人熟悉的典籍，或多出自广为流传的作家作品，或多以当代社会时事和规章制度为背景，非但不"隐僻"，而且还显得颇为"热门"，封演之说不知所依为何。应试诗题的"热门"说明我们在本节开篇时所揣摩的知贡举出题时的思路有着一定的合理性，作为科举制度执行者的知贡举们，在保证题目区分度的同时，又要保证选拔具有一定的空间，还要有鲜明的主流意识观念。科举试诗的宗旨并不在于考查写诗者的经籍掌握能力，而在于文思才情的实际运用能力，诗题的"热门"也说明了这一点。就普遍情况来看，审题并不是写作应试诗的一道难关，如何写出妥帖出彩的篇章才最为关键。

① （唐）封演：《封氏闻见记》卷三《贡举》，第34页。

第六章

唐代应试诗的体制规范

要研究唐代应试诗，我们首先应该转换观念，将它放在自身所依存的坐标体系中予以讨论。作为试诗制度的产物，应试诗有其特定的创作场合，有着既定的体制与规范，有它特殊的评价标准，我们不能用以往衡量一般文学作品的眼光来看待它，而应该建立一种新的考量“制度—文学”作品的标准。唐代应试诗是唐代试诗制度的一个组成部分，其作用在于：第一，引导社会风气，营造盛世的隆兴氛围；第二，培养应试者的从官素质，使其可以适应朝廷建设文德政治的需要；第三，考查应试者为官从政的素质与修养。其构建一整套命题、创作、评判机制的出发点就在于是否有利于上述作用的发挥，而我们对应试诗的评价也应以此为基础。既然是一种考试文体，自然有其既定的规则，下面我们就来了解一下唐代应试诗的体制规范。

第一节　篇幅限制

任何诗歌的思想内蕴、情感意志皆须依赖外在体式的呈现。大部分诗歌，尤其是优秀的诗歌皆为写作者一时兴会而写，即所谓“情动于中而形于言”① 者。这类诗歌的体式往往由创作者依据自己所要表达的思想情感的特点和所要获得的表达效果而设，比如李白好用乐府来展现自己跌宕起伏的情绪，而杜甫长于律篇来表达自身深沉含蓄的情致。然而应试的举子们却没有这样的自由。出于考试公平性、评判标准化的考虑，应试诗在体式上具有自己既定的规范。举子们只能根据题意，在限定的体式中尽量地

① （汉）郑玄注，（唐）孔颖达疏：《毛诗正义》卷一《毛诗序》，十三经注疏本，第270页。

写好。谁可以戴着镣铐跳出最曼妙的舞姿，谁就可以获得知贡举的青睐。这是一种局限，也是一种挑战。规范越多，挑战越大，成就感也就越强。难怪举子们一旦得第，便狂喜地展现出不可一世的态度，这既出于对自身未来光明前景的充分自信，也出于战胜局限后的满足。

根据施子愉在《唐代科举制度与五言诗的关系》一文中对存诗一卷以上的唐代诗人作品的统计，初唐各体中居首位的为五律，共有823首，以下依次为五言古诗663首，五言排律188首，五绝172首，七绝、七律、七言古诗均不到一百首。[①] 可见，在唐代试诗制度初创时期的诗坛，五言诗，尤其五言律诗在各种诗体中占据着主要的地位。唐代应试诗一般限为五言六韵的律诗，但也偶有五言二韵、四韵、八韵之作。

唐代应试诗中二韵者共有两首，均为特例，《文苑英华》甚至不将其列入"省试"类中便可说明问题。其一：

终南阴岭秀，积雪浮云端。林表明霁色，城中增暮寒。

——祖咏《终南望余雪》[②]

据计有功《唐诗纪事》载："有司试《终南望余雪》诗，（祖）咏赋……四句即纳于有司。或诘之，咏曰：意尽。"[③] 可知祖咏作应试诗不顾常例规定，只求"意尽"而已。他抛弃了一般应试诗破题后作正面描写，最后绾合寄意之构，只从侧面着笔，用"明霁色"、"增暮寒"来烘托终南积雪之高寒，故后人评价此诗"已霁犹寒，越见积雪"[④]；"托笔写意，体格高浑"[⑤]；"得有余不尽之意"[⑥]。祖咏也凭此出色之特构而进士及第。当然，这只能发生在进士科试诗制度实行不久，各项规定尚未完全定型之际，而且也需要知贡举大人的思想开明，慧眼识人。否则，以制度的齐整划一，规范公平，断然不会允许这样的特殊之作，更不可能让其及

① 施子愉：《唐代科举制度与五言诗的关系》，原载《东方杂志》第四十卷第八号，转引自陈伯海《唐诗学引论》，东方出版社2007年版，第175页。

② （清）彭定求：《全唐诗》卷一百三十一，第1337页。

③ （宋）计有功撰，王仲镛校笺：《唐诗纪事校笺》卷二十《祖咏》，第631页。

④ （明）李攀龙、袁宏道：《唐诗训解》，明万历四十六年（1618）居仁堂余献可刻本。

⑤ （清）杨逢春：《唐诗绎》，乾隆三十九年（1774）刻本。

⑥ （清）臧岳：《应试唐诗类释》，清乾隆三十三年（1768）三乐斋刻本。

第。因而在清代科举制度森严的情况下，很多学人就无法理解祖咏这样的特例，发出了“何以有此”①，“更难在举场中作如此事”② 的感叹。

其二：

新霁洛城端，千家积雪寒。未收清禁色，偏向上阳残。

——阎济美《天津桥望洛城残雪》③

祖咏诗是意已尽，而阎济美则是由于时间不够，只得仓促献上。阎济美前一年曾杂文试落第，后献诗座主，座主深有遗才之叹，因而当其第二年再任知贡举时，不仅提示阎济美以诗赎帖，而且允许他交纳未成之篇，并称赏再三。这显然是亡羊补牢之举，不过也显示出唐代科举考试制度的松散。所以，这第二首也是科考场上罕见的特例。

唐代应试诗四韵者共有 11 题 12 首，分别为：王泠然《古木卧平沙》、顾况《空梁落燕泥》、崔曙《奉试明堂火珠》、荆冬倩《奉试咏青》、孙欣《奉试冷井诗》、王季文、吕温《青出蓝》、刘王曳《三让月成魄》、王贞白《宫池产瑞莲》、白居易《太社观献捷》、吕温《河南府试赎帖赋得乡饮酒》、汪极《奉试麦垄多秀色》。

那么，四韵者是否如祖咏之诗一样，乃作者私意为之呢？从现有材料来看，四韵者一般为知贡举命题所限。比如《青出蓝》④ 存诗二首：

芳蓝滋匹帛，人力半天经。浸润加新气，光辉胜本青。
还同冰出水，不共草为萤。翻覆依襟上，偏知造化灵。

——王季文《青出蓝》

物有无穷好，蓝青更出青。殊研方比德，白受始成形。
袍袭宜从政，衿垂可问经。当年不采撷，佳色几飘零。

——吕温《青出蓝》

王季文、吕温贞元十四年（798）进士及第，此诗题为当年试题。据

① （清）毛奇龄：《唐人试帖》，清嘉庆六年（1801）听彝堂刻本。

② （清）焦袁熹：《此木轩论诗汇编》，民国抄本。

③ （清）彭定求：《全唐诗》卷二百八十一，第 3197 页。

④ （宋）李昉：《文苑英华》卷一百八十九《省试十》，第 927 页。

《吕衡州文集》,《青出蓝诗》题下注云:“题中用韵,限四十字成。”① 王季文诗亦为四韵,以题中“青”字为韵,应是当年试诗规定。再比如吕温诗《河南府试赎帖赋得乡饮酒》② 为赎帖诗。另王贞白诗题下注“帖经日试”③,据《登科记考》,王贞白乾宁二年(895)进士及第,当年进士试题为《内出白鹿宣示百官诗》,则此诗为赎帖之作。从这两首作品皆为四韵的情况来看,赎帖诗的写作似乎没有像试杂文时那样严格,这从上文提及的阎济美赎帖诗一例亦可看出。由于赎帖并不常有,命题乃临时决定,评判也是当场进行,这就决定了赎帖诗命题和写作上的灵活便捷度。另外,据《文苑英华》卷一百八十九录白居易《太社观献捷》,题注:“入翰林试,以‘功’字为韵。”④ 又据《全唐诗》卷四百六十一此诗题注:“以功字为韵,四韵成”⑤,可知此诗为白居易元和二年(807)入翰林试时所作,命题限定为四韵。崔曙、荆冬倩、孙欣、汪极四首均为“奉试”之作,是否奉试诗四韵为常例呢?在弄清楚这个问题之前,我们先了解一下何谓“奉试”。毛奇龄在《唐人试帖》中言:“按唐登进士后又有试名‘奉试’”⑥,似乎是登进士科第后的复试。臧岳《应试唐诗类释》云:“登进士后,又复试,名曰奉试。”⑦ 更指实为复试。另依宋代《礼部贡举条式》规定:“举人书写试卷……第一行写‘奉’字,第二行写‘试周以宗强赋’字……第四行便写所作赋,毕,次行便写诗题,更不加奉试字。”⑧ 可知宋人进士试赋,需在题中写明“奉试”字样,以示尊重,诗在赋后,则无须再加注“奉试”二字,因此“奉试”即礼部试。那么唐代情况究竟如何呢?由于缺少直接的文献记载,目前仍然难以确知其含义,但通过唐人留存的奉试诗题,我们可以作一些简单的推测。除了上述

---

① (唐)吕温:《吕衡州文集》卷一《赋诗》,丛书集成初编本,商务印书馆1935年版,第4页。

② 同上书,卷二《诗》,第17页。

③ (宋)李昉:《文苑英华》卷一百八十八《省试九》,第921页。

④ 同上书,卷一百八十九《省试十》,第925页。

⑤ (唐)白居易:《太社观献捷》,(清)彭定求《全唐诗》卷四百六十一,第5246页。

⑥ (清)毛奇龄:《唐人试帖》,清嘉庆六年(1801)听彝堂刻本。

⑦ (清)臧岳:《应试唐诗类释》,清乾隆三十三年(1778)三乐斋刻本。

⑧ (宋)丁度:《附释文互注礼部韵略》附《贡举条式》,中华再造善本丛书,宋绍定三年藏书阁刻本,第14页。

四首之外，唐人留存的题中注明奉试的作品还有三首，分别是黄滔《省试奉诏涨曲江池》，郑谷《乾符丙申岁奉试春涨曲江池》，严维《奉试水精环》，其中，黄滔诗题下注“以春字为韵时乾符二年”①。据徐松《登科记考》考证，“二年”为“三年”之误②，可知此诗与郑谷诗当为同年，即乾符丙申（三年）（876）奉试之作。而乾符三年并没有任何关于复试的记载，郑谷、黄滔也没有复试落第的记录，而二人进士及第又分别在光启三年（887）、乾宁二年（895），由此可知乾符三年奉试之作当非复试所写。从黄滔的题目来看，奉试的组织机构依然是尚书省，题目、用韵字数等由皇帝钦定，照此看来，所谓“奉试”就是省试，可能由于是皇帝亲自出题或定韵，因而在题中标注，以示尊重。崔曙开元二十六年（738）进士及第。根据《封氏闻见记》卷四《明堂》载：“开元中，改明堂为听政殿，颇毁撤，而宏规不改。顶上金火珠迥出空外，望之赫然。省司试举人，作《明堂火珠诗》，进士崔曙诗最清拔。”③可知崔曙《奉试明堂火珠》即为开元二十六年的省试诗。此例亦可证上文推测之成立。所以，奉试很有可能就是礼部试，则四韵者并非奉试之常例，而是当年命题所限。这一点也可从这七首奉试诗的句数中得到验证，比如孙欣、汪极之诗为四韵，而黄滔、郑谷、严维之作则均为六韵。

八韵者共有10题13首，分别为：郑馥《东都父老望幸》，郑昉、失名《人不易知》，李子昂《西戎即叙》，殷寅、李岑、赵铎《玄元皇帝应见贺圣祚无疆》，张濯《迎春东郊》，段成式、张良器《河出荣光》，潘炎《玉壶冰》，薛能《新雪》，沈亚之《西蕃请谒庙》，《品物咸熙》（无存世诗歌）等。从现有材料来看，八韵者大多也出自题目规定，比如《人不易知》④共存诗两首：

> 如面诚非一，深心岂易知。入秦书十上，投楚岁三移。
> 和玉翻为泣，齐竽或滥吹。周行虽有寘，殷鉴在前规。
> 寅亮推多士，清通固赏奇。病诸方号哲，敢相反成疵。

① （唐）黄滔：《莆阳黄御史集》，丛书集成初编本，第99页。
② （清）徐松撰，孟二冬补正：《登科记考补正》卷二十三，第975页。
③ （唐）封演：《封氏闻见记》卷四《明堂》，第84页。
④ （宋）李昉：《文苑英华》卷一百八十九《省试十》，第924页。

冬日承余爱，霜云喜暂披。无令见瞻后，回照复云疲。

——郑昉《人不易知》

权衡谅匪易，愚智信难移。九德皆殊进，三端岂易施。
同称昆岫宝，共握桂林枝。郑鼠今奚别，齐竽或滥吹。
瑶台有光鉴，屡照不应疲。片善当无掩，先鸣贵在斯。
龙门峻且极，骥足庶来驰。太息李元礼，期君幸一知。

——失名《人不易知》

皆为八韵，同押题中“知”字韵。《河出荣光》① 共存诗两首：

符命自陶唐，吾君应会昌。千年清德水，九折满荣光。
极岸浮佳气，微波照夕阳。澄辉明贝阙，散彩入龙堂。
近带关云紫，遥连日道黄。冯夷矜海若，汉武贵宣房。
渐没孤槎影，仍呈一苇航。抚躬悲未济，作颂喜时康。

——段成式《河出荣光》

引派昆山峻，朝宗海路长。千龄逢圣主，五色瑞荣光。
隐映浮中国，晶明助太阳。坤维连浩漫，天汉接微茫。
丹阙清氛里，函关紫气旁。位尊常守伯，道泰每呈祥。
习坎灵逾久，居卑德有常。龙门如可涉，忠信是舟梁。

——张良器《河出荣光》

皆为八韵，同押题中“光”字韵。《玄元皇帝应见贺圣祚无疆》② 为天宝四载（745）博学宏词试诗，共存诗三首：

应历生周日，修祠表汉年。复兹秦岭上，更似霍山前。
昔赞神功起，今符圣祚延。已题金简字，仍访玉堂仙。
睿祖光元始，曾孙体又玄。言因六梦接，庆叶九龄传。
北阙心超矣，南山寿固然。无由同拜庆，窃抃贺陶甄。

——殷寅《玄元皇帝应见贺圣祚无疆》

皇纲归有道，帝系祖玄元。运表南山祚，神通北极尊。

① （宋）李昉：《文苑英华》卷一百八十三《省试四》，第898页。

② 同上书，卷一百八十《省试一》，第880页。

大同齐日月，兴废应乾坤。圣后趋庭礼，宗臣稽首言。
千官欣赐睹，万国贺深恩。锡宴云天接，飞声雷地喧。
祥云飞紫阁，喜气绕皇轩。未预承天命，空勤望帝门。

——李岑《玄元皇帝应见贺圣祚无疆》

圣主今司契，神功格上玄。岂唯求傅野，更有叶钧天。
审梦西山下，焚香北阙前。道光尊圣日，福应集灵年。
咫尺真容近，巍峨大象悬。觞从百寮献，形为万方传。
声教惟皇矣，英威固邈然。惭无美周颂，徒上祝尧篇。

——赵铎《玄元皇帝应见贺圣祚无疆》

三人之诗均为八韵，题中用韵。《品物咸熙》为乾宁二年（895）的重试诗题，已无存诗，据《莆阳黄御史集·别集》引《唐昭宗实录》载："内出四题……《品物咸熙》，七言八韵成。"[①] 可知，该年重试诗题由皇帝命题并规定写七言八韵律诗。当然，也有例外。张濯的《迎春东郊》写于上元二年（761），该年存诗尚有王绰一首，虽然两诗皆押题中"春"字韵，然而张诗八韵，王诗六韵[②]。二人皆于当年进士及第，可见知贡举对诗歌句数的长短并不十分在意，只要是佳作，亦可放第。

唐人应试诗一般为五言六韵，这或许是由于四韵律诗倘若要敷陈题意、确切点明题中字面，篇幅稍嫌不够，而八韵又过长，所以唐人选择了六韵。但在试诗制度执行初期，考试场合不太正式，也有的在考试官员另行规定的情况下，也曾出现过二韵、四韵、八韵的情况，不过都是个例。

第二节　用韵规定

一般来说，唐代应试诗往往要求题中用韵，即举人可选择题中任意一个字为韵。比如《吕衡州文集》收录了贞元十四年（798）进士科试诗《青出蓝诗》，注云："题中用韵，限四十字成。"又收录有贞元十五年（799）博学宏词科试诗《终南精舍月中闻磬诗》，题后注："题中用韵，六十字成。"[③] 再比如贞元九年（793）进士科试诗《风光草际浮》，今存

① （唐）黄滔：《莆阳黄御史集·别集》引《唐昭宗实录》，丛书集成初编本，第348页。

② （宋）李昉：《文苑英华》卷一百八十一《省试二》，第889页。

③ （唐）吕温：《吕衡州文集》卷一《赋诗》，丛书集成初编本，第4页。

诗六首，张复元等二人用“光”字，陈璀等二人用“浮”字，刘禹锡用“际”字，陈祐用“风”字。[①] 元和十年（815）进士科试诗《春色满皇州》，存诗五首，沈亚之等四人皆用“州”字，唯张嗣初一人独用“春”字。[②] 会昌三年（843）进士科试诗《风不鸣条》，存诗六首，其中卢肇等四人用“鸣”字，黄颇等二人用“条”字。[③] 除此以外，唐代应试诗的用韵还有以下四种不同的情况：

第一种，指定用题中某一字为韵。比如贞元十六年（800）进士科试诗《玉水记方流》，白居易诗题注：“以流字为韵，六十字成”[④]。今存六首作品皆用“流”字[⑤]。再比如，贞元七年（791）进士科试诗《青云干吕》[⑥]，存诗四首，皆用“云”字。贞元八年（792）进士科试诗《御沟新柳》[⑦]，存诗六首，皆用“新”字。贞元十七年（801）进士科试诗《闰月定四时》[⑧]，存诗五首，皆用“时”字。

第二种，用题中字韵，但不明点题字。比如开元十二年（724）祖咏的《终南望余雪》[⑨]，用寒韵，但不出“南”字。窦常《求自试》[⑩]，用尤韵，但不出“求”字。孙頠《送薛大夫和蕃》[⑪]，用先韵，但不用“蕃”字。这种情况还有一种特殊的例子。比如，苏珽《御箭连中双兔》[⑫]，用仙韵，其实押的是“箭”的平声韵。陈季《鹤警露》[⑬]，用清韵，其实押的是“警”的平声韵。这在后代被视为出格，而在唐代是允许的。

第三种，不用题中字，而另定韵字。比如大历十二年（777）进士科

① （清）徐松撰，孟二冬补正：《登科记考补正》卷十三，第561页。

② （宋）李昉：《文苑英华》卷一百八十一《省试二》，第889—890页。

③ 同上书，卷一百八十三《省试四》，第897页。

④ （唐）白居易：《玉水记方流》，（清）彭定求《全唐诗》卷四百六十一，第5246页。

⑤ （宋）李昉：《文苑英华》卷一百八十六《省试七》，第912页。

⑥ 同上书，卷一百八十二《省试三》，第890—891页。

⑦ 同上书，卷一百八十八《省试九》，第922页。

⑧ 同上书，卷一百八十一《省试二》，第888页。

⑨ （清）彭定求：《全唐诗》卷一百三十一，第1337页。

⑩ （宋）李昉：《文苑英华》卷一百八十九《省试十》，第925页。

⑪ 同上书，卷一百八十九《省试十》，第926页。

⑫ 同上书，卷一百八十《省试一》，第883页。

⑬ 同上书，卷一百八十五《省试六》，第907页。

试诗《小苑春望宫池柳色》[①]，存诗共十首，皆用清韵。元和元年（806）进士科试诗《山出云诗》[②]，存诗四首，皆用真韵。上文提及的元和二年（807）白居易入翰林试时作《太社观献捷》，用功字韵。元和四年（809）进士科试诗《荐冰》[③]，存诗五首，皆用清韵。《芙蓉出水》[④]，存诗二首，皆用真韵。

第四种，不用题中字，似为自定韵字。比如贞元十年（794）进士科试诗《春风扇微和》[⑤]，存诗九首，陈九流等六人皆用题中字，或"风"，或"微"，或"扇"字，而郭遵等三人用真韵。贞元十年博学宏词科试诗《冬日可爱》[⑥]，存诗二首，庚承宣用"日"字，而陈讽用脂韵。《春云》[⑦]，今存诗三首，邓倚用东韵，焦郁用清韵，裴澄用钟韵。

唐代应试诗绝大多数押平声韵，但也有少数作品押仄声韵。今查留存的应试诗作品，押去声韵的诗歌仅有七首。具体如下：

熙熙春景霁，草绿春光丽。的历乱相鲜，葳蕤互亏蔽。
乍疑芊绵里，稍动丰茸际。影碎翻崇兰，浮香转丛蕙。
含烟绚碧彩，带露如珠缀。幸因采掇日，况此临芳岁。

——刘禹锡《省试风光草际浮》[⑧]

霁，丽，蕙：霁韵。蔽、际、缀、岁：祭韵。霁祭同用。

圣唐复古制，德义功无替。奥旨悦诗书，遗文分篆隶。
银钩互交映，石壁靡尘翳。永与乾坤期，不逐日月逝。

① （宋）李昉：《文苑英华》卷一百八十八《省试九》，第921—922页。

② 同上书，卷一百八十二《省试三》，第892页。

③ 同上书，第894页。

④ 同上书，卷一百八十八《省试九》，第920—921页。

⑤ 同上书，卷一百八十三《省试四》，第896—897页。

⑥ 同上书，卷一百八十一《省试二》，第885—886页。

⑦ 同上书，卷一百八十二《省试三》，第891—892页。

⑧ （清）彭定求：《全唐诗》卷三百六十三，第4100页。

儒林道益广，学者心弥锐。从此理化成，恩光遍遐裔。

——冯涯《太学创置石经》①

制，逝，锐，裔：祭韵。替，隶，翳：霁韵。霁祭同用。

东南生绿竹，独美有筠箭。枝叶讵曾凋，风霜孰云变。
偏宜林表秀，多向岁寒见。碧色乍葱茏，青光常蒨练。
皮开凤彩出，节劲龙文见。爱此守坚贞，含歌属时彦。

——张仲方《竹箭有筠》②

箭，变，彦：线韵。见，练：霰韵。霰线同用。

春晴生缥缈，软吹和初遍。池影动渊沦，山容发葱蒨。
迟迟入绮阁，习习流芳甸。树杪飏莺啼，阶前落花片。
韶光恐闲放，旭日宜游宴。文客拂尘衣，仁风愿回扇。

——豆卢荣《春风扇微和》③

遍，蒨，甸，片，宴：霰韵。扇，线韵。霰线同用。

开元太平时，万国贺丰岁。梨园献旧曲，玉座流新制。
凤管递参差，霞衣竞摇曳。宴罢水殿空，辇余春草细。
蓬壶事已久，仙乐功无替。谁肯听遗音，圣明知善继。

——李肱《霓裳羽衣曲》④

岁，制，曳：祭韵。细，替，继，霁韵。霁祭同用。

献谋既我违，积愤从心痗。鸿门入已迫，赤帝时潜退。
宝位方苦竞，玉斗何情爱。犹看虹气凝，讵惜冰姿碎。

---

① （宋）李昉：《文苑英华》卷一百八十《省试一》，第883页。

② 同上书，卷一百八十七《省试八》，第918页。

③ 同上书，卷一百八十三《省试四》，第896页。

④ 同上书，卷一百八十四《省试五》，第902页。

而嗟大事返，当起千里悔。谁为西楚王，坐见东城溃。

——孟简《亚父碎玉斗》①

痗，退，碎，悔，溃：队韵。爱：代韵。队代同用。

雄谋竟不决，宝玉将何爱。倏尔霜刃挥，飒然春冰碎。
飞光动旗帜，散响惊环珮。霜洒绣帐前，星流锦筵内。
图王业已失，为虏言空悔。独有青史中，英风冠千载。

——裴次元《亚父碎玉斗》②

爱，载：代韵。碎，珮，内，悔：队韵。队代同用。

嬴女昔解网，楚王有遗躅。破关既定秦，碎首闻献玉。
贞姿应刃散，清响因风续。匪徇切泥功，将明怀璧辱。
莫量汉祖德，空受项君勖。事去见前心，千秋渭水绿。

——何儒亮《亚父碎玉斗》③

躅，玉，续，辱，勖，绿：沃韵。沃独用。
押入声韵的诗歌有八首。具体如下：

宿雾开天霁，寒郊见初日，林疏照逾远，冰轻影微出。
岂假阳和气，暂忘玄冬律。愁抱望自宽，羁情就如失。
欣欣事几许，曈曈状非一。倾心倘知期，良愿自兹毕。

——庾承宣《冬日可爱》④

日，失，一，毕：质韵；出，律：术韵，质术同用。

海内昔凋瘵，天纲斯浡潏。龟灵启圣图，龙马负书出。

① （宋）李昉：《文苑英华》卷一百八十六《省试七》，第913页。
② 同上书。
③ 同上书。
④ 同上书，卷一百八十一《省试二》，第886页。

大哉明德盛，远矣彝伦秩。地數作乂功，人免为鱼恤。
既彰千国理，岂止百川溢。永赖至于今，畴庸未云毕。

——萧昕《洛出书》①

潏，出，恤：术韵。秩，溢，毕，质韵。质术同用。

德合天贶呈，龙飞圣人作。光宅被寰区，图书荐河洛。
象登四气顺，文辟九畴错。氤氲瑞彩浮，左右灵仪廓。
微造功不宰，神行利攸博。一见皇家庆，方知禹功薄。

——郭邕《洛出书》②

作，洛，错，廓，博，薄：铎韵。铎独用。

浮空九洛水，瑞圣千年质。奇象八卦分，图书九畴出。
含微卜筮远，抱数阴阳密。中得天地心，傍探鬼神吉。
昔闻夏禹代，今献唐尧日。谬此叙彝伦，寰宇贺清谧。

——张钦敬《洛出书》③

质，密，吉，日，谧：质韵。出，术韵。质术同用。

徘徊空山下，畹晚残阳落。圆影过峰峦，半规入林薄。
馀光彻群岫，乱彩分重壑。石镜共澄明，岩光同照灼。
栖禽去杳杳，夕烟生漠漠。此境谁复知，独怀谢康乐。

——佚名《落日山照曜》④

落，薄，壑，灼，漠，乐：铎韵。铎独用。

时令忽已变，行看被霜菊，可怜后时秀，当此凛风肃。

① （宋）李昉：《文苑英华》卷一百八十三《省试四》，第898页。

② 同上书。

③ 同上书。

④ 同上书，卷一百八十七《省试八》，第915页。

淅沥翠枝翻，凄清金蕊馥。凝姿节堪重，澄艳景非淑。
宁祛青女威，愿盈君子掬，持来泛樽酒，永以照幽独。

——席夔《霜菊》①

菊，肃，馥，淑，掬，独：屋韵。屋独用。

秋尽北风去，律移寒气肃。淅沥降繁霜，离披委残菊。
华滋尚照灼，幽气含纷郁。的的冒空园，萋萋被幽谷。
骚人有遗咏，陶令曾盈掬。倘使怀袖中，犹堪袭余馥。

——佚名《霜菊》②

肃，菊，郁，谷，掬，馥：屋韵。屋独用。

王兆鹏统计了 189 首试律诗的 1142 个韵脚，其中押阳声韵的诗歌数量占 76.19%；阳声韵韵脚占 77.93%。③ 可见，唐代应试诗多以押阳声韵为主，这和阳声韵字发音响亮，声韵悠扬，利于展现颂美之情不无关系。

第三节　对仗要求

唐代应试诗大多为五言六韵，和一般律诗相同，也要求每联内部平仄相对，各联之间严格遵守粘对规则，中间几联对仗。比如：

晓野方闲眺，横溪赏乱流。寒文趋浦急，圆折逐烟浮。
不谓飘疏雨，非关浴远鸥。观鱼鳞共细，间石影疑稠。
猎猎风泠夕，潺潺濑响秋。仙槎如共泛，天汉适淹留。

——佚名《寒流聚细文》④

此诗押题中“流”字韵，为首句平起仄收式。首联不对，其余各联

① （宋）李昉：《文苑英华》卷一百八十七《省试八》，第 918 页。
② 同上书。
③ 王兆鹏：《唐代科举考试诗赋用韵研究》，第 180 页。
④ （宋）李昉：《文苑英华》卷一百八十三《省试四》，第 899 页。

皆为工对。第二联承首联而来，点出“寒”、“文”。第三联从虚处着笔，暗写“细文”。第四联从正面描写，句子结构一改五言的“二—三”为“一—四”，以打乱阅读的节奏，突破整齐划一的感觉。第五联从侧面暗写“寒”、“流”，使用叠词，寻求结构上的同中有异。最后以流水对作结。从整体来看，这首应试诗在对仗的使用上既注意工整，又体现变化，颇显作者用心。

当然，也有一些特殊的情况，比如有的应试诗首联也使用对句：

仙媛来朱邸，名王出紫微。三周初展义，百两遂言归。
郑国通梁苑，天津接帝畿。桥成乌鹊助，盖转凤凰飞。
霜仗迎秋色，星缸满夜辉。从兹磐石固，应为得贤妃。

——张光朝《天门街西观荣王聘妃》①

此诗押“妃”字，为首句仄起仄收式。首联直接从正面破题。“仙媛”对“名王”，明点题中荣王和王妃。“来”对“出”，显示观者的视角。“朱邸”对“紫微”，既写出了王府以朱饰之的特点，又写出了其地位的尊贵。后四联顺势描写迎亲过程，最后一联生发祝福之语，收束全诗。首联使用对句的例子在唐代应试诗中并不少见。再比如：

月满缑山夜，风传子晋笙。初闻盈谷远，渐听入云清。
杳异人间曲，遥分鹤上情。孤鸾惊欲舞，万籁寂无声。
此夕留烟驾，何时返玉京。唯恐音响绝，晓色出都城。

——钟辂《缑山月夜闻王子晋吹笙》②

此诗押题中“笙”字，为首句仄起仄收式。首联总起全篇，将题中字一一点出。“月”对“风”，“满”对“传”，“缑山夜”对“子晋笙”，营造了闻笙的环境背景。后五联具体展开写乐声和听笙者的联想。

有的应试诗尾联使用对句，但并不采用较常见的流水对，而以工整的连珠对（即叠字对）出之。比如：

① （宋）李昉：《文苑英华》卷一百八十九《省试十》，第925页。

② 同上书，卷一百八十四《省试五》，第901页。

珠馆冯夷室，灵鲛信所潜。幽闲云碧牖，滉漾水精帘。
机动龙梭跃，丝萦藕淬添。七襄牛女恨，三日大人嫌。
透手击吴练，凝冰笑越缣。无因听札札，空想濯纤纤。

——康翊仁《鲛人潜织》①

此诗押题中“潜”字，为首句仄起仄收式。前五联从鲛人所居、织丝情景、织品精美层层递进来写。最后一联化用《古诗十九首》“纤纤擢素手，札札弄机杼”之语，表达无因见鲛人的怅惘之情，含蓄地流露出希望赴仙宫一睹其景的心愿。“无因”对“空想”，“听”对“濯”，“札札”对“纤纤”，工对句末使用叠词，显得整练中兼流利，又与内容上的含蓄空灵相映衬，有镜花水月之妙。再比如：

荐冰朝日后，辟庙晓光清。不改晶荧质，能彰雨露情。
且无霜比耀，岂与水均明。在捧摇寒色，当呈表素诚。
凝姿陈俎豆，浮彩映璁珩。皎皎盘盂侧，棱棱严气生。

——卢钧《荐冰》②

此诗押清韵，为首句平起仄收式。首联点出清晨荐冰之事，后四联结合祭祀的场景，主要描绘冰的清、寒，其中暗含了对天子恩泽众民的称颂之情，暗示了自身品性的高洁。最后一联再点冰之寒气，“皎皎”对“棱棱”，“盘盂侧”对“严气生”，虽然对得不算完全工整，但结得肃穆，与祭祀宗庙的庄重气氛相一致，亦算不错的收尾。

还有的采用通体对排的方式。比如：

宸游经上苑，羽猎向闲田。狡兔初迷窟，纤骊讵着鞭。
三驱仍百步，一发遂双连。影射含霜草，魂消向月弦。
欢声动寒木，喜气满晴天。那似陈王意，空随乐府篇。

——苏颋《御箭连中双兔》③

① （宋）李昉：《文苑英华》卷一百八十五《省试六》，第906页。

② 同上书，卷一百八十三《省试四》，第894页。

③ 同上书，卷一百八十《省试一》，第883页。

此诗用题中“连”字韵，为首句平起仄收式。每联皆用对仗。前五联以时间为序，从皇帝出猎写起，展示了射兔的紧张过程以及御箭射中双兔后群臣的热烈反应，最后一联用反衬手法，以议论作结，表达对皇帝的称颂。全诗从不同角度着笔，充满了动态性的场景描写和过程性的细节叙述，且末句使用流水对，因而虽然通篇对句，但读来不觉板滞。这首诗应该说是通体对排作品中的佳作。

通体对排的作品，常常会在末句使用比较灵活的对仗方式来避免结构的单一。比如张叔良《长至日上公献寿》①：

凤阙晴钟动，鸡人晓漏长。九重初启钥，三事正称觞。
日至龙颜近，天旋圣历昌。休光连雪净，瑞气杂炉香。
化被君臣洽，恩沾士庶康。不因稽旧典，谁得纪朝章。

此诗用题中“长”字韵，为首句仄起仄收式。全诗展现了冬至日三公率领群臣向皇帝献寿的场景。前二联拉开了献寿的帷幕：鸡人报晓，宫门初启，群臣并至，举觞称寿。接着三联写圣驾降临，祥光充盈，瑞气萦绕，恩被臣民。由于此诗主题需要营造庄丽祥和的气氛，因此作者前五联皆用工整的正对，并选用了“长”字韵，舒缓平稳的节奏和悠扬响亮的声韵有利于彰显称颂的主题。最后一联从写景转向议论，采用反问句式，比较手法，流水对形式作结，以突破前几联整齐的态势。再比如戴叔伦《晓闻长乐钟声》②：

汉苑钟声早，秦郊曙色分。霜凌万户彻，风散一城闻。
已启蓬莱殿，初朝鸳鹭群。虚心方应物，大扣欲干云。
近杂鸡人唱，新传鬼氏文。能令翰苑客，流听思氛氲。

此诗用题中“闻”字韵，为首句仄起仄收式。全诗描绘清晨长乐宫的钟声。前五联对仗工整，既分别点出了“晓闻”、“长乐”、“钟声”等题中字，又突出了清晨钟声的政治含义和君子的品性、志向。末句采用交

① （宋）李昉：《文苑英华》卷一百八十《省试一》，第882页。
② 同上书，卷一百八十四《省试五》，第902页。

错对，“能令”对“流听”，“翰苑客”本来对“氛氲思”，由于平仄关系，改为“思氛氲”，交错相对。形式灵活，表意蕴藉，引出联翩思绪便戛然而止。

由此可见，应试诗格律精严的要求使唐人不得不在音韵的使用、对仗的精工方面花大力气，使其既能表现形式的美感，又能达到表情达意的良好效果，这对唐诗写作技艺的成熟自然起到了很好的促进作用。

第四节 评判标准

在谈到应试诗的评判标准时，人们往往会以下面这两则材料为依据：

> 文宗元年秋，诏礼部高侍郎锴，复司贡籍，曰：“夫宗子维城，本枝百代，封爵便宜，无令废绝。常年宗正寺解送人，恐有浮薄，以忝科名。在卿精拣艺能，勿妨贤路。其所试，赋则准常规，诗则依齐梁体格。”①
>
> ——《云溪友议·古制兴》
>
> 进士李肱《霓裳羽衣曲诗》一首最为迥出，更无其比，词韵既好，人才俱美，前场吟咏，近三五十遍，虽使何逊复生，亦不能过，兼是宗枝，臣与状头第一人，以奖其能。……其次沈黄中《琴瑟合奏赋》，又似《文选》中《雪》、《月》赋体格，臣与第三人。②
>
> ——高锴《先进五人诗赋奏》

因此，傅璇琮先生提出唐代应试诗的衡量标准是齐梁体格。③ 但也有研究者提出了不同的看法。李定广在《唐代省试诗的衡量标准与齐梁体格》一文中指出：“唐代省题诗的标准并不是齐梁体格。唐代省试诗大都用常格，即唐代的律体，惟开成二年用齐梁体，属非常格。”他提出了几点理由：第一，唐文宗亲自出题的目的在于抵制浮巧文风；第二，《云溪友议》将此条置名《古制兴》，可见与今制不同；第三，齐梁体的含义在唐代各个时期有所不同，初盛唐人所谓的齐梁诗（或齐梁体）主要从内

① （唐）范摅：《云溪友议》卷上《古制兴》，《唐五代笔记小说大观》，第1271页。

② （唐）高锴：《先进五人诗赋奏》，（清）董诰《全唐文》卷七百二十五，第7467页。

③ 傅璇琮：《唐代科举与文学》第十四章《进士试与文学风气》，第410页。

容风格着眼，而“中晚唐人所谓的齐梁体格主要指声律上的不计较平仄粘对和语言上的明朗、工稳……与浮华、绮艳无关”①。就开成二年（837）的这一次考试来看，唐文宗所试《霓裳羽衣舞》要求依“齐梁体格”的确主要从其声律要求而言，李肱所写之诗便是证明：

开元太平时，万国贺丰岁。梨园献旧曲，玉座流新制。
凤管递参差，霞衣竞摇曳。宴罢水殿空，辇余春草细。
蓬壶事已久，仙乐功无替。谁肯听遗音，圣明知善继。②

李肱是当年状元，此诗在内容、情调上并未显示齐梁体轻艳的特征，反倒在声律上不合律诗平仄、粘对要求。李定广相关的论述已很详细，此处不再赘言。

那么，唐代应试诗的评判标准到底如何呢？试诗制度的执行贯穿了初、盛、中、晚四期，由于时代需求不同，再加以试诗制度本身的发展也需要一个过程，因此在各个不同时期，对应试诗的要求亦有所不同：

进士试杂文两首，识文律者，然后并令试策。③

——《条流明经进士诏》

试杂文两首，策时务五条，文须洞识文律，策须义理惬当者为通。④

——《唐六典·尚书吏部》

凡进士先帖经，然后试杂文及策，文取华实兼举，策须义理惬当者为通。⑤

——《唐六典·尚书礼部》

既鉴妍媸，须有升黜。其赵观文、程晏、崔赏、崔仁宝等四人，

① 详见李定广《唐代省试诗的衡量标准与齐梁体格》，《学术研究》2006年第2期。

② （宋）李昉：《文苑英华》卷一百八十四《省试五》，第902页

③ （宋）宋敏求：《唐大诏令集》卷一百〇六《政事·贡举》，第549页。（清）董诰《全唐文》卷十三题为《严考试明经进士诏》，第161页。

④ （唐）李林甫：《唐六典》卷二《尚书吏部》，第45页。

⑤ 同上书，卷四《尚书礼部》，第109页。

才藻优赡，义理昭宣，深穷体物之能，曲尽缘情之妙。所试诗赋，辞艺精通，皆合本意。其卢赡、韦说、封渭、韦希震、张蠙、黄滔、卢鼎、王贞白、沈崧、陈晓、李龟祯等十一人，所试诗赋，义理精通，用振儒风，且蹑异级。其赵观文等四人，并卢赡等十一人，并与及第。其张贻宪、孙溥、李光序、李枢、李途等五人，所试诗赋，不副题目，兼句稍次，且令落下，许后再举。其崔砺、苏楷、杜承昭、郑稼等四人，诗赋最下，不及格式，芜类颇甚。①

——《覆试进士敕》

高宗、则天年间为试诗制度的发展初期，无论考评官还是参选者都对考场上的诗歌写作不太熟悉，因而对应试诗的写作要求比较低，只要文从字顺，音韵和谐即可。比如当时对格律要求也还算比较宽松，允许重字，像苏珽《御箭连中双兔》有二"向"字，王泠然《古木卧平沙》②有二"叶"字，钱起《湘灵鼓瑟》③有二"不"字等。至开元年间，试诗制度已实行了近将半个世纪，人们早已熟悉了试诗这种举士选官的方式，而唐诗也已在这个时期逐渐迈向它的高峰，诗歌技艺、情致格调、美学风范皆日趋成熟，相应的对应试诗的要求也有所提高。开元二十四年（736）贡举归礼部后，进士科出现了对形式与内容的双重要求，应试诗不仅要写得文辞华美，声韵谐调，而且还要内容庄重，情致典雅，这一评价标准一直延续至晚唐。比如在唐昭宗乾宁二年（895）的敕文中，对及第者应试诗的评价有关于语言方面的"才藻优赡"，"辞艺精通"，有关于内容方面的"义理昭宣"、"义理精通"、"用振儒风"，有关于描写方面的"深穷体物之能，曲尽缘情之妙"等，可见对应试诗的评判也从内容与形式两个方面着手。此外，从对罢黜举子的评语来看，应试诗评判中还包括了是否符合题意等基本内容。

由此看来，应试诗的评判要求基本包括以下几点：符合题目旨意，音韵流美和谐，文辞华美典丽，风格端庄雅正。然而应试诗的题目往往有多重规定，限制了考生构思立意的空间；其应试的特点，鲜明的政治性和功

① （唐）唐昭宗：《覆试进士敕》，（清）董诰《全唐文》卷九十一，第955页。

② （宋）李昉：《文苑英华》卷一百八十七《省试八》，第917页。

③ 同上书，卷一百八十四《省试五》，第902页。

利性又决定了其诗歌风格大多端庄典雅；而律诗的声律自有其固定的条条框框需要遵守，因此对于大多数考生而言，留给他们可自由发挥的便只剩下音韵和辞藻了。要想在考试中脱颖而出，唯有钻研用词造句，使其既能符合表情达意的需要，又能吻合时代审美的要求，还能体现诗歌语言抑扬顿挫的美感，故沈亚之言："赋以八咏，雕琢绮言与声病"①。而对于大多数知贡举而言，面对大同小异的应试作品，也唯有从音韵、辞藻两方面入手，才比较容易评定高下。正因为这样，所以以诗取士的制度往往被落下浮薄的口实。胡震亨言及的"按其声病，可塞有司之责。虽知为文华少实，舍是益汗漫无所守耳"② 也道出了个中缘由。事实上，应试诗写作偏向外在形式锤炼的倾向，正是试诗制度追求考试公平化所带来的必然结果。

偏重于对应试诗外在形式的追求，使诗歌呈现的审美倾向显得尤为重要起来。是否能够符合时代的审美要求，达到知贡举的评判标准，成为考生一心钻研的事情。想要能够号准时代的脉搏，就有赖于对以往应试诗的出题内容、诗歌评判标准以及知贡举的审美倾向的了解。由此每年公布的应试诗题、应试诗歌、及第举子平日所写的卷轴，甚至知贡举的作品都成为文人竞相研读的对象，更不用说已经成为固定考试参考书目的《文选》、《切韵》等资料了。故韩愈在《答吕毉山人书》中说："其人率皆习熟时俗，工于语言。"③ 试诗制度成了一根无形的指挥棒，在引导社会审美趣尚方面发挥了不可小觑的作用，而试诗与唐诗的关系也由此变得水乳交融起来。从这个角度去看，唐代的应试诗也绝不可能仅以齐梁体（不管它是内容风格，还是声律要求层面的界定）为评价标准。

---

① （唐）沈亚之：《与京兆试官书》，（清）董诰《全唐文》卷七百三十五，第 7590 页。

② （明）胡震亨：《唐音癸签》卷十八《诂笺三·进士科故实》，第 161 页。

③ （唐）韩愈：《答吕毉山人书》，（清）董诰《全唐文》卷五百五十三，第 5603 页。

第七章

唐代应试诗的制度特点

应试诗之所以在以往受人冷落，最主要的原因就在于人们认为它的艺术鉴赏价值不高，无甚佳作。比如王世贞《艺苑卮言》卷四曰：“人谓唐以诗取士，故诗独工，非也。凡省试诗，类鲜佳者。”① 杨慎《升庵诗话》卷七言：“今所传省题诗，多不工。今传世者，非省题诗也。”② 然而正如我们前面所说的，应试诗本就是在制度规定下产生的文学，倘若仅从文学的角度予以评价，自然有失偏颇，更合理的方法还是将它放回其所依存的制度环境里予以分析。

第一节　结构稳定

唐代应试诗的题目往往一个题面具有多重内容限定，给写作者在立意构思上留下的发挥空间较小。为了表现出与他人的不同之处，争取在同质化竞争中胜出，应试者本可以在结构、语言等方面下功夫。然而考试既有时间规定，又有紧张的临场氛围，还常常不允许参看资料，稍不留意就可能让自己多年的心血白费，因而小心谨慎，形成一套可以以不变应万变的结构来应对考试是最保险不过的方法。可能借鉴了官场流行的应制诗的写法，唐人的应试诗虽然没有像八股文那样，有着严格的结构全篇的要求，但也有它相对固定的结构模式。一般来说由释题—铺陈—抒情（议论）三个部分组成，即逐字点出，敷陈题意；逐层展开，详细叙述；抒发情致，表达感想。沈德潜更将此细述为：“起联点题；次联写题意，不用尽说；三四联正写，发挥明透；五联题后推开；六联收束。”③ 如此结构当

① （明）王世贞：《艺苑卮言》卷四，丁福保《历代诗话续编》，第 1015 页。

② （明）杨慎：《升庵诗话》卷七，丁福保《历代诗话续编》，第 773 页。

③ （清）沈德潜：《唐诗别裁集》卷十八《五言长律》，上海古籍出版社 1979 年版，第584 页。

然是应对千变万化的考场试题的最佳方法，只要题目主旨理解无误，便可将诗歌写得八九不离十。比如大历十二年（777）进士科省试诗《小苑春望宫池柳色》[①] 一题，共存诗十首，具体如下：

小苑春初至，皇衢日更清。遥分万条柳，回出九重城。
隐映龙池润，参差凤阙明。影宜宫雪曙，色带禁烟晴。
深浅残阳变，高低晓吹轻。年光正堪折，欲寄一枝荣。

——张昔

上官新柳变，小苑暮天晴。始见和烟密，遥怜拂水轻。
色乘阳气重，阴助御楼清。不厌随风嫋，仍宜向日明。
客愁观美景，池上仰光荣。渐到依依处，思闻出谷莺。

——黎逢

小苑宜春望，宫池柳色轻。低昂含晓景，萦转带新晴。
似盖芳初合，如丝荫渐成。依依连水暗，嫋嫋出墙明。
虽以阳和发，能令旅思生。他时花满路，从此接迁莺。

——丁位

柳色新池遍，春光御苑晴。叶依青阁密，条向碧流倾。
路暗阴初重，波摇影转清。风从垂处度，烟就望中生。
断续游蜂聚，飘摇戏蝶轻。怡然变芳节，愿及一枝荣。

——元友直

胜游从小苑，宫柳望春晴。拂地青丝嫩，萦风绿带轻。
光含烟色远，影透水文清。玉笛吟何得，金闺画岂成。
皇风吹欲断，圣日映逾明。愿驻高枝上，还同出谷莺。

——杨系

上苑闲游早，东风柳色轻。储胥遥掩映，池水隔微明。
春至条偏弱，寒余叶未成。和烟变浓淡，转日异阴晴。
不独芳菲好，还因雨露荣。行人望攀折，远翠幕愁生。

——杨凌

帝京春气早，御柳已先荣。嫩叶随风散，浮光向日明。
悠扬生别意，断续引芳声，积翠连驰道，飘花出禁城。

① （宋）李昉：《文苑英华》卷一百八十八《省试九》，第921—922页。

柔条依水弱，远色带烟轻。南望龙池畔，斜光照晚晴。

——崔绩

胜游经小苑，闲望上春城。御路韶光发，宫池柳色轻。
乍浓含雨润，微澹带云晴。幂历残烟敛，摇扬落照明。
几条垂广殿，数树影高旌。独有风尘客，思同雨露荣。

——裴达

韶光归汉苑，柳色发春城。半见离宫出，才分远水明。
青葱当淑景，隐映媚新晴，积翠烟初合，微黄叶未生。
迎春看尚嫩，照日见先荣。傥得辞幽谷，高枝寄一名。

——张季略

今来游上苑，春染柳条轻。濯濯方含色，依依若有情。
分行临曲沼，先发媚重城。拂水枝偏弱，摇风丝已生。
变黄随淑景，吐翠逐新晴。伫立徒延首，徘徊欲寄诚。

——沈回

十首诗大多在第一、第二联就已缴足题面，逐个点出题中字；在第三至第五联中铺陈展开，紧紧围绕小苑、宫池环境，细致描绘柳之形状、颜色、情态，间或含有离别相思之意味；最后多借寄高枝、莺出谷、享雨露的象征手法，表达及第的愿望。全篇结构井然，层次分明，叙述、描写、议论结合，皆表现出成熟的诗歌创作技巧。由于柳是日常常见的景物，宫苑虽非亲历，但亦可凭借想象虚构，且历来描写宫苑春景、柳的作品就较多，还有一些固定的意象、典故与之相连，因而应试者在描写宫苑春景时多能借助生活经验和文学积累，展开细腻的描写，结篇时也多能自然转入干谒主题，故十首诗写得大同小异。不过由于试题未对春字作规定，也未限定“望”的时间，所以给写作者留下了一点自由发挥的空间。他们或者写早春雪未融化之时的柳，或者写季春树荫如盖时的柳，有取材晓景，有畅笔暮色，体现出各自不同的特点。该年状元黎逢，我们发现他的诗在写景绘物、抒情议论上并没有什么特出之处，但较之其他诗篇的工笔刻画，他的诗倒确有几分遗貌取神的味道，与其“气貌山野”① 的气质相吻合。可见科举考场上的写作虽然容易落入俗套，但倘若真有才情思致，亦

① （五代）王定保：《唐摭言》卷五《以其人不称才试而后惊》，第61页。

能在这个有限的空间里展示个性特点。

再比如贞元十五年（799）《行不由径》[①]，共存诗4首，具体如下：

欲速竟何成，康庄亦砥平。天衢皆利往，吾道本方行。
不复由蓬径，无因访蒋生。三条遵广道，九轨尚安贞。
紫陌悠悠去，芳尘步步清，澹台千载后，公道有遗名。

——孟封

邪径趋时捷，端心恶此名。长衢贵高步，大路自规行。
且虑萦纡僻，将求坦荡情，讵同流俗好，方保立身贞。
远迹如违险，修仁在履平。始知夫子道，从此得坚诚。

——王炎

田里有微径，贤人不复行。孰知趋捷步，惟恐异端成。
从易众所欲，安邪患亦生。谁能违大路，共此竞前程。
子羽有遗迹，孔门传旧声。今逢大君子，士节再应明。

——张籍

古人心有尚，乃是孔门生。为计安贫乐，当从大道行。
讵应流远迹，方欲料前程。捷径虽云易，长衢岂不平。
后来无枉路，先达擅前名。一示遵途意，微衷益自精。

——俞简

此诗题典出《论语·雍也》："子游为武城宰。子曰：'女得人焉尔乎？'曰：'有澹台灭明者，行不由径。非公事，未尝至于偃之室也。'"[②]此题虽然与前一题的绘物写景不同，但四首诗同样以释题—铺陈—抒情（议论）结构模式展开。第一、第二联释题，或直引君子斜径不行，或反言君子坚行大道；后面几联结合题目所出之典予以详细说明，虽然小径便捷，世俗也多避难就易，但此非君子修仁炼义之道；最后或称颂前贤，或表达心志，将跟随前贤，坚守大道。结构上四平八稳，不会出错，亦不会给人以太大的惊喜。唯有此年状元孟封，能够丰富题旨，并将之与科举场合相关联，写出不同于流俗的作品。其诗歌在内容上能够不受原典束缚，不仅点出不由小径与恪守道德品性间的联系，而且还由小径联想到汉代究

① （宋）李昉：《文苑英华》卷一百八十九《省试十》，第924—925页。

② （宋）朱熹：《论语集注·雍也》，第54页。

州刺史蒋诩因反对王莽专权而辞官归隐，于院中辟三径，唯与高士求仲、羊仲相往来之事，将小径与归隐相联系，表明当世政治清明，天下太平，故不欲从蒋诩之“三径”，而愿步入世从政之天衢。其诗语言、结构并没有特出之处，主要赢在内容上的既切题意又不拘一格，既坚持品性又表明心志，较之其他三首的拘泥于原典显然更胜一筹。

应试诗创作于考场之上，这种以登榜及第为目的的急就章式的写作，不可避免地在结构上表现出约定俗成的单一。阮阅在《诗话总龟》后集卷三十一《格致门》中引《丹扬集》云：“省题诗自成一家，非他诗比也。首韵拘于见题，则易于牵合；中联缚于法律，则易于骈对。非若游戏于烟云月露之形，可以纵横在我者也。”① 人们既无法像在日常环境中那样气定神闲地构思布篇，自由抒写自身情志，又必须最大程度地保证在不出错的情况下使自己的作品显得更好，因此保守的创作成为大多数写作应试诗的人的选择。这是他们的底线，也是他们的法宝。结构上的单一表现出试诗制度对艺术创作产生的消极影响，但从另一个方面来看，诗歌创作的普及正需要这种初级的可以不断复制的写作模式。而精妙之作也大多是在这种不断复制中，由杰出之人在灵思妙感的驱动下开拓创新而成的。换句话说，这种创作结构上的单一有利于使诗歌成为唐代社会人人都可以生产、消费的文化品，也有利于唐诗在量变的基础上实现质的突破。

第二节　主题集中

试诗制度既然有其明确的政治目的和选拔意图，在此制度下产生的诗歌也必然地呈现出功利性、政治性的特征。这种功利性主要表现在以诗干谒上，而政治性则体现在应试诗颂扬主题的泛滥，当然这二者常常结合在一起。阅读应试诗，我们随处可见这两大主题：

有的应试诗题目本身就具有求举干谒的意思，作者便直接借题生发求仕之意。比如：

玉律阳和变，时禽羽翮新。载飞初出谷，一啭已惊人。

---

① （宋）阮阅：《诗话总龟》后集卷三十一《格致门》，人民文学出版社 1987 年版，第 193 页。

拂柳宜烟暖，冲花觉路春。抟风翻翰疾，向日弄吭频。
求友心何切，迁乔幸有因。华林高玉树，栖托及芳晨。

——钱可复《莺出谷》①

《莺出谷》典出《诗经·小雅·伐木》“伐木丁丁，鸟鸣嘤嘤，出自幽谷，迁于乔木。”后指代及第。诗歌以莺喻己、以玉树比主司，以莺栖玉树，表明及第之请。再比如：

仙禁祥云合，高梧彩凤游。沉冥求自试，通鉴果蒙收。
文墨悲无位，诗书误白头。陈王抗表日，毛遂请行秋。
双剑曾埋狱，司空问斗牛。希垂拂拭惠，感激愿相投。

——窦常《求自试》②

《求自试》典出曹植《求自试表》，是曹植自伤抱负不得施展而向明帝求自试的上表。窦常使用了彩凤栖梧桐、毛遂自荐、干将莫邪剑被发现三个典故，表明人才终将脱颖而出，诗末联有希求赏识之句。

有的诗题并无求荐之意，然而作为应试诗的一般写法，作者大多会在结尾表达及第的愿望，比如：

常思瀑布幽，晴眺喜逢秋。一带连青嶂，千寻倒碧流。
湿云应误鹤，翻浪定惊鸥。星浦虹初下，炉峰烟未收。
岩高时裹裹，天净起悠悠。傥见朝宗日，还须济巨舟。

——夏侯楚《秋霁望庐山瀑布》③

诗歌首联点题，中间四联描绘庐山瀑布之壮丽，写得颇有气势，最后一联表面看继续写瀑布之流入大海，实际上“朝宗日”、“济巨舟”等语有臣子朝见君王需要有人引荐的隐喻意味。如果说夏侯楚在表达干谒之意时，还能注意上下文的通畅、连贯，保持整体诗意的完整性的话，那么殷文圭的《春草碧色》则是给诗作硬生生地安了一个适合科场的结尾：

① （宋）李昉：《文苑英华》卷一百八十五《省试六》，第907—908页。

② 同上书，卷一百八十九《省试十》，第925页。

③ 同上书，卷一百八十三《省试四》，第898页。

细草含愁碧，芊绵南浦滨。萋萋如恨别，苒苒共伤春。
疏雨烟华润，斜阳细彩匀。花粘繁斗锦，人藉软胜茵。
浅映宫池水，轻遮辇路尘。杜回如可结，誓作报恩身。

——殷文圭《春草碧色》①

诗题典出江淹《别赋》："春草碧色，春水渌波，送君南浦，伤如之何。"诗歌前五联都在写春草的颜色、形态、特点等，最后一联忽然转到结草相报的典故，以草自比，表达倘若及第必对座主感恩图报之意。虽然典故由春草引发，但与全诗主旨无甚关联，结得突兀。倘若不是应试之作，想必殷文圭也不会这样结尾了。

有的应试诗将求荐主题与颂扬主题结合起来写，比如：

南国商飚动，东皋野鹤鸣。溪松寒暂宿，露草滴还惊。
欲有高飞意，空闻召侣情。风间传藻质，月下引清声。
未假抟扶势，焉知羽翼轻。吾君开太液，愿得应皇明。

——陈季《鹤警露》②

诗题出典于《风土记》："此鸟性警，至八月白露降，流于草上，滴滴有声，因即高鸣相警，移徙所宿处，虑有变害也。"当八月白露降下，暗暗滴落的声音惊醒了野鹤，它会高声鸣叫，提醒同伴提防危险，然后立即迁于其他地方，显示出极高的警惕性。陈季反其典而行，言鹤因缺少同伴，闻警却未飞，最后写适逢君主开太液池，野鹤愿留于太液池中与君王为伴。在表明自己得第愿望的同时，歌颂了君王虚位以待贤才的开明态度。与之类似的，再比如：

旧是秦时镜，今来古匣中。龙盘初挂月，凤舞欲生风。
石黛曾留殿，朱光适在宫。应祥知道泰，监物觉神通。
肝胆诚难隐，媸妍信易穷。幸居君子室，长愿免尘蒙。

——失名《府试古镜》③

① （宋）李昉：《文苑英华》卷一百八十八《省试九》，第923页。

② 同上书，卷一百八十五《省试六》，第907页。

③ 同上书，卷一百八十九《省试十》，第928页。

首联点题，中间四联写秦镜之形状与功用，最后以居于君子室中的秦镜，暗喻处于治世中的自己，不会人才埋没。在表达干谒之意的同时，也称颂了当今盛世的政治清明。

应试诗中有不少诗题本身就含有称颂的意味，作者只要顺着题旨点明即可，比如贞元八年（792）试题《中和节诏赐公卿尺》[①]：

春仲令初吉，欢娱乐大中。皇恩贞百度，宝尺赐群公。
欲使方隅法，还令规矩同。捧观珍质丽，拜受圣心崇。
如荷丘山重，恩酬分寸功。从兹度天地，与国庆无穷。

——陆复孔

淑景风光媚，皇明宠赐重。具寮颁玉尺，成器幸良工。
岂止寻常用，将传度量同。人何不取则，物亦赖其功。
紫翰宣殊造，丹诚励匪躬。奉之无失坠，恩泽自天中。

——裴度

阳和行庆赐，尺度及群工。宠荷承佳节，倾心立大中。
短长思合制，远近贵相同。共荷裁成德，将酬分寸功。
作程施有政，垂范播无穷。愿续南山寿，千春奉圣躬。

——李观

该诗题本身便有奉颂之意。据《新唐书·李泌传》、《旧唐书·德宗本纪》载：

帝以“前世上巳、九日，皆大宴集，而寒食多与上巳同时，欲以二月名节，自我为古，若何而可?”泌谓：“废正月晦，以二月朔为中和节，因赐大臣戚里尺，谓之裁度。民间以青囊盛百谷瓜果种相问遗，号为献生子。里闾酿宜春酒，以祭勾芒神，祈丰年。百官进农书，以示务本。”帝悦，乃著令，与上巳、九日为三令节。[②]

（五年春正月）乙卯，诏：“四序嘉辰，历代增置，汉崇上巳，晋纪重阳。或说禳除，虽因旧俗，与众共乐，咸合当时。朕以春方发

① （宋）李昉：《文苑英华》卷一百八十《省试一》，第881页。

② （宋）欧阳修、宋祁：《新唐书》卷一百三十九《李泌传》，第4637页。

生，候及仲月，勾萌毕达，天地和同，俾其昭苏，宜助畅茂。自今宜以二月一日为中和节，以代正月晦日，备三令节数，内外官司休假一日。”宰臣李泌请中和节日令百官进农书，司农献穜稑之种，王公戚里上春服，士庶以刀尺相问遗，村社作中和酒，祭勾芒以祈年谷，从之。①

贞元五年（789），唐德宗欲以二月名节，征于宰相李泌，李泌以晦日为节日名称不祥，建议设立中和节，除了沿袭游宴活动外，还规定了赠刀尺、献新谷、酿新酒、进农书等新风尚。所谓“中和”，“中者，揆三阳之中；和者，酌仁气之和”②。二月正当大地回春，万物复苏，农事方兴之时。《礼记·中庸》云：“致中和，天地位焉，万物育焉。”③ 此后，人们便要开始紧张的春耕劳作生活。以此设节，并规定上述节日活动，实乃德宗规范臣民，鼓励农桑，祈祷丰收之举。赐刀尺于公卿既为恩遇，也含规戒。白居易《中和日谢恩赐尺状》曾言：“右，今日奉宣，赐臣等红牙银寸尺各一者。伏以中和届节，庆赐申恩，当昼夜平分之时，颁度量合同之令。况以红牙为尺，白银为寸；美而有度，焕以相宣。逮下明忖度之心，为上表裁成之德。”④ 节日的更改，习俗的新立，在当时应是一件大事。以此事为题，不仅紧跟热点，还有称颂德宗政治清明的意味，应试者也多从此处入手来写。“皇恩”、“圣恩”、“恩泽”、“宠荷”、“圣躬”，一眼望去，皆称颂之词。此类诗例颇多，《皇帝移晦日为中和节》、《清明日赐百僚新火》、《恩赐耆老布帛》、《元日和布泽》等皆是。

再比如应试诗中常有以描写礼仪为内容的题目，这一类诗歌也大多充溢着颂美之声，《南至日隔霜仗望含元殿炉香》⑤ 便是一例：

千官贺长至，万国拜含元。隔仗炉光出，浮霜烟气翻，
飘飘萦内殿，漠漠澹前轩。圣日开如捧，卿云近欲浑。

---

① （五代）刘昫：《旧唐书》卷十三《德宗本纪》，第 367 页。

② （唐）白居易：《中和节颂·序》，《白居易集》卷四十六《书颂议论状》，第 977 页。

③ （汉）郑玄注，（唐）孔颖达疏：《礼记正义》卷五十三《中庸第三十》，十三经注疏本，第 1625 页。

④ （唐）白居易：《中和日谢恩赐尺状》，《白居易集》卷五十九《奏状二》，第 1261 页。

⑤ （宋）李昉：《文苑英华》卷一百八十《省试一》，第 881—882 页。

轮囷洒宫阙，萧索散乾坤。愿惹天风便，披香捧至尊。

——崔立之

冕旒亲负扆，卉服尽朝天。旸谷移初日，金炉出御烟。
芬香流远近，散漫入貂蝉。霜仗凝逾白，朱栏映转鲜。
始看浮阙在，稍见逐风迁。为沐皇家庆，来瞻羽卫前。

——裴次元

抗殿疏龙首，高楼接上玄。节当南至日，星是北辰天。
宝戟罗仙仗，金炉引御烟。霏微霜阙近，溶曳九门连。
拂树祥光满，分晴曙色鲜。一阳今在历，生植愿陶甄。

——王良士

南至日指冬至日。开元八年（720）朝廷下敕："自今以后，冬至日受朝，永为常式。"天宝三年（744）则改为冬至次日受朝贺，至建中二年（781）又改为冬至日受朝贺。[①] 古人认为，冬至是阴阳转枢的日子，此后阴气渐消，阳气渐长。那一天，天子须亲至南郊祭天，迎阳，祈祝丰收与太平，它是仅次于元日的重大节日。与元日类似，冬至日也有天子临朝受百僚及四方诸国朝贺，各地进献贡品等典礼活动，显示了盛世之荣光。此诗题即反映了冬至日的宫廷朝贺典礼活动。诗题虽然重点在炉香，但其背景为含元殿朝贺仪仗，故现存的三首诗皆重笔渲染当日朝贺场面之盛大，场景之壮观，仪仗之威严，并借此称颂王道荡荡、泽被四方。《九月九日勤政楼观百僚献寿》、《长至日上公献寿》、《元日望含元殿御扇开合》、《太社观献捷》等诗歌也皆属此类。写作者对这些盛大场面的描写，不仅仅出于对统治上层的谄媚，也是在当时的社会形态下，对盛世感受和社会期望的一种表达。朝廷多庆的背后是政事闲暇，在上者无为而治，百姓安居乐业，试诗就是以这样的方式向世人彰显着盛世的繁荣。

即便在一些看似不必写称颂主题的诗题下，我们也能发现对天子、对王朝的赞美。比如：

早夏宜初景，和光起禁城。祝融将御节，炎帝启朱明。
日送残花晚，风过御苑清。郊原浮麦气，池沼发荷英。

① （宋）王溥：《唐会要》卷二十四《受朝贺》，第533页。

树影临山动，禽飞入汉轻。幸逢尧禹化，全胜谷中情。

——张聿《夏首犹清和》①

此诗题典出谢灵运《游赤石进帆海》“夏首犹清和，芳草亦未歇”。从题目来看，似纯粹的写景之作，然而张聿在描写完春末夏初之景后，由鸟禽转入“莺出谷”的典故，在表达及第愿望的同时，于结尾议论处表明了自己生逢盛世、得遇明主的庆幸。再比如：

皎皎秋中月，团团海上生。影开金镜满，轮抱玉壶清。
渐出三山岊，将凌一汉横。素娥尝药去，乌鹊绕枝惊。
照水光偏白，浮云色最明。此时尧砌下，蓂荚自将荣。

——朱华《海上生明月》②

诗题典出张九龄《望月怀远》“海上生明月，天涯共此时”。诗歌前五联皆在写海上明月，最后一联由十五日满月联想到尧帝石砌下的蓂荚草，此时应是长足十五荚的时候，显然含有以天子比尧帝的意味。这样的结尾与上文提到的殷文圭《春草碧色》一样，皆是为应试而勉强作结。

应试诗毕竟是处于政治语境压迫下的诗歌，创作时往往“得失谀美之念，先存于中，揣摩主司之好尚，迎合君上之意旨”③，求举、称颂主题的集中，显示出写作者的奴性和媚态。这就难怪韩愈在《答崔立之书》中说：“退因自取所试读之，乃类于俳优者之辞，颜忸怩而心不宁者数月。……诚使古之豪杰之士，若屈原、孟轲、司马迁、相如、扬雄之徒，进于是选，必知其怀惭。”④ 他所举之人皆能坚持自己的人生原则，秉承独立的自由意志，而依存于试诗制度中的人却注定了不得不放弃这种坚持和秉承。他们中的大部分人甚至不会像韩愈那样，对这种献媚之举有所悔恨，反而成为“识形势，善候人主意”⑤ 者。对他们而言，这是实现人生

① （宋）李昉：《文苑英华》卷一百八十一《省试二》，第890页。

② 同上书，第887页。

③ （清）沈德潜：《说诗晬语》卷下，《原诗·一瓢诗话·说诗晬语》，人民文学出版社1979年版，第251—252页。

④ （唐）韩愈：《答崔立之书》，（清）董诰《全唐文》卷五百五十二，第5587页。

⑤ （唐）韩愈：《答吕醫山人书》，（清）董诰《全唐文》卷五百五十三，第5603页。

理想、获取功名利禄的必由途径，结果如何才是最重要的。在试诗制度下，无论是出题者、还是写作者都在一定程度上显示出对封建体制的讨好献媚，封建统治者需要的臣民的奴性在这里得到滋生与壮大。如果说应试诗歌及应试事件本身表现出来的太平气象还只是试诗制度贡献给文德政治的表面文章的话，那么这些依赖于诗歌创作来获得名利，被封建意识驯化了的人才是试诗制度给文德政治贡献上的实质内容。从这个角度看，应试诗在主题内容上表现出局限性是其应有之义。

第三节　风格雅正

应试诗的政治属性不仅限制了它的主题，也决定了它的风格。一般来说，应试诗皆要求语言典丽，风格雅正，能符合儒家审美观念。因此我们在应试诗中看到的描写也大多充满了盛世的特点。比如：

芳时淑气和，春水澹烟波。滉漾滋兰杜，沦涟长芰荷。
晚光扶翠潋，潭影泻清莎。归雁追飞尽，纤鳞游泳多。
朝宗终到海，润下每盈科。愿假中流便，从兹发棹歌。

——朱休《春水渌波》①

此题典出江淹《别赋》：“春草碧色，春水渌波；送君南浦，伤如之何！”朱休完全不取江淹原作中的伤感意味，不涉及任何别离意象，反而用轻丽的笔调尽情抒写春天美丽和煦的风光，充满着欢喜祥和的气氛。同样取题于《别赋》的《春草碧色》②，现存诗二首，一首即为前文所引殷文圭之作，另一首为王毂的作品：

习习东风扇，萋萋草色新。浅深千里碧，高下一时春。
嫩叶舒烟际，微香动水滨。金塘明夕照，辇路惹芳尘。
造化功何广，阳和力自均，今当发生日，沥恳祝良辰。

① （宋）李昉：《文苑英华》卷一百八十三《省试四》，第899页。

② 同上书，卷一百八十八《省试九》，第923页。

殷文圭的作品前两联尚化用《别赋》的原意，但在接下去几联中就转而写春天的生机盎然，一扫之前的暗淡色彩。王毂的作品同样舍弃了江淹原作中的离别主题，完全在一片春意中抒写春草之清新动人，最后由美景联想至造化之工力，时政之清明，从而点出称颂主题。再比如《春色满皇州》[1]现存诗五首，兹录如下：

何处春辉好，偏宜在雍州。花明夹城道，柳暗曲江头。
风软游丝重，光融瑞气浮。斗鸡怜短草，乳燕傍高楼。
绣毂盈香陌，新泉溢御沟。行看日欲暮，回骑似川流。

——沈亚之

蔼蔼复悠悠，春归十二楼。最明云里阙，先满日边州。
色媚青门外，光摇紫陌头。上林荣旧树，太液镜新流。
暖带祥烟起，清添瑞景浮。阳和如启蛰，从此事芳游。

——滕迈

寒销山水地，春遍帝王州。北阙晴光动，南山喜气浮。
夭红妆暖树，急绿走阴沟。恩妇开香阁，玉孙上玉楼。
氛氲直城北，骀荡曲江头。今日灵台下，翻然却是愁。

——裴夷直

帝里春光正，葱茏喜气浮。锦铺仙禁侧，镜写曲江头。
红萼开萧合，黄丝拂御楼。千门歌吹动，九陌绮罗游。
日近风先满，仁深泽共流。应非憔悴质，辛苦在神州。

——封敖

何处年华好，皇州淑气匀。韶阳潜应律，草木暗迎春。
柳变金堤畔，兰抽曲水滨，轻黄垂辇道，微绿映天津。
丽景浮丹阙，晴光拥紫宸。不知幽远地，今日几枝新。

——张嗣初

诗题规定了三个要点，一是春景，二是皇州之春景，三是春色已满皇州。五人皆注意从此入手。第一、第二联点题后便纵笔铺叙，或点染结合，或动静相衬，或由内而外，由上至下，写出春色遍布皇州的祥和气

① （宋）李昉：《文苑英华》卷一百八十一《省试二》，第889—890页。

氛。瑞气、香陌、御沟、上林、太液、祥烟、瑞景、晴光、喜气、御楼、丹阙、紫宸，所选景物既点题中“皇州”二字，更显示出一片政清人和、繁荣安乐的社会景象。而对春辉、花草、游丝、绣毂、青门、紫陌、暖树、红萼、绮罗、金堤、丽景、晴光的描绘，不但写出了春意之盎然，也表现出诗歌雍容、雅丽的美感。虽然最后结尾各个作者各有不同的着力点，但五首诗从总体来看，皆表现出雅丽端正的风格特点。

除了选择有利于体现升平景象和典雅特征的诗歌意象和语言外，在科考氛围的引导下，唐代应试诗的抒情也往往具有平和、舒缓的特征，并经常被用来展现高尚贞洁的品质，这对其雅正风格的形成也是不无裨益的：

日至龙颜近，天旋圣历昌。休光连雪净，瑞气杂炉香。

——张叔良《长至日上公献寿》①

古乐从空尽，清歌几处闻。六和成远吹，九奏动行云。

——滕珦《释奠日国学观礼闻雅颂》②

飞雪伴春还，春庭晓自闲。虚心应任道，遇赏遂成山。

——刘沓虚《积雪为小山》③

白云生远岫，摇曳入晴空。乘化随舒卷，无心任始终。

——周存《白云向空尽》④

信是天然瑞，非因朴斫成。无瑕胜玉美，至洁过冰清。

——严维《水精环》⑤

瑶池惭洞澈，金境让澄明。气若朝霜动，形随夜月盈。

——卢纶《清如玉壶冰》⑥

宁祛青女威，愿盈君子掬。将来泛樽酒，永以照幽独。

——席夔《霜菊》⑦

---

① （宋）李昉：《文苑英华》卷一百八十《省试一》，第882页。

② 同上书，卷一百八十四《省试五》，第900页。

③ 同上书，卷一百八十七《省试八》，第915页。

④ 同上书，卷一百八十二《省试三》，第892页。

⑤ 同上书，卷一百八十六《省试七》，第913页。

⑥ 同上。

⑦ 同上书，卷一百八十七《省试八》，第918页。

常爱凌寒竹，坚贞可喻人。能将先进礼，义与后凋邻。

——李程《竹箭有筠》①

写天子驾临，则天地间充满祥光瑞霭，节奏舒缓，仪态万方；写古乐清歌，则程式有序，缥缈悠远，音调和谐，庄严有度；写飞雪，则春庭自闲，虚心任道，意兴萧疏，方家举止；写白云，则生于远岫，乘化舒卷，浑写大意，自在涌出。玉环、壶冰、霜菊、竹箭，或冰清澄明，或幽独坚贞，皆品性高洁，托意高远。如此种种，无不显示出唐代应试诗典雅庄重的美学风范。

在试诗制度的规定下，诗歌与我们认识中的文学已有了较大的差距，或者说诗歌回归到了儒学家眼中的文学。它受制于政治语境，局限于王风教化，形成了一整套自己特殊的命题立意、结构布局、措辞用语、情意内涵、审美趣尚的规范。我们对它的理解、分析应从试诗制度背景出发，给予客观中肯的评价。倘若放在试诗制度这个大背景中来看，唐代的应试诗的确在一定程度上有助于创作者、欣赏者的儒学审美规范的培养，中正平和意识的构建，大国升平气象的营造，简言之，它在唐代文治过程中发挥了应有的作用。当然，或许有人会因此诟病于它的奴性和媚态，然而在封建王朝统治下，要求文人始终保持自由精神和独立人格本身就是一种奢望。事实上试诗制度的执行，一方面在给文学套上儒学枷锁的同时，另一方面也给唐代社会、政治注入了诗性的况味，从而使唐代社会与政治呈现出有别于儒学一统时代和理学严苛背景下的朝代的状况。归根到底，应试诗虽然是制度规定下的文学，但它依然隶属于文学。

① （宋）李昉：《文苑英华》，第917页。

第八章

唐代试诗制度与社会、政治、文学之关系

事物的产生自有孕育其萌芽的环境，这个环境中各种因素之间交错复杂的关系、你来我往的相互作用，形成了一股影响事物发展、演变的外在合力；而事物本身在发展、演变的过程中，也自有其能量的输出，作用于外在环境，构成对各种因素的反作用力，或大或小，或强或弱，从而引起环境的变化，并进一步唤醒环境与事物间新的调整与适应，以达到平衡状态。如前所述，唐代试诗制度是在中国传统诗教观念影响下，在前代文才取士传统孕育下，结合着唐代自身政治、社会、文化、文学的发展需要而确立的一项举士选官制度。它是唐人文德政治理想的制度载体，其建立、发展与其依存的唐代社会有着千丝万缕的联系。通过追踪这些纠结缠绕的线索，厘清它们各自的来路和去向，我们便能发现试诗制度在唐代的价值与影响，并进而对唐代的社会、政治、文学形成更深层次的认识。以往对这一问题的阐述多集中于进士科对唐代社会的影响，不可否认，进士科在唐代，尤其是中晚唐以后地位日隆，然而唐代官员的选拔绝非常科一途，仅从进士科角度进行分析，难免有遗漏或偏颇之处。倘若能够从整个试诗制度入手予以讨论，兼顾到吏部选官与礼部举士两个方面的以诗取士原则，那么我们将会比较全面地了解试诗与唐代社会、政治、文学之间的相互关系。

第一节　试诗与“诗唐”社会

不可否认，唐代试诗制度的确立、发展与全社会对诗歌的重视是分不开的。上至天子、王公大臣，下至平民走卒皆好尚诗歌：沈佺期、宋之问彩楼前的同场竞技，武则天夺下锦袍御赐宋之问，王之涣、王昌龄、高适

的旗亭画壁，葛氏的白居易行诗图，李涉路遇强盗反受强盗所赠……这些耳熟能详的典故无不在向人们传递着同一个信息，唐人是如此爱好诗歌、崇拜诗人，且已经将这种爱好传播至社会的每个角落，融入每个人的生命中。诗歌不仅属于王朝，也属于百姓；不仅属于诗人，也属于大众，闻一多先生的“诗唐”之说实在精当。唐代试诗制度正是在这样一个大环境中孕育而生，它天生就拥有亲近泥土、上达天际的能力，一经产生，便对唐代社会的发展形成了诸多影响，并因此成为建设“诗唐”的重要力量。在这里，“诗唐”不仅是诗歌的唐朝，更是诗性的唐朝，其形成与唐代举士选官领域存在着的以诗取士制度有密切联系。就“诗歌的唐朝”而言，以诗取士促进了唐人学习、创作诗歌风气的普及，使诗歌从宫廷走向民间，它与诗歌繁荣、尚诗风气之间存在着共同促进的关系。就“诗性的唐朝”而言，以诗取士促进了唐人诗化人格、诗性思维的发展，使其普遍地表现出思想上的轻视礼教，行为上的不拘小节，气质上的桀骜难驯，人生设计充满理想色彩，但处理问题时常带书生意气。这导致唐代文人在政治生活中往往遭遇复杂的人生经历与情感体验，但也因此使唐王朝充满了一种诗意的光辉。

一、以诗取士促进尚诗风气发展

傅璇琮曾经指出：“以诗赋作为进士考试的固定格局，是在唐代立国一百余年以后。而在这以前，唐诗已经经历了婉丽清新、婀娜多姿的初唐阶段，正以璀灿夺目的光采，步入盛唐的康庄大道。在这一百余年中，杰出的诗人已经络绎出现在诗坛上，写出了历世经久、传诵不息的名篇。……进士科在八世纪初开始采用考试诗赋的方法，到天宝时以诗赋取士成为固定的格局，正是诗歌的发展繁荣对当时社会生活产生广泛影响的结果。”① 上述结论仅针对进士科试诗而言，事实上以诗取士的用人原则早在咸亨二年（671）以前的吏部铨选中就已渐露痕迹，开元初的吏部铨选更将以诗取士全面推广，由此才影响到进士科也出现试诗环节。因此与其单向地说试诗的产生是“诗歌的发展繁荣对当时社会生活产生广泛影响的结果”，还不如双向地说试诗与诗歌发展繁荣之间有着相互影响、共同促进的关系。

① 傅璇琮：《唐代科举与文学》第七章《进士考试与及第》，第170—171页。

咸亨二年以前的诗坛是属于宫廷贵族的，创作主力皆为帝王和他的臣子，写作内容多为雅致的宫廷生活，缺少深刻的体验与认识，诗歌风格也多受齐梁遗风影响。其高高在上的宫廷审美倾向与诗歌格调远离民间大众，其诗歌流播的范围也仅局限于宫闱府邸。换句话说，这个时期的唐诗固然已经显现出了一些时代的新声，但它还是缺少肥沃的泥土予以滋养，广阔的天地予以生长。它更像栽种于温室中的纤弱花儿，美则美矣，却缺乏生机，容易凋谢。胡震亨在《唐音癸签》卷五《评汇一》中曾言："贞观、永徽吟贤，褚亮、杨师道、李义府、许敬宗、上官仪，其最也。吉光片羽，仅传人口。"① 这些宫廷文人是当时最顶尖的诗歌创作者，然而他们的作品只有片言只语传播于口，一则固然源于其有句无篇的创作特点，另外也显现出此期的诗人尚聚集于社会上层，诗歌远未广泛地融入唐代社会，诗人也还未成为社会公众关注的焦点。

诗歌的普及、流传，诗人的备受推崇都是从试诗制度确立并实施以后才开始的：

> 初，国家自显庆以来，高宗圣躬多不康，而武太后任事，参决大政，与天子并。太后颇涉文史，好雕虫之艺，永隆中始以文章选士。及永淳之后，太后君临天下二十余年，当时公卿百辟无不以文章达，因循遐久，寖以成风。以至于开元、天宝之中……太平君子唯门调户选，征文射策，以取禄位，此行己立身之美者也。父教其子，兄教其弟，无所易业，大者登台阁，小者仕郡县，资身奉家，各得其足，五尺童子，耻不言文墨焉。是以进士为士林华选，四方观听，希其风采，每岁得第之人，不浃辰而周闻天下，故忠贤隽彦韫才毓行者，咸出于是，而桀奸无良者或有焉。故是非相陵，毁称相腾，或扇结钩党，私为盟歃，以取科第，而声名动天下；或钩摭隐匿，嘲为篇咏，以列于道路，迭相谈訾，无所不至焉。②
>
> ——沈既济《词科论》

① （明）胡震亨：《唐音癸签》卷五《评汇一》，第37页。

② （唐）杜佑：《通典》卷十五《选举三·历代制下》，第357—358页。（清）董诰《全唐文》卷四百七十六也有收录。

显庆以后，武则天逐渐表现出她的政治野心，“专作威福”，干预朝政，每每高宗“欲有所为，动为后所制，上不胜其忿”①。麟德元年（664），宦官王伏胜发现有道士郭行真出入禁中，为厌胜之术，高宗一怒之下遂与上官仪密谋废除武后。谁料被人告密，高宗便将责任都推到上官仪身上，于是武则天借口上官仪等人谋反予以诛杀，平时与上官仪交通的朝中官员也皆遭流贬。“自是上每视事，则后垂帘于后，政无大小，皆与闻之。天下大权，悉归中宫”，“二圣”局面形成。② 为了巩固自己的地位，武则天急于扶持寒庶之人，提拔中下层官员，借此与朝中权贵相抗衡。吏部选官重视诗歌的风气或许就是从这以后开始的，从《登科记考补正》所载制举科目名称中也能看出这一点。高宗永徽元年至麟德元年（650—664）有9年举行制举，其中5年科目可考，这当中只有永徽元年曾出现1个文学科目，其他17个科次的科目多为奖拔幽素之科、英才之科、忠鲠之科、德行之科和经才之科，按时间排序如下：

永徽元年（650）贤良方正科，游情文藻、下笔成章科；

显庆三年（658）志烈秋霜科；

显庆四年（659）洞晓章程科，材称栋梁、志标忠鲠科，政均卓鲁、字俗之化通高科，安心畎亩、力田之业夙彰科，道德资身、乡闾共挹科，养志邱园、嘉遁之风载远科，材堪应幕科，学综古今科，贤良方正科，幽素科；

龙朔元年（661）志标忠鲠科；

麟德元年（664）茂材异行科，销声幽素科，藏器下僚科，经明行修科。

在武则天垂帘干政之前，文学科目约占全部科目的6%，可见高宗制举选拔的目的多非招揽文学之士。而麟德二年至武则天称帝的载初元年（665—690），有15年举行制举，其中11年科目可考，这当中非文学类有15科次，文学类有8科次，占到了全部科目的35%左右。具体如下：

乾封元年（666）幽素科，岳牧举；

乾封二年（667）词赡文华科，直言极谏科，孝通神明科；

咸亨四年（673）拔萃科；

① （宋）司马光：《资治通鉴》卷二百〇一《唐纪·高宗麟德元年》，第6342页。

② 同上书，第6342—6343页。

咸亨五年（674）英材杰出科；

上元三年（676）辞殚文律科，文学优赡科；

仪凤二年（677）下笔成章科，贤良方正科；

调露二年（680）岳牧举；

嗣圣元年（684）词标文苑科，抱儒素科，韬钤科；

垂拱四年（688）词标文苑科；

永昌元年（689）贤良方正科，明堂大礼科；

载初元年（690）蓄文藻之思科，抱儒素之业科，拔萃科，词标文苑科，贤良方正科。

可见武则天干政以后，文学科目的设置较之此前大大增加。制举科目多由帝王临时而设，最能体现当下性和现实性。从制举科目的前后变化上，我们可以感受到文学、文学之士逐渐受到重视的发展倾向，也可以明显地看到，武则天对文学之士的提拔之意以及她在科举取士领域内施加的影响。而沈既济所言的“太后颇涉文史，好雕虫之艺，永隆中始以文章选士”指的是进士科试杂文，时间过晚。

这种文才—人才—功名利禄三者线型关系的呈现，使文人积极地投身于文学，尤其是诗歌的学习与创作，将文学作为宣传自身才华的媒介。诗歌创作主体身份由此开始出现下移的倾向，爱好诗歌的风气也渐次展开，所以一批寒庶诗人在唐初的出现绝非偶然。翻检《旧唐书·文苑传》，贞观年间的文人未见因为某篇文学作品而受拔擢或者受时人所重的记录，武则天干政以后，则频频出现这样的例子：杜审言雅善五言，由于性格矜诞，起初仕途并不顺利。后因武则天的喜爱才受擢用，凭借《欢喜诗》，“甚见嘉赏”，拜著作郎。① 王勃上《宸游东岳颂》、《乾元殿颂》，沛王闻其名而召为修撰，甚爱重之。② 骆宾王“尤妙于五言诗，尝作《帝京篇》，当时以为绝唱”。③ 刘允济上《明堂赋》，“则天甚嘉叹之，手制褒美，拜著作郎”。④ 这些中下层文人中的优秀代表向社会公众展示了文学进身的美好前景，从而带动更多的人涌入诗歌创作的队伍中来。

---

① （五代）刘昫：《旧唐书》卷一百九十上《文苑传上》，第4999页。

② 同上书，第5005页。

③ 同上书，第5006页。

④ 同上书，卷一百九十中《文苑传中》，第5013页。

以文取士的选官风气逐渐流播开来，渗透至举士领域，于是出现了进士科试诗，这让寒庶子弟进一步看到了诗歌创作的价值所在。更为重要的是，这一次竞争的机会不再局限于官僚的提拔，不再局限于少数人得第的制举，而是大规模的面向社会的进士科考试。机会的均等，受益面的广泛，让文人士子们充满了创作文学的热情，将诗歌写作当作应试技巧的训练，将诗歌作品当作干谒的资本，诗歌成为不易的家业，写诗、研诗蔚然成风。社会上崇尚文士、爱尚诗歌的风气也炙热起来，于是进士及第者既成了文学榜样，也成为成功者的典范，“四方观听”，“周闻天下”，开元年间已出现“士有不由文学而进，谈者所耻”[①] 的局面，由此诗歌大规模地进入唐人的日常学习与生活。因循日久，相衍成风，遂导致朝堂之上“公卿百辟无不以文章达”，社会之中“五尺童子，耻不言文墨”。[②] 明代黄淳耀就曾指出：“唐世以诗取士，上自王侯有土之君，下至武夫、卒吏、缁流、羽人、伎女、优伶之属，人人学诗，一篇之工，播在人口，故诗人易以得名。”[③] 尚文的环境孕育了试诗制度，而试诗制度又反过来促进了诗歌、诗人的广泛传播和诗歌的学习，进一步加热了尚文的风气。当然，这个经过是漫长的，二者间的相互影响与促进还有一个你来我往、渐次展开的过程，其中还不时地惹来一些争议与批评。但任何事物一经形成，只要促使其形成的条件还在，其存在的事实就不会改变。试诗制度促成了诗唐的形成，反过来，诗唐的存在自然也会成为这一制度得以持续的动力。据统计，《唐百家诗选》中近 90% 的诗人参加过科举考试，进士及第者 62 人，占入选诗人总数的 72%。《唐诗三百首》中入选诗人 77 家，进士出身者 46 人，占总数的 60%。[④] 因此，虽然终唐一世，停止试诗赋的声音不绝于耳，但试诗制度依然岿然不动。

二、以诗取士强化文人诗化人格

“诗唐”不仅是诗歌的唐朝，更是诗性的唐朝。闻一多曾指出“唐代

---

① （唐）梁肃：《侍御史摄御史中丞赠尚书户部侍郎李公墓志铭》，（清）董诰《全唐文》卷五百二十，第 5289 页。

② （唐）杜佑：《通典》卷十五《选举三·历代制下》，第 358 页。

③ （明）黄淳耀：《陶庵全集》，纪昀等《四库全书》第 1297 册，上海古籍出版社 1987 年版，第 641 页。

④ 崔荣华：《唐代进士科“以诗赋取士”辨析》，《唐都学刊》2005 年第 4 期。

文化即进士文化（政治与文学）”，“诗化的人格与选举制度的会合——以诗取士”。[①] 以诗取士制度不仅让诗歌学习、创作的风气遍及唐代社会的各个角落，成为唐人生活中不可或缺的一个重要内容，而且对唐代士人的精神面貌、心理状态也产生了一定的影响。

儒家强调谦谦君子，温柔敦厚，唐人却普遍地表现出张扬的个性，不羁的言行。无论是四杰的“轻薄为文哂未休”，贺知章的“眼花落井水底眠”，还是李白的“天子呼来不上船”，张旭的“脱帽露顶王公前”皆为例证，甚至连言必称圣的杜甫也有“儒冠多误身”的言论。这种不合乎传统儒家人格规范的言行举止之普遍出现，倘若抛开李唐胡汉混杂的背景，社会思想开放的因素，个人经历与个性的影响，则不得不让人想到唐代的试诗。关于这一点，从历次对试诗制度的批评与指责中便能看到：

> 幼能就学，皆诵当代之诗；长而博文，不越诸家之集。……六经则未尝开卷，三史则皆同挂壁。况复征以孔门之道，责其君子之儒者哉！祖习既深，奔竞为务。矜能者曾无愧色，勇进者但欲凌人，以毁讟为常谈，以向背为己任。投刺干谒，驱驰于要津；露才扬己，喧腾于当代。古之贤良方正，岂有如此者乎！朝之公卿，以此待士，家之长老，以此垂训。欲其返淳朴，怀礼让，守忠信，识廉隅，何可得也！[②]
>
> ——《旧唐书·杨绾传》
>
> 今试学者以帖字为精通，而不穷旨义，岂能知迁怒贰过之道乎？考文者以声病为是非，而惟择浮艳，岂能知移风易俗化天下之事乎？[③]
>
> ——贾至《议杨绾条奏贡举疏》
>
> 进士者时共贵之，主司褒贬，实在诗赋。务求巧丽，以此为贤。不惟无益于用，实亦妨其正习；不惟挠其淳和，实又长其佻薄。[④]
>
> ——赵匡《举选议》

---

① 闻一多：《诗的唐朝》，《闻一多全集》第六册《唐诗编上》，湖北人民出版社 1993 年版，第 120 页。

② （五代）刘昫：《旧唐书》卷一百一十九《杨绾传》，第 3430 页。

③ （唐）贾至《议杨绾条奏贡举疏》，（清）董诰《全唐文》卷三百六十八，第 3735 页。

④ （唐）赵匡：《举选议》，（清）董诰《全唐文》卷三百五十五，第 3602 页。

以诗取士导致的直接结果是唐人重于诗歌学习，而轻于经籍研读。虽然唐代官学一直坚持教育的正统化，坚持以儒家经籍为主要教学内容，希望在全社会树立尊孔崇儒的行为规范，然而官学衰落的命运使其终不敌私学对唐人的影响。试诗制度建立以后，私学将诗歌的学习放到了重要位置，众多举士选官活动的参加者更将学习的目标明确定位于钻研诗歌技巧，以至于出现六经未尝开卷，三史皆同挂壁的局面。钱穆《国史大纲》言："全国上下尚文之风日盛，尚实之意日衰。"① 同时，此期虽然也有以学经为名的考试项目，比如常科中的明经，制举中的抱儒之业、文儒异等、经学优深，科目选中的开元礼和学究一经等，然而经典解释权的垄断、经典掌握能力检查方式的简单化、学经目的的功利性，使那些学经者徒有儒学的知识，而没有儒学的素养，从而缺乏利用儒家思想影响社会风气的能力。另外，即使在官学内部，也呈现出儒学的衰退：

> 及则天称制，以权道临下，不吝官爵，取悦当时。其国子祭酒，多授诸王及驸马都尉。准贞观旧事，祭酒孔颖达等赴上日，皆讲《五经》题。至是，诸王与驸马赴上，唯判祥瑞按三道而已。至于博士、助教，唯有学官之名，多非儒雅之实。②
>
> ——《旧唐书·儒学传序》

连中央官学的师资队伍也都徒具学官之名而无儒雅之实，儒家经籍的学习情况可想而知有多不济。尽管唐代统治者将建立文德政治作为自己的治世理念，将礼乐文化推行得有声有色，唐代社会也的确出现了一些诗儒型的文人，但就社会总体来看，缺乏儒学思想熏陶的唐代士人普遍地表现出思想上的轻视礼教，行为上的不拘小节，气质上的桀骜难驯，即表现出对儒性人格的偏离和对率意而为的诗性人格的靠拢。

此外，试诗制度成就的多为寒庶子弟，过去那些可以凭借家族豪贵与家学渊源得以垄断经学教育的贵族官僚子弟，这个时候在试诗面前大多不能表现出较强的竞争力，这也是争论试诗制度行废问题时，多伴随着士族与庶族之争的原因。正是试诗制度使寒庶文人成为连接朝廷与民间的坚实

---

① 钱穆：《国史大纲》上册，第431页。

② （五代）刘昫：《旧唐书》卷一百八十九上《儒学传序》，第4942页。

桥梁。他们是出身于寒庶的官员，融合了庶族与官僚的两重因子，这让他们的行为呈现出有别于传统儒型文人的特点。一方面，他们完全凭借自身文学创作才能跻身于朝堂之上，经常带着不可一世的骄傲与自信；草根身份又往往使他们表现出个性上的尖锐与不屈从，并不来自礼乐世家，从小没有受过太多台阁仪范的熏陶，这让他们天然地具有超越规范的勇气与活力。另一方面，"由于需要现实政治生活中权力与利益，过去贵族式的庄严和自重都开始被抛弃，一些世俗的理想开始成为公开的时尚"①。为了获取功名，他们不得不奔驰干谒，以诗行卷，露才扬己。萧颖士在《赠韦司业书》一文中说："窃观今之文人，雅操大缺，内不能自强于己，外有以求誉于时。"② 他们带着明确的功利性，经常通过不同于常人的言辞、行为、篇章来获得权贵的注意与汲引，因此唐代文人往往不拘泥于儒性人格的约束，表现出轻薄放诞的一面。罗庸曾这样叙述并且评价这种科场风气："陈子昂捶破百金胡琴即是一例；或献赋于大典礼之间，老杜献三大礼赋，即其例也；或跪天子车前献诗，而跻身侍驾之臣，所谓终南捷径是也……种种怪事，不一而足，士人廉耻扫地，故宋代遂有理学兴起。"③此外，与进士科举相关的"曲江游宴、高门纳婿、名园赏花、快意饮酒，平康狎妓"之风，"使诗人们一改儒士宗风，将文苑精神大为发扬，重情性而不重德行成时代的新风气"④。

关于唐代文人的不拘小节，轻薄放诞，仅在《旧唐书·文苑传》中就有不少相关的记载：

(杜审言)恃才謇傲，甚为时辈所嫉。乾封中，苏味道为天官侍郎，审言预选，试判讫，谓人曰："苏味道必死。"人问其故，审言曰："见吾判，即自当羞死矣！"又尝谓人曰："吾之文章，合得屈、宋作衙官；吾之书迹，合得王羲之北面。"其矜诞如此。⑤

(裴)行俭曰："士之致远，先器识而后文艺。勃等虽有文才，

① 葛兆光：《中国思想史》第二卷，第20页。

② (唐)萧颖士：《赠韦司业书》，(清)董诰《全唐文》卷三百二十三，第3274页。

③ 郑临川记录、徐希平整理：《笳吹弦诵传薪录——闻一多、罗庸论中国古典文学》，上海古籍出版社2002年版，第273—274页。

④ 邓乔彬：《进士文化与"诗可以兴"》，《文艺研究》2007年第4期。

⑤ (五代)刘昫：《旧唐书》卷一百九十上《文苑传上》，第4999页。

而浮躁浅露。”①

(王澣)少豪荡不羁，登进士第，日以蒱酒为事。……撰乐词以叙情，于席上自唱自舞，神情豪迈。②

时颖士寓居广陵，母丧，即缞麻而诣京师，径谒林甫于政事省。林甫素不识，遽见缞麻，大恶之，即令斥去。颖士大忿，乃为《伐樱桃赋》以刺林甫云：“擢无庸之琐质，因本枝而自庇。洎枝干而非据，专庙廷之右地。虽先寝而或荐，岂和羹之正味。”其狂率不逊，皆此类也。③

王昌龄者，进士登第……不护细行，屡见贬斥。④

(李商隐)与太原温庭筠、南郡段成式齐名，时号“三十六”。……而俱无持操，恃才诡激，为当途者所薄，名宦不进，坎壈终身。⑤

正如陈寅恪在《元白诗笺证稿》第四章《艳诗及悼亡诗》中所说的：“此种社会阶级重词赋而不重经学，尚才华而不尚礼法，以故唐代进士科，为浮薄放荡之徒所归聚。”⑥ 不过，也是因为唐人的尚才华不尚礼法，重情义不守中道，率性而为，率意而抒，才使唐诗具备了情长的特点。

当然这种有别于传统士风的形成也非一朝一夕之功，士风的流变是通过文辞之士的示范作用，通过当时社会日益增多的士人迁徙与旅行，才逐渐成为普遍的社会风尚的。这是一个缓慢而持久的过程，“犹火销膏而莫之觉也”⑦，而且“当其新旧蜕嬗之间际，常呈一纷纭综错之情态，即新道德标准与旧道德标准，新社会风习与旧社会风习并存杂用。各是其是，而互非其非也”⑧。试诗制度的饱受争议，且多将其与道德败坏相关联，也有这样一个新旧士风并存的背景。除了这种新旧士风的共存状态以外，我们还需要注意士风演变的阶段性特征。经历了初盛唐时期率意而为的诗

① （五代）刘昫：《旧唐书》卷一百九十上《文苑传上》，第5006页。
② （五代）刘昫：《旧唐书》卷一百九十中《文苑传中》，第5039页。
③ 同上书，卷一百九十下《文苑传下》，第5048页。
④ 同上书，第5050页。
⑤ 同上书，第5078页。
⑥ 陈寅恪：《元白诗笺证稿》第四章《艳诗及悼亡诗》，三联书店2001年版，第89页。
⑦ （五代）刘昫：《旧唐书》卷一百八十九上《儒学传序》，第4942页。
⑧ 陈寅恪：《元白诗笺证稿》第四章《艳诗及悼亡诗》，第85页。

性士风的发展，安史之乱以地动山摇的方式唤醒了人们对社会道德、封建伦理秩序的向往。于是出于对政治改革和国家前途的考虑，中唐文人高举崇儒的旗帜，力纠时弊，出现了对儒性人格的回归，因而这个时期也是对试诗制度争议最为集中的时期。至晚唐政治腐败，社会黑暗，人心涣散，对试诗的争议逐渐平息。这种平息并不是出于对试诗制度不断建设完善以后的肯定，而是士人不再寄希望于改革和振兴，在绝望的心态下，或者默默地接受事实，或者变本加厉地更加任诞无忌起来。“进士科当唐之晚节，尤为浮薄，世所共患也。”①

晚唐士风的转变反过来影响到科场风气，并进而影响试诗制度的发展。随着政治形势的进一步恶化，士风更趋浇薄，轻视礼教逐渐变成了无视礼教，不拘小节渐次演变为不拘气节，轻薄放诞最后蜕变为骄横无赖。胡震亨在《唐音癸签》卷二十六《谈丛二》中曾指出：“进士科初采名望，后滋请托，至标榜与请托争途，朋甲共要津分柄。”② 在上者结党营私、朋比为奸，在下者亦结朋树党，奔竞干谒，更有甚者趋炎附势，献媚于宦官、藩镇。此前不失气节的文人干谒在此时逐渐被曲意逢迎、卑躬屈膝的请托所替代，为了现实利益，人们可以毫不犹豫地放弃立场：

> 咸通中自云翔辈凡十人，今所记者有八，皆交通中贵，号芳林十哲。芳林，门名，由此入内故也。③
>
> ——《唐摭言·芳林十哲》

> 高锴侍郎第一榜，裴思谦以仇中尉关节取状头，锴庭谴之，思谦回顾厉声曰：“明年打脊取状头。”明年，锴戒门下不得受书题，思谦自怀士良一缄入贡院；既而易以紫衣，趋至阶下白锴曰：“军容有状，荐裴思谦秀才。”锴不得已，遂接之。书中与思谦求巍峨，锴曰：“状元已有人，此外可副军容意旨。”思谦曰：“卑吏面奉军容处分，裴秀才非状元，请侍郎不放。”锴俛首良久曰：“然则略要见裴学士。”思谦曰：“卑吏便是。”……不得已遂礼之矣。④
>
> ——《唐摭言·恶得及第》

① （宋）欧阳修、宋祁：《新唐书》卷四十四《选举志上》，第1169页。

② （明）胡震亨：《唐音癸签》卷二十六《谈丛二》，第230页。

③ （五代）王定保：《唐摭言》卷九《芳林十哲》，第101页。

④ 同上书，卷九《恶得及第》，第100页。

大顺中，邠州节度使尚父王行瑜外族董氏，以舅事于禹，（李）沼乐游行瑜之门，行瑜呼沼李郎。会与计偕，仆马生生之具，皆行瑜所致，沼负是大恣。未几，按甲来觐，讽天子诛大臣，缙绅间重足一迹，沼出入行瑜之门，颇有得色。及行瑜败，诏捕沼，沼亡命秦陇。[①]

——《唐摭言·四凶》

殷文圭者，携梁王表荐及第，仍列于榜内。时杨令公密行镇维扬，奄有宣浙，杨汴榛梗久矣。文圭家池州之青阳，辞亲间道至行在，无何随榜为吏部侍郎裴枢宣谕判官，至大梁以身事叩梁王，王乃上表荐之。文圭复拟饰非，遍投启事于公卿间，略曰："于菟猎食，非求尺璧之珍；鶢鶋避风，不望洪钟之乐。"既擢第，由宋汴驰过，俄为多言者所废；梁王大怒，亟遣追捕，已不及矣。自是屡言措大率皆负心，常以文圭为证，白马之诛，靡不由此也。[②]

——《唐摭言·表荐及第》

为了实现一己私利，可以不顾家国大义，无视礼义廉耻，一切从实用出发，屈行于宦官、藩镇之门，倚势凌人，要挟试官；而一旦倚仗之人出现问题，便立刻划清界限，保全自我，这是完完全全的政治投机，彻底放弃了儒性人格，也扭曲了诗性人格。当得第与否只要权贵一张口、知贡举一支笔的时候，试诗已经名存实亡，应试诗写得好不好，行卷做得够不够，都成了无关紧要的事情，能否攀上权贵，站对阵营才是关键。文人士子放纵于如此行径，现世的道德批判居然缺席于这样的场合，可见社会风气之败坏已到了无以复加的地步。正如有的研究者指出的那样："作为栋梁和良心的知识分子不再心存畏惧，对家国和人民的爱也就荡然无存了。士风凌夷至此，大唐的气数差不多已到了尽头。"[③] 从这个角度看，似乎"诗唐"的建立与"诗唐"的毁灭，都有试诗的影响。

三、以诗取士促进文人诗性思维

试诗制度的建立不仅助长了唐代尚文的社会风气，削弱了传统以儒家思想为准的的行为规范对人的影响，而且也深入地影响了这一制度下的文

---

① （五代）王定保：《唐摭言》卷九《四凶》，第 103 页。

② 同上书，卷九《表荐及第》，第 99 页。

③ 杨波：《长安的春天——唐人科举与进士生活》，第 64 页。

人的知识结构、思维方法，使他们的精神世界、生活轨迹都具有了一些新的特点，从而为“诗唐”的构成奉献上了一批具有时代特色的创作主体。

诗人群体大规模地进入政治领域，始于唐代。此前，先秦政治舞台上活跃着的多为门客游士，他们凭借自身的思想与智慧成为王师君友，与诗歌无甚关联；汉代朝堂上虽然出现过文学家荣耀的身影，然而他们绝非现实政治的执行者，绝大多数时候只是歌颂盛世、宣扬太平的喉舌；魏晋南北朝的政坛上的确也有过一些著名的诗人政客，但他们是诗人群体中的少数，且大多依仗着豪门背景，对人生社会抱持着玄学化的理解，坚守在政治的边缘。真正的诗人凭借自己的文学才能进入政治领域，并以积极入世的态度深度参与政治建设，从而对政治的走向产生相当影响，是从唐代确立以诗取士原则以后开始的。在这一原则指导下培养选拔出来的官员，身上往往具备了双重属性。他们连接着文学与政治，艺术与现实，既是诗人中的从政者，又是政治家中的诗人；既是艺术心灵的实践家，又是实践家中的梦想者。这种双重属性让他们在看待人生、对待命运、理解政治时总带着诗意的色彩，而在创作文学、写作诗歌时又沾染着功利的气息，伴随着政治的目的。关于后者，我们将在后面的叙述中展开，此处且就前者作一个扼要的说明。

试诗制度的存在，让诗人群体与政治发生了直接的关联，使其入仕从政具有了更大的现实可能性。面对这一前所未有的政治机遇，他们集体性地爆发出强烈的求仕热情，表现出积极的入世精神，将政治功业作为自我人生设计的主要内容。不过，基于诗人天生的浪漫气质，他们往往表现出对自身价值的过高评估，动辄自比王侯的夸耀里显示出盲目的乐观与自信：

> 拾青紫于俯仰，取公卿于朝夕。①
>
> ——王勃《上绛州上官司马书》
>
> 谁能借风便，一举凌苍苍。②
>
> ——卢照邻《赠益府群官》
>
> 申管晏之谈，谋帝王之术，奋其智能，愿为辅弼，使寰区大定，

① （唐）王勃：《上绛州上官司马书》，（清）董诰《全唐文》卷一百七十九，第1824页。

② （唐）卢照邻：《赠益府群官》，（清）彭定求《全唐诗》卷四十一，第517页。

海县清一。[1]

——李白《代寿山答孟少府移文书》

举头望君门，屈指取公卿。[2]

——高适《别韦参军》

男儿立身须自强，十年闭户颍水阳。业就功成见明主，击钟鼎食坐华堂。[3]

——李颀《缓歌行》

自谓颇挺出，立登要路津。致君尧舜上，再使风俗淳。[4]

——杜甫《奉赠韦左丞丈二十二韵》

他们的个人理想总是定位很高，带着一些诗人的夸张。不鸣则矣、一鸣惊人式的人生设计固然美好，却大多无法实现。能够进入仕途的毕竟是少数，而可以平步青云终至公卿之位的更是屈指可数。上述诗人中，唯有高适后来封侯，其余人无论及第的还是未及第的，皆流落不偶。此外，唐代诗人在规划人生道路时，还常常充满着不切实际的个人英雄主义幻想：

方谒明天子，清宴奉良筹。再取连城璧，三陟平津侯。[5]

——陈子昂《答洛阳主人》

少小虽非投笔吏，论功还欲请长缨。[6]

——祖咏《望蓟门》

但用东山谢安石，为君谈笑静胡沙。[7]

——李白《永王东巡歌》

---

① （唐）李白：《代寿山答孟少府移文书》，（清）董诰《全唐文》卷三百四十八，第3535页。

② （唐）高适：《别韦参军》，（清）彭定求《全唐诗》卷二百一十三，第2221页。

③ （唐）李颀：《缓歌行》，（清）彭定求《全唐诗》卷一百三十三，第1348—1349页。

④ （唐）杜甫：《奉赠韦左丞丈二十二韵》，（清）彭定求《全唐诗》卷二百一十六，第2252页。

⑤ （唐）陈子昂：《答洛阳主人》，（清）彭定求《全唐诗》卷八十三，第899页。

⑥ （唐）祖咏：《望蓟门》，（清）彭定求《全唐诗》卷一百三十一，第1336页。

⑦ （唐）李白：《永王东巡歌》，（清）彭定求《全唐诗》卷一百六十七，第1725页。

我以一箭书，能取聊城功。①

——李白《五月东鲁行答汶上翁》

黄沙百战穿金甲，不破楼兰终不还。②

——王昌龄《从军行》

万里奉王事，一身无所求。③

——岑参《初过陇山途中呈宇文判官》

平生五色线，愿补舜衣裳。④

——杜牧《郡斋独酌》

把自己视为谋略出众、武艺超群的沙场英雄，可以在谈笑间使强敌灰飞烟灭，但在现实中，他们几乎没有一个具备这样的能力与素质。浪漫、梦幻总是虚弱无力的，五彩的人生气球很快被生活击破，所以诗人们的人生理想从一开始便注定了失落的结局。

另外，唐代诗人的人生设计虽然以政治功业、家国大事为主要内容，但其着眼点多放在追求个人成就感、实现个人价值上，也就是说，在他们成就“大我”的理想背后蕴含着实现“小我”的真实意图。因此，一旦人生设计遭遇挫折，“小我”无法获得实际利益的时候，他们大多不具备“虽九死其犹未悔”的自我牺牲精神，而是转向抨击现实，指斥权贵，表现出对现实的强烈不满：

世无洗耳翁，谁知尧与跖？⑤

——李白《古风》其二十四

安能摧眉折腰事权贵，使我不得开心颜。⑥

——李白《梦游天姥吟留别》

翻手作云覆手雨，纷纷轻薄何须数！

① （唐）李白：《五月东鲁行答汶上翁》，（清）彭定求《全唐诗》卷一百七十八，第1812页。

② （唐）王昌龄：《从军行》，（清）彭定求《全唐诗》卷一百四十三，第1444页。

③ （唐）岑参：《初过陇山途中呈宇文判官》，（清）彭定求《全唐诗》卷一百九十八，第2025页。

④ （唐）杜牧：《郡斋独酌》，（清）彭定求《全唐诗》卷五百二十，第5940页。

⑤ （唐）李白：《古风》其二十四，（清）彭定求《全唐诗》卷一百六十一，第1674页。

⑥ （唐）李白：《梦游天姥吟留别》，（清）彭定求《全唐诗》卷一百七十四，第1780页。

君不见管鲍贫时交，此道今人弃如土。①

——杜甫《贫交行》

儒术于我何有哉？孔丘盗跖俱尘埃。②

——杜甫《醉时歌》

我欲升天天隔霄，我欲渡水水无桥。
我欲上山山路险，我欲汲井井泉遥。③

——顾况《悲歌》

破却千家作一池，不栽桃李种蔷薇。
蔷薇花落秋风起，荆棘满庭君始知。④

——贾岛《题兴化园亭》

十二三年就试期，五湖烟月奈相违。
何如买取胡孙弄，一笑君王便著绯。⑤

——罗隐《感弄猴人赐朱绂》

翰苑何时休嫁女，文昌早晚罢生儿。
上林新桂年年发，不许平人折一枝。⑥

——胡曾《下第》

诗人群体除了在对自我的人生设计上表现出不切实际的理想化状态以外，在面对现实政治问题时也常抱持着天真的想法。由于官场之上流行以诗取士的原则，所以诗人中的一部分可以幸运地跻身于统治阶层的行列，亲身参与到文华盛世的建设中。不过这些幸运儿大多不熟悉经史知识，不了解时代政事，在他们的知识结构中天然地缺乏政治常识、治世理念、交际手段，因而大多不是处理实际事务的高手。他们不熟悉政治世界里的尔虞我诈，认不清楚其中的错综复杂，在处理问题时常常用天真的诗人思维，带着十足的书生意气，无法站在现实的高度看清事物本质，一旦卷入政治的暗流，往往就会沦为牺牲品和替罪羊。

---

① （唐）杜甫：《贫交行》，（清）彭定求《全唐诗》卷二百一十六，第2254页。

② （唐）杜甫：《醉时歌》，（清）彭定求《全唐诗》卷二百一十六，第2257页。

③ （唐）顾况：《悲歌》，（清）彭定求《全唐诗》卷二百六十五，第2942页。

④ （唐）贾岛：《题兴化园亭》，（清）彭定求《全唐诗》卷五百七十四，第6692页。

⑤ （唐）罗隐：《感弄猴人赐朱绂》，（清）彭定求《全唐诗》卷六百六十五，第7623页。

⑥ （唐）胡曾：《下第》，（清）彭定求《全唐诗》卷六百四十七，第7438页。

郑处诲《明皇杂录·辑佚》言："天宝中，刘希夷、王昌龄、祖咏、张若虚、孟浩然、常建、李白、杜甫，虽有文名，俱流落不偶，恃才浮诞而然也。"① 自恃文采彪炳便行为放诞，这首先就违反了官场中谨言慎行的原则。王勃因戏作《檄英王鸡》被唐太宗逐出沛王府；白居易越职言事，指斥强藩，被贬江州司马；李商隐受知于牛党在先，娶王茂元之女在后，从此卷入党争，仕途蹭蹬；温庭筠未能保守《菩萨蛮》为己作的秘密，遭令狐绹忌恨等，无不表现出他们对政治圈内人情世故等潜在规则的不熟悉。再加上不甘屈从于现实，不愿放弃精神自由，这都成为了他们实现人生理想的障碍，也让他们在政坛上总显得忠直有余而老练不足。另外，在遇到一些重大问题时，他们常常受制于自己的经验，表现为对时局情况的错误分析。比如安史之乱期间，杜甫写诗《潼关吏》，既没有看到杨国忠为了一己私利而设的阴谋，也没有看到唐玄宗对藩镇武将的不再信任，不理解个中错综复杂的矛盾关系，而单单将潼关之破的责任归于哥舒翰，实是不知时局、只看表象的行为。在房琯被贬一事中，杜甫不了解肃宗对玄宗旧臣的排斥心理，尤其对房琯提出分兵制置方法的恼恨，反而为救房琯不遗余力，结果使自己从此失去了"致君尧舜上"的机会。李白因认识不到肃宗与永王李璘间的兄弟之争，更看不清李璘庸才的本质，结果站错了队伍，定罪谋反，流放夜郎。这些都显示出诗人群体不理解政治，对常见的政治斗争十分隔膜，对事物的分析流于表面。当然，他们中也有兼具政治头脑，擅长官场经营的，比如王维、高适、元稹等，但这毕竟是少数。就总体而言，诗人群体表现出对政治问题的简单化认识，对政治事务的诗意化处理。由于诗性思维在解决政治问题时，总是力不从心，因而诗人们的仕途之路大多走得坎坎坷坷。

于是，诗人中的大多数或者久仕不遇，沉沦下僚，于是哀叹着"四授官资元七品，再经婚娶尚单身"②，"作吏荒城里，穷愁欲不胜"③；或者干谒不止，奔走权门，过着"朝扣富儿门，暮随肥马尘，残杯与冷炙，到处

---

① （唐）郑处诲：《明皇杂录·辑佚》，第64页。

② （唐）王建：《自伤》，（清）彭定求《全唐诗》卷三百，第3415页。

③ （唐）姚合：《武功县中作三十首》其十四，（清）彭定求《全唐诗》卷四百九十八，第5657页。

潜悲辛”[①] 的生活；或者转入幕府，成为僚佐，感受着“轮台九月风夜吼，一川碎石大如斗”[②]，“大漠风尘日色昏，红旗半卷出辕门”[③] 的风情；或者游历名邑，寄情山水，写出了“晴川历历汉阳树，芳草萋萋鹦鹉洲”[④]，“无边落木萧萧下，不尽长江滚滚来”[⑤] 的名句。人生理想的破灭与求仕路上的挫折坎坷，往往更容易激发人的诗思，使他们将更多的时间、精力用于诗歌创作。于是怀才不遇的痛苦、寄人篱下的辛酸、仰人鼻息的卑抑、干谒交往的经历、游历山川的体会……这些无不为“诗唐”提供了丰富的写作素材，也为诗人的平凡生活增添了不少文学色彩，更使其人生存在的意义与价值最终还是倒向了文学的、诗性的一面。

另外，唐代统治者将以诗取士制度作为文治战略的组成部分。对统治者而言，诗歌学习、写作、传播的每一个过程都富含着政治意味，都应在儒家文化的规定下。以诗取士制度在一定程度上有利于对诗性精神加以规范，对诗化人格进行儒性熏陶。然而，诗人的本性原属制度之外，他们向往自由，崇尚独立，对制度的依附很多时候只是一种暂时的表象。另外，文学作品的产生、发展自有其创作规律，不可能永远局限于政治制度的规定。因此，试诗制度对诗化人格和诗性思维的规范是有限的。

第二节　试诗与文德政治

试诗制度虽然几经争议，但自从确立以后便一直深深扎根于唐人的政治生活，成为唐代科举制度中最具特色的内容。它的意义不仅仅在于人才选拔考试本身，其对国家政治建构也产生了重大的影响。关于进士科与唐代政治的关系，前人已多有论述，主要集中在进士科人才的任用问题、士庶之争、牛李党争等问题上，但由于论述仅从进士科出发，未及其他试诗制度，故有可补充之处，且在此处作进一步的说明。

---

① （唐）杜甫：《奉赠韦左丞丈二十二韵》，（清）彭定求《全唐诗》卷二百一十六，第2252页。

② （唐）岑参：《走马川行奉送出师西征》，（清）彭定求《全唐诗》卷一百九十九，第2053页。

③ （唐）王昌龄：《从军行》其五，（清）彭定求《全唐诗》卷一百四十三，第1444页。

④ （唐）崔颢：《黄鹤楼》，（清）彭定求《全唐诗》卷一百三十，第1329页。

⑤ （唐）杜甫：《登高》，（清）彭定求《全唐诗》卷二百二十七，第2467页。

一、试诗促进文学官员的任用

很多人曾经质疑以诗取士的选拔方式和录用标准，觉得一个国家的治理怎么能与诗歌创作连上关系，但在我们分析了唐人试诗制度确立的原因以后就会发现，以诗取士在当时确有其存在的合理性与必然性。而就政治角度而言，试诗制度的存在，最大地满足了构建文德政治的需要。关于这一点，陈飞在《唐代试策考述》一书中曾有过精当的表述：

> 这种政治的设计要求是一个庞大而复杂的“知—行”或“体—用”系统，简单地说，它是通过伦理和礼乐的内外配合，使社会成员的道德人格得到提高和完善；具有“真”的心地“善”的德行和“美”的形容，从而构成安定有序的社会关系，并展开富于情味的人间生活，这就是经典儒家所谓的“教化”、“移风易俗”等等的基本方式和理想效果。其起点和末端都要求有“文学”的参与配合，并且“文学”同时又是它的内容和手段。……这就是唐代科举制度乃至“以文取士”制度得以成立并长盛不衰的根本原因。①

前已述及，唐代应试诗的题目和内容多含颂扬主题，这无疑有利于培养文人的盛世情怀，营造文质炳焕的太平气象，对社会大众而言也是一次次公开化的性情宣导。此外，唐代统治者通过试诗，还构建了一个孕育、培养、选拔、任用文学人才的完整体系，他们希望在这个体系中的文人经由有意识的引导、规范化的教育、针对性的选拔，可以形成与建设文德政治相匹配的思想、道德、才干、文学，从而为唐代社会文德政治的构建输送一批适用的文学官员。当然这不过是唐代统治者的理想而已，毕竟人才的培养不是生产线上的工作，人有各自的主观能动性，无法固定为一个模式，因而在实际过程中，并不一定如他们所愿；而且文学人才在朝为官的数量、担任职位的高低在不同时期亦有所不同，所以他们发挥作用、影响范围的大小也就不同。我们在此处且从文学官员的任用问题入手，探讨其与各个时期不同的具体政治需要以及社会所处不同发展阶段间的关系，从而为我们理解试诗制度对唐代文德政治建设所形成的影响提供一些帮助。

① 陈飞：《唐代试策考述·绪言》，第16页。

（一）武则天时期的开始涌入

唐初官员的构成主要由三个部分组成，即士族门荫、杂色入流、科举入仕，在很长一段时间里，官员的身份结构始终以前二者为主。在科举领域内，由于明经及第者授予的官阶要高于进士及第者，且科举主力军由承袭家业、通晓儒经的士族子弟组成，所以即使在人数不多的科举及第者中亦颇多儒学之士、士族子弟。由此形成初唐官员群体中儒学型官员、士族官员占主体，文学官员、庶族官员占少数的局面。虽然文德政治的构建设想在太宗朝就已出现，但是由于官员文学素质普遍较低，因而建设文德政治的主力军主要由儒学型官员组成。太宗朝的这种官员组成结构至武则天统治时期发生了改变。武则天祖籍山东，其父早年为木材商，后任小军官队正，从军李渊后得以发家。"地实寒微"① 的她为了巩固自己的统治基础，采取了一系列措施打击关陇、山东两大集团，并通过大力发展科举，拔擢有才华的寒庶子弟，在一定程度上改变了唐王朝士族独占天下的官吏结构，也开启了后来士、庶大臣的权力之争。

试诗与试经、策的区别与考生门第间的关系，研究者多有述及。简略来讲，主要是诗歌写作倚仗于个人的诗思才情，帖经和策问依赖于经史典籍的掌握，所以倘若仅试经、策，则士族可凭借家学渊源获得较大的优势，而倘若试以诗赋，则寒门庶族子弟有机会拔得头筹。武则天对科举的改革，主要的便在于大力拔擢寒庶，即在科举中提倡以文取士的用人原则。从高宗麟德元年（664）十二月，其垂帘听政开始，至神龙元年（705）正月中宗复位的41年间，正是唐王朝以文取士原则得以确立并推广的一个重要时期，这主要表现在以下几个方面：

其一，吏部铨选时，将文学写作作为注拟官职的参考标准。骈四俪六的判文形式、重文采轻内容的评判标准继续执行。

其二，大力发展进士科，并增加试杂文试项。根据徐松《登科记考》所录进士及第者的数目，统计四朝进士科及第人数，分别为：高祖朝（618—626）26人，太宗朝（627—649）205人，高宗即位至麟德元年（650—664）175人，麟德二年至武则天长安四年（665—704）742人，平均每年的及第人数分别约为：3人、9人、12人、19人。可见在武则天

① （唐）骆宾王：《代李敬业讨武氏檄》，（清）董诰《全唐文》卷一百九十九，第2009页。

统治期间，进士及第人数有了明显的上升。由于杂文试的加入，进士科确立了文学之科的地位。

其三，发展制举，尤其注重文学科目的开设。高祖朝仅 1 年举行制举，太宗朝3 年，高宗即位至麟德元年有9 年，麟德二年至长安四年有23 年，举行制举的频率分别为 8 年、7 年、1.6 年、1.7 年举行一次，可见武则天对制举的发展并不突出地表现在举行制举次数的增多。据《大唐新语》卷八载："则天初革命，大搜遗逸，四方之士应制者向万人。"① 看来在她统治期间，制举规模有所扩大。武则天对制举的发展还主要地表现在文学科目设置的增多，尤其称帝之前更是如此。如前所述，高宗永徽元年至麟德元年 5 年科目可考，仅有 1 个文学科目，其他 17 科次均为非文学类科目；而麟德二年至武则天称帝的载初元年有 11 年科目可考，其中文学类有 8 科次，非文学类有 15 科次。

其四，其他重用文士之举。比如，于宫中设置北门学士，"广召文词之士入禁中修撰……朝廷疑议及百司表疏，皆密令万顷等参决，以分宰相之权"②，将文学人才的地位陡然提升至与宰相同一等级。再比如中书舍人的为人所重也始于武则天统治期间。"自永淳以来，天下文章道盛，台阁髦彦，无不以文章达，故中书舍人为文士之极任，朝廷之盛选。"③

此外，武则天还注意求实，要求吏部铨选糊名考判，对官吏"课责既严，进退既速，不肖者旋黜，才能者骤升"④，对真正有才华的人不拘一格，甚至对撰写《讨武曌檄》的骆宾王还发出了"宰相安得失此人"⑤ 的感慨。

为了给自己称帝做准备，武则天在人才选拔方面颇费苦心，这是她"以禄位收天下人心"⑥ 的一种表现。在其统治期间，录取了一批依靠自身文学才能得以入仕进阶的寒庶子弟，这当中有不少后来成为名臣或文学名家，比如苏珽、苏味道、李峤、宋璟、张九龄、马怀素、颜元孙、刘知几、杜审言、陈子昂、沈佺期、贺知章等。在其称帝统治期间，以宰相为

① （唐）刘肃：《大唐新语》卷八《文章第十八》，第 127 页。

② （五代）刘昫：《旧唐书》卷一百九十中《文苑传中》，第 5011 页。

③ （宋）王应麟：《玉海》卷一百二十一《官制·台省》，第 6 页。

④ （五代）刘昫：《旧唐书》卷一百三十九《陆贽传》，第 3803 页。

⑤ （宋）欧阳修、宋祁：《新唐书》卷二百〇一《文艺上·骆宾王传》，第 5742 页。

⑥ （宋）司马光：《资治通鉴》卷二百〇五《唐纪·则天后长寿元年》，第 6478 页。

例，进士及第的十个宰相中，除宗楚客和李迥秀是士族子弟外，其余八人，皆为普通地主和中下级官员出身。宰相尚且如此，其他官员的任用情况也当有所改变。可见通过武则天的科举改革，在一定程度上改变了朝廷官员的士庶比例结构。从这个角度来看，“唐代从事科举改革，重进士科，采取以文章取士的方针以及降低门阀士族的威望，以武则天时期最为典型，也起到了关键性的作用。在唐代推进知识阶层化，转移以血统为基础的社会等级制度的过程中，武则天是最为重要的人物。”① 虽然武则天的选拔文才，并不旨在建设文德政治，但其造成的客观效果为后来开元、天宝年间的政治建设培养了一批具有真知灼见的文学官员。

（二）唐玄宗时期的数量增加

如上所述，武则天重用文学之士旨在打压山东、关陇两集团，提拔寒庶子弟，以扩大自己的势力范围，并由此开启了士庶争端之始。唐玄宗的重用文学人才，则多出于文德政治的构建需要。唐玄宗统治期间迎来了唐王朝的繁盛顶峰，大国物华，盛世气象，无不刺激着这位爱好文艺的天子的虚荣心和成就感，于是颂扬之曲再次奏响。继武则天之后，文学之士的重用之风再次掀起新的浪潮。这一时期在科举领域内主要出现了以下几个方面的新现象：

第一，吏部铨选中以文学取士的现象愈演愈烈，出现考前的诗文行卷，甚至还出现了试诗的现象。

第二，科目选中的“进士科”——博学宏词科于开元十九年（731）开设。

第三，进士科杂文试确定为一诗一赋，进士科以诗行卷、交纳诗文省卷、以诗赎帖的行为分别于开元末年、天宝元年（742）、天宝二年（743）出现。

第四，制举中频频出现文学科目，尤其集中在开元前期，比如开元二年（714）手笔俊拔科、文藻宏丽科；开元五年（717）文史兼优科、文儒异等科；开元六年（718）博学通艺科；开元七年（719）文词雅丽科；开元十年（722）文藻宏丽科。另外，还有开元二十六年（738）文词雅丽科；天宝元年（742）文词秀逸科；天宝十三年（754）辞藻宏丽科等。在天宝六年、十三年还出现制举试诗、赋的现象。

① 沈松勤、胡可先、陶然：《唐诗研究》，浙江大学出版社2006年版，第348页。

第五，在继续重用中书舍人以外，开元初设立翰林院，开元二十六年（738）设立学士院，文辞之士进入内廷。

可见，唐玄宗开元天宝年间，无论是在举士领域还是在选官方面皆普遍地强调文学之士的选拔与录用。因此这个时期文学之士入仕的现象增多，尤其在张说任职宰相期间，提拔了诸如崔颢、祖咏、储光羲、崔国辅、綦毋潜、王昌龄、常建、王维、刘长卿等一批诗人，从而形成了“缙绅闻达之路惟文章”[①]，“仕进者以文讲业，无他蹊径”[②]的局面。

不过，从武则天开始推广以文取士原则，至此已有半个多世纪，诗歌写作作为入仕的途径已被人们广泛认同，文学人才在社会上也得到了普遍崇重，“士无贤不肖，耻不以文章达”[③]，“士有不由文学而进，谈者所耻”[④]。正因如此，所以诗歌素养逐渐地由一种素质要求转变成为一种技艺要求、应试要求。诗歌学习目的的功利性使这个时期的文辞之士仅“以声韵为学，多昧古今”[⑤]，多为咬文嚼字的文学侍从，而不再如则天朝时的文学前辈那样，兼具出众的文学才能和较高的政治素养，因此他们在实际的官场竞争中往往处于劣势。再加上开元后期，李林甫独揽朝政，排斥文学之士，流外入流和门荫入仕的官吏又结合起来反对他们，所以开元、天宝年间虽然入仕的诗人颇多，但实际做高官的不多。胡震亨《唐音癸签》卷二十八《谈丛四》曾言：“玄宗开元中宰相至十数人，皆文学士也。……古今词人之达，莫盛此时。”[⑥]他所提到的玄宗朝这些宰相，比如张说、张九龄等人虽皆以文学进身，但多在武则天时期及第入仕，在玄宗朝继续获得重用，而就玄宗朝自身及第进士来看，则绝非如此。据吴宗国统计，从武则天长安三年至李林甫开始担任宰相的开元二十一年（703—733）间，及第进士共874人，徐松《登科记考》考出人名者60

① （唐）独孤及：《唐故朝散大夫中书舍人秘书少监顿丘李公墓志》，《毗陵集》卷十一，四部丛刊初编本，第112页。

② （唐）权德舆：《故尚书工部员外郎赠礼部尚书王公神道碑铭（并序）》，（清）董诰《全唐文》卷五百，第5096页。

③ （唐）杜佑：《通典》卷十五《选举三·历代制下》，第357页。

④ （唐）梁肃：《侍御史摄御史中丞赠尚书户部侍郎李公墓志铭》，（清）董诰《全唐文》卷五百二十，第5289页。

⑤ （唐）唐玄宗：《条制考试明经进士诏》，（清）董诰《全唐文》卷三十一，第344页。

⑥ （明）胡震亨：《唐音癸签》卷二十八《谈丛四》，第245页。

余人，其中唯有苗晋卿一人做到宰相。[1] 而翰林学士院由于刚建立不久，在玄宗朝可考的8名翰林学士中，诸如吕向、尹愔、刘光谦、裴士淹4人皆没有直接参与政治或政事纠纷，另外四人张均、张垍受李林甫、杨国忠排挤，张渐等依附于杨国忠而谋求个人私利，故均未表现出对朝政的影响能力，更不用说分宰相之权了。博学宏词科每年仅取3人，制举中文学录取之士也不多，因而唐玄宗开元、天宝年间，虽然文学官员的从政情况比前代有所增加，但多集中在中下级官僚，只有少数则天朝的旧臣在此期徙至高位。所以从总体来看，文学官员在朝廷中的影响并不大。

（三）安史之乱后的地位提升

安史之乱的爆发，不仅从此改变了唐王朝的命运，使这个盛世帝国开始显现衰退的迹象，也改变了很多文人的命运，使其从吟风弄月中惊醒过来，开始关注现实，关注民生。中晚唐时期在举士选官领域出现了一些新的变化，使唐代官员中的文学官员数量得到进一步的提高，也使他们在朝廷中的地位有了较大幅度的提升。

第一，以文学取士的原则在复古宗经思潮的影响下有所减退。安史之乱的爆发，王朝衰退期国势的日趋萎靡，诸多矛盾的尖锐，都促使人们积极反思现实，总结教训。在涉及科举领域时，人们不约而同地想到了以文学取士所带来的儒学不振、世风浇薄的问题，于是纷纷提出改革进士科、停止试诗赋的要求。虽然只有在建中、贞元间（782—787）最多6年左右的时间以及大和七年（833）出现过进士科停止试诗赋的现象，但这已经表现出朝廷对经世治国人才，而非文学之才的需求。

第二，制举中文学科目减少，代之以注重实际政治才能科目的增多。德宗建中元年至文宗大和二年（780—828），共有31年举行制举，共计60科。其中文学类科目仅有建中元年文词清丽科，穆宗长庆二年（822）日试百篇科，三年（823）日试万言科三科，其余均为非文学类科目，而且后两科也不同于以往选拔文辞之士的标准。相比较于以往科目的强调文美词华，这两科只注重选拔急思之才，以解决实际中行政公文撰写任务繁重的问题。在另外的这些非文学类科目中，反复设科较多的有贤良方正能言直谏科，共举行了8次，达于教化科6次，详明政术（详闲吏理）科6次，还有博通坟典科4次，可以理人科3次。说明这

---

① 吴宗国：《唐代科举制度研究》第八章《科举在选举中地位的变化》，第172页。

个时期的制举重在选拔通晓经史知识，洞察现实问题，具有实际才干，可以治理一方的人才。

然而在实际的选拔过程中，以文取士原则的消减并不是一蹴而就的事情。韩愈在贞元时期曾上书宰相，其中提到："方闻国家之仕进者，必举于州县，然后升于礼部吏部，试之以绣绘雕琢之文……中其程式者，然后得从下士之列，虽有化俗之方，安边之画，不由是而稍进，万不有一得焉。"① 可见，由于社会崇文风气的持续影响，礼部、吏部在选拔人才时，仍然偏向于文学的一面。

从另一个方面来看，这个时期私学得到大规模的发展，庶人子弟的就学读诗变得更加容易；再加上经过初、盛唐诗歌的发展积累，古文运动带来的骈文的衰退，《诗格》、韵书等应试类书籍的普及，且进士科考试在贞元后期还允许携带此类书策，所以他们不再需要花太多的时间穷究于诗赋写作的技巧，骈句对偶的工整，音韵格律的记诵，可以腾出更多的时间与精力关注时事，体察形势，研读经史。而这个时期政局矛盾重重，王朝亟待振兴，所以这些文人骚客逐渐偏离于簸弄风月的浪漫情怀，而普遍以辅时济物为己任，以力挽狂澜相期许，致力于形成一定的解决实际政务的能力。所以相比较于初盛唐文学官员的理想化和浪漫化，他们身上多了一些政治官员的务实性和实干性，体现出文学品性向政治身份的靠拢，这对其在官场竞争中获得优势自然颇为有利。因此这个时期看上去以文取士的原则受到了动摇，而实际上却在纠正以往文学官员选拔中注重诗性而轻视儒性的偏颇。所以中晚唐时期文学官员的选拔非但没有受到限制，反而由于选拔标准更趋于诗儒的结合，从而使录用的文学官员更具官场竞争力。事实上也的确如此，在贞元、元和时期，一大批既具文学才华又有经世治国能力的文人被挑选出来进入了中高级官员的行列，李夷简、裴度、令狐楚、王涯、韩愈、崔群、王播、李逢吉、牛僧孺等皆是。吴宗国统计了从宪宗朝至懿宗朝宰相中进士出身者的人数，具体如下②：

① （唐）韩愈：《上宰相书》，马其昶校注《韩昌黎文集校注》卷三，第157页。

② 吴宗国：《唐代科举制度研究》第八章《科举在选举中地位的变化》，第180页。

	宪宗	穆宗	敬宗	文宗	武宗	宣宗	懿宗
宰相总数	29	14	7	24	15	23	21
进士出身者	17	9	7	19	12	20	20

比例分别为59%、64%、100%、79%、80%、87%、95%，整体呈现上升趋势。可见，进士科及第者在中晚唐宰相任职情况中占了绝对的优势，文学官员在政治中占据的地位日益隆重，发挥的影响也相应增强。

第三，翰林学士地位上升。德宗以后的历代帝王虽重儒术，但亦颇好文学。无论是唐德宗的“尤工诗句，臣下莫可及”[①]，唐宪宗的背诵诗篇平息和戎之论[②]，还是文宗的“好五言诗……欲置诗学士七十二员”[③]，“宣宗尚文学”[④]，都使他们对文学官员有一种天然的偏好。同时，由于中晚唐宦官专权、藩镇割据、朋党之争，严重影响天子权威，为了加强中央集权，翰林学士开始受到重用。在德宗、宪宗朝，翰林学士由临时差遣转变而成固定的官职，地位日隆。由于翰林学士和内廷关系密切，所以从此成为唐代宰相的重要储备人选。岑仲勉曾经制作过德宗朝至懿宗朝翰林学士与宰相统计比较表，具体如下[⑤]：

朝代	翰林学士	翰林学士位至宰相者	比例（%）	宰相	宰相曾充翰学者	比例（%）
德宗	21	7	33	35	5	14
顺宗	2	0	0	7	1	14
宪宗	20	9	45	26	9	35
穆宗	11	5	45	12	5	42
敬宗	4	1	25	5	1	20
文宗	27	7	26	20	10	50
武宗	13	6	46	12	7	58
宣宗	26	10	38	22	13	59
懿宗	30	8	27	20	16	80
总计	154	53	32	159	67	42

① （唐）李肇：《唐国史补》卷中，《唐五代笔记小说大观》，第178页。

② （唐）范摅：《云溪友议》卷下《和戎讽》，《唐五代笔记小说大观》，第1301页。

③ （宋）王谠撰，周勋初校证：《唐语林校证》卷二《文学》，第149页。

④ 同上书，卷四《企羡》，第731页。

⑤ 岑仲勉：《郎官石柱题名新考订》，第385页。

虽然翰林学士人数不多，一般同朝的仅为6人，但由于“天子私人”的地位，因而唐代中后期翰林学士在朝廷中的政治影响力不可小觑。

陈寅恪在《唐代政治史述论稿》中曾经这样描述唐代文学之士在各个不同时期的任用情况：“自武则天专政破格用人后，外廷之显贵多为以文学特见拔擢之人。而玄宗御宇，开元为极盛之世，其名臣大抵为武后所奖用者。及代宗大历时常衮当国，非以辞科登科者莫得进用。自德宗以后，其宰相大抵皆由当日文章之士由翰林学士升任者也。”① 应该说这样的描述还是符合历史情况的。文学官员在唐代的入仕过程经过了则天朝的初受拔擢，玄宗朝的数量增长，最后达到中晚唐时期的地位日隆，应该说这是一个由量变到质变的完整过程。

陈飞曾经这样表示科举、文学、政治间的关系：科举制度+儒家文学—文人人格—文学—文德政治。② 试诗制度设立的初衷旨在向全社会推广一种儒家文化规定下的诗性文化，融合着真善美的经验，如春风化雨般达到教化的效果。然而这种理想的设计在落到实处时总会产生一些偏差，比如“科举制度+儒学文学—文人人格”之间，因为个体追求在制度中的利益最大化而导致“文人”人格的打造走样，儒性减少而诗性增强，文士浮薄便由此而来，而浮薄的士风又反过来助长了试诗制度实行过程中诸多流弊的衍生；再比如“文人人格—文学”之间，因为审美的需要经常超过道德的需要而导致“文学”的儒性不足，文风虚美由此产生，而文风的虚美又反过来使士风的浮薄进一步升级。上述两种情况在王朝的繁盛期和衰亡期表现得尤其明显。在繁盛期，由于盛世精神的激发，开明政治的倡导，个体意识获得前所未有的张扬，再加上文学粉饰太平、润色鸿业的需要，文人与诗歌皆表现出一定程度的对文德政治的背离倾向。在衰退期，由于社会黑暗，政治腐败，对现实的不满和怨恨充斥着文人心灵，诗歌也或者表现为对现实的尖锐批判，或者表现为死亡前的最后糜烂与狂欢，文人与诗歌也皆有悖于儒家“乐而不淫、哀而不伤”的规定。当然另一方面，在唐王朝走向繁盛、走向中兴的阶段里，试诗制度的确也孕育、培养并选拔出了一批既具有文学才华，又具备儒家人格和政治家情怀的文人官员。他们也有个人意识，但常常更关注社会；他们也有批判意

① 陈寅恪：《唐代政治史述论稿》卷上《统治阶级之氏族及其升降》，第20页。

② 陈飞：《唐代试策考述·绪言》，第17页。

识，但以规谏为目的；他们也有文学审美的需要，但往往以反映现实、服务现实为宗旨。他们在推进社会繁荣、重建王朝尊严的过程中，的确发挥了文人对世风的规谏、引导、教化作用，并因此成为建设文德政治的重要力量。

从总体来看，试诗制度是唐代文德政治建设的一个组成部分，实际的断案办文只是这一制度设置的最末之用，若仅从这个角度去考量这一制度存在的合理性实在有些低估了它。这一制度的根本着眼点实际上是基于一种社会的、道德的、素质的综合构建。虽然理想与现实总存在着一些距离，但不可否认的是，唐代文人官员的入仕对唐王朝文德政治的建设发挥了重要的作用。

二、试诗促进士庶之争的激烈

关于进士科取士带来的士庶力量的此消彼长，以及由此萌生的牛李党争问题，研究者已有颇多论述，其中最具代表性的便是陈寅恪《唐代政治史述论稿》中提出的几个观点，到现在还经常被人引用，以为至论：

> 武后柄政，大崇文章之选，破格用人……当时山东、江左人民之中，有虽工于为文，但以不预关中团体之故，致遭屏抑者，亦因此政治变革之际会，得以上升朝列，而西魏、北周、杨隋及唐初将相旧家之政权尊位遂不得不为此新兴阶级所攘夺替代。故武周之代李唐，不仅为政治之变迁，实亦社会之革命。①
>
> 经术乃两晋、北朝以来山东士族传统之旧家学，词彩则高宗、武后之后崛兴阶级之新工具。至孤立地胄之分别，乃因唐代自进士科新兴阶级成立后，其政治社会之地位逐渐扩大，驯致旧日山东士族和崔皋之家，转成孤寒之族。②
>
> 李德裕所谓朋党，即指新兴阶级浮薄之士藉进士科举制度座主门生同门等关系缔结之牛党也。③

---

① 陈寅恪：《唐代政治史述论稿》上篇《统治阶级之氏族及其升降》，第 18 页。

② 同上书，中篇《政治革命及党派分野》，第 78 页。

③ 同上书，第 79 页。

他将进士明经之争，与士庶之争、牛李党争，与唐代社会的发展结合起来，表现出阔大的视野和深邃的史见。虽然进士与明经、士族与庶族、牛党与李党之间的关系并非如此一一对应，但他的观点无疑为我们理解试诗与唐代政治生活之关系提供了一种有益的借鉴。

设立科举的应有之意是以才学取代门第，相比较于汉代的荐举，魏晋南北朝的中正制，这一选拔任用机制要远显得公平。允许投牒自荐的方式使参与科举竞争的人数达到最大化，使庶族中的优秀分子得以有机会跻身礼部、吏部的各类选拔，与士族形成竞争态势。在科举的竞技场上，士族大多依靠经学以维持家族地位，而庶族则凭借文学获得起家的机会，因而试诗制度的设立对庶族的兴起无疑有着至关重要的作用。然而终唐一世，虽然试诗制度一经建立便从未真正停止过，然而庶族大臣的入仕之路却始终笼罩在士族势力的阴影底下。这主要表现在以下几个方面：

第一，唐代科举入仕者在政坛上依然是少数。据《资治通鉴》卷二百一十三《唐纪·玄宗开元二十一年》载："是时，官自三师以下一万七千六百八十六员，吏自佐史以上五万七千四百一十六员，而入仕之途甚多，不可胜纪。"[①] 唐人入仕途径多元，常科、制举、门荫、辟举、杂色入流不一而足。如此庞大的官员数量，和进士、明经、制举等科每年少至几人，多则百余人的数字相比，便可知通过科举途径步入仕路者在官员中所占比例之少。

第二，唐代前期，即便在每年科举入仕者颇少的情况下，仍然有相当一部分名额为士族子弟占有。首先，官学对生徒有一定的身份限制，庶族大多无法参与其中，私学亦未兴起，社会文化水平普遍较低。开元以前，"进士不由两监者，深以为耻"[②]，天宝以后乡贡才日渐增加。"天宝以后由乡贡应举者超过学馆，说明一般非身份地主（大多为中小地主）在科举中所占比重的提高。"[③] 其次，明经及第授予官阶高于进士，进士尚未获得社会崇重；再次，秦王发动玄武门兵变得到了关陇贵族集团与山东豪杰集团的支持，诸多因素导致初唐政坛上活跃着的多为士族旧臣，关陇与山东两集团成为政治的两根支柱，为子弟的入仕带来便利。

---

① （宋）司马光：《资治通鉴》卷二百一十三《唐纪·玄宗开元二十一年》，第 6802 页。

② （五代）王定保：《唐摭言》卷一《两监》，第 5 页。

③ 傅璇琮：《唐代科举与文学》第三章《乡贡》，第 47 页。

第三，唐代处于科举发展期，各项制度尚不完备，为士族子弟凭借各种背景和关系得以及第提供了机会。虽然武则天和唐玄宗统治期间，官学衰落，私学兴起，教育得以普及；经过武则天以周代唐的革命，关陇和山东集团的势力日渐衰微；以文学取士的原则得以全面推广，庶族子弟进入官场的数量有所增加，但参加科举的士族子弟往往能通过请托、通榜等行为，获得更多的及第入仕的机会。尤其在中晚唐门荫衰落以后，新兴士族权贵多通过此种手段为自己的子弟谋求政治资本。"时贵戚纵恣，请托公行"①，"以贵要自恃，不畏外议，榜出，率皆权豪子弟"②。在大中九年（855）的科考案中，黄续之等三人通过伪造堂帖、堂印，居然敢大摇大摆地进入贡院，要求放虞蒸等三人及第，虽然事情败露后，三人皆被严厉地处以死刑，③ 但亦可见当时科举请托发展到了怎样明目张胆的地步。因而中晚唐频频出现社会上"物议以子弟非之"④ 的情况，甚至在武宗会昌（841—846）年间还形成了不放子弟和子弟不敢应举的局面，都是士族把持科举，子弟多占及第名额发展到相当程度后的社会反应。有研究者曾经统计中晚唐宰相社会阶层出身情况，现根据其数据列表如下⑤：

朝代	宰相	士族	士族兼进士	小姓	小姓兼进士	寒素	寒素兼进士	门荫	非科第
德宗	35	17	5	11	4	7	4	9	17
顺宗	7	2	1	2	1	3	1	1	2
宪宗	29	19	13	6	3	4	1	5	10
穆宗	14	9	5	4	4	1	0	2	3
敬宗	7	3	3	4	4	0	0	0	0
文宗	24	14	10	5	5	5	5	3	4

① （五代）刘昫：《旧唐书》卷一百〇二《马怀素传》，第 3164 页。

② （宋）王谠撰，周勋初校证：《唐语林校证》卷三《方正》，第 214 页。

③ （五代）刘昫：《旧唐书》卷十八下《宣宗本纪》，第 633 页。

④ 同上书，卷一百七十七《杨收传》，第 4601 页。

⑤ 金滢坤：《中晚唐五代科举与清望官的关系》，《中国史研究》2003 年第 1 期。原注："（一）士族：需要二大条件，其一，累官三世以上，即祖、父、本人三世；或曾祖、祖父中之二世再加本人一世，合为三世。其二，任官需达五品以上（本文按三世中有两世任官在五品以上）。（二）小姓：其一，已没落士族；其二，低品酋豪，包括累世下品、地方大族（县姓）；其三，父祖有一代五品以上者。（三）寒素：指士、农、工、商、兵及自由民、奴婢、门客等。"

续表

朝代	宰相	士族	士族兼进士	小姓	小姓兼进士	寒素	寒素兼进士	门荫	非科第
武宗	15	12	9	1	1	2	2	2	2
宣宗	23	17	15	2	2	3	3	1	3
懿宗	21	14	14	5	5	1	1	1	1
僖宗	23	18	18	5	4	0	0	0	1
昭宗	25	17	15	3	2	4	3	0	3

从总的趋势来看，宰相中门荫和非科第出身的数量逐渐减少，士族尤其是士族中进士及第者升迁至宰相的机会最高，小姓兼进士出身较之寒素兼进士出身者得以升迁的机会要高一些。庶族在与士族的仕途竞争中显然处于劣势。

不过另一方面，我们也要看到，虽然就总体而言，庶族官员在数量与官阶上不如士族官员，但他们一经登上唐代政治舞台，便为这个庞大的身躯输入了新鲜的血液，使这个王朝在发展过程中焕发出迷人的活力。由于文学之士多出自寒门庶族，因而，文学官员逐渐进入朝廷成为唐王朝政治建设生力军的过程，也就是朝中庶族势力逐渐壮大的过程。庶族出身官员普遍地具有一些不同于士族官员的特点，比如他们熟悉社会底层生活，比士族官员更了解民间疾苦、社会黑暗，对诸多社会问题颇为不满；他们没有可资倚仗的权贵势力，政治上的立足全凭自身发展，因而思想上具有更强烈的政治功绩观；他们凭借文学才能进入仕途，一方面对自身能力表现出高度的自信，另一方面又往往受到士族集团的排挤与打压：所有这一切都让庶族官员有一种强烈的改革现实的欲望，既为苍生，也为自身。这种改革现实的欲望，如果说在初盛唐时期还仅仅表现为对既得利益集团的否定与不满，多以恃才傲物、蔑视礼法、抨击权贵的形式出现的话，那么到了中晚唐在社会矛盾日益尖锐，庶族文人占有了一定的政治资源，可与士族一较高下之后，则更多地表现为具体的改革现实的行动，永贞革新以及此后的元和新政皆是典型事例。

永贞革新究其实质而言是士、庶混一年代中，士庶政治力量之间的一次激烈交锋。虽然在朝中士族官僚、宦官及藩镇的内外勾结下，革新不到半年便告失败，革新的一方庶族官员王叔文、王伾、韦执谊、刘禹锡、柳宗元、韩泰、韩晔、吕温等也相继遭遇贬官甚或杀身之祸，然而它作为一个时代性的标志，展现了庶族官员强烈的革新精神。此后参与元和年间改革的官员同样多具庶族背景，在李绛、裴度、崔群、王涯等人的共同努力下，这个经历安史之乱沉重打击的王朝才又一次展现出“中兴”的风采。而源于元和三年（808）制举纷争，持续了四十年左右的牛李党争从总体来看亦是士、庶两大阶层在特定历史时期内斗争的集中表现，其起源亦在于牛党对现实直言不讳的抨击。虽然牛李党派意识的长期纠结，后来演变为勾结宦官势力的纯粹的人事倾轧，但从其代表人物的出身及入仕途径来看，亦是泾渭分明。庶族官员的出现既在一定程度上缓和了社会上层与下层间的尖锐矛盾，又为政治带来新的气象，表现出锐意进取、改革创新的一面，这是科举制度或者说是试诗制度作出的贡献。

试诗制度在助长庶族官员群体发展壮大的同时，也对士族的政治地位构成了威胁，于是双方对有限的政治资源和诱人的权势地位展开了你死我活的追逐。一方急于拓展发展空间，一方旨在维护既得利益，激进与保守，改革与守常，背后都透射出朝廷中士庶之间的明争暗斗。士庶之争发展到后来，双方均将朋党利益、个人利益放在了首位，尤其庶族官员更将早先抨击时弊的批判精神放在了一边，牛党代表人物从最初的指陈时事无所避，到后来的结党营私、攀附宦官便能说明问题。同时，无论士族还是庶族还常常利用试诗制度对另一方进行攻击，宝应二年（763）的杨绾奏请停试进士，长庆元年（821）的覆试案，文宗大和七年（833）李德裕废除进士科试诗制度之请皆属此类。《旧唐书》卷一百六十八《钱徽传》载穆宗关于长庆覆试案的两道诏书，其二言：“擢一官，则曰恩皆自我；黜一职，则曰事出他门。比周之迹已彰，尚矜介特；由径之踪尽露，自谓贞方。居省寺者不以勤恪莅官，而曰务从简易；提纪纲者不以准绳检下，而曰密奏风闻。献章疏者更相是非，备顾问者互有憎爱。”① 试诗制度转而成为了士庶之争的工具。尤其在试诗制度尚存在着诸多不完善之处，在实施的各个环节上，可以渗透人为因素予以干扰时，试诗制度的执行者、参与者、旁观者都看到了其中的可变性，于是纷纷通过各自的方法与途径，谋取各自集团的利益，进而衍生出更多流弊，使士庶之争日益升级。从这个角度来看，试诗制度在唐中后期不仅没有起到缓和不同阶层矛盾的作用，反而加剧了社会矛盾。当李德裕被一贬再贬，死于崖州贬所，牛李

① （五代）刘昫：《旧唐书》卷一百六十八《钱徽传》，第4385页。

党争以牛党的胜利宣告结束时，试诗制度也已经完成了由原来的举士选官制度向单纯的学问名誉制度的转变，这使“选士超越用士，科举超越政治，终于牛党在科举上的胜利导致了科举在政治上的最后胜利。这种政治上的胜利只能是政治上的腐败”①，从而埋下了唐王朝灭亡的隐患。

由此看来，试诗制度在为唐代构建文德政治输送文人官员的同时，也给庶族的入仕带来了契机。中晚唐大量登上政治舞台的庶族子弟在最初的时期，表现出强烈的改革时弊的精神，他们勇于突破现状，挑战士族权威，在给自己争取空间的同时，也为王朝的发展带来了新的活力；然而当庶族也同样拥有了一定的政治资本，成为新兴贵族以后，维护既得利益的动机和守常的思想又让他们站到了保守的一面，牛李党争后期李德裕对科举制度的一系列改革遭遇牛党的抵制反抗便是一例。因此无论出身如何，在封建王朝统治下，在官本位思想已经渗透每一个角落的大环境中，庶族的入仕如果曾经带来那么一点积极作用的话，那么它最终也将被腐化堕落所取代。从这个角度看，试诗制度对唐代政治的积极意义亦有限。

第三节　试诗与唐诗发展

唐诗是中国文化史上的一颗璀璨明珠，多年以来人们试图从多个方面来解释唐诗兴起与繁荣的原因。作为一种文化现象，它的发展与繁荣多多少少受到政治制度的影响，这一点应该是毫无疑问的。关于试诗制度与唐代文学，尤其是与唐诗发展的关系前人也多有论述，比较典型的观点有三种：第一种观点以严羽《沧浪诗话》为代表：“唐以诗取士，故多专门之学，我朝之诗所以不及也。”② 试诗有利于诗歌技巧的钻研，诗歌创作的普及，艺术经验的积累，因而对唐诗的发展有促进的作用。中国社会科学院文学研究所编写的《唐诗选》在前言中也有类似阐述。第二种观点以王世贞《艺苑卮言》为代表：“人谓唐以诗取士，故诗独工，非也。凡省试诗，类鲜佳者。如钱起《湘灵》之诗，亿不得一；李肱《霓裳》之制，

---

① 王志东：《牛李朋党科举之争的后果——牛李党争与唐代科举的发展（三）》，《广西社会科学》2004年第6期。

② （宋）严羽：《沧浪诗话·诗评》，（清）何文焕《历代诗话》，第695页。

万不得一。"[①] 科举应试诗大多是命题作品，内容简单，情感不实，结构单一，故无甚艺术价值，对唐诗的发展没什么作用。"而且，唐代进士科的考试诗赋，还对文学的发展起过一定的消极作用；"[②] 第三种观点以程千帆《唐代进士行卷与文学》为代表，认为科举试诗本身对唐诗发展没有什么好的作用，但其衍生出来的行卷风气则对唐代文学的发展不无裨益。最近有学者指出，人们对科举与文学关系理解上的不一致是因为"还没有弄清问题的症结，没有找到解决问题的出路之故"。他在前人研究基础上进一步提出"层级结构"的概念，认为"科举与文学的关系大体上分为科举考试和科举制度两个级层。前者对文学主要是促退的，后者主要是促进的"。[③] 的确，就科举与文学的关系而论，不能简单地以促进或促退加以评价，通过层级结构的划分，揭示科举不同区位对文学关系不同的真相，为我们提供了一种新的思考角度。

我们发现，以上观点多从纯粹的文学角度来看待二者的关系，把诗性与制度的僵化性和功利性对立起来，这种视角具有一定的合理性。但是另一方面，从政治制度设计的视角来看待唐诗文化，则可以看到二者之间不仅仅是对立关系，而且还具有内在的统一关系，只有这样两方面原因合起来才可以看清以诗取士与唐诗发展之间的辩证关系。因此，试诗制度对唐诗发展的影响不能简单地以促进或促退来加以评价，其存在既有合理性又有局限性，而它对唐代诗歌的影响也是复杂的。倘若我们不仅仅把文学视为一种艺术的、审美的范畴，而是把它放到中国传统的士大夫政治体系中、置于文德政治的大背景下予以考察，将科举时文视为制度规定下的文学加以评判，那么我们或许会发现即便是在科举考试这个级层上，以诗取士对唐诗发展也产生过积极的影响。

一、诗歌审美统一化

基于建设文德政治的需要，应试诗在内容上普遍地集中于颂扬主题，表现出某种统一性。对一种艺术门类而言，这限制了人们的创造力，自然

① （明）王世贞：《艺苑卮言》卷四，丁福保《历代诗话续编》，第1015页。

② 傅璇琮：《唐诗论学丛稿》，京华出版社1999年版，第31页。

③ 祝尚书：《论科举与文学关系的层级结构——以宋代科举为例》，《华南师范大学学报》（社会科学版）2010年第1期。

不是什么好事，但就其作为政治制度规定下的文学来说，它在内容上的统一性的确有助于理想政治环境的构建，达到了制度设计者牢笼文人的目的，因而对唐代政治发展具有一定的积极意义。不过，应试诗归根结底还是诗，所以我们也应该看到，试诗制度的推行在普及诗歌创作、提高诗歌技艺等方面所发挥的积极作用，同时，它对于诗歌创作审美趣尚的统一也有着不可低估的影响。一方面，试诗制度产生于唐代社会崇文的风气下，其命题的思路、评判的标准都不同程度地受到时代审美特征的影响；而另一方面，试诗制度又是一根无形的指挥棒，它在诗歌创作领域中所起的标杆作用也不容小觑。从文学鉴赏的角度来看，应试诗中固然无甚佳作，但在应试诗命题和评判中折射出来的审美标准，对唐人的诗歌创作却具有示范性的意义。正是在这个层面上，我们甚至可以说试诗制度对唐诗风骨兼备特征的形成起到了推波助澜的作用。

前面已经述及，在唐人应试诗题中，建安与江左文人的作品经常成为唐代应试诗的典出来源，这一现象就颇具象征意味。唐人对建安诗人的重视集中地体现在曹植一人身上，在典出曹魏的 9 个诗题中，来自他的达 6 个之多。为什么唐人会如此偏爱曹植？这与曹植诗歌的特点、唐代统治者的文学欣赏品味以及应试诗的特点有关。建安风骨以慷慨悲凉为时代精神，以明朗刚健、古朴自然为艺术风貌，曹操、王粲、阮瑀、陈琳等人的创作无不显示出这样一种刚健质朴的特征。曹植的诗歌却不同。胡应麟《诗薮·内编》评："陈王精金粹璧，无施不可。……第其才藻宏富，骨气雄高"，"辞极赡丽……语多致饰"。[①] 钟嵘在《诗品》中这样描述曹子建的作品："骨气奇高，词采华茂，情兼雅怨，体被文质"[②]，可谓确评。曹植作诗一方面重视表现慷慨饱满的思想感情，另一方面亦追求富艳的语言效果，从这个层面上来看，他虽然隶属建安，却是个中别调，甚至被后人视为六朝诗风的开创者，有"六朝巨擘，无能出其范围，陈思所以独擅八斗"[③] 的评说。在唐人眼里，汉末战乱朝不保夕的生活是遥远而隔膜的，盛世王朝不需要古直的音调来吟唱浓郁的悲情，从南朝沿袭下来的文学传统又培养了他们对美丽辞藻的执着爱赏，因此曹操的悲壮之篇，王粲

① （明）胡应麟：《诗薮·内编》卷二《古体中·五言》，第 28—29 页。

② （梁）钟嵘：《诗品》卷上《魏陈思王植》，（清）何文焕《历代诗话》，第 7 页。

③ （明）胡应麟：《诗薮·内编》卷二《古体中·五言》，第 31—32 页。

的愀怆之词，刘桢言壮情骇的作品，好虽好，但可能都成了不那么合时宜的东西。相比较而言，曹子建平和华丽的贵族气，哀而不伤的幽怨感，寓风骨于词采的表达似乎更能吻合他们的时代需要和审美趣味，也与唐诗风骨兼备的总体风貌相一致。

另外，试诗制度设立的目的之一在于营造太平盛世稳定有序、人才济济的繁荣景象，朝堂之上需要的是温柔敦厚的文儒之士、典雅温丽的诗篇辞章，应试诗命题自然也要为这种政治需要服务。很多时候，它可以引导社会上读书人的阅读倾向。而作为建安诗人中的翘楚，曹植写诗往往能做到庄雅与奇谲相统一，笔力与情调相和谐，因此他的作品比较适合成为唐人写诗的学习教材。从应试诗题选择的篇目中我们也能看出这种导向性。《求自试表》以文人自荐，希图一展才华、建立功业为内容，与科考场合相匹配。《怨歌行》是一首借思妇托寓身世之感的代表作品，诗中美人迟暮的哀怨与怀才不遇的苦闷相表里，既有文人诗的雅丽，又有民歌的浅显，写得哀而不伤，含蓄蕴藉。其他三篇《公宴》、《赠徐幹》、《又赠丁仪王粲》皆为游宴赠答之作，情调平和，词采华丽，颇具贵族气质。五篇皆适合作为举子学习诵读之用。此外，曹植还是文学史上第一位大力写作五言诗的文人，完成了乐府民歌向文人诗的转变。据统计，他现存九十多首作品中，有六十多首五言诗，且大多写得结构精致，刻画细腻，语言华美，对仗工整，已出现了较多带有主观感情色彩的自然景物描写。唐人在写作五言应试之作时，倘若要寻找可资学习的对象，从中吸取一些写作经验的话，曹植在艺术上的成就以及风骨与词采兼备的特点，便可以为他们提供重要的美学借鉴。唐代应试诗题有6题典出曹植，除了有迎合时代审美的需要外，也可看到唐代统治者的主观指导思想所在。应试诗中频频出现曹植的作品，这当然会引来文人举子对其作品的研读记诵，从而潜移默化地影响他们的审美品味和创作倾向。

试诗制度对江左诗风的继承与普及也起了重要的作用。在初唐宫廷中江左文风就受到了人们的重视，只不过这种重视里掺杂着褒贬参半的相左观点，尤其在唐诗尚未确立自身审美特质之前更是如此。褒之者喜爱它瑰艳的色泽，称其“辉焕斌蔚，辞义可观”①，“瑰姿艳发，精博爽丽”②；

---

① （唐）魏征：《隋书》卷三十五《经籍志·集部总论》，第1090页。

② （唐）卢照邻：《南阳公集序》，（清）董诰《全唐文》卷一百六十六，第1692页。

贬之者惧怕亡国之音的暗示，说它“亏于雅颂”，“失于风骚”[①]，“彩丽竞繁”，“兴寄都绝”[②]。魏征在《隋书·文学传序》中对江左文学有“宫商发越，贵于清绮”的评价，提出要将它与河朔文学相结合，“各去所短，合其两长”，形成“文质斌斌，尽善尽美”的新文学。[③] 王勃则继承其祖王通之教，视江左为雕虫小技，文人为“遗雅背训”[④]，对它持全盘否定的态度。然而否定的声音并未在创作实践中得到多少支持。从诗坛主流来看，此期的创作多因循江左的题材、体制、声律、词采，盛行华靡颂美之风，表现出对前代文学的单纯因循。这或许与文学自身发展的惯性有关，也与掌握文化话语权的统治上层多对江左文学持宽容或折中的态度，而反对之声主要来自民间，影响不大有关。初唐文人对江左文学的两种不同态度折射出新生王朝在如何对待文学遗产上的矛盾心理。一方面，从收拾文化残破局面出发，他们需要繁荣的江左文化来充实人们虚空的大脑；另一方面，从吸取前朝亡国的教训出发，他们又必须警惕这种颓靡的文化。但这种矛盾的心理在王朝步入繁盛期以后就立刻变得淡薄起来，因为此时无论是文化还是社会，唐王朝都已进入全面的繁荣时期，内心的强大使唐人有了足够的自信来面对前代的文学。于是，尽管反对的声音仍然存在，但社会的主流已呈现“兼容并蓄，为我所用”的态度。“盛得江左风，弥工建安体”[⑤]；“蓬莱文章建安骨，中间小谢又清发”[⑥]；“永怀江左逸，多病邺中奇”[⑦]，融合“江左风”与“建安骨”已经成为一种自觉的意识。诗歌的创作也在这种融二为一意识的影响下，变得不一样起来。诗人们以自己博大的胸襟、壮伟的气度、充沛的情感充实了诗歌的精神，从而逐渐摆脱前代文学的束缚，形成唐诗风骨兼备的总体风貌。如果说魏征提出的文质结合在当时还是一种理想的话，那么到了盛唐，它正日益演变成为现实。江左文学对初盛唐诗歌的影响过程就是一个唐诗由因循到自立

---

① （唐）杨炯：《王勃集序》，（清）董诰《全唐文》卷一百九十一，第1930页。

② （唐）陈子昂：《与东方左史虬修竹篇序》，《陈子昂集》卷一，第15页。

③ （唐）魏征：《隋书》卷七十六《文学传序》，第1730页。

④ （唐）王勃：《上吏部裴侍郎启》，（清）董诰《全唐文》卷一百八十，第1829页。

⑤ （唐）王维：《别綦毋潜》，（清）彭定求《全唐诗》卷一百二十五，第1245页。

⑥ （唐）李白：《宣州谢朓楼饯别校书叔云》，（清）彭定求《全唐诗》卷一百七十七，第1809页。

⑦ （唐）杜甫：《偶题》，（清）彭定求《全唐诗》卷二百三十，第2509页。

的过程。

“如果说初、盛唐时期是逐渐摆脱齐梁诗风的时代，那么中唐前期则又是逐渐接近齐梁诗风的时代。”[①] 中唐诗人在唐诗盛极难继的情况下，曾经试图寻找不同于前人，乃至超越前人的新路。他们有过许多不同的尝试，比如元白的浅俗，韩孟的奇险，刘禹锡的雄豪，柳宗元的峻切，创新的道路各具特点，而模拟江左也是其中之一。这种回归齐梁的风气在大历诗人的创作中初露端倪，比如李嘉祐“往往涉于齐梁，绮靡婉丽，吴均、何逊之敌也”[②]，皇甫冉“可以雄视潘、张，平揖谢、沈。……自晋宋齐梁陈隋以来，采掇珍奇者无数，而补阙独获骊珠，使前贤失步，后辈却立”[③]。贞元元和之际，这种回归渐渐集中到了模仿齐梁体的道路上来，效齐梁体的例子屡见不鲜。比如权德舆诗“词致清深，华彩巨丽”[④]，有《玉台体十二首》；刘禹锡有《和乐天洛城春齐梁体八韵》；白居易《九日代罗樊二妓招舒著作》、《洛阳春赠刘李二宾客》题下自注“齐梁格”，其晚年的闲适诗与元稹的艳情诗更是颇具齐梁淫靡特色；李贺诗辞藻瑰丽，作品集中更多模仿齐梁之作。不过，中唐诗坛就像处在百家争鸣的年代，回归江左只是诸多文学创新中的一种。至晚唐，在政治环境和社会环境的变化下，它才日渐明晰地开始主导创作风气。这个时期的诗人大多沿袭中唐的创作道路，聚焦于齐梁体的效仿。比如李商隐、温庭筠，这两位晚唐大诗人受齐梁体的影响是显而易见的。另外，皮日休有《寄题天台国清寺齐梁体》、《奉和鲁望齐梁怨别次韵》，陆龟蒙有《寄题天台国清寺齐梁体》、《齐梁怨别》，释贯休有《拟齐梁酬所知见赠二首》、《闲居拟齐梁四首》、《拟齐梁体寄冯使君三首》，罗隐有《仿玉台体》等，皆有意效仿齐梁体。至韩偓香奁体面世，香艳之风更盛，齐梁体的复兴浪潮达到顶峰。中晚唐时期对齐梁体的推崇显现出群体性的特点，上至帝王、臣子，下至普通文士，甚至方外之人都普遍好尚此风。

由此看来，江左文学传统在有唐一代从未间断，它对唐诗的影响也从最初的广泛因袭，到盛唐的融会贯通，再到中唐的逐渐回归，最后至晚唐

---

① 孟二冬：《试论齐梁诗风在中唐时期的复兴》，《烟台大学学报》（哲学社会科学版）1990年第2期。

② （唐）高仲武：《中兴间气集》，傅璇琮《唐人选唐诗新编》，第472页。

③ 同上书，第480页。

④ （唐）张荐：《答权载之书》，（清）董诰《全唐文》卷四百五十五，第4644页。

的聚焦复兴。而试诗制度的成熟正在开天之际，也就是唐诗进入繁荣的“康庄大道”之后。此期的诗坛已经难见彩丽竞繁的六朝作品，江左文学传统已经渗入盛世唐音之中，融合为新的时代之声。人们将学习这一文学传统视为重要功课，研读《文选》蔚然成风，“后进英髦，咸资准的”①。称赏议论江左作家之诗成为文士雅集的主要活动内容之一，元兢《古今诗人秀句序》便载有一例：“常与诸学士览小谢诗，见《和宋记室省中》，诠其秀句，诸人咸以谢‘行树澄远阴，云霞成异色’为最。余曰：诸君之议非也。何则？……美哉玄晖，何思之若是也。诸君所言，窃所未取。于是咸服，咨余所详。”② 即便狂放自傲、目空一切的李白对谢朓诗歌也情有独钟，后人因而有“一生低首谢宣城”的评价。凡此种种皆可看出盛唐社会对江左诗歌的欣赏与接受程度之高。虽然目前我们无法确知盛唐应试诗题有多少典出江左，但从此期应试赋体的用韵规定来看，应试诗中出现江左痕迹很有可能。而典出江左的应试诗题集中出现在中晚唐，这与江左文学在中晚唐的回归与复兴自然有着密不可分的联系。从另一方面来讲，官方意志与时代审美相结合，有利于时代审美趣味的快速推广。科考试题是引导举子平时揣摩练习的指挥棒。有这样的出题倾向，举子必定熟读江左文人的诗文集，学习借鉴其用语造境的风格、声韵格律的特点。仔细阅读应试诗，我们不难发现那些写景清丽、音调流转的写景诗句中有着明显的江左影子。这样，江左文学传统通过应试诗这一媒介对唐人的诗歌创作产生了直接的影响。

除了应试诗题以外，唐人在应试诗的评判上也表现出对建安骨与江左风的融合，尤其对江左齐梁体更情有独钟。可以说试诗制度与时代审美观之间的相互作用、彼此促进，使唐诗以更快的速度、更广的普及面，形成了内容与形式、情感与辞藻的完美结合。固然应试诗本身没有多少佳作，但通过试诗制度传递的审美品味却对唐诗的发展产生了不小的影响。因此以往谈到科举试诗对唐诗发展的影响时，人们或以为促退，或认为促进。而应试诗题以及应试诗的评判标准或许为我们在客观评价这一问题时，提供了另一份材料。同时不容忽视的是，唐诗建安风骨与江左文风的结合，

① （唐）李善：《进文选表》，（清）董诰《全唐文》卷一百八十七，第1896页。

② （唐）元兢：《古今诗人秀句序》，引自［日］遍照金刚撰、卢盛江校考《文镜秘府论汇论汇考》南卷《集论》，第1555页。

是一个诗歌质与文结合的过程，而在试诗制度中它则更准确地呈现为儒与诗的结合。“‘诗’与‘儒’既是唐代文学精神品质的集中标志，同时又是构成这种精神品质的重要元素。这里的‘诗’，既标志着文学的自由精神，又实指其中的艺术意味；这里的‘儒’，既标志着文学的规范精神，又实指其中的儒家思想内涵。”① 因此，无论从试诗制度还是应试诗本身而言，它们最终指向的都是文德政治，而这也是它们得以存在的最终价值与意义。

二、诗歌教育应试化

唐代官学均以传授经史典籍为主，其作用主要有二，一是教化，二是应试。在尚未实行试诗制度时，官学的教学内容与科考内容尚没有太大的差距，从经书中领悟原则，从历史中吸取教训，对时务策的写作有着可资借鉴的作用。然而，试诗制度的施行改变了这一状况。由于官学是统治意志在教育领域的集中体现，所以它天生需要固守对学生封建伦理道德的教育和儒家人格品性的塑造，坚持封建教育重人伦的特点。当进士科考试内容发生变化以后，唐代官学仍然坚持将儒学典籍的经义传授作为主要教学内容，只是偶尔兼习其他，且重视程度不高。于是，官学与科考内容逐渐脱离，越来越成为一种纯粹的对官宦子弟和优秀庶族子弟的教化机制。换句话说，试诗制度的实施使官学的应试性特征减弱，这也是官学在天宝年间便出现衰落迹象，至中晚唐时甚至有名无实的一个重要原因。②

与官学相对，唐代最低一级的教学组织——私人讲学、家庭教育、私学、村学等都在试诗制度实施以后有了新的发展。试诗制度确立以前，唐代私人讲学皆以传习儒学经书为主要内容，试诗以后，开始出现以文学为传授内容的师承关系。比如刘太真在天宝年间跟随萧颖士，“语及文学，许相师授”③；梁肃在大历年间师从独孤及“慕学文史”④；贞元元和之际，张籍、孟郊等人曾组成颇具规模的韩门弟子群；柳宗元即便在贬谪之地都

① 陈飞：《唐代试策考述·绪言》，第18页。

② （五代）王定保《唐摭言》卷一《两监》：“天宝十二载敕天下举人不得言乡贡，皆须补国子及郡学生。广德二年制京兆府进士，并令补国子生。……繇是贞元十年已来，殆绝于两监矣。”第5页。

③ （唐）刘太真：《上杨相公启》，（清）董诰《全唐文》卷三百九十五，第4016页。

④ （唐）梁肃：《祭独孤常州文》，（清）董诰《全唐文》卷五百二十二，第5306页。

受到举子追捧，讲习文辞。韩愈《柳子厚墓志铭》言：“衡湘以南为进士者，皆以子厚为师。其经承子厚口讲指画，为文词者，悉有法度可观。”① 试诗制度实行以后，家庭教育中对诗赋内容的传授得到了更高的重视和更广的普及。开元天宝年间出现了“幼能就学，皆诵当代之诗”②，“五尺童子耻不言文墨”，“父教其子，兄教其弟，无所易业”③ 的现象。开元二十一年（733）朝廷下敕，“许百姓任立私学”④，此外，当时还存在着规模较小的村学。作为唐代社会面向最普遍群体的底层教育，它们并没有被授予官学那样的官方使命和职责，而且它们面对的大多是无法进入官学的庶民子弟——一群急切希望通过科举改变自己和家族命运的人，其能够存在并得以维持的根本原因就是实现这些庶民子弟的梦想。因此，当官学在教学内容上固守陈规时，私学、村学则伴随着试诗制度的施行而有针对性地设置了教授诗歌创作的内容。比如宋若华《女论语》如此描绘私学的教育景象：“男入书堂，请延师傅。习学礼仪，吟诗作赋。”⑤ 元稹《白氏长庆集序》曰：“予尝于平水市中，见村校诸童竞习歌咏，召而问之，皆对曰：‘先生教我乐天、微之诗。’”⑥ 另外需要特别注意的是唐代的乡学。开元二十六年（738）正月朝廷下达《亲祀东郊德音》，令“天下州县，每一乡之内，别各置学，仍择师资，令其教授”⑦。乡学由官府配备师资，并由郡县长官负责，因此亦属于官学的范围。然而或许是它级别太低以至于常常被忽略于行政规定或检查的体制之外，乡学也常将诗歌创作作为教授的主要内容。比如白居易在与元稹谈及元和十年（815）被贬九江路上的见闻时说：“自长安抵江西，三四千里，凡乡校……往往有题仆诗者。”⑧ 皮日休《伤严子重序》言：“余为童在乡校时，简上抄杜舍人牧之

---

① （唐）韩愈：《柳子厚墓志铭》，（清）董诰《全唐文》卷五百六十三，第 5698 页。

② （五代）刘昫：《旧唐书》卷一百一十九《杨绾传》，第 3430 页。

③ （唐）杜佑：《通典》卷十五《选举三·历代制下》，第 358 页。

④ （宋）王溥：《唐会要》卷三十五《学校》，第 741 页。

⑤ （唐）宋若华：《女论语》，听雨堂清光绪二十六年（1900）刻本。

⑥ （唐）元稹：《白氏长庆集序》，（清）董诰《全唐文》卷六百五十三，第 6644 页。

⑦ 《亲祀东郊德音》（开元二十六年正月），《唐大诏令集》卷七十三《典礼·东郊》，第 408 页。

⑧ （唐）白居易：《与元九书》，（清）董诰《全唐文》卷六百七十五，第 6891 页。

集。”[1] 可见，乡学中的读书人常将当代诗人的作品抄写于醒目处，以便揣摩、模仿、学习。试诗的规定使机制灵活的私学、乡学、村学等取代板滞的中央和州、府、县级官学而逐渐兴起。

迎合着试诗的需要，私学、乡学、村学等纷纷将诗歌纳入人才培养内容中，这让唐代社会最基层的诗歌教育烙上了极为鲜明的应试特征的烙印。教育的初衷——传授知识，增进学养，培养人格，在这里越来越集中到狭隘的掌握考试内容与答题技巧上来。唐代诗歌教育往往包括了阅读、模拟与创作三个环节。唐代进士科应试诗题多有出自《文选》之处，应试诗的评判标准也颇受南朝诗歌影响，因此《文选》是当时进士科举子学习诗歌最重要也最常用的一部选集。唐代许淹、李善、公孙罗等精研《文选》之人，曾授徒讲学；杜甫说“精熟《文选》理”[2]，甚至还“续儿诵《文选》”[3]；韩愈《中大夫陕府左司马李公墓志铭》称赞李并年十四五便可谙记《文选》[4]；李德裕在谈话中言及其父得到功名后“不于私家置《文选》”[5]；至北宋初年社会上还流行着“《文选》烂，秀才半”[6]的说法，这些都可见出《文选》在应试科举时的必备性。此书的流行表明了唐人对南朝诗歌审美理想的欣赏与接受，也表明了举子诗歌学习具有鲜明的应试特征。杜牧曾写诗勉励子侄学习，其中谈到了他对进士科举子须读书籍的认识：

> 第中无一物，万卷书满堂。家集二百编，上下驰皇王。
> 多是抚州写，今来五纪强。尚可与尔读，助尔为贤良。
> 经书括根本，史书阅兴亡。高摘屈宋艳，浓薰班马香。
> 李杜泛浩浩，韩柳摩苍苍。近者四君子，与古争强梁。

---

① （唐）皮日休：《伤严子重序》，转自（宋）计有功撰、王仲镛《唐诗纪事校笺》卷六十六《严恽》条所引，第2226页。

② （唐）杜甫：《宗武生日》，（清）彭定求《全唐诗》卷二百三十一，第2535页。

③ （唐）杜甫：《水阁朝霁奉简严云安》，（清）彭定求《全唐诗》卷二百二十一，第2333页。

④ （唐）韩愈：《中大夫陕府左司马李公墓志铭》，（清）董诰《全唐文》卷五百六十三，第5706页。

⑤ （五代）刘昫：《旧唐书》卷一十八上《武宗本纪》，第603页。

⑥ （宋）陆游：《老学庵笔记》卷八，中华书局1979年版，第100页。

愿尔一祝后，读书日日忙。一日读十纸，一月读一箱。
朝廷用文治，大开官职场。愿尔出门去，取官如驱羊。[①]

由于进士科有试诗要求，在中唐以后诗歌甚至成为及第的门槛，因而除了经史以外，前代的屈宋、班马，当今的李杜韩柳作品皆须研读，以便掌握创作技巧。“幼能就学，皆诵当代之诗；长而博文，不越诸家之集”[②]是也。这里的诗歌阅读有着明确的功利性特点，而“一日读十纸，一月读一箱”的勤奋，也不过为了“取官如驱羊”罢了。应试诗格律要求严格，应试前举子须熟读并记诵韵书。封演曾说《切韵》乃“为文楷式”[③]。出于考试的需要，唐代出现了韵书的小册子，还有随身宝之类，即所谓“自抄古今诗语精妙之处，名为随身卷子，以防苦思。作文兴若不来，即须看随身卷子，以发兴也”[④]，便于随身携带，随时翻阅。唐代中后期允许带入考场的书策，可能便是这一类小册子。欧阳修《归田录》卷二载：“唐人藏书，皆作卷轴，其后有叶子，其制似今策子。凡文字有备检用者，卷轴难数卷舒，故以叶子写之，如吴彩鸾《唐韵》、李郃《彩选》之类是也。”[⑤]还出现了便于诗歌学习、创作的关于声律、对偶做法的《北堂书钞》、《艺文类聚》等大型类书。另外，当代人的作品也往往是举子学习研究的榜样，比如前已叙及，乡校学童学白居易、元稹的诗[⑥]，李观学诗更是“以侍郎为文犀，以侍郎作灵龟”[⑦]。学习礼部侍郎的诗文主要原因就是想揣摩其文学好恶，投其所好，增大及第的可能性。再比如，一些优秀及第者的行卷会被书商收购，再转手卖给未及第的举子，以谋取利益。举子买来或者学习模仿，或者干脆假冒为自己的卷子：

（李）播以郎中典蕲州，有李生携诗谒之。播曰：“此吾未第时

① （唐）杜牧：《冬至日寄小侄阿宜诗》，（清）彭定求《全唐诗》卷五百二十，第5941页。

② （五代）刘昫：《旧唐书》卷一百一十九《杨绾传》，第3430页。

③ （唐）封演：《封氏闻见记》卷二《声韵》，第28页。

④ ［日］遍照金刚撰、卢盛江校考：《文镜秘府论汇校汇考》南卷《论文意》，第1331页。

⑤ （宋）欧阳修：《归田录》卷二，中华书局1981年版，第31页。

⑥ （唐）元稹：《白氏长庆集序》，（清）董诰《全唐文》卷六百五十三，第6644页。

⑦ （唐）李观：《帖经日上侍郎书》，（清）董诰《全唐文》卷五百三十三，第5416页。

行卷也。”李曰：“顷于京师书肆百钱得此，游江淮间二十余年矣。欲幸见惠。”①

诗歌学习的应试性之强可见一斑。诗歌实践除了普泛的诗歌创作以外，还有为了应考而写拟应试诗作品，比如赋得体诗中有很多便是进士科习作，像白居易的《赋得古原草送别》、李商隐的《赋得月照冰池》、《赋得桃李无言》等。此外，举子之间还会进行针对性的模拟考试，更将诗歌写作与科举备考直接联系了起来。《唐摭言》载：“群居而赋谓之‘私试’。”②《南部新书》乙卷解释得更详细：“十人五人醵率酒馔，请题目于知己朝达，谓之‘私试’。”③ 可见，私试是举子聚集在一起私下组织的模拟考试。白居易的《靖安北街赠李二十》中有“还似往年安福寺，共君私试却回时”④ 的句子，便提到了当年他与李绅寄宿于安福寺时私试的事情。在《与元九书》中，他也曾说道：“礼、吏部举选人，多以仆私试赋判传为准的；其余诗句，亦往往在人口中。”⑤ 可见，私试模拟完整的杂文试环节，既有诗歌也有赋。白居易进士、制举登第的身份使他私试时候所写的诗、赋、判成为后人争向模拟的对象，可见举子创作时选择模拟对象的标准。私试的诗题一般请与己交好的当朝官员设计，这既是一种往来的手段，可以加强举子与朝达间的联系，为以后的引荐做人际关系上的准备；同时也相当于一种行卷，如果在试诗中表现出色，给达官贵人留下好的印象，有利于日后的登科。《玉壶清话》卷六载：“范鲁公质举进士，和凝相主文，爱其私试，因以登第。”⑥ 范质的中举就缘于私试之作受到和凝赏识。此事虽为后唐间事，但亦可作为我们了解唐代私试的一则参考。除了初举士人的习业备考外，还有落第举子的过夏研修。“长安举子，自六月已后，落第者不出京，谓之‘过夏’。多借静坊庙院及闲宅居住，作新文章，谓之‘夏课’。”⑦ 研修期间的

① （宋）计有功撰、王仲镛校笺：《唐诗纪事校笺》卷四十七，第1605—1606页。

② （五代）王定保：《唐摭言》卷一《述进士下篇》，第4页。

③ （宋）钱易：《南部新书》乙卷，第22页。

④ （唐）白居易：《靖安北街赠李二十》，（清）彭定求《全唐诗》卷四百三十八，第4863页。

⑤ （唐）白居易：《与元九书》，（清）董诰《全唐文》卷六百七十五，第6890页。

⑥ （宋）文莹：《玉壶清话》，中华书局1984年版，第57页。

⑦ （宋）钱易：《南部新书》乙卷，第21—22页。

学业任务之一便是加强诗歌创作的技巧训练，尤其在应考环境中的写作训练，因此私试往往发生在举子过夏期间。

诗歌的学习是一个漫长的过程，要想写出好的诗歌，需要平时的潜心苦读与细心钻研。“读书破万卷，下笔如有神”①，“诗书勤乃有，不勤腹空虚”②，我们从当时的一些诗文中便可看到士子们学习诗歌的艰辛：

> 及五六岁，便学为诗，九岁，谙识声韵。十五六，始知有进士，苦节读书。二十已来，昼课赋，夜课书，间又课诗，不遑寝息矣。以至于口舌成疮，手肘成胝，既壮而肤革不丰盈，未老而齿发早衰白，瞥瞥然如飞蝇垂珠在眸子中也，动以万数。盖以苦学力文所致。③
>
> ——白居易《与元九书》

> 于京师穷居，读书著文，无阙日时。④
>
> ——李观《报弟兑书》

> 经年不出墅门，昼讲经籍，夜课诗赋。⑤
>
> ——《旧唐书·裴休传》

> 业诗攻赋荐乡书，二纪如鸿历九衢。⑥
>
> ——黄滔《成名后呈同年》

> 良夫以书让试官曰：“……从十岁读书，学为文章，手写之文，过于千卷。”⑦
>
> ——《唐摭言·恚恨》

> 王泠然与御史高昌宇书曰：“……先天年中，仆虽幼小，未闲声律，辄参举选。”⑧
>
> ——《唐摭言·恚恨》

---

① （唐）杜甫：《奉赠韦左丞丈二十二韵》，（清）彭定求《全唐诗》卷二百一十六，第2251—2252页。

② （唐）韩愈：《符读书城南》，（清）彭定求《全唐诗》卷三百四十一，第3822页。

③ （唐）白居易：《与元九书》，（清）董诰《全唐文》卷六百七十五，第6890页。

④ （唐）李观：《报弟兑书》，（清）董诰《全唐文》卷五百三十三，第5414页。

⑤ （五代）刘昫：《旧唐书》卷一百七十七《裴休传》，第4593页。

⑥ （唐）黄滔：《成名后呈同年》，（清）彭定求《全唐诗》卷七百〇六，第8127页。

⑦ （五代）王定保：《唐摭言》卷二《恚恨》，第21页。

⑧ 同上书，第22页。

自幼为诗，闭不出户，焚膏继晷，不遑寝息，这实在是一个漫长、孤独而又艰苦的过程。柳公权之父柳子温“常命粉苦参、黄连、熊胆和为丸，赐子弟永夜习学含之，以资勤苦”[①]，的确形象地传达出了“吃得苦中苦，方为人上人”的道理。对于家境贫寒的读书人来说，学习生活更是艰辛。他们没有资格进官学，又无财力入私塾，更不具备家庭教育的条件，只能或求学于简陋的村学，或奔波游学各地，或寄读山林寺院。王播“饭后钟”[②]的故事透着辛酸；李绅因以佛经为文稿，遭僧侣殴打[③]的事情让人看到了贫寒举子的卑微；《因话录》所记风雨暴至，村学学童归家不得、宿于漏屋的事情让人看到了他们的可怜[④]；刘轲《与马植书》叙述其四处求学的经历更让人体会到了个中不易：

> 历数岁，自洙泗渡于淮，达于江，过洞庭三苗，逾郴而南，涉浈江，浮沧溟，抵罗浮，始得师于寿春杨生。……元和初，方下罗浮，越梅岭，泛赣江，浮彭蠡，又抵于匡庐。匡庐有隐士茅君……[⑤]

对这些读书人而言，只有科举及第才可以谋得禄位，“养上饱下”[⑥]，改变自己和家族的命运，而诗歌是他们走向功名利禄的关键，因此无不殚精竭虑，埋头苦修。唐代孕育了古典诗歌发展的顶峰，也催生了诗歌教育应试化的倾向。一方面这种应试的需要驱使唐人，尤其是优秀的知识分子，心甘情愿地花大量的时间和精力研习诗歌创作技巧，促进了诗歌技艺的普及与发展。明代黄淳耀曾指出：“唐世以诗取士，上自王侯有土之君，下至武夫、卒吏、缁流、羽人、伎女、优伶之属，人人学诗。”[⑦] 严羽《沧浪诗话·诗评》亦言：“唐以诗取士，故多专门之学。”[⑧] 另一方面

---

① （宋）钱易：《南部新书》丁卷，第50页。

② 详见（五代）王定保《唐摭言》卷七《起自寒苦》，第73页。

③ 详见（唐）范摅《云溪友议》卷上《江都事》，《唐五代笔记小说大观》，第1268页。

④ （唐）赵璘：《因话录》卷六《羽部》，《唐五代笔记小说大观》，第870页。

⑤ （唐）刘轲：《与马植书》，（清）董诰《全唐文》卷七百四十二，第7675页。

⑥ （唐）沈亚之：《与京兆试官书》，（清）董诰《全唐文》卷七百三十五，第7590页。

⑦ （明）黄淳耀：《陶庵全集》，第641页。

⑧ （宋）严羽：《沧浪诗话·诗评》，（清）何文焕《历代诗话》，第695页。

也正是这种应试化倾向，使唐人“以声律为学”[①]，“驱驰于才艺”[②]，“唯择浮艳”[③]，片面追求诗歌形式，而忽略了对品性人格的塑造和素质修养的提高，忽略了对诗歌内容情志的提炼。另外，在创作上也易落入俗套，“草必称‘王孙’，梅必称‘驿使’，月必称‘望舒’，山水必称‘清晖’”[④]，限制了创造力与想象力，影响了诗歌的健康发展，同时也将诗歌教育引入了狭隘的境地。

三、诗歌创作功利化

诗歌写作的功利化倾向并不始于试诗制度的建立。当诗歌成为宫廷文学的重要组成部分，担当起歌功颂德、点缀升平的职责，成为文人官僚博取帝王青睐的工具时，其功利化特征就已经显现出来了。试诗制度的实行则促进了这种功利化倾向的进一步发展，使诗歌这个本以吟咏情性为主要任务的文学体裁，距离它的文学本质越来越远。我们在应试诗中时常能看到歌颂帝德、盛赞礼乐、称贺祥瑞的内容，也多能发现渴望汲引、盼望及第的干谒之请，这无不显示出在上者和在下者的功利心态。前者利用试诗制度牢笼天下文人思致，并借此营造文质炳焕的盛世气象；后者则借试诗制度以实现个人的政治抱负，并获得功名利禄的实际利益。在科举领域，诗歌功利性得以实现的主要机制，除了以诗歌为考试内容外，还有由此衍生的诗歌行卷风气。

行卷是唐代试诗制度最大的衍生物。干谒在汉代实行察举制时便已出现。为了获得荐举，被荐举者常常奔走于达官显贵之门，希图结交权贵，影响荐举结果，故出现了“请谒填门，礼贽辐辏”[⑤] 的现象，只是当时的干谒并不以诗文的形式，而以纯粹的上门拜求。用诗歌进行干谒的情况出现在唐代试诗制度产生以后，其根本原因在于以文取士的选才原则与科举考试的不糊名、通榜、公荐等常规。《容斋四笔》卷五《韩文公荐士》

---

① （宋）王溥：《唐会要》卷七十五《贡举上・帖经条例》，第 1631 页。

② （唐）刘峣：《取士先德行而后才艺疏》，（清）董诰《全唐文》卷四百三十三，第 4424 页。

③ （五代）刘昫：《旧唐书》卷一百一十九《杨绾传》，第 3432 页。

④ （宋）陆游：《老学庵笔记》卷八，第 100 页。

⑤ （汉）王符撰，（清）汪继培笺，彭铎校正：《潜夫论笺校正・本政》，新编诸子集成本，第 93—94 页。

条云：

唐世科举之柄，专付之主司，仍不糊名。又有交朋之厚者为之助，谓之通榜，故其取人也畏于讥议，多公而审。亦有胁于权势，或挠于亲故，或累于子弟，皆常情所不能免者。若贤者临之则不然，未引试之前，其去取高下，固已定于胸中矣。①

由于试卷不糊名，在录取与否问题上知贡举就有了很大的主动权，由此出现了权贵亲要为人通榜的现象。为了能够得到文坛巨擘或者当朝权贵的赏识和推荐，参试者往往在考前私下拜谒，以期获得青睐，得到通榜之助。在试诗制度执行以前，吏部主要试判，进士科主要试策，因而举子干谒通常以书信的形式向州县官员或考功员外郎等叙述自己的高尚品德、惊世才华，表达渴求被汲引的愿望，比如王勃的《上绛州上官司马书》，骆宾王的《上瑕丘韦明府启》、《上郭赞府启》、《上梁明府启》、《上兖州刺史启》，陈子昂的《上薛令文章启》等。试诗制度实行以后，举子则常常以干谒诗代替干谒书启，比如钱起的《赠阙下裴舍人》，刘长卿的《杂咏八首上礼部李侍郎》，皇甫冉《上礼部杨侍郎》，李频《投京兆府试官任文学先辈》，李洞《投献吏部张侍郎十韵》，杜荀鹤《近试投所知》、《冬末投长沙裴侍郎》等；而且开始出现以诗歌为主要内容的行卷活动。比如，开元五年王泠然向高昌宇干谒并附诗若干首；贞元十六年（800）白居易曾向给事中陈京行卷，其中诗一百首，杂文二十首②；王贞白向郑谷行卷，献诗五百首③；而裴说行卷唯有一卷，也就选择了诗歌④。行卷之风始于吏部铨选，后制举也开始出现以诗干谒的现象。武则天时期，薛登便已批评制举中的干谒行为：

或明制才出，试遣搜剔，驱驰府寺之门，出入王公之第。上启陈

① （宋）洪迈：《容斋四笔》卷五《韩文公荐士》，《容斋随笔》，第669—670页。

② （唐）白居易《与陈给事书》，（清）董诰《全唐文》卷六百七十四，第6884页。

③ （唐）王贞白《寄郑谷》："五百首新诗，缄封寄去时。"（清）彭定求《全唐诗》卷七百〇一，第8061页。

④ （宋）钱易：《南部新书》庚卷载："裴说应举，只行五言诗一卷。"第103页。

诗，唯希欬唾之泽；摩顶至足，冀荷提携之恩。故俗号举人，皆称觅举。①

——《旧唐书·薛登传》

进士科举子的行卷干谒行为导源于吏部铨选和制举的行卷风气，以及要求参选官员交纳平日所作诗文的习惯做法，它最晚出，但影响最大。宋代赵彦卫言："唐之举人，先藉当世显人，以姓名达之主司，然后以所业投献；逾数日又投，谓之温卷。……至进士则多以诗为贽，今有唐诗数百种行于世者是也。"② 北宋王安石的《唐百家诗选》即取资于唐人行卷。③当然，具体到个人，举子完全可以挑选自己认为写得最满意的作品进行行卷，不一定都是诗歌，因而也有以赋、文、小说行卷的。行卷之风在中晚唐时期尤盛，李昭玘就曾指出："唐自元和以后，士人多以辞章游王公之门，谓之投卷。所幸者，大则荐闻于朝，小则资以赇货。士之急于人知，无盛于此时也。"④ 以诗行卷现象的出现，使除了应试诗和拟应试诗以外的诗歌创作也具有了科考功利性的特点。葛晓音在《创作范式的提倡和初盛唐诗的普及》中指出："上官仪《笔札华梁》论八阶……其中'赠物'、'返酬'、'赞毁'、'和诗'四阶都是用于交往应酬；'咏物'、'述志'、'写心'、'援寡'四阶……其实都是用于干求和交友等社交活动的。"⑤对于这些行卷的诗歌作品，赵彦卫持否定态度，其在《云麓漫钞》卷八中说："余尝取诸家诗观之，不惟大篇多不佳，余皆一时牵课以为贽，皆非自得意所为，故虽富而猥弱。"⑥ 可见，用于干谒行卷的作品多为习业时刻意而写，并非兴到笔来的作品，因而数量虽多但佳篇甚少。

行卷时要注意选择恰当的行卷对象和行卷内容。首先，需要考虑的是被行卷者的身份是否合宜。一般须选择在录取过程中有实际影响力或决定权的，比如州府或节镇长官，礼部、吏部侍郎，宰相，其他各级政要，或

---

① （五代）刘昫：《旧唐书》卷一百〇一《薛登传》，第3138页。

② （宋）赵彦卫：《云麓漫钞》卷八，中华书局1996年版，第135页。

③ 同上书。

④ （宋）李昭玘：《录张祜诗》，《乐静集》卷五，文渊阁四库全书本。

⑤ 葛晓音：《创作范式的提倡和初盛唐诗歌的普及》，《诗国高潮与盛唐文化》，第249—250页。

⑥ （宋）赵彦卫：《云麓漫钞》卷八，第135页。

者文坛巨匠、社会名流。《唐诗纪事》卷五十六《雍陶》载："唐诗人最重行卷，陶首篇上裴度，或云耿湋行卷首篇上第五琦，遂指为二子邪正。虽然，方琦未有衅时，上诗亦何足多怪。"① 可见向谁行卷必须谨慎对待，不仅要考虑被行卷者的政治地位或文学影响力，还要考虑其政治立场与行为品性。《唐摭言》卷八《遭遇》载：

> 贞元二年，牛锡庶、谢登，萧少保下及第。先是昕宝应二年一榜之后，尔来二纪矣。国之耆老，殆非俊造驰骛之所。二子久屈场籍，其年计偕来，主文颇以耕凿为急，无何并驰人事，因回避朝客。误入昕第，昕岸帻倚杖，谓二子来谒，命左右延接。二子初未知谁也，潜访于阍吏，吏曰："萧尚书也。"因各以常行一轴面贽，大蒙称赏。昕以久无后进及门，见之甚善，因留连竟日。②

当朝耆老已经处于权势的衰退期，一般不会再有举子"驰骛"而至，所以当牛锡庶、谢登二人误打误撞上门时，萧昕竟高兴得将他们留于家中一整天。不过或许因为名公巨卿是举子行卷的热点人物，"请谒者如林，献书者如云"③，"公卿之门，卷轴填委，率为阍媪脂烛之费"④，反而不容易实现干谒行卷的目的，所以有时候，举子也会将卷轴投献于有一定文名的同辈作家，以期获得指点与称誉。《唐摭言》卷五《切磋》载：

> 吴融，广明、中和之际，久负屈声；虽未擢科第，同人多贽谒之如先达。有王图，工词赋，投卷凡旬月，融既见之，殊不言图之臧否，但问图曰：'更曾得卢休信否？何坚卧不起，惜哉！融所得，不如也！'"⑤

其次，用于行卷的诗歌在艺术表现、审美趣味上须吻合被行卷者的欣赏口味，投其所好，以增加被荐举的可能性。李白行卷于贺知章，二人皆

① （宋）计有功撰，王仲镛校笺：《唐诗纪事校笺》卷五十六《雍陶》，第1910页。
② （五代）王定保：《唐摭言》卷八《遭遇》，第86页。
③ （唐）白居易：《与陈给事书》，（清）董诰《全唐文》卷六百七十四，第6883页。
④ （五代）王定保：《唐摭言》卷十二《自负》，第136页。
⑤ 同上书，卷五《切磋》，第56页。

性格豪放，诗风以清新潇洒见长，所以一见如故，李白也因贺知章的“谪仙人”之誉而声名鹊起。《唐摭言》卷七《知己》载：

> 白乐天初举，名未振，以歌诗谒顾况。况谑之曰：“长安百物贵，居大不易。”及读至赋得原上草送友人诗曰：“野火烧不尽，春风吹又生。”况叹之曰：“有句如此，居天下有甚难！老夫前言戏之耳。”①

顾况诗歌一向以格调通俗、语言直白、设喻新奇为主要特点，而白居易此二句诗正写得语言朴实，设喻新颖，意思显豁，有力地表达了不屈不挠的斗志，十分吻合顾况的审美趣味，因而不得不让这位德高望重的老前辈在年轻的乐天面前承认“老夫前言戏之耳”。再比如《唐诗纪事》卷四十三《李贺》载：

> 贺以诗谒退之，时为国子博士，已送客解带，门人呈卷，旋读之。首篇《雁门太守行》云：‘黑云压城城欲摧，甲光向日金鳞开’，却援带，命邀之。②

李贺诗风奇艳，《雁门太守行》首二句更是写得奇诡而又妥帖，秾艳而又壮阔，故行卷于同样崇尚奇险雄豪的韩愈便可得其赏识，不仅解带后复束带邀之，甚至日后还为他专门写了《讳辩》。故王定保在言及行卷的注意事项时，曾言“省闲游，事知己”③，就强调了要将卷轴献于知己之人。

再次，干谒的时候，除了要体现行卷者的及第愿望，适当地称颂一下被行卷者以外，行卷的诗歌最重要的就是要能够显示作者的杰出才能，因此行卷之作多为举子的得意之作。比如崔颢《黄鹤楼》，王昌龄《出塞》，李颀《古从军行》、《古行路难》，张继《枫桥夜泊》，聂夷中《咏田家三首》等千古传诵的名篇皆为行卷所用。此外，行卷的诗歌最好可以表现举子的美好情志与壮阔怀抱，以显示其不仅具有文才，而且有经世之志，或

---

① （五代）王定保：《唐摭言》卷七《知己》，第81页。

② （宋）计有功撰，王仲镛校笺：《唐诗纪事校笺》卷四十三《李贺》，第1459页。

③ （五代）王定保：《唐摭言》卷一十五《旧话》，第166页。

者能够投被行卷者之好，展现自己的品格性情。《唐诗纪事》卷三十九《李绅》条载：

绅初以《古风》求知于吕温，温见齐煦，诵其《悯农》诗曰："春种一粒粟，秋收万颗子。四海无闲田，农夫犹饿死。""锄禾日当午，汗滴禾下土。谁知盘中餐，粒粒皆辛苦。"又曰："此人必为卿相。"果如其言。①

由于李绅在诗歌中表现了自己心系百姓的济民思想，因而受到吕温等人的赏识，赞其有做卿相的潜力。天宝年间的诗人樊铸曾写《及第后读书院咏物十首上礼部李侍郎》②，多托物言志，展示其性情抱负。比如：

卷时怀劲节，舒后抱虚心。

——《帘钩》

守规心已正，受省礼仍全。
有节通贞干，无邪抱直弦。

——《箭括》

口因良药苦，心为中规圆。

——《药臼》

含虚素心净，乐水智囊成。

——《滤水罗》

《唐诗纪事》卷六十三《武瓘》载："《感事》云：'花开蝶满枝，花谢蝶还稀。唯有旧巢燕，主人贫亦归。'瓘初投卷于知举萧倣，见是诗，赏其有存故之志，遂放及第。"③ 武瓘的诗其实写得很普通，这样的诗在蔚为大观的唐代诗海中是一定会被淹没的。诗人所以得第，多因其以燕之恋旧与花谢蝶去作对比，说明自己念旧情，感故恩，表现了自己有情义的一面，这让知贡举觉得这样的人有才也有德，难能可贵，成为自家门生是不会错的。于是知贡举大人笔一挥，武诗人便得了第。

---

① （宋）计有功撰，王仲镛校笺：《唐诗纪事校笺》卷三十九《李绅》，第1322页。
② 陈尚君：《全唐诗补编》第一编《补全唐诗》，中华书局1992年版，第45—47页。
③ （宋）计有功撰，王仲镛校笺：《唐诗纪事校笺》卷六十三《武瓘》，第2135页。

最后，行卷时还有许多其他的注意事项，需要举子或者认真遵循，或者小心防范。《唐摭言》卷十五《旧话》就记载了一些，比如“见面少，闻名多”，其自注曰：

> 古人有言，见多成丑之谓也。凡后进游历前达之门，或虑进趋揖让，偶有蹶失，则虽有煊赫之文，终负生疏之诮。故文艺既至，第要投谒庆吊及时，不必孜孜求见也。如其深知已下岁寒之契，师友则不然也。①

对于那些与己不熟的达官贵人，不必孜孜求见，只须在必要的投谒庆吊场合及时出现即可。见得越多，出现礼数失误的可能性也就越大。为了防止出现因为偶然的进退揖让错误而导致恶名的情况，故见面次数不必太多。不过像欧阳詹的孙子欧阳澥那样，行卷于韦昭度，“凡十余载，未尝一面，而澥庆吊不亏”② 的事情也是特例。“闻多见少，迹静心勤”③，指要多打听多了解，从中选择最合适的人予以行卷，不要四处撒网，毫无目标。行卷时要注意寻找新的题材，避免如裴说那样重复“只行五言诗一卷”④ 而遭人讥笑。卷轴不仅要注意内容，也要留意形式，比如在安排诗歌顺序时，要注意首篇的选择，崔颢因为开篇选了《王家少妇》这样的轻薄之作而惹来李邕的不满⑤；再比如要注意装裱卷轴的门面，否则就容易像李昌府那样因“常岁卷轴，怠于装修”⑥ 而被人议论。最重要的注意事项是不能犯了被行卷者的家讳。《唐摭言》卷十一《恶分疏》便记载了两例由于犯人家讳而触怒权贵的事情：一例中苏拯请乡人陈涤为其缄封所行之卷轴，投献于苏璞，孰料陈涤误书己名，而苏璞父亦名涤，苏璞得之大怒。一例中褚载准备了两个卷轴，欲分别送给刘子长和陆威，结果一不小心将卷轴换错，导致给陆威的卷轴中有多处犯其家讳的地方，让陆威又

---

① （五代）王定保：《唐摭言》卷十五《旧话》，第166页。

② （五代）王定保：《唐摭言》卷十《海叙不遇》，第108页。

③ 同上书，卷十五《旧话》，第166页。

④ （宋）钱易：《南部新书》庚卷，第103页。

⑤ （宋）计有功撰，王仲镛校笺：《唐诗纪事校笺》卷二十一《崔颢》，第688页。

⑥ （五代）孙光宪：《北梦琐言》卷十，第228页。

惊又气。[1]

行卷对于"生于草泽，来自沟塍"[2]，"上无朝廷附丽之援，次无乡曲吹嘘之誉"[3]的贫寒举子尤其重要，因为他们"身居穷约，不借势于王公大人则无以成其志"[4]。欲得王公大人垂青，没有可资依傍的显赫背景，便只能依靠自身才学，"见遇尽关于薄技"[5]。对于行卷之事，他们不仅"心勤"，"迹"更"勤"。"天下之士，什什伍伍，戴破帽，骑蹇驴，未到门百步，辄下马奉币刺，再拜以谒于典客者，投其所为之文。"[6]"进无所归，居无所依，忿割口食，以就卷轴，冒暑触雪，携出籍谒。所至之门，当关迎嗔，俯眉与语，受卷而去。"[7]如此贫困潦倒之模样，低声下气之情状，不由得不让人心感戚戚。有的因为地位卑下，朝中无人，找不到可以行卷的对象来推荐自己，只能哀叹"闭户十年专笔砚，仰天无处认梯媒"[8]。更贫寒的举子甚至连行卷的资费都没有。《唐摭言》卷六《公荐》载："（卢延让）时薄游荆渚，贫无卷轴，未遑贽谒。"[9]这样的举子绝非少数，对他们而言，公平竞争的机会就在眼前，然而中间却阻隔了一座经济困顿的大山，无法翻越。最残酷的事情莫过于此。

与行卷相近，但属制度规定的是纳公卷。所谓"公卷"，又称"省卷"，指参加考试者按规定向考试官交纳的自己平日的习作，作为考试官员评判的参考。《旧唐书》卷九十二《韦安石传》附《韦陟传》载：

> 曩者主司取与，皆以一场之善，登其科目，不尽其才。陟先责旧文，仍令举人自通所工诗笔，先试一日，知其所长，然后依常式考核，片善无遗，美声盈路。[10]

---

① （五代）王定保：《唐摭言》卷十一《恶分疏》，第124页。
② （唐）黄滔：《南海韦尚书启》，《莆阳黄御史集》，丛书集成初编本，第198页。
③ （唐）白居易：《与陈给事书》，（清）董诰《全唐文》卷六百七十四，第6883页。
④ （唐）韩愈：《与凤翔刑尚书书》，马其昶校注《韩昌黎文集校注》，第201页。
⑤ （唐）萧颖士：《赠韦司业书》，（清）董诰《全唐文》卷三百二十三，第3275页。
⑥ （元）马端临：《文献通考》卷二十九《选举考二·举士》，第274页。
⑦ （唐）孙樵：《骂僮志》，（清）董诰《全唐文》卷七百九十五，第8337页。
⑧ （唐）杜荀鹤：《投江上崔尚书》，（清）彭定求《全唐诗》卷六百九十二，第7957页。
⑨ （五代）王定保：《唐摭言》卷六《公荐》，第64页。
⑩ （五代）刘昫：《旧唐书》卷九十二《韦安石传》，第2958—2959页。

天宝元年（742），礼部侍郎韦陟知贡举，要求举子在考试前向他交纳所工诗笔，以便了解他们的真实水平。在此之前，进士科及第都是“一考定终生”，不免有遗才的情况出现。为了公平起见，好尚文辞的韦陟决定结合举子的平时表现来判定最后的结果。他的做法获得了大家的肯定，“片善无遗，美声盈路”，后来成了礼部的制度规定。前文已提及，早于进士科，吏部铨选中也有纳公卷的行为。从进士科纳省卷的规定来看，其在内容、体裁、数量等方面有一定的限制。比如，韦陟要求举子进献的是诗歌与应用文；开成五年（840）知贡举李景让不同意李复言将传奇作品《纂异》作为省卷，理由是“事非经济，动涉虚妄”①；咸通九年（868）知贡举刘允章规定纳省卷不得超过三轴②。

对于行卷的影响，前人讨论甚多，简而言之，积极的一面是促进了诗歌的发展，出现的流弊是谄媚盛行，出现抄袭与枪手。胡震亨《唐音癸签》卷二十六《谈丛二》言，士子“至所干投行卷，半属谄辞，概出赝劓”③。需要指出的是，由知贡举等极少数人凭借自身的经验、学识、好尚、私利来决定考生及第与否本身就是一件不太科学的事情，而通榜、公荐制度的存在对其起到了一定的纠正与监督作用。它们可以使知贡举在无暇仔细阅读省卷和考试答卷，或者因个人审美趣味、思想观念等原因导致评判结果出现偏差时，获得一定的评判帮助；也可以使知贡举在营私舞弊，影响考试公正性时，不得不有所顾虑。但同时，通榜、公荐制度在现实执行过程中又常常被渗入许多个人因素，成为权贵势门争夺权力、把持科场、谋取私利的工具，因此又出现了行卷，对这种现象予以纠正。行卷的产生本身也蕴含着矛盾性，一方面它的实行在一定程度上维护了公荐的客观性，可以尽可能地减少举子及第门荫化现象的发生，也可以纠正一考定终生的弊病，尽量避免遗贤；而另一方面，它的存在又显示出试诗制度执行过程中人为因素、主观因素对科举公平性的干扰。制度是人的制度，制定者、执行者、被规范者皆是人，虽然试诗制度主要的出发点是基于公平，但制定者会有疏漏，执行者会

① （宋）钱易：《南部新书》甲卷，第9页。

② （五代）王定保：《唐摭言》卷九《四凶》，第103页。

③ （明）胡震亨：《唐音癸签》卷二十六《谈丛二》，第230页。

有偏差，被规范者亦会想尽办法在其中实现个人的目的，要想彻底的公平就像要求落花重新飞上枝头一般是完全不可能的事情。因此行卷的存在显示出个人—制度、制度—公平之间的顺应与冲突关系。顺应表现为服从，即个人服从于制度的规定，制度服从于公平的原则；冲突则表现为个人为了达到利益的最大化，而对制度的不服从，制度在实际执行过程中对公平原则的突破。但无论是顺应也好，冲突也罢，都具有一种引导因素，前者指向于考试公平原则的建立与维护，后者则指向于对制度的进一步改革与完善。可惜的是，唐人对试诗制度的改革往往是治标不治本的，因而存在于其中的这些矛盾与冲突也始终无法得到解决。就诗歌写作来看，行卷的诗歌无论在创作时间、地点、形式、内容等方面都比考场之上的应试诗歌更具灵活性，更能体现写作者的真实性情和真才实学。程千帆在《唐代进士行卷与文学》中指出："如果就进士科举以文词为主要考试内容因而派生的行卷这种特殊风尚来考察，就无可否认，无论是从整个唐代文学发展的契机来说，或者是从诗歌、古文、传奇任何一种文学样式来说，都起过一定程度的促进作用。"① 然而以及第为目的创作终究背离了文学的艺术本质。

四、诗歌写作形式化

试诗制度在使诗歌教育应试性加强，诗歌创作功利化加深的同时，也使诗歌写作的形式化倾向得以加重，它是前两者发展的必然结果。这种形式化倾向主要包含着两个层面的意思：一是对诗歌格律、语言、修辞等外在形式的追求；二是对诗歌思想、内容的束缚与限制。

> 以声韵为学，多昧古今。②
>
> ——《条制考试明经进士诏》
>
> 修习之时，但务钞略，比及就试，偶中是期。③
>
> ——赵匡《举选议》

---

① 程千帆：《唐代进士行卷与文学》，《程千帆全集》第八卷，河北教育出版社2000年版，第85页。

② （唐）唐玄宗：《条制考试明经进士诏》，（清）董诰《全唐文》卷三十一，第344页。

③ （唐）赵匡：《举选议》，（清）董诰《全唐文》卷三百五十五，第3602页。

用致虚声，六经则未尝开卷，三史则皆同挂壁。[①]

——《旧唐书·杨绾传》

考文者以声病为是非，唯择浮艳。[②]

——《旧唐书·杨绾传》

这些批评都指出了诗歌学习中的形式主义倾向。应试诗皆临场而作，有规定的题目、字数、句数、韵脚要求，由于诗歌内容的评判不太有客观统一的标准，对诗歌高下的评定便多从诗歌外在形式入手，这些无不成为应试诗写作注重形式的主要原因。在考前的学习中，无论是购买及第举子的诗歌卷轴、当代文豪的诗歌作品，还是记诵诗格、韵书、《文选》，都使诗歌的学习“成为一些教条，并很快地简约化成为一种供人复述与背诵的内容”[③]。为了在众多竞争者中脱颖而出，应试者不得不搜肠刮肚地堆砌词藻，挖空心思地凭虚想象，字斟句酌地应对格律，充溢着一种华而不实的味道。同时，这种片面追求辞藻带来的另一个后果是创作中忽视对整体诗境的营造，从而形成有句无篇的现象。故清人梁章钜在评价唐人应试诗时，批评其“往往求之题面而不求之题意，求之实字而不求之虚字，求之句法而不求之篇法，于是乎凑字为句，凑句为联，凑联为篇，不胜其排纂之劳，几如叶叶而刻褚，岂知不讲题意则题面一两联即尽，无怪其窘束也；不讲虚字则实字一两联亦尽，无怪其重复也；不讲篇法则句句可以互换，联联可以倒置，无怪其纷纭胶葛也”[④]。

与此对应，随着对诗歌外在形式追求的偏重，诗歌的思想内涵在应试环境中也相应地受到了束缚。虽然唐代应试诗出题角度比较灵活，出题范围比较广泛，经史子集、当代时事都有涉及，但在国家选拔人才、提拔官员的考试中，文人多心甘情愿地臣服于制度的需要，写一些歌功颂德、润色王化、低头求举的内容。因而即便试诗制度无意于限定应试诗的思想，但其考试的性质、应试的环境已经先天地限定了应试诗思想与内容的取向。我们不可能在应试诗中找到反映人民疾苦、揭露朝廷黑暗的内容，也不可能在其中找到愁怨愤懑、轻狂放肆的情感。它们大多写得四平八稳，

---

① （五代）刘昫：《旧唐书》卷一百一十九《杨绾传》，第3430页。

② 同上书，第3432页。

③ 葛兆光：《中国思想史》，第14页。

④ （清）梁章矩著，陈居渊校点：《制艺丛话·试律丛话》卷二，第533页。

端庄雅正。在试诗制度的规定下，无论这种规定是有意的还是无意的，诗歌艺术的魅力只体现在了外在形式的装饰效果上，而不是在内在情感的深挚感染上，甚至应试诗的思想情感也具有装饰的性质，专用来粉饰太平，装点盛世。

从总体来看，无论诗歌审美的统一化、诗歌学习的应试化、创作的功利化还是写作的形式化，其共同的指向都是一致的，即文德政治的构建。从表面上看，应试诗命题而作，主题、风格单一，表现出科举对文学创造力的消极限制；而且这种单一会诱发文人举子将主要精力置于字锤句炼上，使应试诗的创作陷入形式主义的泥沼，甚至应试诗的思想情感也具有了一定的装饰性。但在深层次上，诗歌政教目的的实现正需要这种可以不断复制的写作模式。在这一模式的实现与推广过程中，创作者与赏析者逐渐接受儒学审美规范的培养，中正平和意识的构建，并进而潜移默化地形成封建统治者需要臣民所应当具备的儒者品性。“‘儒’既标志着文学的规范精神，又实指其中的儒家思想内涵。它表明唐代文学并不是绝对随意的自由，而是有限度、有制约的自由，如思想内容的规定性以及艺术上的‘格律化’等等。”[①] 在文德政治的大环境中，以诗取士的主要作用之一便是引导、培养、宣传儒者之“深”情“洁”品，以有利于文华盛世的建设；应试诗不仅属于艺术范畴，更具有政治属性，担负着宣传教化的功能。对文人士子而言，人生理想不再是超越世俗的清高洒脱，而是如何在制度内获得世俗的权势与财富；谋取政治资本不再需要思想的深邃、知识的渊博，而需要文辞的华美、内容的“规范”。与此同时，由于试诗制度使其得以有机会跻身统治阶层的行列，因而他们又常常以政治家的身份自命，以政治家的眼光和思维来看待诗歌，参与诗歌创作，在应试诗以外的诗歌写作中，表现出较强的现实主义意识。“即事名篇，无复倚傍”[②]，“唯歌生民病，愿得天子知”[③]，“文章合为时而著，歌诗合为事而作”[④]，“讽兴当时之事”，“刺美见事”[⑤] 皆属此类。因此试诗制度对唐诗发展的影响，不是促进、促退可以概括的，或者说，这种促进还是促退主要看我

① 陈飞：《唐代试策考述·绪言》，第18页。

② （唐）元稹：《乐府古题序》，《元稹集》卷二十三《乐府》，第255页。

③ （唐）白居易：《寄唐生》，（清）彭定求《全唐诗》卷四百二十四，第4663页。

④ （唐）白居易：《与元九书》，（清）董诰《全唐文》卷六百七十五，第6890页。

⑤ （唐）元稹：《乐府古题序》，《元稹集》卷二十三《乐府》，第255页。

们评判的出发点。如果仅仅将唐诗视为一种文学的、艺术的、审美的范畴，那么试诗这种制度性的规定自然无益于它的发展。但是倘若将唐诗放在唐代社会、政治、文化的大背景中予以考量，它将被定义为“一种诗的品格，一种审美的传统，一种有别于其他时代诗歌的特定的质态”，自有其“内在的、不可移易的质的规定性”，① 包括了“风骨与兴寄”、“声律与辞章”、“兴象与韵味”、“气象”等内容。我们从这个角度去看的话，试诗制度有利于对诗性精神加以规范，也有利于对儒性人格进行诗性熏陶，因而它不仅对唐代社会“文质彬彬”局面的形成有所促进，而且对唐诗“文质彬彬”质态的塑造都是有益的。同时也应该看到，唐诗在整体上作为一种自由的创作活动，它有自己内在的规律与要求，它的发生与发展是一种独特的文学现象，以诗取士对于它的促进与否只是一种外在原因。唐诗发展的内因对于制度上的外因，既有迎合也有拒斥，二者之间相互作用的微观机制是细微、复杂而长期的，我们所解释的只是其中一个被忽略的方面。

唐代统治者在建国之初，就将三代之治作为理想目标，将汉代盛世作为近处榜样，努力构建并推行文治战略，试诗制度正是其文治战略的一个重要组成部分。它产生于中国这片广博而又深厚的文化土壤，成长于唐代这个与诗结缘的王朝。钱穆《中国文化史导论》曾经这样评价：“诗赋以薄物短篇，又规定为种种韵律上的限制，而应试者可以不即不离的将其胸襟抱负，理解趣味，运用古书成语及古史成典，婉转曲折在毫不相干的题目下表达。无论国家大政事人生大理论，一样在风花雪月的吐属中逗露宣泄。因此有才必兼有情，有学必兼有品。否则，才尽高、学尽博，而情不深，品不洁的，依然不能成为诗赋之上乘。唐代以诗赋取士，正符合于中国传统文化一向注重的几点，并非漫然的。”② 它的每一步成长足迹都离不开依存的这片土壤，同时，它的落地生根、枝繁叶茂、开花结果，又反过来影响了它所成长的这个环境，有建设有破坏，有引导有局限，有促进有消减。但不管怎样，从总体来看，作为一种政治建设的手段，社会教化的工具，人才选拔的方法，诗歌学习、创作的机制，试诗制度的存在是利大于弊的。

---

① 陈伯海：《唐诗学引论》，第 5 页。

② 钱穆：《中国文化史导论》，商务印书馆 1994 年版，第 160 页。

如果说科举制度是中国古代社会一项高明的政治设计，那么试诗制度便是这一高明设计中的璀璨一笔。它的璀璨并不在于其成熟、完备、公平，也不在于它给唐王朝带来多么繁盛的气象，恰恰相反，对唐代统治者而言，它在执行过程中经常出现这样那样有违于设计初衷的情况，甚至出现一些负面的结果，因此终唐之世，对试诗制度的不同看法始终存在。然而在我们今天看来，这一制度的璀璨之处就在于诗性灵魂与儒性文化的结合。封建王朝的统治者原本希望以儒性文化来规范文学，并通过这种被规范化了的文学来塑造儒性人格，然而人的天性是向往自由的，崇尚独立的，文学作品的产生也不可能永远在制度的规定下。文学介入政治的结果，一方面固然造成了文学在政治环境压迫下的一定程度的变形和扭曲，另一方面也使唐代社会被渲染上了一份浓浓的诗意。这种诗意不仅仅源于诗歌在社会各个阶层的广泛普及，大量诗人的涌现，以及被提拔任用，这份诗意更多地体现在唐人的思维、品性、气质中，更多地凝聚在唐人的自由意志里，而这才是我们认识中的“诗唐”内核。

参考文献

书　籍

（按书名音序）

B

《白居易集》：（唐）白居易撰，中华书局 1979 年版。

《北梦琐言》：（五代）孙光宪撰，中华书局 2002 年版。

《北齐书》：（唐）李百药撰，中华书局 1972 年版。

《避暑录话》：（宋）叶梦得撰，丛书集成初编本，中华书局 1985 年版。

C

《长安的春天——唐人科举与进士生活》：杨波撰，中华书局 2007 年版。

《程千帆全集》：程千帆撰，河北教育出版社 2000 年版。

《册府元龟》：（宋）王钦若编，凤凰出版社 2006 年版。

《此木轩论诗汇编》：（清）焦袁熹编，民国抄本。

《陈书》：（唐）姚思廉撰，中华书局 1972 年版。

《陈尚君自选集》：陈尚君撰，广西师范大学出版社 2000 年版。

《初盛唐诗歌的文化阐释》：杜晓勤撰，东方出版社 1997 年版。

《初学记》：（唐）徐坚编，中华书局 1962 年版。

《从游士到儒士：汉唐士风与文风论稿》：查屏球撰，复旦大学出版社 2005 年版。

《陈子昂集》：（唐）陈子昂撰，中华书局 1960 年版。

D

《帝范》:(唐)李世民撰,新世界出版社2009年版。

《东观奏记》:(唐)裴庭裕撰,中华书局1994年版。

《道教与唐代文学》:孙昌武撰,人民文学出版社2001年版。

《登科记考补正》:(清)徐松撰,孟二冬补正,北京燕山出版社2003年版。

《大唐新语》:(唐)刘肃撰,中华书局1984年版。

E

《二十四史》:中华书局1998年版。

F

《附释文互注礼部韵略》:(宋)丁度撰,中华再造善本丛书,宋绍定三年藏书阁刻本。

《封氏闻见记》:(唐)封演撰,学苑出版社2001年版。

G

《国史大纲》:钱穆撰,商务印书馆1996年版。

《归田录》:(宋)欧阳修撰,中华书局1981年版。

《桂苑笔耕集校注》:[新罗]崔致远撰,党银平校注,中华书局2007年版。

《国语集解》:徐元诰编,中华书局2002年版。

《陔馀丛考》:(清)赵翼撰,商务印书馆1957年版。

H

《韩昌黎文集校注》:(唐)韩愈撰,马其昶校注,上海古籍出版社1986年版。

《槐花黄,举子忙——科举与士林风气》,王炎平撰,东方出版社1998年版。

《汉书》:(汉)班固撰,中华书局1962年版。

《翰学三书》:傅璇琮编,辽宁教育出版社2003年版。

《韩愈年谱》：吕大防撰，中华书局1991年版。

J

《箚吹弦诵传薪录——闻一多、罗庸论中国古典文学》：郑临川记录，徐希平整理，上海古籍出版社2002年版。
《晋书》：（唐）房玄龄等撰，中华书局1974年版。
《旧唐书》：（五代）刘昫等撰，中华书局1975年版。
《旧五代史》：（宋）薛居正撰，中华书局1976年版。
《今文尚书考证》：（清）皮锡瑞撰，中华书局1989年版。

L

《骆宾王集》：（唐）骆宾王撰，中国书店1988年版影印本。
《历代名画记》：（唐）张彦远撰，江苏美术出版社2007年版。
《历代诗话》：（清）何文焕编，中华书局2004年版。
《历代诗话续编》：丁福保编，中华书局1983年版。
《历代唐诗论评选》：陈伯海编，河北大学出版社2003年版。
《郎官石柱题名新考订》：岑仲勉撰，上海古籍出版社1984年版。
《龙筋凤髓判校注》：（唐）张鷟撰，田涛、郭成伟校注，中国政法大学出版社1996年版。
《乐静集》：（宋）李昭玘撰，文渊阁四库全书本。
《兰陵萧氏与南朝文学》：曹道衡撰，中华书局2004年版。
《吕衡州文集》：（唐）吕温撰，丛书集成初编本，商务印书馆1935年版。
《梁书》：（唐）姚思廉撰，中华书局1973年版。
《老学庵笔记》：（宋）陆游撰，中华书局1979年版。
《论语集注》：（宋）朱熹集注，齐鲁书社1992年版。
《论语传注》：（清）李塨注，民国十二年（1923）四存学会铅印本。
《柳宗元集》：（唐）柳宗元撰，中华书局1979年版。

M

《明皇杂录》：（唐）郑处诲撰，中华书局1994年版。
《美学》（第三卷）：［德］黑格尔撰，朱光潜译，商务印书馆1981年版。

N

《南部新书》:（宋）钱易撰，中华书局2002年版。

《南齐书》:（梁）萧子显撰，中华书局1972年版。

《南史》:（唐）李延寿撰，中华书局1975年版。

O

《欧阳修全集》:（宋）欧阳修撰，中国书店1986年版。

《欧阳行周文集》:（唐）欧阳詹撰，四部丛刊初编本。

P

《毗邻集》:（唐）独孤及撰，四部丛刊初编本。

《莆阳黄御史集》:（唐）黄滔撰，丛书集成初编本，商务印书馆1935年版。

Q

《权德舆诗文集》:（唐）权德舆撰，上海古籍出版社2008年版。

《潜夫论笺校正》:（汉）王符撰，（清）汪继培笺，彭铎校正，新编诸子集成本，中华书局1985年版。

《全上古三代秦汉三国六朝文》:中华书局1958年版。

《全唐诗》:（清）彭定求编，中华书局1960年版。

《全唐诗补编》:陈尚君辑校，中华书局1992年版。

《全唐文》:（清）董诰编，中华书局1983年版。

《全唐文补编》:陈尚君编，中华书局2005年版。

《全唐五代诗格汇考》:张伯伟撰，凤凰出版社2002年版。

R

《容斋随笔》:（宋）洪迈撰，上海古籍出版社1996年版。

S

《诗国高潮与盛唐文化》:葛晓音撰，北京大学出版社1998年版。

《上海博物馆藏战国楚竹书》:马承源编，上海古籍出版社2001年版。

《三国志》:(晋)陈寿撰,(宋)裴松之注,中华书局 1959 年版。
《诗话总龟》:(宋)阮阅编,人民文学出版社 1987 年版。
《史记》:(汉)司马迁撰,中华书局 1959 年版。
《四库全书总目》:(清)纪昀撰,中华书局 1965 年版。
《诗论》:朱光潜撰,生活·读书·新知三联书店 1984 年版。
《石林燕语》:(宋)叶梦得撰,中华书局 1984 年版。
《宋书》:(梁)沈约撰,中华书局 1979 年版。
《隋书》:(唐)魏征等撰,中华书局 1973 年版。
《诗薮》:(明)胡应麟撰,上海古籍出版社 1979 年版。
《十三经注疏》:中华书局 1980 年版。
《隋唐史》:岑仲勉撰,中华书局 1982 年版。
《事物纪原》:(宋)高承编,中华书局 1989 年版。
《诗源辩体》:(明)许学夷撰,人民文学出版社 1987 年版。

T

《陶庵全集》:(明)黄淳耀撰,四库全书本,上海古籍出版社 1987 年版。
《唐朝名画录》:(唐)朱景玄撰,四川美术出版社 1985 年版。
《唐才子传校笺》:(元)辛文房撰,傅璇琮主编,中华书局 1987 年版。
《通典》:(唐)杜佑撰,中华书局 1988 年版。
《唐大诏令集》:(宋)宋敏求编,商务印书馆 1959 年版。
《唐代翰林学士》:毛蕾撰,社会科学文献出版社 2000 年版。
《唐代集会总集与诗人群研究》:贾晋华撰,北京大学出版社 2001 年版。
《唐代科举考试诗赋用韵研究》:王兆鹏撰,齐鲁书社 2004 年版。
《唐代科举诗研究》:郑晓霞撰,复旦大学出版社 2006 年版。
《唐代科举与文学》:傅璇琮撰,陕西人民出版社 2003 年版。
《唐代科举制度研究》:吴宗国撰,辽宁大学出版社 1997 年版。
《唐代墓志汇编》:周绍良主编,上海古籍出版社 1992 年版。
《唐代铨选与文学》:王勋成撰,中华书局 2001 年版。
《唐代试策考述》:陈飞撰,中华书局 2002 年版。
《唐代试律诗》:彭国忠主编,黄山书社 2006 年版。
《唐代试律试策校注》:罗积勇、张鹏飞校注,武汉大学出版社 2009 年版。

《唐代文馆制度及其与政治和文学之关系》：李德辉撰，上海古籍出版社2006年版。
《唐代政治史述论稿》：陈寅恪撰，上海古籍出版社1997年版。
《唐方镇文职僚佐考》：戴伟华撰，天津古籍出版社1994年版。
《唐翰林学士传论》：傅璇琮撰，辽海出版社2005年版。
《唐会要》：（宋）王溥撰，上海古籍出版社2006年版。
《唐六典》：（唐）李林甫撰，中华书局1992年版。
《太平广记》：（宋）李昉等编，中华书局1961年版。
《太平御览》：（宋）李昉等编，中华书局影印本1960年版。
《唐人七绝诗浅释》：沈祖棻撰，上海古籍出版社1981年版。
《唐人试帖》：（清）毛奇龄编，清嘉庆六年（1801）听彝堂刻本。
《唐人选唐诗新编》：傅璇琮编，陕西人民教育出版社1996年版。
《唐诗别裁集》：（清）沈德潜选注，上海古籍出版社1979年版。
《唐诗纪事校笺》：（宋）计有功撰，王仲镛校笺，中华书局2007年版。
《唐诗论学丛稿》：傅璇琮撰，京华出版社1999年版。
《唐诗史》：许总撰，江苏教育出版社1994年版。
《唐诗训解》：（明）李攀龙、袁宏道编，明万历四十六（1618）居仁堂余献可刻本。
《唐诗学引论》：陈伯海撰，东方出版社2007年版。
《唐诗绎》：（清）杨逢春编，乾隆三十九年（1774）刻本。
《唐诗研究》：沈松勤、胡可先、陶然撰，浙江大学出版社2006年版。
《唐诗杂论》：闻一多撰，上海古籍出版社1998年版。
《唐五代笔记小说大观》：上海古籍出版社2000年版。
《唐五代文学编年史》：傅璇琮主编，辽海出版社1998年版。
《苕溪渔隐丛话》：（宋）胡仔撰，人民文学出版社1962年版。
《唐音癸签》：（明）胡震亨撰，古典文学出版社1957年版。
《唐语林校证》：（宋）王谠撰，周勋初校证，中华书局1987年版。
《唐摭言》：（五代）王定保撰，上海古籍出版社1978年版。

W

《五代会要》：（宋）王溥撰，上海古籍出版社1978年版。
《文镜秘府论汇校汇考》：［日］遍照金刚撰、卢盛江校考，中华书局2006

年版。
《汪篯隋唐史论稿》：唐长孺编，中国社会科学出版社 1981 年版。
《王水照自选集》：王水照撰，上海教育出版社 2000 年版。
《文选》：（梁）萧统编，（唐）李善注，岳麓书社 2002 年版。
《文献通考》：（元）马端临撰，中华书局 1986 年版。
《文苑英华》：（宋）李昉等编，中华书局 1966 年版影印本。
《王右丞集笺注》：（唐）王维撰，赵殿成笺注，上海古籍出版社 1984 年版。
《闻一多全集》：闻一多撰，湖北人民出版社 1993 年版。

X

《新唐书》：（宋）欧阳修、宋祁撰，中华书局 1975 年版。
《学优则仕——科举与教育》：刘海峰、李兵撰，长春出版社 2004 年版。
《续资治通鉴长编》：（宋）李焘撰，中华书局 1985 年版。

Y

《元白诗笺证稿》：陈寅恪撰，三联书店 2001 年版。
《演繁露》：（宋）程大昌撰，中华书局 1991 年版。
《严耕望史学论文集》：严耕望撰，上海古籍出版社 2009 年版。
《玉海》：（宋）王应麟编，四库全书本。
《玉壶清话》：（宋）文莹撰，中华书局 1984 年版。
《云麓漫钞》：（宋）赵彦卫撰，中华书局 1996 年版。
《云南志校释》：（唐）樊绰著，赵吕甫校释，中国社会科学出版社 1985 年版。
《应试唐诗类释》：（清）臧岳编，清乾隆三十三年（1768）三乐斋刻本。
《原诗·一瓢诗话·说诗晬语》：人民文学出版社 1979 年版。
《元稹集》：（唐）元稹撰，中华书局 1982 年版。

Z

《增订文心雕龙校注》：（梁）刘勰撰，黄叔琳等注，中华书局 2000 年版。
《中国妇女文学史》：谢无量撰，中华书局 1931 年版。
《中国科举史》：刘海峰、李兵撰，中国出版集团东方出版中心 2004

年版。
《中国科举制度研究》：王炳照、徐勇撰，河北人民出版社 2002 年版。
《中国考试史文献集成》：杨学为等编，高等教育出版社 2003 年版。
《中国考试制度史资料选编》：杨学为等编，黄山书社 1992 年版。
《中国历代官制》：孔令纪等编，齐鲁书社 1993 年版。
《中国思想史》：葛兆光撰，复旦大学出版社 2005 年版。
《中国通史》：范文澜撰，人民出版社 1975 年版。
《中国文化史》：柳诒徵撰，东方出版中心 1988 年版。
《中国文化史导论》：钱穆撰，商务印书馆 1994 年版。
《中国文学史》：游国恩主编，人民文学出版社 1963 年版。
《中国文学史》：章培恒、骆玉明主编，复旦大学出版社 1996 年版。
《中国文学史》：袁行霈主编，高等教育出版社 1999 年版。
《贞观政要》：（唐）吴兢撰，上海古籍出版社 1978 年版。
《张九龄年谱》：顾建国撰，中国社会科学出版社 2005 年版。
《中晚唐五代科举与社会变迁》：金滢坤撰，人民出版社 2009 年版。
《制艺丛话·试律丛话》：（清）梁章钜撰，上海书店 2001 年版。
《直斋书录解题》：（宋）陈振孙撰，上海古籍出版社 1987 年版。
《资治通鉴》：（宋）司马光等撰，中华书局 1956 年版。

论　文

（按作者姓氏音序）

C

崔荣华：《唐代进士科“以诗赋取士”辨析》，《唐都学刊》2005 年第 4 期。
陈飞：《唐代科举制度与文学精神品质》，《文学遗产》1991 年第 2 期。
陈飞（陈选公）：《唐代文学的文化规定》，《郑州大学学报》1996 年第 1 期。
池洁：《唐人应试诗题考论》，上海师范大学中国古典文献学专业硕士学位论文，2003 年 5 月。
池洁：《唐人应试诗题的文化解读》，《文学遗产》2007 年第 3 期。

池洁：《唐人应试诗题与唐代诗歌审美取向》，《文学研究》2007 年第 5 期。

陈铁民：《梁玙墓志与唐进士科试杂文》，《北京大学学报》（哲学社会科学版）2006 年第 6 期。

陈铁民、李亮伟：《关于守选制与唐诗人登第后的释褐时间》，《文学遗产》2005 年第 3 期。

陈秀宏：《科举制度与唐宋士阶层》，东北师范大学中国古代史专业博士学位论文，2004 年 5 月。

D

杜成宪：《唐代进士考试三场制度的形成与演变》，《华东师范大学学报》（哲学社会科学版）2001 年第 5 期。

邓乔彬：《进士文化与诗可以群》，《文学评论》2006 年第 4 期。

邓乔彬：《进士文化与诗可以观》，《学术研究》2006 年第 11 期。

邓乔彬：《进士文化与诗可以兴》，《文艺研究》2007 年第 4 期。

邓乔彬：《进士文化与诗可以怨》，《文艺理论研究》2007 年第 4 期。

F

傅璇琮：《关于唐代科举与文学的研究》，《文学遗产》1984 年 3 期。

傅璇琮：《李白任翰林学士辨》，《文学评论》2000 年第 5 期。

傅璇琮：《唐代宗朝翰林学士考论》，《中华文史论丛》第六十七辑，上海古籍出版社 2001 年版。

傅璇琮：《唐永贞年间翰林学士考论》，《中国文化研究》2001 年第 3 期。

H

侯力：《论永徽至天宝年间的科举改革——兼论唐代科举的定型化问题》，《湘潭大学学报》（哲学社会科学版）1997 年第 6 期。

侯力：《关于晚唐科举制度的几个问题》，《浙江学刊》1998 年第 4 期。

皇甫煃：《唐代以诗赋取士与唐诗繁荣的关系》，《南京师院学报》1979 年第 1 期。

J

金滢坤：《中晚唐五代科举与清望官的关系》，《中国史研究》2003 年第

1 期。

金滢坤:《试论唐五代科举考试的锁院制度》,《西北师大学报》(社会科学版) 2005 年第 1 期。

金滢坤:《也谈晚唐别头试与子弟之争》,《浙江师范大学学报》(社会科学版) 2008 年第 1 期。

金滢坤:《论中晚唐五代科举考试的复核、复试及监察制度》,《首都师范大学学报》(社会科学版) 2008 年第 5 期。

L

李定广:《唐代省试诗的衡量标准与齐梁体格》,《学术研究》2006 年第 2 期。

李浩:《唐代"诗赋取士"说平议》,《文史哲》2003 年第 3 期。

李锦绣:《试论唐代的弘文崇文馆生》,《文献》1997 年第 2 期。

刘海峰:《科举制的起源与进士科的起始》,《历史研究》2000 年第 6 期。

刘青海:《试论唐代应试诗的命题及其和〈文选〉的渊源》,《云南大学学报》(社会科学版) 2008 年第 4 期。

M

苗怀明:《中国古代判词的文学化进程及其文学品格》,《江海学刊》2000 年第 5 期。

孟二冬:《试论齐梁诗风在中唐时期的复兴》,《烟台大学学报》(哲学社会科学版) 1990 年第 2 期。

P

彭国忠:《唐代试律诗的称名、类型及性质》,《学术研究》2007 年第 1 期。

R

任爽:《科举制度与盛唐知识阶层的命运》,《历史研究》1989 年第 4 期。

S

苏芸:《从应试诗看唐代社会风气及士人心态》,《北京大学学报》2004

年国内访问学者、进修教师论文专刊。

W

王群丽:《论唐省试诗命题的特点》,《江海学刊》2007 年第 4 期。

王群丽:《唐省试诗命题对写作的影响》,《东岳论丛》2008 年第 1 期。

王晓萌:《唐进士科“以诗赋取士”渊源考论》,首都师范大学中国古代文学硕士学位论文,2006 年 5 月。

王运熙:《释“河岳英灵集序”论盛唐诗歌》,《复旦学报》(社会科学版)1957 年第 2 期。

王志东:《牛李朋党科举之争的实质——牛李党争与唐代科举的发展(一)》,《广西社会科学》2004 年第 4 期。

王志东:《牛李朋党科举之争的特征——牛李党争与唐代科举的发展(二)》,《广西社会科学》2004 年第 5 期。

王志东:《牛李朋党科举之争的后果——牛李党争与唐代科举的发展(三)》,《广西社会科学》2004 年第 6 期。

王志东:《略论唐玄宗开元二十四年的科举变革》(上、中、下),《广西社会科学》2005 年第 3、4、5 期。

X

许结:《中国辞赋流变全程考察》,《学术月刊》1994 年第 6 期。

萧平学:《唐代科举与士风转变》,《南昌大学学报》(社会科学版)1994 年第 2 期。

薛亚军:《拯弊与集权:唐五代覆试及其与宋初殿试的关系》,《长安大学学报》(社会科学版)2002 年第 2 期。

Z

张景臣:《唐代科举铨选考试方式与评价准则述评》,《河南社会科学》2008 年第 5 期。

张蕊:《唐代诗赋取士制度形成的原因》,《北京理工大学学报》(社会科学版)2002 年第 3 期。

祝尚书:《论科举与文学关系的层级结构——以宋代科举为例》,《华南师范大学学报》(社会科学版)2010 年第 1 期。

后　记

记得十八年前刚到杭州大学读本科，有两件事情令我印象深刻。一是参加了姜亮夫先生的追悼会。当时的我完全不清楚先生在学界的地位，只看到在这场简朴但异常隆重的追悼会上拥挤的人群，无限的哀思，那是我第一次如此真实地感受到学者所获得的尊敬。二是在新生入学教育课上，一位老先生曾经语重心长地送给我们一句话：做学问须“板凳甘坐十年冷”，那是我第一次懵懵懂懂地意识到做学问是一件寂寞而且艰苦的事情。十几年的时间转瞬即逝，当年的小女孩已经为人妻，为人母，然而从那时候便形成的对于学术的敬畏之情却始终未曾改变。这种敬畏之情一方面让我不得不用十二分的努力来研读书籍，另一方面又让我总是处于一种对自身知识和能力的不满状态中，缺乏勇气和自信书写自己的陋见。

有幸在博士生阶段拜于肖瑞峰先生门下，对于我在学术研究上的缺乏自信，先生一直抱着宽容的态度，予以鼓励，加以指导，时时督促，这成为我在漫长的写作过程中克服焦灼急躁的不良情绪，得以坚持到底的主要动力。另一种动力则来自家人。在读博期间，为了让我安心写作，他们几乎承担起了家中全部的琐碎事务；还有我活泼可爱的女儿，当时才一岁左右，尚未学会走路，是最需要母亲陪伴的时候，我却与她分离了一整个夏天。一想到他们的付出，内心便会生起浓浓的愧意，也同时萌生出向前的勇气。

在我学习成长的过程中，浙江大学古代文学研究所的诸位教授，尤其我的硕士导师陆坚先生，还有沈松勤先生、林家骊先生、胡可先先生等都曾对我悉心指导，感谢他们春风化雨般的教诲和一直以来的关心爱护。浙江财经大学的何华珍院长、张群老师、陈明亮老师、刘俊伟老师在我困难的时候，帮我减轻工作负担，使我有更多的时间和精力投入写作；浙江大学古籍所的秦佳慧老师、小陈老师在我查阅文献资料期间，提供了一次又一次耐心细致的帮助；中国社会科学出版社宫京蕾编辑在出版该书的过程中，对我这个“初学者”给予了耐心的指点和细心的帮助，一并在此致谢。最后，感谢浙江省哲学社会科学规划后期资助基金对本书出版予以的资助。

书稿终于完成，这中间饱含了我对诸多学界前辈的尊敬与景仰，如果没有他们在前面的开拓、挖掘，也就没有我这一点很不成熟的思考；这中间也饱含了我从学以来的努力与坚持，但由于天资愚钝，又为精力所限，所以呈现在面前的书稿仍然与自己的期望有很远的距离。诸多不足、偏颇、谬误，只能有待以后有时间时，作进一步的补充、改进、修正。尽管如此，这一次的写作过程，对我而言实在是很好的锻炼，也让我对学术渐渐由敬畏转为亲近。独坐书斋，静心论道本就是怡情之事，一直心向往之，希望这份得来不易的亲近可以让我在迈向这条道路的过程中走得更加坚定、从容。